Die Reform der Fusionskontrollverordnung als ein Beispiel der Europäischen Normsetzungspolitik

Europäische Hochschulschriften
Publications Universitaires Européennes
European University Studies

Reihe II
Rechtswissenschaft

Série II Series II
Droit
Law

Bd./Vol. 4186

PETER LANG
Frankfurt am Main · Berlin · Bern · Bruxelles · New York · Oxford · Wien

Kyrill Farbmann

Die Reform der Fusionskontrollverordnung als ein Beispiel der Europäischen Normsetzungspolitik

PETER LANG
Europäischer Verlag der Wissenschaften

Bibliografische Information Der Deutschen Bibliothek
Die Deutsche Bibliothek verzeichnet diese Publikation in der Deutschen Nationalbibliografie; detaillierte bibliografische Daten sind im Internet über <http://dnb.ddb.de> abrufbar.

Zugl.: Köln, Univ., Diss., 2004

D 38
ISSN 0531-7312
ISBN 3-631-53908-8

www.peterlang.de

Meinen Eltern

Vorwort

Die vorliegende Arbeit wurde von der juristischen Fakultät der Universität zu Köln als Dissertationsschrift im Dezember 2004 angenommen. Ihre Entstehung wäre ohne die Unterstützung zahlreicher Personen kaum denkbar.

Mein besonderer Dank gilt zunächst meiner Doktormutter, Frau Professor Dr. Barbara Dauner-Lieb, die bereits in der Frühphase meines Studiums mein Interesse für die Rechtswissenschaften geweckt und mich als externen Doktoranden gefördert hat. Sie hat mit ihrer wertvollen fachlichen und methodischen Unterstützung besonders in kritischen Phasen der Arbeit wesentlich zu der erfolgreichen Fertigstellung beigetragen.

Für die zahlreichen aufschlussreichen Anregungen und Erörterungen bedanke ich mich bei Andreas Haak und den Mitarbeitern der kartellrechtlichen Abteilung von Hengeler-Müller in Düsseldorf.

Dank schulde ich auch den Mitarbeitern der Europäischen Kommission, des Europäischen Parlaments und des Europäischen Rates, die mich während der Abfassung der Dissertationsschrift in vielfältiger Weise unterstützt haben. Prof. Dr. Gustav K.L. Real hat dankenswerterweise wertvolle Ratschläge gegeben.

Mein Dank geht auch an Dr. Eldad Davidov, Julia Hügel, German Perl, Jörg Senge, Christoph Scherer und Alex Tiberius Schulz, die mit kritischen Kommentaren und motivierenden Aufmunterungen nicht nur zum Erfolg der Dissertation, sondern auch zum Spaß an der Arbeit beigetragen haben. Hervorzuheben ist dabei Dr. Tobias Brors, der mir auch nach stundenlangen fruchtbaren Diskussionen beistand und damit bei der kontinuierlichen Optimierung meiner Arbeit eine wichtige Rolle spielte.

Besonders meinen Eltern bin ich für die liebevolle Unterstützung meiner gesamten Ausbildung zu großem Dank verpflichtet. Ihr habt nicht nur mein allgemeines Interesse und meine Begeisterungsfähigkeit geweckt, sondern mir auch die Freiheiten und Unterstützung gegeben, sie zu entwickeln. Euch widme ich daher diese Arbeit.

Mülheim a. d. Ruhr, Dezember 2004 — Kyrill Farbmann

Inhaltsverzeichnis

Verzeichnis der Übersichten

Verzeichnis häufig verwendeter Abkürzungen

a.A.	anderer Ansicht
ABl.	Amtsblatt der Europäischen Gemeinschaften (Ausgabe C: Mitteilungen und Bekanntmachungen; Ausgabe L: Rechtsvorschriften)
ABl. EGKS	Amtsblatt der Europäischen Gemeinschaft für Kohle und Stahl
Abs.	Absatz
a.E.	am Ende
AER	The American Economic Review
a. F.	alte Fassung
AG	Die Aktiengesellschaft
Art.	Artikel
BB	Betriebs-Berater
Bd.	Band
Bearb.	Bearbeiter
BKartA	Bundeskartellamt
BMWi	Bundesministerium für Wirtschaft und Arbeit
CFI	Company Financial and Insolvency Law Review
CILJ	Cornell International Law Journal
CJTL	Columbia Journal of Transnational Law
CMLR	Common Market Law Reports
CMLRev	Common Market Law Review
CR	Computer und Recht
DB	Der Betrieb
DZWir	Deutsche Zeitschrift für Wirtschaftsrecht
EC	European Community
EECn	European Economic Community
ECLR	European Competition Law Review
EFTA	European Free Trade Association
EG	Europäische Gemeinschaft
EGKS	Europäische Gemeinschaft für Kohle und Stahl

ELRev	European Law Review
EU	Europäische Union
EuGH	Gerichtshof der Europäischen Gemeinschaft
EuGI	Europäischer Gerichtshof der ersten Instanz
EuGRZ	Europäische Grundrechtezeitschrift
EuR	Europarecht (Zeitschrift)
EuZW	Europäische Zeitschrift für Wirtschaftsrecht
EWG	Europäische Wirtschaftsgemeinschaft
EWS	Europäisches Wirtschafts- und Steuerrecht
FIW	Forschungsinstitut für Wirtschaftsverfassung und Wettbewerb
FKVO	Europäische Fusionskontrollverordnung
GFV	Gruppenfreistellungsverordnung
GRUR	Gewerblicher Rechtsschutz und Urheberrecht
GWB	Gesetz gegen Wettbewerbsbeschränkungen
HdSW	Handwörterbuch der Sozialwissenschaften
Hrsg.	Herausgeber
IFLR	International Financial Law Review
JbNSt	Jahrbuch für Nationalökonomie und Statistik
J.Econ.Issues	Journal of Economic Issues
JILP	Journal of International Law and Practice
JPolE	The Journal of Political Economy
JR	Juristische Rundschau
JWTL	Journal of World Trade Law
JZ	Juristen-Zeitung
m.w.N.	mit weiteren Nachweisen
MTF	Merger Task Force
NJW	Neue Juristische Wochenschrift
NJW-WettbR	NJW-Entscheidungsdienst Wettbewerbsrecht
NZG	Neue Zeitschrift für Gesellschaftsrecht
NZI	Neue Zeitschrift für Insolvenzrecht
ORDO	Jahrbuch für die Ordnung von Wirtschaft und Gesellschaft
RIW	Recht der internationalen Wirtschaft

S.	Seite
UWG	Gesetz gegen unlauteren Wettbewerb
v.	via
VO	Verordnung
Vol.	Volume
WiSt	Wirtschaftswissenschaftliches Studium
WM	Zeitschrift für Wirtschafts- und Bankenrecht, Wertpapiermitteilungen
WRP	Wettbewerb in Recht und Praxis
WuW	Wirtschaft und Wettbewerb
WuW/E	WuW-Entscheidungssammlung zum Kartellrecht
YJIL	Yale Journal of International Law
ZEuP	Zeitschrift für Europäisches Privatrecht
ZfB	Zeitschrift für Betriebswirtschaft
ZHR	Zeitschrift für das gesamte Handels- und Konkursrecht
ZIP	Zeitschrift für Wirtschaftsrecht und Insolvenzrecht
ZWeR	Zeitschrift für Wettbewerbsrecht / Journal of Competition Law

Literaturverzeichnis

Abbamonte, Guiseppe *Rabassa, Valérie*	Foreclosure and Vertical Mergers - The Commission´s Review of Vertical Effects in the Last Wave of Media and Internet Mergers: AOL/Time Warner, Vivendi/Seagram, MCI Worldcom/ Sprint, ECLR 2001, 214 ff.
Abbot, Lawrence	Qualität und Wettbewerb, München 1958
Afonso, Margarida	A Catalogue of Merger Defenses Under European and United States Antitrust Law, Harvard International Law Review 1992, 1 ff.
Ahlborn, Christian *Turner, Vanessa*	Expanding Success? Reform of the EC Merger Regulation, ECLR 1998, 249 ff.
Akbar, Yusaf	Grabbing Victory from the Jaws of Defeat: Can the GE/Honeywell Merger Facilitate International Antitrust Policy Co-operation?, World Competition 2002, 403 ff.
Albers, Michael	Fusionskontrolle zwischen Wettbewerbs- und Industriepolitik, CR 1990, 444 ff.
Alfter, Mette	Untersagungskriterien in der Fusionskontrolle - SLC-Test versus Marktbeherrschende Stellung - Eine Frage der Semantik?, WuW 2003, 20 ff.
Arhold, Christoph	Die neuen Kommissionsmitteilungen zur Fusionskontrollverordnung und die geplante Revision der europäischen Fusionskontrolle, EWS 2001, 573 ff.

	Grünbuch der Kommission über die Revision der Europäischen Fusionskontrolle oder: das Bundeskartellamt schlägt zurück, EWS 2002, 449 ff.
Arndt, Helmut	Anpassung und Gleichgewicht am Markt, JbNSt 1958, 217 ff.
Azevedo, Joao Pearce de *Walker, Mike*	Dominance: Meaning and Measurement, ECLR 2002, 363 ff. Market Dominance: Measurement Problems and Mistakes, ECLR 2003, 640 ff.
Bach, Albrecht	Der Marktbeherrschungsbegriff in der EG-Fusionskontrolle, auch im Vergleich zum deutschen Kartellrecht, WuW 1993, 805 ff.
Baches, Opi	US/EU Merger Control: How Should the US experience influence the enforcement of Council Regulation 4064/89 on the control of concentrations and undertakings?, *Leuven 1997*
Bain, Joe S	Industrial Organization, 2. Auflage, New York u.a. 1968
Baker, Simon *Wu, Lawrence1*	Applying the Market Definition Guidelines of the European Commission, ECLR 1998, 273 ff.
Baker, Simon *Coscelli, Andrea* *Dijk, Theon van*	Unilateral effects in Retail Chain Mergers: An Application to Supermarkets, ECLR 2002, 180 ff.
Baker, Simon *Ridyard, Derek*	Portfolio Power: A Rum Deal?, ECLR 1999, 181 ff.

Banks, David — Non-Competition Factors and their Future Relevance under European Merger Law, ECLR 1997, 182 ff.

Baron, Michael — Die neuen Bestimmungen der Europäischen Fusionskontrolle, WuW 1997, 579 ff.

Bartling, Hartwig — Leitbilder der Wettbewerbspolitik, München 1980

Bartling, Hartwig
Luzius, Franz — Grundzüge der Volkswirtschaftslehre, Einführung in die Wirtschaftstheorie und Wirtschaftspolitik, 8. Auflage, München 1991

Bartosch, Andreas — Happy Birthday: 10 Jahre Europäische Fusionskontrolle, BB 2000, 1897 ff.

Unmittelbare und individuelle Betroffenheit in der europäischen Fusionskontrolle - "Coca-Cola", EWS 2000, 350 ff.

Welche Dimension hat das "Neue" im Airtours-Urteil des EuGI?, EuZW 2002, 645 ff.

Gehorsam oder Widerstand - Reformvorschlag der Kommission zur FKVO und die Rechtsprechung des EuG im Fall Airtours ./. Kommission, WuW 2003, 574 ff.

Weiterentwicklungen im Recht der europäischen Zusammenschlusskontrolle, BB 2003, Beilage 3, Heft 13, 1 ff.

Bartosch, Andreas
Nolau, Anne-Kathrin
Die zweite Generalüberholung der europäischen Fusionskontrolle – das Grünbuch der Kommission vom 11.12.2001,
EuZW 2002, S. 197 ff.

Basedow, Jürgen
Gemeinschaftsrechtliche Grenzen der Ministererlaubnis in der Fusionskontrolle - Zum Verhältnis des § 42 GWB zu den Art. 81 und 82 EG,
EuZW 2003, 44 ff.

Bavasso, Antonio F.
Boeing/Mc Donnell Douglas: Did the Commission Fly Too High?,
ECLR 1998, 243 ff.

Bechthold, Rainer
Die Grundzüge der neuen EWG-Fusionskontrolle,
RIW 1990, 253 ff.

Zwischenbilanz zum EG-Fusionskontrollrecht,
EuZW 1994, 653 ff.

Abwägung zwischen wettbewerblichen Vor- und Nachteilen eines Zusammenschlusses in der europäischen Fusionskontrolle,
EuZW 1996, 389 ff.

Kartellgesetz, Gesetz gegen Wettbewerbsbeschränkungen, Kommentar,
3. Auflage, München 2002

Berg, Hartmut
Daimler-Chrysler: Ein Unternehmenszusammenschluss neuer Qualität?,
WuW 1999, 140 ff.

Berg, Werner
Die neue EG-Fusionskontrollverordnung,
BB 2004, 561 ff.

Zusagen in der Europäischen Fusionskontrolle,
EuZW 2003, 362 ff.

Berg, Werner
Digel, Andreas
Zuständigkeit durch Verweisung: Ein Irrweg! Art. 22 im FKVO-Vorschlag der Kommission,
EWS 2003, 445 ff.

Berg, Werner
Ostendorf, Patrick
The Reform of EC Merger Control: Substance and Impact of the Proposed New Procedural Rules,
ECLR 2003, 594 ff.

Bergmann, Helmut
Burholt, Christian
Nicht Fisch und nicht Fleisch – Zur Änderung des materiellen Prüfkriteriums in der Europäischen Fusionskontrollverordnung,
EuZW 2004, 161 ff.

Bergqvist, Christian
The Concept of an Autonomous Economic Entity,
ECLR 2003, 498 ff.

Berlin, Dominique
Controle Communautaire des Concentrations,
Paris 1992

Bernitz, Ulf
Gutu, Irina
The Effect of EU Merger Policy on Large Multinationals Based in Sweden and Other Smaller EU Member States: Is the Policy Discriminatory?,
ECLR 2003, 19 ff.

Beutler, Bengt
Bieber, Roland
Pipkorn, Jörn
Streil, Jochen
Die Europäische Union – Rechtsordnung und Politik,
Baden Baden, 4. Auflage 1993

Bischke, Alf-Henrik
Mäger, Thorsten
Der Kommissionsentwurf einer geänderten EU-Fusionskontrollverordnung,
EWS 2003, 97 ff.

Bischke, Alf-Henrik
Wirtz, Andreas
Wohin mit den Effizienzen in der Europäischen Fusionskontrolle,
RIW 2001, 328 ff.

Bischof, Hans Helmut
Europarecht für Anfänger,
München, 2.Auflage 1997

Bishop, Bill *Caffarra Lexecon, Cristina*	Merger Control in "new markets", ECLR 2001, 31 ff.
Bishop, Matthew *Kay, John*	European Mergers and Merger Policy, London 1993
Bishop, Simon B.	Power and Responsibility: The ECJ's Kali-Salz Judgment, ECLR 1999, 37 ff.
Bishop, Simon *Lofaro, Andrea*	Disregarding History: The European Commission´s Pirelli/BICC Decision, ECLR 2001, 288 ff.
Bishop, Simon *Ridyard, Derek*	Prometheus Unbound: Increasing the Scope for Intervention in EC Merger Control, ECLR 2003, 357 ff.
Boege, Ulf	Reform der Europäischen Fusionskontrolle, WuW 2004, 138 ff.
Borchardt, Knut *Fikentscher, Wolfgang*	Wettbewerb, Wettbewerbsbeschränkungen, Marktbeherrschung, Stuttgart 1957.
Bork, Robert H.	The Antitrust Paradoxon. A Policy of War with Itself, New York 1992
Bos, Pierre *Styck, Jules* *Wytnick, Peter* *Ridyard, Derek*	Concentration Control in the European Community, London 1992
Bourgeois, Jacques H. J.	EEC Control Over International Mergers, Yearbook of European Law 1991, 103 ff.
Brandenburger, Rachel C. *Janssens, Thomas*	European Merger Control: Do the Checks and Ballances need to be Re-Set?, Twenty-Eighth Annual Conference on International Antitrust Law and Policy, 2001, Fordham Corporate Law Institute, 41 ff.

Brei, Gerald Begräbnis erster Klasse für die Fusionskontrolle konglomerater Zusammenschlüsse - Kritische Anmerkungen zum Urteil des EuG im Fall Tetra ./. Kommission,
WuW 2003, 585 ff.

Bright, Christopher The European Merger Control Regulation: Do Member States still have an Independent Role in Merger Control? Part I and II,
ECLR 1991, 139 ff. und ECLR 1991, 181 ff.

Bright, Christopher
Persson, Mikael Article 22 of the EC Merger Regulation: An Opportunity Not to be Missed?,
ECLR 2003, 490 ff.

Briones Alonso, Juan Economic Assessment of Oligopolies under the Community Merger Control Regulation,
ECLR 1993, 118 ff.

Market Definition in the Community`s Merger Control Policy,
ECLR 1994, 195 ff.

Oligopolistic Dominance: Is there a Common Approach in Different Jurisdictions? A Review of Decisions Adopted by the Commission under the Merger Regulation,
ECLR 1995, 334 ff.

Briones, Juan
Padilla, Atilano Jorge The Complex Landscape of Oligopolies under EU Competition Policy – Is Collective Dominance Ripe for Guidelines?,
World Competition 2001, 307 ff.

Britain, Leo Speech to the EC chamber of Commerce in New York on 16 March 1990,
CMLRev 1990, 324 ff.

The Law and Policy of Merger Control in the EEC, ELRev 1990, 351 ff.

The Development of Merger Control in the EEC Competition Law,
Hersch Lauterpach Memorial Lecture,
Cambridge 1991

Broberg, Morten

Merger Control in the European Community, A summary of five Years since the Introduction of the Merger Regulation,
World Competition 1995, 5 ff.

The EC Commission`s Green Paper on the Review of the Merger Regulation, ECLR 1996, 289 ff.

The Commission`s jurisdiction over mergers in the financial sector,
Legal Issues of European Integration 1996, 35 ff.

Commitments in Phase One Merger Proceedings: The Commission's Power to Accept and Enforce Phase One Commitments, CMLRev 1997, 845 ff.

Merger Control in Europe,
World Competition 1997, 5 ff.

The Geographic Allocation of Turnover under the Merger Regulation, ECLR 1997, 103 ff.

Muddying the Clear Waters: On the Commission's Proposal for a New Delimitation of Jurisdiction in the Field of Merger Control, ECLR 2002, 429 ff.

Bröcker, Norbert *Weisner, Arnd*	Übernahmeangebote, Köln 2003
Bronett de, Georg-Klaus	Akteneinsicht in Wettbewerbsverfahren der Europäischen Kommission, WuW 1997, 383 ff.
Brown, Adrian	Judical Review of Commission Decisions under the Merger Regulation: The First Cases, ECLR 1994, 296 ff.
Brozolo, Luca G. Radicati di *Gustafsson Magnus*	Full-function Joint Ventures Under the Merger Regulation: The Need for Clarification, ECLR 2003, 574 ff.
Bunte, Hermann-Josef	Kartellrecht mit neuem Vergaberecht, München 2003
Burgstaller, Markus	Marktbeherrschung oder "Substantial Lessening of Competition"? - Zugleich ein Beitrag zur Reform des materiellen Europäischen Fusionskontrollrechts, WuW 2003, 726 ff.
Burnside, Alec	GE, Honey, I Sunk the Merger, ECLR 2002, 107 ff.
Burnside, Alec *Mackenzie Stuart, Judy*	Joint Venture Analysis: The Latest Chapter, ECLR 1995, 138 ff.
Caffarra, Cristina	Mergers with Durable Goods, ECLR 2000, 291 ff.
Caffara, Cristina *Coscelli, Andrea*	Merger to Monopoly: NewsCorp/Telepiù, ECLR 2003, 625 ff.
Callister, Paul D.	The December 1990 European Merger Control Regulation: A non-EC Perspective, Cornell International Law Journal 1991, 97 ff.

Camesasca, Peter D. The explicit efficiency defence in merger control: Does it make the difference?, ECLR 1999, 14 ff.

Mayday or Heyday? Dynamic Competition Meets Media Ownership Rules after Premiere, ECLR 2000, 76 ff.

Christensen, Peter
Rabassa, Valérie The Airtours decision: Is there a new Commission approach to collective dominance?, ECLR 2001, 227 ff.

Clark, John Maurice Competition and the Objective of Government Policy, in: Chamberlin Edward H. (Hrsg.), Monopoly and Competition and their Regulation, London 1954, 317 ff.

Competition: Static Models and Dynamic Aspects, AER 1955, 241 ff.

Collins, Wayne D. The Coming of Age of EC Competition Policy, Yale Journal of International Law 1992, 249 ff.

Cook, C. John
Kerse, Christopher S. E.C. Merger Control, 3. Auflage, London 2000

Coppi, Lorenzo
Dobson, Paul The Importance of Market Conduct in the Economic Analysis of Mergers - The Interbrew Saga, ECLR 2002, 386 ff.

Cour, Lisbeth F. la
Mollgaard, H. Peter Meaningful and Measurable Market Domination, ECLR 2003, 132 ff.

Cowman, Johanna Mary Effective E.C. Merger Control: A Comparative Analysis With U.S. Merger Control, Limerick 2002 (Zit.: Cowman, S.)

Davidow, Joel	Competition Policy, Merger Control and Community's 1992 Program, Columbia Journal of Transnational Law 1991, 11 ff.
Desai, Kiran S.	The European Commission`s Draft Notice on Market Definition: a Brief Guide to the Economics, ECLR 1997, 473 ff.
Dirksen, Dirk *Barber, Horst*	Kontrollpflichtige Zusammenschlüsse durch Anteilserwerb, EWS 1992, 98 ff.
Dittert, Daniel	Die Reform des Verfahrens in der neuen EG-Fusionskontrollverordnung, WuW 2004, 148 ff.
Dobson, Paul	Competition and Mergers in Consumer Goods Industries: The Case of Pet Foods, ECLR 2001, 443 ff.
Dominguez Perez, Dolores *Burnley, Richard*	The Article 9 Referral Back Procedure: A Solution to the Jurisdictional Dilemma of the European Merger Regulation?, ECLR 2003, 364 ff.
Downes, Antony T. *Ellison, Julian*	Legal Control of Mergers in the EC, London 1991
Drauz, Götz	Reform der Fusionskontrollverordnung – Die Kernpunkte des Grünbuchs der Europäischen Kommission, WuW 2002, 444 ff.
	An efficiency defence for mergers: Putting an intricate puzzle together, ZWeR 2003, 254 ff.
Drautz, Götz *Schroeder, Dirk*	Praxis der Europäischen Fusionskontrolle, Köln 1995

Dreher, Meinrad	Deutsche Ministererlaubnis in der Zusammenschlusskontrolle und europäisches Kartellrecht, WuW 2002, 828 ff.
Ebenroth, Carsten Thomas *Daum, Thomas*	Die Kompetenzen des Vorstands einer Aktiengesellschaft bei der Durchführung und Abwehr unkoordinierter Übernahmen, DB 1991, 1105 ff. (Teil I) und 1157 ff. (Teil 2)
Ebenroth, Carsten Thomas *Lange, Knut Werner*	Die Auswirkungen der Europäischen Fusionskontrollverordnung auf das bundesdeutsche Recht der Unternehmenszusammenschlüsse, BB 1991, 845 ff.
Ehlermann, Claus-Dieter	Zukünftige Entwicklungen des Europäischen Wettbewerbrechts, EuZW 1994, 647 ff.
Ehlermann, Claus-Dieter *Völcker, Sven*	Kein Blauer Himmel mehr über Fusionsverboten der Kommission, EuZW 2003, 1 ff.
Eickhof, Norbert	Wettbewerb, Wettbewerbsfreiheit, Wettbewerbsbeschränkungen. Einige Anmerkungen zu den zentralen Aspekten der Wettbewerbspolitik, Hamburger Jahrbuch, Band 25, 225 ff.
Elland, William	Merger Control by the EC Commission, ECLR 1987, 163 ff.
Elliott, G. Porter	The Gencor judgment: collective dominance, remedies and extraterritoriality under the Merger Regulation, ELRev 1999, 638 ff.
Emmerich, Volker	Fusionskontrolle 1993/94, AG 1994, 477 ff.

Fusionskontrolle 1994/95,
AG 1995, 481 ff.

Fusionskontrolle 1995/96,
AG 1996, 529 ff.

Fusionskontrolle 1996/97,
AG 1997, 529 ff.

Fusionskontrolle 1997/98,
AG 1998, 541 ff.

Fusionskontrolle 1999/2000,
AG 2000, 529 ff.

Fusionskontrolle 2000/2001,
AG 2001, 605 ff.

Fusionskontrolle 2001/2002,
AG 2002, 641 ff.

Fusionskontrolle 2002/2003,
AG 2003, 649 ff.

Erichsen, Hans-Uwe
Weiß, Richard — System des Europäischen Rechtsschutzes,
Jura 1990, 528 ff.

Ersboll, Niels Christian — Commitments under the Merger Regulation,
ECLR 2001, 357 ff.

Eucken, Walter — Grundsätze der Wirtschaftspolitik,
Tübingen 1952

Everling, Ulrich — Die Mitwirkung nationaler Behörden in der EG-Wettbewerbspraxis,
WuW 1993, 709 ff.

Ezrachi, Ariel — Limitations on the Extraterritorial Reach of the European Merger Regulation,
ECLR 2001, 137 ff.

Farbmann, Kyrill — Die Geschichte der Fusionskontrollverordnung als ein Beispiel der Europäischen Normsetzung, EuR 2004, 495 ff.

Feddersen, Christoph — Gericht erster Instanz erklärt Tetra Laval/Sidel Entscheidung für nichtig, WuW 2003, 15 ff.

Fiebig, Andre R. — International Law Limits on the Extraterritorial Application of the European Merger Control Regulation and Suggestions for Reform, ECLR 1998, 323 ff.

Fiedler, Patrick — EG-Kommission erleichtert Voraussetzungen für Sanierungsfusionen, EuZW 2001, 585 ff.

Sanierungsfusionen und europäisches Kartellrecht: Eine Neubewertung im Lichte der Kommissionsentscheidung BASF/Pantochim/Eurodiol, NZI 2002, 79 ff.

Fischer, Hans Georg — Europarecht, 3. Auflage, München 2001

Fox, Eleanor M. — Merger Control in the EEC – towards a European Merger Jurisprudence, Fordham 1991

Frey, Bruno — The public Choice view of international political economy, :in Vaubel, Rolland / Willet, Thomas D. (Hrsg.) The political economy of international organizations, New York 1991

Fuchs, Andreas — Widerruf der Genehmigung und nachträgliche Untersagungsmöglichkeit nach der Fusionskontrollverordnung, EuZW 1996, 263 ff.

Furse, Mark	Market Definition - The Draft Commission Notice, ECLR 1997, 378 ff.
Gassner, Ulrich	Grundzüge des Kartellrechts, München, 1999 (Zit.: Gassner, S.)
Giersch, Herbert	Allgemeine Wirtschaftspolitik: Erster Band – Grundlagen, Wiesbaden 1961
Goyder, Daniel G.	EC Competition Law, 2.Auflage, Oxford 1993
Groenewegen Johann *Beije Peter R.*	The European Answer to the Dillemmas of Competition, Cooperation and Mergers, J.Econ.Issues 1992, 493 ff.
Gugerbauer, Norbert	Handbuch der Fusionskontrolle: Kommentar zur Verordnung Nr. 4064/89 des Rates über die Kontrolle von Unternehmenszusammenschlüssen und zu den §§ 41 ff KartG, Wien 1995
Happe, Claus-Michael	Die Fristen im EG-Fusionskontrollverfahren, EuZW 1995, 303 ff.
Herbord, David *Graevenitz, Georg von*	Market Definition in Oligopolistic and Vertically Related Markets: Some Anomalies, ECLR 2000,151 ff.
Haupt, Heiko	Collective Dominance Under Article 82 E.C. Merger Control in the light of the Airtours Judgment, ECLR 2002, 434 ff.

Kollektive Marktbeherrschung in der europäischen Missbrauchs- und Fusionskontrolle nach dem Airtours-Urteil des Gerichts erster Instanz,
EWS 2002, 361 ff.

Hausmann, Friedrich Ludwig Staatliche Kartellrechtsdurchsetzung im internationalen Vergleich,
Köln 1998

Hayek, Friedrich August von Der Sinn des Wettbewerbs, in: Hayek, Friedrich August von, Individualismus und wirtschaftliche Ordnung,
Zürich 1952

Grundsätze einer liberalen Gesellschaftsordnung,
ORDO 1967, 11 ff.

Der Wettbewerb als Entdeckungsverfahren,
Kiel 1968

Die Anmaßung von Wissen,
ORDO 1975, 12 ff.

Heidenhain, Martin Europäische Fusionskontrolle für Zusammenschlüsse ohne gemeinschaftsweite Bedeutung,
EuZW 1990, 84 ff.

Die Entscheidung der EG-Kommission im Fusionskontrollverfahren "ICI/Tioxide" - eine Anmerkung,
EuZW 1991, 180 ff.

Zur Klagebefugnis Dritter in der Europäischen Fusionskontrolle,
EuZW 1991, 590 ff.

Zusagenpraxis in der EG-Fusionskontrolle,
EuZW 1994, 135 ff.

Heim, Mathew
The Impact of the Media on EU Merger Decisions,
ECLR 2003, 49 ff.

Herdegen, Matthias
Europarecht,
2.Auflage, München 1999

Herdzina, Klaus
Möglichkeiten und Grenzen einer wirtschaftstheoretischen Fundierung der Wettbewerbspolitik,
Tübingen 1988

Wettbewerbspolitik,
5. Auflage, Stuttgart 1999
(Zit.: Herdzina , S.)

Hirsbrunner, Simon
Fusionskontrolle der Kommission im Jahre 1994,
EuZW 1995, 295 ff.

Fusionskontrolle der Kommission im Jahre 1995,
EuZW 1996, 517 ff.

Fusionskontrolle der Kommission im Jahre 1996,
EuZW 1997, 748 ff.

Die revidierte EG-Fusionskontrollverordnung,
EuZW 1998, 69 ff

Neue Durchführungsbestimmungen und Mitteilungen zur EG-Fusionskontrolle,
EuZW 1998, 613 ff.

Verweisung von Unternehmenszusammenschlüssen nach Artikel 9 der EG-Fusionskontrollverordnung,
EWS 1998, 233 ff.

Die Entwicklung der Europäischen Fusionskontrolle in den Jahren 1997 und 1998, EuZW 1999, 389 ff.

Neue Entwicklungen der Europäischen Fusionskontrolle in den Jahren 1999 und 2000, EuZW 2001, 197 ff.

Neue Entwicklungen der EG-Fusionskontrolle im Jahre 2001, EuZW 2002, 453 ff.

Neue Entwicklungen der Europäischen Fusionskontrolle, EuZW 2003, 709 ff.

Hirsch, Volker — The EU Merger Control – The latest Developmens, Detroit College of Law, Journal of International Law and Practice 1995, 43 ff.

Hofmann, Herwig C.H. — Good Governance in European Merger Control: Due Process and Checks and Balances under Review, ECLR 2003, 114

Hoffmann, Jochen
Terhechte, Jörg Philipp — Der Vorschlag der Europäischen Kommission für eine neue Fusionskontrollverordnung, AG 2003, 415 ff.

Höhn, Christine — Kollektive Marktbeherrschung vor und nach der Airtours-Entscheidung des EuG, RIW 2003, 63 ff.

Hölzler, Heinrich — EG Fusionskontrolle: Konzepte und Konsequenzen, WM 1990, 489 ff.

Merger Control, in: Montagon, Peter (Hrsg.) European Competition Policy, S. 11 ff, London 1990

Holmes, Simon
Turnbull, Sarah
Remedies in Merger cases: Recent Developments,
ECLR 2002, 499 ff.

Hoppmann, Erich
Fusionskontrolle,
Walter Eucken Institut – Vorträge und Aufsätze, Heft 38,
Tübingen 1972.

Zur ökonomischen Begründung von Ausnahmebereichen, Jahrbücher für Nationalökonomie und Statistik,
Bd. 187 (1973), 165 ff.

Marktmacht und Wettbewerb,
Tübingen 1977.

Horn, Norbert
Internationale Unternehmenszusammenschlüsse,
ZIP 2000, 473 ff.

Huggenberger, Thomas
Die marktbeherrschende Stellung in der Fusionskontrolle der EG,
Frankfurt, 2000

Immenga, Frank A.
Stopper, Martin
Impulsgeber "Baby Food Merger" - Die Berücksichtigung des Effizienzgedankens im US-amerikanischen und europäischen Fusionskontrollrecht,
RIW 2001, 512 ff.

Immenga, Ulrich
Die Sicherung des unverfälschten Wettbewerbs durch die Europäische Fusionskontrolle,
WuW 1990, 371 ff.

Die Europäische Fusionskontrolle im wettbewerbspolitischen Kräftefeld,
Tübingen 1993

Immenga, Ulrich
Mestmäcker, Ernst-Joachim
EG-Wettbewerbsrecht, Kommentar, Band I,
München 1997

Immenga, Ulrich
Mestmäcker, Ernst-Joachim
u.a.
GWB, Kommentar zum Kartellgesetz,
3.Auflage, München 2001

Janicki, Thomas
Perspektiven der Fusionskontrolle im gemeinsamen Binnenmarkt,
WuW 1989, 193 ff.

EG-Fusionskontrolle auf dem Weg zur praktischen Umsetzung,
WuW 1990, 195 ff.

Inhalt und Praxis der Rückverweisungsvorschriften in Art. 9 der FKVO,
Schwerpunkte des Kartellrechts, FIW-Schriftenreihe, 1992/93, Heft 158, 63 ff.

Johnson, Nancy
The EEC Merger Control Regulation,
World Competition 1993, 105 ff.

Jones, Christopher
González-Díaz, Enrique
The EEC Merger Regulation,
London 1992

Joswig-Kühl, Gisela
Arentzen, Ute
Damerau, Karlhans (Hrsg.)
Gablers Wirtschafts-Lexikon,
12. Auflage (Taschenbuchausgabe),
Wiesbaden 1988
(Zit.: Gablers Wirtschafts-Lexikon, Band, S.)

Kallfass, Hermann H.
Staatliche Zusammenschlusskontrolle oder unreglementierte Märkte für Unternehmenskontrolle?,
WuW 1992, 597 ff

Kantzenbach, Erhard
Die Funktionsfähigkeit des Wettbewerbs,
2. Auflage, Göttingen 1967

Das Konzept der optimalen Wettbewerbsintensität, Eine Erwiderung auf den gleichnamigen Besprechungsaufsatz von E. Hoppmann,
Jahrbücher für Nationalökonomie und Statistik, Bd. 181 (1967), 193 ff.

Zum Konzept eines realistischen Strukturalismus. Kritische Anmerkungen zum Referat von Markert Kieler Symposium 1986: Fusionskontrollrecht,
AG 1986, 185 ff.

Kantzenbach, Erhard
Kallfaß, Hermann H.
Das Konzept des funktionsfähigen Wettbewerbs – workable competition,
Cox, Helmut u.a. (Hrsg.) Handbuch des Wettbewerbs,
München 1981

Karl, Matthias
Inkrafttreten der Änderungen zur Europäischen Fusionskontrolle vom 01.03.1998,
EuR 1998, 219 ff.

Kartte, Wolfgang
Zur institutionellen Absicherung der EG-Fusionskontrolle,
ORDO 1992, 405 ff.

Kassamali, Reyez A.
From Fiction to Fallacy: Reviewing the EC Merger regulation's Community-Dimension Thresholds in the Light of Economics Experience in Merger Control,
ECLR 1996, 89 ff.

Kerber, Wolfgang
Der EG-Fusionskontrollfall "Nestlé/Perrier",
WuW 1994, 21 ff.

Die Europäische Fusionskontrollpraxis und die Wettbewerbskonzepte der EG,
Bayreuth 1994
(Zit.: Kerber, S.)

Kiethe, Kurt
Schwab, Michael
Neue Interpretationsgrundsätze zur EG-rechtlichen Beurteilung von kooperativen Gemeinschaftsunternehmen?,
EuZW 1993, 314 ff.

Kiljanski, Kamil
"Pass-on" in Merger Efficiency Defence,
World Competition 2003, 651 ff.

Kindler, Peter — Europäische Fusionskontrolle auf Abwegen, EWS 1995, 321 ff.

Kleemann, Dietrich — First Year of Enforcement under the EEC Merger Regulation: A Commission View, Fordham Corporate Law Institute 1992, 623 ff.

Klees, Andreas — Der Vorschlag für eine neue EG-Fusionskontrollverordnung, EuZW 2003, 197 ff.

Kleinmann, Werner — Die Anwendbarkeit der EG-Fusionskontrollverordnung auf Gemeinschaftsunternehmen, RIW 1990, 665 ff.

Vorrang des Wettbewerbs in der Europäischen Fusionskontrolle oder ein Pyrrhus-Sieg?, RIW 1992, 345 ff.

Geringfügige Erhöhung hoher Marktanteile eines Marktbeherrschers bei Fusionen: Rechenexempel oder wertende Gesamtschau, BB 1999, 965 f.

Kling, Michael
Thomas, Stefan — Grundkurs Wettbewerbs- und Kartellrecht, München 2004

Kloosterhuis, Erik — Joint Dominance and the Interaction Between Firms, ECLR 2001, 79 ff.

Kloster, Lars — Societas Europaea und europäische Unternehmenszusammenschlüsse, EuZW 2003, 293 ff.

Koch, James V. — Industrial Organization and Prices, London 1981

Kögel, Rainer — Die Angleichung der deutschen an die europäische Fusionskontrolle, Tübingen 1995

Körber, Torsten Die Konkurrentenklage im Fusionskontrollrecht, Baden-Baden 1996

Konkurrentenklagen in der Europäischen Fusionskontrolle, EuZW 1996, 276 ff.

Kommission der Europäischen Gemeinschaften II. Bericht über die Wettbewerbspolitik, Brüssel-Luxemburg 1972

Kommission der Europäischen Gemeinschaften III. Bericht über die Wettbewerbspolitik, Brüssel-Luxemburg 1973

Kommission der Europäischen Gemeinschaften IV. Bericht über die Wettbewerbspolitik, Brüssel-Luxemburg 1974

Kommission der Europäischen Gemeinschaften V. Bericht über die Wettbewerbspolitik, Brüssel-Luxemburg 1975

Kommission der Europäischen Gemeinschaften VI. Bericht über die Wettbewerbspolitik, Brüssel-Luxemburg 1976

Kommission der Europäischen Gemeinschaften VII. Bericht über die Wettbewerbspolitik, Brüssel-Luxemburg 1977

Kommission der Europäischen Gemeinschaften VIII. Bericht über die Wettbewerbspolitik, Brüssel-Luxemburg 1978

Kommission der Europäischen Gemeinschaften IX. Bericht über die Wettbewerbspolitik, Brüssel-Luxemburg 1979

Kommission der Europäischen Gemeinschaften X. Bericht über die Wettbewerbspolitik, Brüssel-Luxemburg 1980

Kommission der Europäischen Gemeinschaften XI. Bericht über die Wettbewerbspolitik, Brüssel-Luxemburg 1981

Kommission der Europäischen Gemeinschaften XII. Bericht über die Wettbewerbspolitik, Brüssel-Luxemburg 1982

Kommission der Europäischen Gemeinschaften XIII. Bericht über die Wettbewerbspolitik, Brüssel-Luxemburg 1983

Kommission der Europäischen Gemeinschaften XIV. Bericht über die Wettbewerbspolitik, Brüssel-Luxemburg 1984

Kommission der Europäischen Gemeinschaften XV. Bericht über die Wettbewerbspolitik, Brüssel-Luxemburg 1985

Kommission der Europäischen Gemeinschaften XVI. Bericht über die Wettbewerbspolitik, Brüssel-Luxemburg 1986

Kommission der Europäischen Gemeinschaften XVII. Bericht über die Wettbewerbspolitik, Brüssel-Luxemburg 1987

Kommission der Europäischen Gemeinschaften XVIII. Bericht über die Wettbewerbspolitik, Brüssel-Luxemburg 1988

Kommission der Europäischen Gemeinschaften XIX. Bericht über die Wettbewerbspolitik, Brüssel-Luxemburg 1989

Kommission der Europäischen Gemeinschaften XX. Bericht über die Wettbewerbspolitik, Brüssel-Luxemburg 1990

Kommission der Europäischen Gemeinschaften XXI. Bericht über die Wettbewerbspolitik, Brüssel-Luxemburg 1991

Kommission der Europäischen Gemeinschaften	XXII. Bericht über die Wettbewerbspolitik, Brüssel-Luxemburg 1992
Kommission der Europäischen Gemeinschaften	XXIII. Bericht über die Wettbewerbspolitik, Brüssel-Luxemburg 1993
Kommission der Europäischen Gemeinschaften	XXIV. Bericht über die Wettbewerbspolitik, Brüssel-Luxemburg 1994
Kommission der Europäischen Gemeinschaften	XXV. Bericht über die Wettbewerbspolitik, Brüssel-Luxemburg 1995
Kommission der Europäischen Gemeinschaften	XXVI. Bericht über die Wettbewerbspolitik, Brüssel-Luxemburg 1996
Kommission der Europäischen Gemeinschaften	XXVII. Bericht über die Wettbewerbspolitik, Brüssel-Luxemburg 1997
Kommission der Europäischen Gemeinschaften	XXVIII. Bericht über die Wettbewerbspolitik, Brüssel-Luxemburg 1998
Kommission der Europäischen Gemeinschaften	XXIX. Bericht über die Wettbewerbspolitik, Brüssel-Luxemburg 1999
Kommission der Europäischen Gemeinschaften	XXX. Bericht über die Wettbewerbspolitik, Brüssel-Luxemburg 2000
Kommission der Europäischen Gemeinschaften	XXXI. Bericht über die Wettbewerbspolitik, Brüssel-Luxemburg 2001
Kommission der Europäischen Gemeinschaften	XXXII. Bericht über die Wettbewerbspolitik, Brüssel-Luxemburg 2002

Kommission der Europäischen Gemeinschaften	Glossar der Wettbewerbspolitik er EU: Kartellrecht und Kontrolle von Unternehmenszusammenschlüssen, Brüssel 2002
Korah, Valentine	Gencor via Commission - Collective Dominance, ECLR 1997, 337 ff.
Külp, Bernard	Wohlfahrtsökonomik, Band 2: Maßnahmen und Systeme, Tübingen 1976
Lampert, Dieter	Kompetenzabgrenzung zwischen nationaler und europäischer Fusionskontrolle, WuW 2002, 449 ff.
Langen, Eugen *Bunte, Hermann-Josef*	Kommentar zum deutschen und europäischen Kartellrecht, 9. Auflage, München 2001
Langeheine, Bernd	Substantive Review under the EEC Merger Regulation; in Barry E. Hawk (Hrsg.), Annual Proseedings of the Fordham Corporate Law Institute, Internationale Mergers and Joint Ventures, 1991, 481 ff.
Leibenath, Christoph	Die Rechtsprobleme der Zusagenpraxis in der Europäischen Fusionskontrolle, Baden-Baden 2000
Löffler, Heinz F.	Kommentar zur Europäischen Fusionskontrolle, Neuwied 2001
Loibl, Helmut	Europarecht, Köln, Berlin, Bonn, München 1999
Mai, Eugen *Knobloch, Ralph*	Fusionsmotive und optimale Unternehmensgröße, Horizonte, Juni 2000, 33 ff.

Mann, Frederick K. Artikel "Adam Smith", in Beckerath, Erwin von (Hrsg.) Handwörterbuch der Sozialwissenschaften, Band 9, Stuttgart, Tübingen, Göttingen 1956

Marschall, Alfred Principles of Economics, 8.Auflage, London 1956

Metge, Jens
Elberfeld, Walter Entwicklungslinien des Konzepts der Kollektiven Marktbeherrschung in der Europäischen Fusionskontrolle, CWG-Dialog Juli 2003, 1 ff.

Miersch, Michael Kommentar zur EG-Verordnung Nr. 4064/89 über die Kontrolle von Unternehmenszusammenschlüssen, Neuwied 1991

Miert van, Karel Die Wettbewerbspolitik der neuen Kommission, WuW 1995, 553 ff.

Minderlein, Martin Markteintrittsbarrieren und Unternehmensstrategie: Industrieökonomische Ansätze und eine Studie zum Personal Computer Markt, Wiesbaden 1989

Modrall, James R. Ancillary restrictions in the Commission's decisions under the Merger Regulation: Non-competition clauses, ECLR 1995, 40 ff.

Modrall, James R.
Ciullo, Stefano Gun-Jumping and EU Merger Control, ECLR 2003, 424 ff.

Möschel, Wernhard Subsidiaritätsprinzip und europäisches Kartellrecht, NJW 1995, 281 ff.

Montag, Frank Strukturelle kooperative Gemeinschaftsunternehmen, RIW 1994, 918 ff.

Montag, Frank *Leibenath, Christoph*	Die Rechtsschutzmöglichkeiten Dritter in der europäischen Fusionskontrolle, ZHR 2000, 176 ff.
Motta, Massimo	E.C. Merger Policy and the Airtours Case, ECLR 2000, 199 ff.
Mülbert, Peter O.	Zusagen im deutschen und europäischen Fusionskontrollrecht, ZIP 1995, 699 ff.
Müller, Dennis C.	Das Antitrustrecht der Vereinigten Staaten am Scheideweg, WuW 1986, 533 ff.
Müller, Udo	Artikel: Wettbewerbspolitik, Handwörterbuch der Volkswirtschaftslehre, Spalte 1524 ff, 1529 f., Wiesbaden 1980
Neumann, Manfred	Industrial Organization: Ein Überblick über die quantitative Forschung, ZfB 1979, 645 ff.
Niederleithinger, Ernst	Grundfragen der neuen europäischen Zusammenschlusskontrolle, EWS 1990, 73 ff.
	Das Verhältnis nationaler und europäischer Kontrolle von Zusammenschlüssen, WuW 1990, 721 ff.
Niemeyer, Hans-Jörg	Die Anwendbarkeit der Art. 85 und 86 EWG-Vertrag auf Unternehmenszusammenschlüsse nach Inkrafttreten der EG-Fusionskontrollverordnung, RIW 1991, 448 ff.
	Europäische Fusionskontrolle, BB 1991, 1 ff.
Niewiarra, Manfred	Die novellierte Europäische Fusionskontrollverordnung, EWS 1998, 113 ff.

Nikolinakos, Nikos	The Importance of Maintaining Competition in the Internet Market: the WorldCom/MCI case, ECLR 2000, 393 ff.
Nikpay, Ali *Houwen, Fred*	Tour de Force or a Little Local Turbulence? A Heretical View on the Airtours Judgment, ECLR 2003, 193 ff.
Noel, Pierre-Emmanuel	Efficiency Considerations in the Assessment of Horizontal Mergers under European and U.S. Antitrust Law, ECLR 1997, 498 ff.
Nordemann, Bernd	Buying Power and Sophisticated Buyers in Merger Control Law: The Need for a more Sophisticated Approach, ECLR 1995, 270 ff.
Obwexer, Walter	Das Ende der Europäischen Gemeinschaft für Kohle und Stahl, EuZW 2002, 517 ff.
Ojala, Marjo *Larsson, Rolf*	Nordic Views on Merger Control, ECLR 2003, 136 ff.
O´Keeffe, Siún	Merger Regulation Thresholds: An Analysis of the Community-dimension Thresholds, ECLR 1994, 21 ff.
Opgenhoff, Carolin	Behandlung von Gemeinschaftsunternehmen nach der EG-Fusionskontrollverordnung, EWS 1999, 372 ff.
Ott, Alfred E.	Marktform und Verhaltensweise, Stuttgart 1959
Overbury, Colin	Politics or Policy? The Demystification of EC Merger Control, in Barry E. Hawk (Hrsg.), Proceedings of the 19th Annual Fordham Corporate Law Institute 1992, 557 ff, New-York 1993
Overd, Alan	Lessons from the Accountancy Mergers, ECLR 1999, 47 ff.

	After the Airtours Appeal, ECLR 2002, 375 ff.
Pelkmans, Jacques	Market Integration in the European Communities, Amsterdam 1981
Pertsch, Erich (Bearb.)	Langenscheidts Großes Wörterbuch Lateinisch-Deutsch, Berlin 1982
Planz, Matthias *Caffara, Cristina*	The Economics of G.E./Honeywell, ECLR 2002, 115 ff.
Poeche, Jürgen	Das Konzept der „Workable Competition“in der angelsächsischen Literatur, FIW-Dokumentation, Heft 1, Köln 1970
Pohlmann, Petra	Die Vorschläge der Europäischen Kommission zu einer Änderung der Fusionskontrollverordnung, EWS 1997, 181 ff.
Polley, Romina *Grave, Carsten*	Die Erweiterung eines bestehenden Gemeinschaftsunternehmens als Zusammenschluss, WuW 2003, 1010 ff.
Portwood, Timothy	Mergers under EC Competition Law, European Community Law Series, Volume 7, New York 1994
Quack, Karlheinz	Zur Anwendbarkeit der Fusionskontrollverordnung auf Oligopolsachverhalte, GRUR 1998, 295 ff.
Ragolle, Filip	Schneider Electric v Commission: The CFI's Response to the Green Paper on Merger Review, ECLR 2003, 176 ff.

Rau, Stephan — Der Erwerb aus der Insolvenz und die Fusionskontrolle - über die Genehmigungsfähigkeit von Sanierungsfusionen, BB 2002, 1973 ff.

Rexin, Manfred — Die Jahre 1945 – 1949, Alliierte Pläne für die Nachkriegszeit, in Herbert Lilge (Hrsg.), Deutschland 1945-1963, Hannover 1967

Reynolds, Michael J. — Merger Control in the EEC, Journal of World Trade Law 1988, 407 ff.

From Merger Mayhem to Merger Miracle, International Financial Law Review, January 1990, 33 ff.

Richter, Rudolf — Preistheorie, Wiesbaden 1963

Ridyard, Derek — An Economic Perspective on the EC Merger Regulation, ECLR 1990, 247 ff.

Joint Dominance and the Oligopoly Blind Spot under the EC Merger Regulation, ECLR 1992, 161 ff.

Economic Analysis of Single Firm and Oligopolistic Dominance under the European Merger Regulation, ECLR 1994, 255 ff.

Ristelhuber, Johannes — Sanierende Unternehmensübertragung und Fusionskontrolle, ZIP 2003, 378 ff.

Rittner, Fritz — Wettbewerbs- und Kartellrecht, 6. Auflage, Heidelberg 1999

Roberto, Vito	Zur wettbewerbspolitischen Beurteilung vertikaler Zusammenschlüsse, WuW 1992, 803 ff.
Robinson, Joan	The Economics of Imperfect Competition, 2.Auflage, London, New York 1969
Rodford, Peter	The EEC Merger Control Regulation, European Access 1990, Nr. 3, 17 ff.
Röhling, Andreas	Offene Fragen der europäischen Fusionskontrolle, ZIP 1990, 1179 ff.
Rösler, Patrick	Der Begriff der marktbeherrschenden Stellung in der europäischen Fusionskontrolle, NZG 2000, 857 ff.
	Der relevante Markt in der Europäischen Fusionskontrolle, NZG 2000, 761 ff.
Rosenthal, Michael	Neuordnung der Zuständigkeiten und des Verfahren in der Europäischen Fusionskontrolle, EuZW 2004, 327 ff.
Ruppelt, Hans-Jürgen	Der Verordnungsentwurf für eine europäische Fusionskontrolle im EG-Recht, WuW 1989, 187 ff.
Säcker, Franz Jürgen	Abschied vom Bedarfsmarktkonzept, ZWeR 2004, 1 ff.
Sauter, Herbert	Ein Nachwort zur Europäischen Fusionskontrolle, in Festschrift für Karlheinz Quack, v. Westermann, Harm P., Rosener, Wolfgang (Hrsg.), 657 ff.

Scherer, Frederic M.	Stand und Perspektiven der Industrieökonomik, in Bombach, Gottfried, Gahlen, Bernhard, Ott, Alfred E. (Hrsg.), Industrieökonomik: Theorie und Empirie, 3 ff., Tübingen 1985
Scherf, Dieter	Konzentrative und kooperative Gemeinschaftsunternehmen im europäischen Kartellrecht, AG 1992, 245 ff.
Schmalensee, Richard	Inter-Industry Studies of Structure and performance, in: Handbook of Industrial Organisation, Bd. 2, Hrsg.: Schmalensee Richard u.a., Amsterdam 1989, 951 ff.
Schmidt, Ingo	Per se Rule oder Rule of Reason, WiSt 1981, 282 ff.
	Wettbewerbspolitik und Kartellrecht, 6. Auflage, Stuttgart 1999 (Zit.: Schmidt, S.)
Schmidt, Ingo *Burger, Alexander*	Die Bedeutung der Beurteilung der Konzentration in der traditionellen und neuen Industrieökonomik, WiSt 1997, 625 ff.
Schmidt, Ingo *Engelke, Heinz*	Marktzutrittsschranken und potenzieller Wettbewerb, WiSt 1989, 399 ff.
Schmidt, Ingo *Rittaler, Jan B.*	Die Chicago School of Antitrust Analysis: Ökonomische Analyse des Wettbewerbsrechts, WiSt 1986, 283 ff.
Schmidt, John M.	Spotting the Elephant in Parallel Mergers: First Past the Post, or Combined Assessment?, ECLR 2003, 183 ff.
Schmidtchen, Dieter	Property Rights, Freiheit und Wettbewerbspolitik, Tübingen 1983

Schneider, Erich,	Einführung in die Wirtschaftstheorie, II. Teil, 13. Auflage, Tübingen 1972
Schnelle, Ulrich *Bartosch, Andreas*	Entwicklung der fusionskontrollrechtlichen Kommissionspraxis in Medien- und Telekommunikationssektor, BB 1999, 1933 ff.
Schohe, Gerrit	Das Verbot des Zusammenschlusses von Schneider und Legrand ist nichtig: Eine weiteres „Menetekel" für die Kommission, WuW 2003, 359 ff.
Schröter, Helmut *Jakob, Thinam* *Mederer, Wolfgang* *(Hrsg.)*	Kommentar zum Europäischen Wettbewerbsrecht, Baden-Baden, 2003
Schröter, Helmut	Antitrust Analysis under Art. 85 EG-V (1) and (3) Rule of Reason, in Barry E. Hawk (Hrsg.), Proceedings of the 14th Annual Fordham Corporate Law Institute 1987, S. 645 ff, New-York 1988
Schütz, Jörg	Der räumlich relevante Markt in der Fusionskontrolle, WuW 1996, 286 ff.
Schwartz, Ethan	Politics as Usual: The History of European Community Merger Control, Yale Journal of International Law 1993, Volume 18, Number 2, S. 613 ff.
Schweitzer, Michael *Hummer, Waldemar*	Europarecht, 5. Auflage, Frankfurt 1996 (mit Nachtrag 1999)
Selvam, Vijay SV	The EC Merger Control Impasse: Is there a Solution to this Predicament?, ECLR 2004, 52 ff.
Sibree, William	EEC Merger Control and Joint Ventures, ELRev 1992, 91 ff.

Sinclair, Duncan	Reflections on the European Commission's Proposals to Amend the Jurisdictional Test in the Merger Regulation: A Hall of Mirrors?, ECLR 2002, 326 ff.
Siragusa, Mario	The Lowering of the Thresholds: An Opportunity to Harmonise Merger Control, ECLR 1993, 139 ff.
Siragusa, Mario *Subiotto, Romano*	Ein Jahr EG Fusionskontrolle - eine Zwischenbilanz aus der Sicht des Praktikers, WuW 1991, 872 ff.
Smith, Adam	An Inquiry into the Nature and Causes of the Wealth of Nations (Der Wohlstand der Nationen), München 1974
	An Inquiry Into the Nature and Causes of Wealth of Nations, Volume 1, London 2001
Snelders, Robert	Developments in E.C. Merger Control in 1995, ELRev 1996, 66 ff.
	Developments in E.C. Merger Control in 1996, ELRev 1997, 75 ff.
Soames, Trevor	The "Community Dimension" in the EEC Merger Regulation: The Calculation of the Turnover Criteria, ECLR 1990, 213 ff.
	Merger Policy: As Clear As Mud?, ECLR 1991, 53 ff.
Stackelberg, Heinrich von	Marktform und Gleichgewicht, Wien 1934
Stadler, Christoph	"Conflicting Mergers": Combined Assessment or Priority Rule?, ECLR 2003, 321 ff.

Staebe, Erik | Fusionskontrolle nach Art. 81 und 82 EG?, EWS 2003, 249 ff.

Stoll, Jutta | Zum Vorschlag der EG-Kommission für die 13 Richtlinie auf dem Gebiet des Gesellschaftsrechts über Übernahmeangebote, BB 1989, 1489 ff.

Streinz, Rudolf | Europarecht, 6. Auflage, Heidelberg 2003

Strohm, Andreas | BASF/Pantochim/Eurodiol: Richtungswechsel in der Europäischen Fusionskontrolle?, WuW 2001, 1203 ff.

Stroux, Sigrid | Is EC Oligopoly Control Outgrowing Its Infancy?, World Competition 2000, 50 ff.

Collective dominance under the Merger Regulation: a serious evidentiary reprimand for the Commission, ELRev 2002, 736 ff.

Struijlaart, Robin A. | Minority Share Acquisitions Below the Control Threshold of the EC Merger Control Regulation: An Economic and Legal Analysis, World Competition 2002, 173 ff.

Temple Lang, John | Two important Merger regulation judgments: the implications of Schneider-Legrand and Tetra Laval-Sidel, ELRev 2003, 259 ff.

Tirole, Jean | The Theory of Industrial Organization, Cambridge, London 1990

Traugott, Rainer | Zur Abgrenzung von Märkten, WuW 1998, 929 ff.

Triffin, Robert | Monopolistic Competition and General Equilibrium Theory, Cambridge 1940

Tuchtfeld, Ewald	Wettbewerbspolitik. In: Kompendium der Volkswirtschaftslehre, Band 2, Ehrlicher W. u.a. (Hrsg.), 4. Auflage, Göttingen 1975
Veljanovski, Cento	E.C. Antitrust in the New Economy: Is the European Commission`s View of the Network Economy Right?, ECLR 2001, 115 ff.
	Banking Mergers: Transaction Costs and Market Definition, ECLR 2000, 195 ff.
Villard, Henry H.	Competition, Oligopoly and Research, JPolE 1958, 491 ff.
Völcker, Sven	Das beschleunigte Verfahren in EU-Wettbewerbssachen: Effektiver Rechtsschutz in der Fusionskontrolle?, WuW 2003, 6 ff.
Voigt, Stefan	Mehr Rechtssicherheit in der Europäischen Fusionskontrolle? - Der Entwurf der Kommission über die Kontrolle horizontaler Zusammenschlüsse, WuW 2003, 897 ff.
von der Groeben, Hans *Thiesing, Jochen* *Ehlermann, Claus-Dieter* *(Hrsg.)*	Kommentar zum EU- / EG-Vertrag, Bd. 2/1 Art 85 – 87 EGV 5. Auflage, Baden-Baden 1999 (Zit.: Groeben/Thiesing/Ehlermann – Bearbeiter, Art., Rdnr.)
von Hinten-Reed, Nils *Camesasca, Peter D.* *Schedl, Michael*	European Merger Control: Tougher, Softer, Clearer?, ECLR 2003, 458 ff.
von Meibom, Wolfgang *Geiger, Andreas*	Ein Weltkartellrecht als ultima ratio, EuZW 2002, 261 ff.
von Wallenberg, Gabriela	Kartellrecht, 2. Auflage, Neuwied 2002

von Wilmowsky, Peter | Einführung in das Recht der Europäischen Gemeinschaft, Jura 1992, S. 337 ff.

Wagemann, Markus | Erfahrungen mit der EG-Fusionskontrolle - der Fall "Alcatel/AEG Kabel", WuW 1992, 730 ff.

Weiß, Joachim (Hrsg.) | Duden – Das neue Lexikon: in 10 Bänden, Fremdwörterbuch, Band 5, 3. Auflage, Mannheim 1996

Weitbrecht, Andreas | Das neue EG-Kartellverfahrensrecht, EuZW 2003, S. 69 ff.

E.U. Merger Control in 2001 - The Year of Controversy, ECLR 2002, 407 ff.

Whish, Richard | Competition Law, London 2001

Willeke, Franz Ulrich | Grundsätze wettbewerbspolitischer Konzeptionen, Tübingen 1973

Wettbewerbspolitik, Tübingen 1980

Wettbewerbspolitik, WiSt 1981, 25 ff.

Willeke, Rainer J. | Artikel Marktformen, HdSW, 7. Band, Stuttgart 1961, 136 ff.

Winckler, Antoine | Some Comments on Procedure and Remedies under EC Merger Control Rules: Something Rotten in the Kingdom of the EC Merger Control?, World Competition 2003, 219 ff.

Wirtz, Markus — Legalität und ökonomische Realität,
Baden-Baden 2000
(Zit.: Wirtz, S.)

Der Mitteilungsentwurf der Kommission zur Beurteilung horizontaler Zusammenschlüsse,
EWS 2003, 146 ff.

Wohin mit den Effizienzen in der europäischen Fusionskontrolle?,
EWS 2002, 59 ff.

Wolf, Dieter — Zum Verhältnis von europäischem und deutschem Wettbewerbsrecht,
EuZW 1994, 233 ff.

Die Diskussion um eine Europäische Wettbewerbsbehörde,
WM 1996, 2193 ff.

Ysewyn, Johan — The Commission`s Commitment,
ECLR 2001, 253 ff.

The New World of the Merger Task Force,
ECLR 2002, 207 ff.

Zäch, Roger — Wettbewerbsrecht der Europäischen Union – Praxis von Kommission und Gerichtshof,
Bern 1994

Grundzüge des Europäischen Wirtschaftsrechts,
Zürich 1996

Zekos, Georgios I. — The New E.U. Approach to Mergers and Market Integration,
ECLR 2000, 37 ff.

Zonnekeyn, Geert A. — The Treatment of Joint Ventures Under the Amended E.C. Merger Regulation,
ECLR 1998, 414 ff.

A. Einleitung

I. Die Reform der Fusionskontrollverordnung

Am 1.5.2004 ist die neue Fusionskontrollverordnung (FKVO), neben einer Reihe weiterer legislativer und nichtlegislativer Maßnahmen der Europäischen Gemeinschaft, in Kraft getreten. Hierbei handelt es sich um die umfassendste Modernisierung des europäischen Fusionskontrollrechts seit ihrer Entstehung,[1] die mit dem Grünbuch der Kommission[2] im Jahr 2001 ihren Ausgangspunkt genommen hatte.

Die Notwendigkeit einer grundlegenden Änderung der Fusionskontrollverordnung ergab sich aus den gewandelten wirtschaftlichen und politischen Rahmenbedingungen sowohl auf europäischer als auch auf globaler Ebene: die FKVO soll Herausforderungen begegnen, die sich aus „weltweiten Fusionen[3] von Unternehmen, der Währungsunion, der Marktintegration, der Erweiterung der Europäischen Union und der Notwendigkeit der Zusammenarbeit mit anderen zuständigen Behörden ergeben würden".[4] Ein weiterer Auslöser der Reformvorhaben war die zunehmende Anzahl der Zusammenschlüsse von globaler Dimension und deren zunehmende Komplexität.[5] Zudem ergab sich ein zusätzlicher Druck zur Neufassung der FKVO aus den Niederlagen der Europäischen Kommission vor dem EuGH in drei Verfahren[6] und der Uneinigkeit mit den US-amerikanischen Kartellbehörden, die zu einer unterschiedlichen Entscheidung der europäischen und der US-amerikanischen Behörden in der

---

[1] Drautz, WuW 2002, S. 444.

[2] Grünbuch über die Revision der Verordnung (EWG) Nr. 4064/89 des Rates v. 11.12.2001, KOM (2001) 745/6 endg., 4 ff. Als Grünbuch der Kommission bezeichnet man die wichtigsten Gesetzesvorhaben und Entwürfe der Europäischen Kommission, die im Amtsblatt EG veröffentlicht werden.

[3] Hier wird der Begriff der Fusion im weiteren Sinne verwendet und umfasst sowohl die Verschmelzungen von Unternehmen durch Aufnahme oder Neugründung, als auch die feindlichen und freundlichen Übernahmen und Kontrollerwerbe, sowie die Gründungen der Gemeinschaftsunternehmen (joint-venture); vgl. hierzu: Der Zusammenschlussbegriff (Fusion im weiteren Sinne) der Europäischen Fusionskontrolle S.17.

[4] Grünbuch über die Revision der Verordnung (EWG) Nr. 4064/89 des Rates v. 11.12.2001, KOM (2001) 745/6 endg., 4 ff.

[5] Drautz, WuW 2002, S. 444; Broberg, ECLR 2002, S. 429. Vgl. zu der steigenden Anzahl der Fusionen in Europa die Statistik des IW-Koeln unter http://www.iwkoeln.de/default.aspx?p=contenthighkey&i=2046.

[6] EuGl Urt. v. 6.6.2002 , Rs. T – 342/99 (COMP/M.1524; Airtours/First Choice), Slg. 2002, II-2585; Urt. v. 22.10.2002, Rs. T-310/01 (COMP/M.2283; Schneider/Legrand); EuGH WuW 2003, S. 299 ff.; Urt. v. 25.10.2002, Rs. T-05/02 (COMP/M.2416; Tetra Laval/Sidel), EuGH WuW 2002, S. 411 ff.

gleichen Sache geführt haben.[7] Daraus resultierte die Kritik, dass die Kommission nicht in der Lage sei, die Fusionskontrolle wirksam durchzuführen.[8]

Die Kommission hat ein Paket aus materiellen legislativen Änderungen zusammen mit Maßnahmen zur Verbesserung der internen Verfahrensabläufe geschnürt, was insbesondere die neuen Leitlinien zur Bewertung der horizontalen Zusammenschlüsse[9] einschließt.

Parallel dazu hat die Kommission die Neuorganisation der Generaldirektion Wettbewerb vorgenommen,[10] die unter anderem die erstmalige Ernennung eines Chef-Ökonomen, eine Umwandlung der für die Fusionskontrolle zuständigen „Merger Task Force" in die „Merger Network" und die Integration vieler Mitarbeiter der Merger Task Force in die industriespezifischen Abteilungen der Generaldirektion Wettbewerb umfasst.

Die bestehende europäische Zusammenschlusskontrolle erfährt durch die neue Fusionskontrollverordnung im Wesentlichen folgende Änderungen:

1. Das Kriterium der marktbeherrschenden Stellung als Voraussetzung für das Verbot eines Zusammenschlusses wird in der Sache ersetzt durch die Prüfung, ob, insbesondere als Folge der Begründung oder Verstärkung einer marktbeherrschenden Stellung, wirksamer Wettbewerb im gemeinsamen Markt oder in einem wesentlichen Teil desselben erheblich behindert wird (SIEC-Test).[11]

2. Die Effizienz-Argumente, die eine Berücksichtigung der Kompensation der wettbewerblichen Nachteile einer Fusion durch Vorteile für Verbraucher[12] ermöglichen, sollen in der Fusionskontrolle nur insoweit berücksichtigt werden,

---

[7] Entscheidung der Kommission vom 3.2.2002, IV/M. 2220, GE/Honeywell, http://www.europa.eu.int/comm/competition/ mergers/cases/decisions/m2220_en.pdf.

[8] Vgl. Handelsblatt vom 24./25.10.2003, S. 7 „Heidelberg - Cement scheitert bei Readymix".

[9] Leitlinien zur Bewertung horizontaler Zusammenschlüsse gemäß der Ratsverordnung über die Kontrolle von Unternehmenszusammenschlüssen, ABl. EG 2004 Nr. C 31/03,v. 5.02.2004,

[10] Vgl. hierzu die Darstellung auf der Internet-Seite der Generaldirektion Wettbewerb unter europa.eu.int/comm/dgs/competition/index_de.htm.

[11] Vgl. Art. 2 FKVO.

[12] Zum Beispiel die Vorteile für Verbraucher durch die Zusammenlegung der Forschungseinrichtungen der zusammenschließenden Unternehmen.

als sie mit wesentlichen, nachprüfbaren Vorteilen für die Verbraucher verbunden sind.[13]

3. Die Zuständigkeitsverteilung zwischen der Kommission und den Mitgliedsstaaten wurde geändert, um die Verteilung von Fällen zwischen Kommission und den Mitgliedsstaaten zu optimieren.[14] Jetzt haben die Unternehmen die Möglichkeit, eine Verweisung an die Kommission zu beantragen, obwohl die Mitgliedsstaaten zuständig wären, und eine Verweisung an die Mitgliedsstaaten beantragen, obwohl die Kommission zuständig wäre.

4. Für solche Fälle, in denen eine Nachbesserung des Vorhabens zur Beseitigung wettbewerblicher Bedenken erforderlich ist (insbesondere wenn die Unternehmen Zusagen anbieten), wurde ein flexibler Zeitrahmen für den Ablauf des Fusionskontrollverfahrens eingeführt.[15]

5. Die zur Durchsetzung der Fusionskontrolle notwendigen Ermittlungs- und Sanktionsbefugnisse für die Kommission wurden erweitert.[16]

Die langjährige Diskussion im Vorfeld unterstreicht die kontroverse Aufnahme der Reform in Wissenschaft und Praxis. Bei vielen Praktikern beobachtet man die Ratlosigkeit oder die Ablehnung insbesondere hinsichtlich der Änderungen des materiellrechtlichen Prüfungsmaßstabs.[17] Während der Wettbewerbskommissar Mario Monti die Neuerungen als „moderne, flexible und effiziente Vorschriften" sieht, welche „die Interessen der 450 Mio. Verbraucher berücksichtigen",[18] sehen der Präsident des Bundeskartellamtes Ulf Böge und der renommierte deutsche Kartellrechtler Ernst-Joachim Mestmäcker viele Ände-

---

[13] Vgl. hierzu die Leitlinien zur Bewertung horizontaler Zusammenschlüsse gemäß der Ratsverordnung über die Kontrolle von Unternehmenszusammenschlüssen, ABl. EG 2004 Nr. C 31/03,v. 5.02.2004, Rdnr. 76 ff.

[14] Vgl. Art 1, 9 Abs. 2, 22 FKVO.

[15] Vgl. Art. 6, 8 FKVO.

[16] Vgl. Art. 11, 13, 14, 15 FKVO.

[17] Ergebnis einer informelle Befragung führender Personen kartellrechtlicher Abteilungen der Unternehmen und Großkanzleien.

[18] Mario Monti, Pressemitteilung der Kommission IP/04/70 vom 20.04.2004, http://europa.eu.int/rapid/pressReleasesAction.do?reference=IP/04/70&format=HTML&aged=0&language=DE&guiLanguage=en; Mario Monti, Speech 04/107 (vom 28.02.2004), Convergence in EU-US antitrust Policy regarding mergers and acquisitions: an EU perspective; http://europa.eu.int/rapid/start/cgi/guesten.ksh?p_action.gettxt=gt&doc=SPEECH/04/107|0|RAPID&lg=EN&display=.

rungen der Fusionskontrollverordnung als „äußerst fragwürdig und unbefriedigend“[19].

II. Untersuchungsziele

Die einzelnen Streitfragen der europäischen Fusionskontrolle sind seit den 50er Jahren in verschiedenen Darstellungen ausführlich diskutiert worden. An erster Stelle zu nennen sind die umfassenden Werke von Wirtz[20], Cowman[21], Britain[22], Drautz/Schroeder[23] und Kerber[24].

Daneben gibt es eine Flut von Beiträgen zu der alten Fusionskontrollverordnung.

Zu den Entwürfen der FKVO[25] und zu der Fusionskontrollverordnung in der jetzigen Fassung[26] erschienen einige Aufsätze, die jedoch lediglich die einzelnen Probleme behandeln. Da die Verordnung erst vor kurzem in Kraft getreten ist, fehlen bisher jegliche übergreifende Darstellungen zu der neuen Fusionskontrollverordnung. Viele Fragestellungen müssen im Hinblick auf die neue Fusionskontrollverordnung, die veränderten wirtschaftlichen Bedingungen in Europa und die steigende Zahl und Komplexität der Fusionen in Europa neu unter die Lupe genommen werden.

Das Hauptziel dieser Arbeit ist die Untersuchung der Änderungen und die Feststellung der Tendenzen der europäischen Fusionskontrolle. Ein Großteil der Arbeit widmet sich daher der Darstellung der Auslegung einzelner Änderungen vor dem Hintergrund der Entstehungsgeschichte der Fusionskontrollverordnung und der Praxis der Kommission, soweit sie für den Reformprozess

---

[19] Mestmäcker, WuW 2004, S. 135; Böge, WuW 2004, S. 138, 147 f.

[20] Wirtz, Legalität und ökonomische Realität, Baden-Baden 2000.

[21] Cowman, Effective E.C. Merger Control: A Comparative Analysis With U.S. Merger Control, Limerick 2002.

[22] Brittain, The Development of Merger Control in the EEC Competition Law, Hersch Lauterpach Memorial Lecture, Cambridge 1991.

[23] Drautz/Schroeder, Praxis der Europäischen Fusionskontrolle, Köln 1995.

[24] Kerber, Die Europäische Fusionskontrollpraxis und die Wettbewerbskonzepte der EG, Bayreuth 1994.

[25] Arhold, EWS 2002, S. 449 ff.; Bartosch/Nolau, EuZW 2002, S. 197 ff.; Bischke/Mäger, EWS 2003, S. 97 ff. Roberg, ECLR 2002, S. 429 ff.; Drautz, WuW 2002, S. 444 ff.; Ehlermann/Völker, EuZW 2003, S. 1 ff.; Klees, EuZW 2003, S. 197 ff.; Weitbrecht, EuZW 2003, S. 69 ff.

[26] Berg, BB 2004, S. 561 ff.; Bergmann/Burholt, EuZW 2004, S. 161 ff.; Boege, WuW 2004, S. 138 ff.

von Bedeutung sind. Außerdem werden die nicht (oder nicht genügend) gelösten Probleme und die offenen Fragen der Fusionskontrollverordnung herausgearbeitet.

Das Hauptgewicht der Untersuchung wird dabei auf einer kritischen Betrachtung der Zusammenschlusspraxis seit der Einführung der FKVO im Jahre 1989 bis heute liegen. Soweit theoretische Aspekte behandelt werden,[27] werden diese ausschließlich zur Analyse der heutigen Kommissionspraxis und der aktuellen EuGH-Rechtsprechung herangezogen.

Die Arbeit wird vervollständigt durch die Untersuchung verschiedener Leitlinien und Mitteilungen, welche die Einzelheiten der Anwendung der Verordnung regeln, die Auseinandersetzung mit den institutionellen Änderungen, die bei den zuständigen Behörden durchgeführt wurden, mit dem erweiterten Prüfungsmaßstab des EuGH sowie mit der Beschleunigung des Verfahrens vor den europäischen Gerichten. Hierbei beschäftigt sich diese Dissertation nicht mit abstrakten rechtlichen Gebilden, sondern stellt relevante praktische Fragen.

III. Gang der Untersuchung

Die Struktur der Arbeit gestaltet sich wie folgt:

Nach einer Erläuterung der Grundbegriffe und Grundkonzepte[28] sowie der Darstellung der geschichtlichen Entwicklung der Fusionskontrolle[29], konzentriert sich die Darstellung auf die formellen Änderungen der letzten Jahre. Den Schwerpunkt dieses Teils der Untersuchung bildet die Darstellung der Institutionen[30], des Verfahrens[31], des Rechtsschutzes[32] und der Kompetenzabgrenzung[33]. Sodann schließt sich die Analyse der materiellen Untersagungsvoraussetzungen eines Zusammenschlusses an. Die Kernfragen hier bilden die

[27] Zum Beispiel die Wettbewerbskonzepte oder die Theorien zur Abgrenzung des relevanten Marktes.

[28] Vgl. hierzu: Fusionskontrolle und Wettbewerbspolitik: Grundbegriffe und Grundkonzepte, S. 15.

[29] Vgl. hierzu: Die Geschichte der Fusionskontrollverordnung als ein Beispiel der Europäischen Normsetzung, S. 37.

[30] Vgl. hierzu: Viel Lärm um nichts oder die institutionellen Reformen der Europäischen Fusionskontrolle, S. 59.

[31] Vgl. hierzu: Verfahren, S. 77.

[32] Vgl. hierzu: Graue Wolken am blauen Himmel – der Rechtsschutz gegen die Entscheidungen der Kommission, S. 119.

[33] Vgl. hierzu: Quo vadi die Zuständigkeitsregelungen der Fusionskontrollverordnung, S. 135.

Entwicklungen bei der Bestimmung des relevanten Marktes[34] sowie der neue SIEC-Test[35].

Damit in den weiteren Teilen dieser Arbeit eine rechtliche Analyse der Entwicklungen im Bereich der Fusionskontrolle vorgenommen werden kann, ist in einem ersten Teil die Darstellung der für das Verständnis und die Analyse der Fusionskontrolle und der Wettbewerbspolitik ***grundlegenden Begriffe*** (Fusion, Zusammenschluss, Übernahme, Wettbewerb usw.)[36] sowie der ***Wettbewerbsziele und der Wettbewerbskonzepte***[37] voranzustellen. Hierbei werden die historischen Wettbewerbskonzepte[38] nur im Überblick dargestellt, um die Herkunft der modernen Wettbewerbskonzepte[39] zu verdeutlichen, soweit dies für das Verständnis der aktuellen Verordnung von Belang ist. Die Untersuchung der Änderungen der Fusionskontrollverordnung, der Entscheidungen der Kommission und der Rechtsprechung des EuGH bauen auf der Definition dieser Begrifflichkeiten sowie der Darstellung der Wettbewerbskonzepte auf.

Besondere Aufmerksamkeit erfährt die zwischenzeitlich geplante, jedoch nicht zustande gekommene Änderung des Zusammenschlussbegriffes.[40]

Die aktuellen Diskussionen über die Europäische Fusionskontrolle sind zugleich Teil einer Rezeptionsgeschichte, zu deren Verständnis die Kenntnis der ***geschichtlichen Entwicklung der Fusionskontrolle*** in der Europäischen Gemeinschaft unerlässlich ist. Gleichzeitig schafft sie die Grundlage zur Analyse und Bereitstellung von Lösungsansätzen für derzeitige Diskussionspunkte. Insofern ist in einem kursorischen Abriss, ohne dass es sich um eine rechtshistorische Arbeit handeln soll, auf die geschichtliche Entwicklung der Fusionskontrolle und den Ursprung der heute bestehenden Problemfelder einzugehen.[41]

---

[34] Vgl. hierzu: Gemeinsamer Markt oder wesentliche Teile desselben, S. 161.

[35] Vgl. hierzu: Erhebliche Behinderung des wirksamen Wettbewerbs, insbesondere durch die Ausnutzung der marktbeherrschenden Stellung, S. 191.

[36] Vgl. hierzu: Fusionskontrolle und Wettbewerbspolitik: Grundbegriffe und Grundkonzepte, S. 17.

[37] Vgl. hierzu: Fusionskontrolle und Wettbewerbspolitik: Grundbegriffe und Grundkonzepte, S. 24.

[38] Der dynamische Wettbewerb der Klassik und das neoklassische Gleichgewichtsmodell der vollständigen Konkurrenz.

[39] Die Theorie des funktionsfähigen Wettbewerbs, effective competition, das Konzept der optimalen Wettbewerbsintensität im weiten Oligopol, die Konzepte der Wettbewerbsfreiheit und das Konzept der Chicago School of Antitrust Analysis.

[40] Vgl. hierzu: Fusionskontrolle und Wettbewerbspolitik: Grundbegriffe und Grundkonzepte, S. 21.

[41] Vgl. hierzu: Die Geschichte der Fusionskontrollverordnung als ein Beispiel der Europäischen Normsetzung, S. 37.

Es soll vor allem untersucht werden, inwieweit vornehmlich nicht der rechtliche Rahmen, sondern eher finanzielle und politische Überlegungen die Fusionskontrolle in Europa bestimmt haben. Zu eruieren ist, ob sich die Entwicklungen am „bonum commune"[42] orientieren oder sich aus dem Zusammenspiel der Machtkämpfe bei der Verteilung der Einflusssphären der Mitgliedsstaaten und der Kommission ergeben haben.

Die ***Rechtsgrundlagen*** der FKVO werden im Rahmen der geschichtlichen Darstellung nur kurz angesprochen,[43] sind jedoch für die folgende Untersuchung der zuständigen Institutionen und des Anwendungsbereiches der FKVO von Bedeutung, da eine Verordnung im Sinne von Art. 249 S. 1, 2 EG-Vertrag als ein Gesetzgebungsakt der Europäischen Gemeinschaft nur im Rahmen einer Ermächtigung des EG-Vertrages erlassen werden kann.

Vor dem Hintergrund der geschichtlichen Erfahrungen sollen die für die Fusionskontrolle ***zuständigen Institutionen*** dargestellt werden.[44] Anders als bei den meisten Verfahren vor dem Bundeskartellamt ist auf europäischer Ebene bereits vor der Anmeldung[45] eine enge Zusammenarbeit mit der Kommission erforderlich.[46] Daher ist die Kenntnis der für die Fusionskontrolle zuständigen Institutionen unentbehrlich. Eine Vielzahl von Problemen[47] bei der Europäischen Fusionskontrolle resultiert aus dem institutionellen Konzept der Europäischen Fusionskontrolle, so dass sich hinsichtlich der institutionellen Weiterentwicklung schon immer verschiedene Vorschläge in der Diskussion befanden.[48]

---

[42] Gemeinwohl.

[43] Vgl. hierzu: Die Geschichte der Fusionskontrollverordnung als ein Beispiel der Europäischen Normsetzung, S. 47.

[44] Vgl. hierzu: Viel Lärm um nichts oder die institutionellen Reformen der Europäischen Fusionskontrolle, S. 59.

[45] Im Rahmen der informellen Vorgespräche mit der Merger Network.

[46] Immenga/Mestmäcker - *Immenga*, EG-Wettbewerbsrecht, Band I, S. 801; Drautz/Schröder, Praxis der Europäischen Fusionskontrolle, S. 187; Wirtz, S. 260.

[47] Zum Beispiel die mangelnde Kontrolle der Kommission durch externe Experten.

[48] Vgl. dazu nur: Wolf, WM 1996, S. 2193 ff.; Kartte, Ordo 1992, S. 405 ff.; Drautz/Schröder, Praxis der Europäischen Fusionskontrolle, S. 187 ff.; Cook/Kerse, E.C. Merger Control, S. 91 f.; Kerber, S. 152 f.; Farbmann, EuR 2004, S. 495, 503 und viele andere.

Im Überblick werden daher die zuständigen Organe dargestellt, detaillierter wird auf die bereits erfolgten[49] und die weiterhin notwendigen Änderungen innerhalb der Organe eingegangen.

Die institutionellen Änderungen sind an der Diskussion in der Literatur quasi unbemerkt vorbeigeschlichen und hinter die „SLC-versus-Marktbeherrschung"-Diskussion[50] und die Verfahrensänderungen zurückgetreten. Im Schrifttum findet man keine substantiierte Auseinandersetzung, lediglich eine Auflistung der Änderungen wird vorgenommen, versehen mit einem kurzen „sind zu begrüßen".[51] In der folgenden Untersuchung soll geprüft werden, ob es sich überhaupt um die erforderlichen grundlegenden Änderungen oder lediglich um eine marginale Arbeitsumverteilung innerhalb der Kommission handelt.

Ein weiteres relevantes Problem, welches noch vor einigen Jahren im Vordergrund der Reformgespräche stand, jedoch in letzter Zeit bedauerlicherweise in den Hintergrund getreten ist, ist die Errichtung eines Europäischen Kartellamtes.[52] Aufgrund des zunehmenden Schwierigkeitsgrades und der steigenden Zahl der Fusionen empfiehlt es sich, die Frage der Schaffung einer solchen unabhängigen Europäischen Kartellbehörde, die sich unter anderem mit Fusionskontrolle befasst, neu aufzugreifen.[53]

Auf der Grundlage der herausgearbeiteten institutionellen Änderungen, kann auch die eingehende Analyse der ***Verfahrensänderungen*** erfolgen.[54] In der neuen Fusionskontrollverordnung sind die Verfahrensänderungen durch ihre Vielzahl und Komplexität von erheblicher Bedeutung für alle zusammenschlusswilligen Unternehmen in der EU. Eine eingehende Untersuchung ist daher unerlässlich. Die Änderungen lassen sich nicht getrennt vom Fusionskontrollverfahren darstellen. Daher wird das Verfahren beschrieben und die

---

[49] Abschaffung der Merger Task Force, Einführung der Merger Network, Umverteilung der Aufgaben innerhalb der Generaldirektion IV, Schaffung eines Kontrollforums zur Überprüfung der Entscheidungen, Einführung des Posten des Chef-Ökonomen, des Anhörungsbeauftragten und des Verbindungsbeamten für Verbraucherfragen.

[50] Eine Auseinandersetzung zwischen den Vertretern des SLC – Tests und den Befürwortern des Marktbeherrschungstests.

[51] Zum Beispiel bei von Hinten-Reed/Camesasca/Schedl, RIW 2003, S. 321, 322.

[52] Dazu ausführlich Kerber, S. 152; Vortrag des Deputy Assistant Attorney General der Antitruist Division des U.S. Department of Justice William J. Kolasky, vom 9.11.2001, Conglomerate Mergers and Range Effects: It's a Long Way from Chicago to Brussels, www.usdoj.gov/public/speeches/9536.htm; Wolf, WM 1996, S. 2193; Kartte, Ordo 1992, S.405 ff.

[53] Vgl. hierzu: Viel Lärm um nichts oder die institutionellen Reformen der Europäischen Fusionskontrolle, S. 72.

[54] Vgl. hierzu: Verfahren, S. 77.

einzelnen Änderungen in die Schilderung eingeflochten. Bei der Darstellung des Verfahrens wird insbesondere auf die geänderten Fristenregelungen eingegangen.[55]

Anschließend werden die nicht rechtlich verankerten organisatorischen Änderungen der letzten Jahre behandelt. Dazu gehört die Möglichkeit der Zusammenkünfte mit den beteiligten Unternehmen an zentralen Punkten des Verfahrens[56] und die beabsichtigten, jedoch nicht erfolgten Änderungen, wie etwa die Einführung der Gebühren oder die Vorverlegung des Zeitpunktes der Akteneinsicht. Insbesondere ist zu untersuchen, inwieweit in den verschiedenen Verfahrensphasen eine Antragsdisponibilität der Parteien besteht.

Der Darstellung des behördlichen Verfahrens folgt eine Betrachtung der ***Ermittlungs- und Sanktionsbefugnisse***,[57] welche der Kommission im Rahmen des Fusionskontrollverfahrens zur Verfügung stehen. Betrachtet man die erhebliche Ausweitung dieser Befugnisse, so stellt sich die Frage, ob eine solche Intensivierung erforderlich ist. Es ist zu bezweifeln, ob eine Anpassung der Ermittlungs- und Sanktionsbefugnisse an Art. 81 und 82 EG erforderlich war.[58] Dieses Problem stellt sich, weil die FKVO und Art. 81 und 82 EG vollkommen unterschiedliche Vorschriften mit gänzlich anderer Schutzrichtung sind. Eine Beleuchtung dieses Aspektes scheint insoweit unerlässlich, da diese Kommissionsbefugnisse den wesentlichen „Hebel" darstellen, der den Kommissionsentscheidungen zur Geltung zu verhilft.

Von praktischem Interesse ist regelmäßig auch die Frage nach der ***Prüfungskompetenz von Nebenabreden*** seitens der Kommission im Rahmen von Unternehmenskaufverträgen.[59] Die Nebenabreden sind die mit der Durchführung des Zusammenschlusses unmittelbar verbundenen und dazu notwendigen Einschränkungen, denen sich die Unternehmen zu unterwerfen haben.[60] Gegenstände der Nebenabreden sind typischerweise die Wettbewerbsverbote, die Lizenzvereinbarungen, die Bezugs- und Lieferverpflichtungen oder ähnli-

---

[55] Vgl. hierzu: Verfahren, S. 90.

[56] Bischke/Mäger, EWS 2003, S. 97, 106.

[57] Vgl. hierzu: Ermittlungs- und Sanktionsbefugnisse (Drakonische Regeln), S. 109.

[58] Verordnung (EG) Nr. 1/2003 des Rates vom 16.12.2002 zur Durchführung der in den Art. 81 und 82 des Vertrages niedergelegten Wettbewerbsregeln, ABl. EG 2003 Nr. L 1 vom 4.1.2003, S. 1.

[59] Vgl. hierzu: Die neue Behandlung der Nebenabreden – soll man schlafende Hunde wecken?, S.115.

[60] Vgl. Erwägungsgrund 21.

che Vereinbarungen, welche die beteiligten Unternehmen im Zusammenhang mit einer Fusion eingehen können.[61]

Seit der Einführung der Fusionskontrollverordnung wurde ein breites Lösungsspektrum von einer vollständigen Überprüfbarkeit bis hin zur gänzlich fehlenden Prüfungskompetenz der Kommission vertreten und angewandt. Es ist daher von Bedeutung, welchen Weg der Europäische Gesetzgeber mit der Neufassung der Fusionskontrollverordnung folgt und inwieweit diese Entscheidung den tatsächlichen Erfordernissen Rechnung trägt.

Nach einer Untersuchung des Verfahrens und der Nebenabreden, sollen auch die ***Rechtsschutzmöglichkeiten*** im Rahmen der Europäischen Fusionskontrolle analysiert werden.[62] Obwohl das Grünbuch der Kommission[63] keinen einzigen Vorschlag zur Änderung des Rechtsschutzes enthielt[64] und der Rechtsschutz bei der Reform der FKVO unberührt blieb, waren die letzten Jahre für die Entwicklung des Rechtsschutzes im Bereich der Fusionskontrolle sehr bedeutend.

Zunächst sollen die Probleme des Rechtsschutzes dargestellt werden, die es für die unmittelbar Beteiligten fast unmöglich machen, die Entscheidungen der Kommission gerichtlich anzugreifen: die lange Dauer der Überprüfung und das „Fusionsprivileg" der Kommission.[65] Danach werden die Versuche des EuGH in den letzten Jahren gewürdigt, diese Probleme zu lösen. Der Gegenstand der Betrachtung besteht darin, inwieweit eine Änderung des Prüfungsmaßstabs und die Einführung des beschleunigten Verfahrens (eine neue Verfahrensart der Europäischen Gerichte mit erheblich verkürzter Entscheidungszeit) die vorliegenden Rechtsschutzlücken tatsächlich schließen oder sie sich lediglich für die seltenen Ausnahmefälle eignen.

---

[61] Schröter/Jakob/Mederer - *Dittert*, Kommentar zum Europäischen Wettbewerbsrecht, S. 1667.

[62] Vgl. hierzu: Graue Wolken am blauen Himmel – der Rechtsschutz gegen die Entscheidungen der Kommission, S. 119.

[63] Als Grünbuch der Kommission bezeichnet man die wichtigsten Gesetzesvorhaben und Entwürfe der Europäischen Kommission, die im Amtsblatt EG veröffentlicht werden.

[64] Grünbuch über die Revision der Verordnung (EWG) Nr. 4064/89 des Rates v. 11.12.2001, KOM (2001) 745/6 endg., Rdnr. 253; (im Gegenteil hat die Kommission den Rechtsschutz als angemessen bezeichnet).

[65] Als „Fusionsprivileg der Kommission" bezeichnet man die Anerkennung eines sehr weiten Ermessens der Kommission bei der Beurteilung der Begründetheit der Nichtigkeitsklage durch den EuGH und das EuGI.

Die Rechtsschutzmöglichkeiten Dritter, die im Zusammenhang des Gesamtsystems nicht vernachlässigt werden dürfen, werden ebenfalls vor dem Hintergrund der Neuerungen gewertet.[66]

Ebenso wie das Verfahren und der Rechtsschutz ist auch die ***Kompetenzabgrenzung*** zwischen den nationalen und den europäischen Kartellbehörden[67] bei der gegenwärtigen Diskussion von herausragender Bedeutung.[68] Zum Verständnis und zur Untersuchung der gegenwärtigen Schwellenwerte werden verschiedene Vorschläge dargestellt, die während der Reformdiskussionen der letzten Jahre erörtert wurden. Hierbei wird der Schwerpunkt auf die Mehrfachanmeldungen[69] – das „Schreckgespenst" der Fusionskontrolle[70] – gelegt und die Schwächen der bisherigen Regelung werden erläutert.

Das neue Verweisungssystem, welches das selten angewendete und komplizierte System der Verordnung 4064/89 ersetzt, wird erläutert und analysiert.[71] Insbesondere zu behandeln sind die Probleme der uneinheitlichen Würdigung bei den Teilverweisungen und die Fristen bei „Hin-und-her-Verweisungen".

Anschließend wird auch die für die Praxis sehr relevante Frage beantwortet, wann vor dem Hintergrund der Neuerungen ein Verweisungsantrag sinnvoll ist.

Weiterhin wird eine weitere für die Unternehmen und ihre Rechtsberater wichtige Entwicklung dargestellt, die das Zuständigkeitssystem der FKVO ändert: das Auslaufen der Geltung des EGKS-Vertrages.[72]

Sodann wird nach einer Möglichkeit gesucht, die wichtigsten Schwachstellen der Zuständigkeitsverteilung zu beheben, ohne dass es einer Änderung der

---

[66] Vgl. hierzu: Graue Wolken am blauen Himmel – der Rechtsschutz gegen die Entscheidungen der Kommission , S. 123.

[67] Vgl. hierzu: Quo vadi die Zuständigkeitsregelungen der Fusionskontrollverordnung, S. 135.

[68] Vgl. z.B. die Stellungnahme der österreichischen Wirtschaftskammer (http://www.wko.at/rp/fusionskontrolle.pdf) und des Bundeskartellamtes (www.bundeskartellamt.de/Stellungnahme_FK-VO_BKartA.pdf); Grünbuch über die Revision der Verordnung (EWG) Nr. 4064/89 des Rates v. 11.12.2001, KOM (2001) 745/6 endg., S. 4.

[69] Hierbei handelt es sich um die Anmeldepflicht von solchen Unternehmen, die zwar die Umsatzschwellen der Fusionskontroll-verordnung nicht erreichen, aber in drei oder mehr Ländern fusionieren.

[70] So bezeichnen die Mehrfachanmeldungen Baron, WuW 1997, S. 579, 581; Broberg, ECLR 1996, S. 289 u.v.a.

[71] Vgl. hierzu: Quo vadi die Zuständigkeitsregelungen der Fusionskontrollverordnung, S. 143.

[72] Vgl. hierzu: Quo vadi die Zuständigkeitsregelungen der Fusionskontrollverordnung, S. 157.

FKVO bedarf. Es soll gezeigt werden, inwieweit eine erfolgreiche Kooperation zwischen den mitgliedsstaatlichen Behörden und der Kommission die derzeitigen Probleme beheben kann.

Nach der Darstellung der Zuständigkeitsverteilung konzentriert sich die Arbeit auf die wesentlichen ***materiellen Fragen***, die sowohl bei der Prüfung des Zusammenschlusses durch die Kommission als auch bei der Anmeldung der Fusion durch die Unternehmen eine zentrale Rolle spielen. Nach dem ab dem 1. Mai 2004 geänderten Art. 2 Abs. 3 FKVO werden folgende Eingriffskriterien der Verordnung festgelegt:

(1) die Betroffenheit des gemeinsamen Marktes der Europäischen Gemeinschaft;

(2) durch den Zusammenschluss muss eine erhebliche Behinderung des wirksamen Wettbewerbs, insbesondere durch Ausnutzung einer marktbeherrschenden Stellung, vorliegen.

Bei der Analyse der ***Marktabgrenzung*** durch die Kommission, als erste Voraussetzung des Art. 2 Abs. 3 FKVO, werden die wichtigsten Abgrenzungskonzepte des sachlich[73] und räumlich relevanten Marktes vorgestellt.[74] Anschließend erfolgt eine Untersuchung, nach welchen Grundsätzen die Kommission in ihren Entscheidungen vorgeht und welche Kriterien sie ggf. zusätzlich heranzieht. Die relevante Frage ist hierbei, ob die Entscheidungen der Kommission hinreichend vorhersehbar sind und welche Änderungen bei der Bestimmung des sachlich relevanten Marktes durch die Kommission vorgenommen werden sollten, damit in diesem Bereich die erforderliche Rechtssicherheit eintritt.

Als zweites Tatbestandsmerkmal wurde bisher nach Art. 2 Abs. 3 FKVO der so genannte „Marktbeherrschungstest“ angewendet. Stattdessen schlug die Kommission im Grünbuch[75] vor, das Kriterium der wesentlichen Wettbewerbsverminderung heranzuziehen (SLC-Test).[76] Der Rat kam in seinem Verord-

---

[73] Industriekonzept, Bedarfsmarktkonzept, Theorie der Substitutionslücke, Theorie der Marktbeziehungen, Theorie der wirtschaftlichen Pläne, Theorie der externen Interdependenz.

[74] Vgl. hierzu: Gemeinsamer Markt oder wesentliche Teile desselben, S. 161.

[75] Grünbuch über die Revision der Verordnung (EWG) Nr. 4064/89 des Rates v. 11.12.2001, KOM (2001) 745/6 endg., Rdnr. 167-169.

[76] Der SLC Test wird unter anderem in Großbritannien, Irland, USA, Kanada und Australien angewendet.

nungsbeschluss vom 28.11.2003 zu einer Lösung (SIEC-Test[77]), die beide Tests miteinander verbindet, wobei der Marktbeherrschungstest zu einem Regelbeispiel herabgestuft wurde.

Damit die Änderung des materiellen Prüfungsmaßstabs der FKVO genau herausgearbeitet und analysiert werden kann, werden der Marktbeherrschungstest[78], der SLC-Test[79] und der SIEC-Test[80] präsentiert.[81]

Bei der Darstellung des ***Marktbeherrschungstests und der oligopolistischen Marktbeherrschung*** soll das Hauptgewicht auf der konkreten Praxis der Prüfung der Zusammenschlüsse liegen. Eingegangen wird auf die einzelnen Prüfungskriterien, die durch die Entscheidungen der Kommission fortentwickelt wurden und auf die Änderung des Konzeptes der Sanierungsfusionen, die besonders deutlich das Spannungsverhältnis zwischen Wettbewerb und Industriepolitik zeigt.

Aufgrund der hohen Praxisrelevanz erfolgt eine Darstellung des ***SLC-Tests*** amerikanischer Prägung und seiner Problemschwerpunkte.[82] Die Bedeutung des SLC-Tests in der europäischen Fusionskontrolle ergibt sich vor allem aus zwei Gesichtspunkten. Zum einen wird die Kommission den Konzentrationsgrad des Marktes nach dem Herfindahl-Hirschman-Index, welcher ein Bestandteil des SLC-Tests ist, bestimmen, um daraus zu folgern, wie vertieft sie sich mit dem Zusammenschluss befasst. Zum anderen entstammen die angeblich beim reinen Marktbeherrschungstest nicht berücksichtigten Kriterien, wie die „Effizienzen“ und die „unilateral effects“ dem SLC-Test. Diese Kriterien sollen nach der Reform der FKVO vermehrt herangezogen werden.

---

[77] Substantial Lessening of Competition Test.

[78] Der in Westeuropa entwickelte und seit 40 Jahren in den meisten europäischen Ländern angewendete **Marktbeherrschungstest** stellt anhand von Marktanteilen und weiteren Kriterien fest, ob ein Unternehmen die die wirtschaftliche Machtstellung inne hat, die dieses in die Lage versetzt, die Aufrechterhaltung eines wirksamen Wettbewerbs auf dem relevanten Markt zu verhindern, indem sie ihm die Möglichkeit verschafft, sich seinen Wettbewerbern, seinen Abnehmern und schließlich den Verbrauchern gegenüber in einem nennenswerten Umfang unabhängig zu verhalten. Vgl. hierzu EuGH Urt. v. 14. 02. 1978, WuW/E EWG 425 - „United Brands/Kommission“, Rz. 18 ff.

[79] Der in den USA entwickelte **SLC-Test** untersucht, ob eine Fusion zur wesentlichen Reduzierung des Wettbewerbs führt. Vgl. hierzu Drautz, WuW 2002, S. 444, 447.

[80] Der als Kompromisslösung in Europa eingeführte **SIEC-Test** soll die beiden traditionellen Testverfahren miteinander verbinden.

[81] Vgl. hierzu: Erhebliche Behinderung des wirksamen Wettbewerbs, insbesondere durch die Ausnutzung der marktbeherrschenden Stellung, S. 191.

[82] Vgl. hierzu: Erhebliche Behinderung des wirksamen Wettbewerbs, insbesondere durch die Ausnutzung der marktbeherrschenden Stellung, S. 235.

Um zu verstehen, wann jetzt im Rahmen des ***SIEC-Tests*** der Marktbeherrschungstest angewendet wird und wann die angeführten zusätzlichen Merkmale des SLC-Tests herangezogen werden, müssen insbesondere die Gründe herausgearbeitet werden, die zur Änderung des Prüfungsmaßstabes geführt haben.

Einer dieser Gründe liegt in der Behauptung, dass der Marktbeherrschungstest in bestimmten Fällen lückenhaft ist. Diese bisher nur wenig bekannten Fällen (so genannte unilateral effects und efficiency defence), in denen über die Marktbeherrschung hinaus der neue SIEC-Test eingreifen soll, werden eingehend untersucht.

Ist es überhaupt erforderlich, die zusätzlichen Kriterien des SLC-Tests zum Zwecke der Vervollständigung des Marktbeherrschungstests heranzuziehen? Ist möglicherweise eine konsequente Anwendung des Marktbeherrschungstests per se in der Lage, die gestellten Anforderungen zu erfüllen?

Anhand der herausgearbeiteten Testverfahren soll die für Unternehmen und ihre Rechtsberater relevante Frage beantwortet werden: Welche Prüfungsschritte müssen unternommen werden, wann reicht die Marktbeherrschungsprüfung aus und wann sind die zusätzlichen Prüfungsschritte erforderlich? [83]

Als ***Fazit*** werden die Ergebnisse der Untersuchung zusammengefasst und auf die Frage eingegangen, welche Ziele die europäische Fusionskontrolle der letzten Jahre verfolgte. Zudem soll beleuchtet werden, welches Wettbewerbskonzept hinter den neuen Entwicklungen steht und welche Entwicklungen im Bereich der europäischen Wettbewerbspolitik in den nächsten Jahren zu erwarten sind.[84]

---

[83] Vgl. hierzu: Erhebliche Behinderung des wirksamen Wettbewerbs, insbesondere durch die Ausnutzung der marktbeherrschenden Stellung, S. 258.

[84] Vgl. hierzu: Fazit, S. 263.

B. Fusionskontrolle und Wettbewerbspolitik: Grundbegriffe und Grundkonzepte

I. Einleitung

Seit jeher spielen für die Wettbewerbspolitik im Allgemeinen und die Fusionskontrolle im Besonderen bestimmte Begriffe eine zentrale Rolle. Die in den weiteren Kapiteln dieser Dissertation vorgenommene Untersuchung der Änderungen der Fusionskontrollverordnung, der Entscheidungen der Kommission und der Rechtsprechung des EuGH bauen auf der Definition dieser Begrifflichkeiten und der Darstellung der Wettbewerbskonzepte auf.

Im Rahmen der Anmeldung eines Zusammenschlusses treten in der juristischen Praxis immer wieder Fehler in den nach der Form CO eingereichten Unterlagen,[85] insbesondere bei der Begründung der materiellen Voraussetzungen der Vereinbarkeit eines Zusammenschlusses mit der Fusionskontrollverordnung[86] auf. Dies führt dazu, dass die Anträge unnötig lange bearbeitet werden und insbesondere die Vorgespräche mit den Fusionskontrollbehörden sehr langwierig sind. Um diese Fehler zu vermeiden und die Zeit des Fusionskontrollverfahrens zu reduzieren, ist es für jeden Praktiker unentbehrlich, die genauen Definitionen der Begriffe zu kennen, die in der Fusionskontrolle verwendet werden.

Die Klarstellung der Definitionen einiger wesentlicher Begriffe ist auch deshalb wichtig, weil diese aufgrund der uneinheitlichen Verwendung dieser Termini in den Massenmedien eine bedeutungsverzerrende Interpretation erfahren haben. Schließlich ist es gerade für solche Anwender, die sich mit der Fusionskontrolle nur am Rande beschäftigen und keine spezialisierten Kartellrechtler sind,[87] relevant, den Unterschied zwischen den verschiedenen Begriffen der Fusion in den einzelnen Rechtsgebieten zu kennen. Oft wird bei Unternehmenskäufen außer Acht gelassen, dass die Vereinbarkeit des Zusammenschlusses mit fusionskontrollrechtlichen Vorschriften von elementarer Bedeutung ist. Häufig übersieht man, dass die europäische Fusionskontrolle nicht

---

[85] Formblatt CO zur Anmeldung eines Zusammenschlusses gemäß der Verordnung (EWG) Nr. 139/2004 des Rates, Abl. EG 2004 Nr. L 133, 9 vom 30.4.2004 (Anhang 1 zur Verordnung Nr. 802/2004 zur Anwendung der Verordnung Nr. 139/2004).

[86] Gemäß Art. 2 FKVO.

[87] Zum Beispiel im Rahmen von Mergers and Acquisitions oder im allgemeinen Aktienrecht.

nur die eigentlichen Fusionen von Unternehmen, sondern eine Reihe weiterer, weniger intensiven Zusammenschlusstatbestände erfasst.[88]

Solche Begriffe wie Fusion und Zusammenschluss sind Tatbestandsmerkmale der Vorschriften der FKVO und lösen die Anwendbarkeit der Fusionskontrollverordnung aus. Im Rahmen der Schilderung der verschiedenen Zusammenschlussbegriffe erfolgt auch eine Auseinandersetzung mit den Reformvorschlägen und die Erklärung, wieso die Begriffe in der neuen Verordnung 139/2004 trotz zahlreicher vorgebrachter Reformgedanken unverändert geblieben sind.

Anschließend wird der Begriff der Übernahme in den Kontext der Zusammenschlussbegriffe eingeordnet.

Die Darstellung der Ziele und Konzepte der Wettbewerbspolitik beginnt mit der Erläuterung des Begriffes des Wettbewerbs. Das Verständnis der Ziele und Konzepte der Wettbewerbspolitik ist grundlegend für die Analyse der Tendenzen der Fusionspolitik der Europäischen Gemeinschaft.

Hierbei werden die historischen Wettbewerbskonzepte[89] nur überblickartig dargestellt, um das Verständnis und die Herkunft der modernen Wettbewerbskonzepte[90] aufzuzeigen.

Sowohl die Änderungen der Fusionskontrollverordnung als auch die Entscheidungen der Kommission und die Rechtsprechung des EuGH werden in den folgenden Kapiteln anhand dieser Konzepte untersucht.

Die praktische Bedeutung der Wettbewerbskonzepte liegt darin, dass diese bei der Auslegung von Rechtsnormen und Beurteilung von Fällen herangezogen werden, falls der Wortlaut der Normen der FKVO und des EG-Vertrages keine abschließende Klarheit birgt. Auch für diejenigen, die sich nicht täglich mit der Fusionskontrolle beschäftigen, ist die Entwicklung der europäischen Wettbewerbspolitik von Interesse. Um zu verstehen, in welche Richtung diese

---

[88] Siehe hierzu ausführliche Darstellung auf S.17.

[89] Der dynamische Wettbewerb der Klassik und das neoklassische Gleichgewichtsmodell der vollständigen Konkurrenz.

[90] Die Theorie des funktionsfähigen Wettbewerbs, effective competition, das Konzept der optimalen Wettbewerbsintensität im weiten Oligopol, die Konzepte der Wettbewerbsfreiheit und das Konzept der Chicago School of Antitrust Analysis.

Politik sich entfaltet, muss man die Bedeutung des Begriffs Wettbewerb verstehen und die traditionellen Wettbewerbskonzepte kennen.

Hieraus kann ein Praktiker die Argumentation für den Antrag nach dem Formblatt-CO[91] und die Vorgespräche mit der Merger Network schöpfen und die Begründungen entsprechend modifizieren.

Zieht man die Unvorhersehbarkeit der Entscheidungen der Europäischen Kommission in Betracht, so ermöglicht die Analyse der Wettbewerbspolitik, die Entscheidungen der Kommission grob im Rahmen des europäischen Wettbewerbskonzeptes abzuschätzen.

Für Juristen ist außerdem die Möglichkeit von Bedeutung, die Entwicklung der Politik zu kontrollieren. Daher ist die Frage relevant, in welche Richtung sich die Europäische Wettbewerbspolitik entwickelt und welchen Status man in Zukunft erwarten kann.

Für diejenigen, die sich für die Entwicklung der Wettbewerbspolitik in Europa interessieren, ist die Auseinandersetzung mit den gängigen Wettbewerbskonzepten unentbehrlich.

II. Der Zusammenschlussbegriff (Fusion im weiteren Sinne) der Europäischen Fusionskontrolle

1. Der Zusammenschlussbegriff

Ein Zusammenschluss löst als Tatbestandsmerkmal von fast allen Vorschriften der FKVO die Anwendbarkeit der Verordnung aus. Der Zusammenschlussbegriff im Sinne der Fusionskontrollverordnung ist im 20. Erwägungsgrund zur FKVO definiert. Hiernach werden die Vorgänge erfasst, die zu einer dauerhaften Veränderung der Kontrolle an den beteiligten Unternehmen und damit zu einer Änderung der Marktstruktur führen.

Der Zusammenschlussbegriff der FKVO (gleichzusetzen mit dem Fusionsbegriff im weiteren Sinne) umfasst die Fusionen im engeren Sinne (Art. 3 Abs. 1

[91] Formblatt CO zur Anmeldung eines Zusammenschlusses gemäß der Verordnung (EWG) Nr. 139/2004 des Rates, Abl. EG 2004 Nr. L 133, 9 vom 30.4.2004 (Anhang 1 zur Verordnung Nr. 802/2004 zur Anwendung der Verordnung Nr. 139/2004).

lit. a FKVO) und den Kontrollerwerb (Art. 3 Abs. 1 lit. b FKVO). Dabei sollen jedoch nur solche Handlungen der Unternehmen erfasst werden, die zur dauerhaften Strukturveränderung der betroffenen Unternehmen führen.[92]

Daneben wird auch die Errichtung eines Vollfunktionsgemeinschaftsunternehmens als ein Zusammenschluss angesehen. [93]

Ferner wird zur Vermeidung der Umgehung der FKVO verdeutlicht, dass auch die eng miteinander verknüpften Erwerbsvorgänge, das heißt solche Erwerbsvorgänge, die entweder durch eine Bedingung verknüpft sind oder durch mehrere Rechtsgeschäfte mit Wertpapieren innerhalb eines kurzen Zeitraums stattfinden, einen einheitlichen Erwerb darstellen.[94]

Art. 3 Abs. 5 FKVO enthält eine Ausnahme zugunsten wettbewerbsneutraler Anteilserwerbe durch Finanzinstitute, Versicherungs- oder Beteiligungsgesellschaften sowie für Insolvenzverwalter, wenn ein vorübergehender Erwerb vorliegt und die Stimmrechte nicht ausgeübt werden, „um das Wettbewerbsverhalten des Unternehmens zu bestimmen".[95] Eine solche Ausnahme wird dadurch gerechtfertigt, dass solche Käufe den Emissions- und Wertpapierhandel der Banken nicht behindern soll.[96] Außerdem haben diese Institutionen eine starke Lobby und Einflussmöglichkeiten bei der europäischen Gesetzgebung.

2. Die Fusion im engeren Sinne

Nach der Mitteilung der Kommission über den Begriff des Vollfunktionsgemeinschaftsunternehmens nach der Verordnung (EWG) Nr. 4064/89 des Rates über die Kontrolle von Unternehmenszusammenschlüssen[97], die den Begriff der Fusion definiert, liegt eine Fusion dann vor, wenn zwei oder mehr bisher voneinander unabhängige Unternehmen zu einem neuen Unternehmen verschmolzen werden und keine eigene Rechtspersönlichkeit mehr bilden (Neugründung) oder das eine Unternehmen in einem anderen aufgeht, wobei

---

[92] Erwägungsgrund 23 der FKVO; Erwägungsgrund 5 der VO Nr. 1310/97.

[93] Art. 3 Abs. 4 FKVO und Erwägungsgrund 20 der FKVO.

[94] Erwägungsgrund 20 Satz 3 der FKVO.

[95] Gugerbauer, Handbuch der Fusionskontrolle, Art. 3, Rdnr. 30.

[96] Miersch, Kommentar zur EG-Verordnung 4064/89 über die Kontrolle von Unternehmenszusammenschlüssen, S. 86.

[97] ABl. EG 1998 Nr. C 66, S. 1 vom 2.3.1998.

das letztere seine Rechtspersönlichkeit behält, während das erstere als juristische Person untergeht (Aufnahme).[98]

Die Verschmelzung im Sinne von Art. 3 Abs. 1 lit. a FKVO kann durch Aufnahme oder Neugründung erfolgen, wobei unter der „Verschmelzung durch Aufnahme“ die Übertragung des Aktiv- und Passivvermögens auf eine andere Gesellschaft und unter „Verschmelzung durch Neugründung“ ein Vorgang gemeint ist, bei dem mehrere Gesellschaften ihre Aktiva und Passiva auf eine neu zu gründende Gesellschaft übertragen.

3. Der Kontrollerwerb

Anders als bei einer Fusion im engeren Sinne, reicht bei einem Kontrollerwerb (Art. 3 Abs. 1 lit. b FKVO) die Möglichkeit aus, einen bestimmenden Einfluss auf die Tätigkeit des Unternehmens auszuüben. Hierbei wird die Möglichkeit berücksichtigt, strategische Entscheidungen durchzusetzen, Budget, Geschäftsplan, wesentliche Investitionen zu bestimmen, die Geschäftsleitung zu besetzen; daneben werden die Kapital- und die Stimmrechtsmehrheit, sowie die Hauptversammlungspräsenz berücksichtigt.[99]

Der Wille der Parteien, die Kontrolle auszuüben und die genaue rechtliche Ausgestaltung der Ausübung sind unmaßgeblich.

Beim Kontrollerwerb unterscheidet vielmehr die Mitteilung der Kommission über den Begriff des Vollfunktionsgemeinschaftsunternehmens nach der Verordnung (EWG) Nr. 4064/89 des Rates über die Kontrolle von Unternehmenszusammenschlüssen[100] zwischen dem Erwerb der alleinigen[101] und der gemeinsamen Kontrolle[102].

---

[98] Mitteilung der Kommission über den Begriff des Vollfunktionsgemeinschaftsunternehmens nach der Verordnung (EWG) Nr. 4064/89 des Rates über die Kontrolle von Unternehmenszusammenschlüssen, ABl. EG 1998 Nr. C 66, S. 1 vom 2.3.1998, Rdnr. 6; Kling/Thomas, Grundkurs Wettbewerbs- und Kartellrecht, S. 577; Rittner, Wettbewerbs- und Kartellrecht, § 13, Rdnr. 80.

[99] Gugerbauer, Handbuch der Fusionskontrolle, Art. 3, Rdnr. 4 ff.

[100] ABl. EG 1998 Nr. C 66, S. 1 vom 2.3.1998.

[101] ABl. EG 1998 Nr. C 66, S. 1 vom 2.3.1998, Rdnr. 14.

[102] ABl. EG 1998 Nr. C 66, S. 1 vom 2.3.1998.

Die alleinige Kontrolle entsteht durch den Erwerb einer solchen Stimmenmehrheit auf der Hauptversammlung, die es dem Unternehmen erlaubt, bestimmenden Einfluss auf das Unternehmen auszuüben.

Die gemeinsame Kontrolle liegt vor, wenn die Muttergesellschaften, die die Anteile halten, bei den das Gemeinschaftsunternehmen betreffenden Entscheidungen, Übereinstimmung erzielen müssen.[103] Dies ist dann der Fall, wenn eine Muttergesellschaft mit ihrem Veto das Verhalten des Gemeinschaftsunternehmens bestimmen kann und die strategischen Entscheidungen des Unternehmen (Budget, Geschäftsplan, Besetzung der Geschäftsleitung, wesentliche Investitionen) verhindern kann.

Kein Kontrollerwerb hingegen liegt dann vor, wenn in der Hauptversammlung wechselnde Mehrheiten möglich sind.[104]

4. Errichtung eines Gemeinschaftsunternehmens

Die Fusionskontrollverordnung erfasst nur die „Vollfunktionsgemeinschaftsunternehmen", das heißt solche Joint-Ventures, die von den Mutter-Unternehmen selbstständig (alle Funktionen einer selbstständigen wirtschaftlichen Einheit erfüllen) und auf Dauer eingerichtet sind.[105] Fehlt eines dieser Elemente, so liegt ein Teilfunktionsgemeinschaftsunternehmen vor, auf das Art. 81 EG[106] und nationales Recht anwendbar sind.

Besteht seitens der Praxis der Wunsch, dass die Unternehmen sich anstelle eines Verfahrens vor den nationalen Behörden eher dem Fusionskontrollverfahren der Europäischen Gemeinschaft unterziehen, so empfiehlt es sich bei der Argumentation auch die mögliche zukünftige Entwicklung des Unternehmens und des Marktes, auf dem das Unternehmen agiert, einzubeziehen.

[103] ABl. EG 1998 Nr. C 66, S. 1 vom 2.3.1998.

[104] Gugerbauer, Handbuch der Fusionskontrolle, Art. 3, Rdnr. 4 ff.

[105] Art. 3 Abs. 4 FKVO und Erwägungsgrund 20 der FKVO.

[106] Verbot wettbewerbsbeschränkender Vereinbarungen und Verhaltensweisen.

5. Keine bedeutsame Änderung des Zusammenschlussbegriffes durch die neue Fusionskontrollverordnung (VO 139/2004)

Während der Debatten über die Änderung der Fusionskontrollverordnung, wurde auch über die Änderung des Zusammenschlussbegriffes diskutiert.

Die Kommission hat im anfänglichen Entwurf in Art. 3 Abs. 4 FKVO vorgeschlagen, zwei oder mehr Erwerbsvorgänge, die in einem Bedingungszusammenhang zueinander stehen oder wirtschaftlich so eng miteinander verknüpft sind, dass es gerechtfertigt ist, sie als einen Vorgang zu behandeln, zu einem Zusammenschluss zusammenzufassen. Dieser sollte zum Zeitpunkt des letzten Rechtsgeschäfts bewirkt werden. [107]

Auf diese Änderung wurde jedoch verzichtet, da eine solche erhebliche Unsicherheiten für Unternehmen geschaffen hätte.[108] Eine Feststellung, ob Gesellschaften derart wirtschaftlich eng miteinander verknüpft sind, dass von einem Zusammenschluss ausgegangen werden kann, wäre in der Praxis zu kompliziert. In der neuen FKVO erfolgte lediglich eine Klarstellung, dass der Zusammenschluss nach der FKVO stets eine dauerhafte Veränderung in der Struktur der Kontrolle voraussetzt.[109]

Einen Hinweis auf die ursprünglich geplante Vorschrift des Art. 3 Abs. 4 FKVO findet man im Erwägungsgrund 15 der Fusionskontrollverordnung. Jedoch sind die Erwägungsgründe zur Fusionskontrollverordnung unverbindlich und sollen lediglich bei der Auslegung der Vorschriften helfen.

6. Der Übernahmebegriff

Obwohl der Begriff der Übernahme nicht explizit in der Fusionskontrollverordnung verwendet wird, wird dieser oft mit dem Begriff der Fusion in Zusammenhang gebracht und gebraucht. In der Praxis stellt die Formulierung „Fusionen und Übernahmen“ einen feststehenden Ausdruck dar.

Unter einer Übernahme versteht man allgemein den Versuch eines Außenstehenden, aber auch eines Aktionärs, die Aktienmehrheit eines Unternehmens

---

[107] Grünbuch über die Revision der Verordnung (EWG) Nr. 4064/89 des Rates v. 11.12.2001, KOM (2001) 745/6 endg., S.4, Erwägungsgrund 16 der FKVO.

[108] Böge, WuW 2004, S. 138, 139.

[109] Vgl. Art. 3 FKVO.

durch den systematischen Ankauf von Aktien zu erreichen, welches durch den sukzessiven Erwerb von Anteilen über die Börse ("creeping-takeover"), durch den Ankauf eines Pakets oder durch die Abgabe eines öffentlichen Übernahmeangebotes ("tender offer") geschehen kann.[110] Erfolgt der Ankauf, ohne dass Einigkeit mit dem Vorstand des Zielunternehmens erreicht wurde, so spricht man von einer feindlichen Übernahme,[111] die sich direkt zwischen den Anteilseignern und dem „Übernehmer" unter Ausschaltung des Managements vollzieht.

Somit kann es sich bei der Übernahme sowohl um die Fälle einer Fusion durch Aufnahme als auch eines Kontrollerwerbs handeln.

III. Die Ziele der Wettbewerbspolitik

Bei der Wettbewerbspolitik handelt es sich um eine der wichtigsten Politiken der Europäischen Gemeinschaft; die wettbewerbspolitischen Themen sind immer öfter in der Presse im Zusammenhang mit dem Wachstum und Aufwertung der Rolle der Europäischen Gemeinschaft.[112]

Die Wettbewerbspolitik beschäftigt sich mit der Frage der Schaffung eines ordnungspolitischen Rahmens (unter anderem auch für die Fusionskontrolle), um die Marktprozesse zu gestalten.[113]

Um eine sinnvolle Wettbewerbspolitik, zu der auch die Fusionspolitik gehört, betreiben zu können, muss man die wirtschaftspolitischen Ziele dieser Politik klar festlegen.

Die Wettbewerbspolitik erfüllt die ***gesellschaftspolitischen Ziele***, indem ein System der Kontrolle über die Unternehmen entsteht, das die Freiheit des Wettbewerbs und die Leistungsgerechtigkeit des Wettbewerbs fördert; die ***konjunkturpolitischen Ziele***, indem die Konjunktur gemildert wird und die ***strukturpolitischen Ziele***, indem die Unternehmen dazu gesteuert werden,

---

[110] Ebenroth/Daum, DB 1991, S. 1105 (Teil I) und S. 1157 (Teil II); Albrecht Klein, NJW 1997, S. 2085; ähnliche Definition bei Bröcker/Weisner, Übernahmeangebote, S.3 f.

[111] Stoll, BB 1989, S. 301, 302.

[112] Vgl. Handelsblatt vom 24./25.10.2003, S. 7 „Heidelberg - Cement scheitert bei Readymix"; vgl. zu der steigenden Anzahl der Fusionen in Europa die Statistik des IW-Koeln unter http://www.iwkoeln.de/default.aspx?p=contenthighkey&i=2046.

[113] Herdzina, S. 7.

die Möglichkeit des kostensenkenden und güterschöpfenden technischen Fortschritts zu nutzen.[114] Das vorrangige Ziel der Wettbewerbspolitik ist der ***Schutz und die Förderung des Wettbewerbs***.[115]

Zur Eruierung, ob die Wettbewerbspolitik dem Schutz und der Förderung des Wettbewerbs tatsächlich dient, ist es unumgänglich, die genaue Bedeutung des Wettbewerbsbegriffs zu skizzieren.[116]

IV. Der Wettbewerbsbegriff

Man verwendet in der Rechts-, Wirtschafts- und Sozialwissenschaft häufig den Begriff des Wettbewerbs, ohne diesen Begriff exakt zu definieren. Einen Hinweis darauf, dass verschiedene Autoren nicht das gleiche meinen, geben auch die adjektivialen Attribute, die der Gesetzgeber und das Schrifttum dem Terminus Wettbewerb voranstellen. Unter anderem wird vom vollständigen[117], freien[118], funktionsfähigen[119], wirksamen[120], innovatorischen[121], schöpferischen[122], initiatorischen[123], potentiellen[124], unverfälschten[125] Wettbewerb gesprochen.

Im Schrifttum bezweifeln manche, ob überhaupt eine positive Definition möglich ist, da es sich um ein sehr vielschichtiges Phänomen (metaphysische Frage[126]) handelt, das sich angesichts seiner Bedeutungsvielfalt nur unter Inkaufnahme eines hohen Abstraktionsgrades in allgemein gültiger Form erfassen

---

[114] Herdzina, S. 12 ff.

[115] Tuchtfeld, 1975, S. 178; Willeke, WiSt 1981, S. 25 f.; Herdzina, S. 12; Bartling, Leitbilder der Wettbewerbspolitik, S. 1 ff.

[116] Vgl. zu den Zielen des Wettbewerbs die nachfolgende Übersicht.

[117] Den Begriff „vollständiger Wettbewerb" verwendet u.a. die Europäische Kommission in der Richtlinie 96/19/EG (ABl. 1996 Nr. L 74 vom 22.3.1996).

[118] Erwägungsgrund 24 zur FKVO.

[119] Z.B. Bartling/Luzius, Grundzüge der Volkswirtschaftslehre, S. 14; Bartling, Leitbilder der Wettbewerbspolitik, S. 15; Kerber, S. 174; Wirtz, S. 57; Poeche, Das Konzept der „Workable Competition" in der angelsächsischen Literatur, S. 12 f.; Herdzina, S. 17.

[120] Erwägungsgründe 24, 25, 26 zur FKVO, Art. 2 Abs. 2 FKVO.

[121] Herdzina, S. 9.

[122] Herdzina, S. 9.

[123] Herdzina, S. 9.

[124] Immenga/Mestmäcker, EG-Wettbewerbsrecht, Kommentar, Band I, S. 881, Rdnr. 141.

[125] Z.B. Art. 3 lit. g, 29 lit. c, 92 Abs. 1, 101, 102 EG; Erwägungsgrund 24 zur FKVO.

[126] Herdzina, S. 9.

lässt.[127] So sah Fr. A. von Hayek Wettbewerb als Entdeckungsverfahren[128] und daher einer Definition unzugänglich an. Jedoch setzt eine rationale Wettbewerbspolitik eine klare Vorstellung vom Wettbewerb voraus, so dass eine Definition unentbehrlich ist. Daher haben viele Autoren versucht, einen Näherungswert hervorzubringen. Nach einer der vielen Definitionen ist Wettbewerb „das Streben von zwei oder mehr Personen bzw. Gruppen nach einem Ziel, wobei der höhere Zielerreichungsgrad des einen in der Regel einen geringeren Zielerreichungsgrad des anderen bedingt".[129] So ist das bei fast jedem sportlichen, kulturellen, wirtschaftlichen oder politischen Wettkampf.

Auf das wirtschaftliche Leben übertragen, verlangt diese weite Definition folgende Voraussetzungen:

(1) die Existenz von Märkten

(2) mit mindestens zwei Anbietern oder Nachfragern,

(3) die sich antagonistisch verhalten, das heißt durch Einsatz eines oder mehrerer Aktionsparameter ihren Zielerreichungsgrad zu Lasten anderer Wirtschaftssubjekte verbessern wollen.[130]

Um diese Definition inhaltlich auszufüllen, sind in der Literatur wettbewerbspolitische Leitbilder entwickelt worden, die im Folgenden dargestellt werden.[131]

V. Wettbewerbskonzepte

Die Unterscheidung zwischen den verschiedenen Schulen der Wettbewerbskonzepte hängt von der Beantwortung folgender grundlegender Fragen ab:

1. Ist der Wettbewerb generell eine marktimmanente und staatsfreie Institution oder eine explizite Staatsaufgabe?

---

[127] Schmidt, S. 1.

[128] Hayek, ORDO 1967 (17), S. 11 ff.

[129] Borchardt/Fikentscher, Wettbewerb, Wettbewerbsbeschränkungen, Marktbeherrschung, S. 4.

[130] Ott, Marktform und Verhaltensweise, S. 44; Schmidt, S. 2; Gassner, S. 4.

[131] Aus diesen verschiedenen Verständnissen des Wettbewerbsbegriffes haben sich auch die unterschiedlichen Konzepte entwickelt, wie die staatliche Wettbewerbspolitik vorgehen sollte.

2. Ist die Freiheit zum Wettbewerb eine selbsttragende und stabile Institution oder durch innewohnende Selbstzerstörungstendenzen ständig gefährdet?

3. Sind die obersten Ziele bzw. Funktionen des Wettbewerbs freiheits- oder wohlstandsorientiert?

4. Ist der vollkommene Wettbewerb ein realistisches wettbewerbspolitisches Ziel oder unerreichbares Ideal?

5. Welche Prüfungsinstrumente zur Durchsetzung und Sicherung des Wettbewerbs sind im praktischen Fall wichtig?

1. Historische Entwicklung der Wettbewerbskonzepte

Im Folgenden sind nun die grundlegenden Aussagen der verschiedenen Wettbewerbskonzepte zu skizzieren.

a) Der dynamische Wettbewerb der Klassik (Adam Smith)

Die wettbewerbspolitischen Vorstellungen von Adam Smith[132] entstanden als Gegengewicht zum feudal-merkantilistischen System des 17. Jahrhunderts. Smith lehnt die Bevormundung des einzelnen Bürgers durch den Staat ab und verlangt die Gewährleistung der Handlungsfreiheit für Unternehmen und für die Menschen.[133] Diese Thesen werden heute unter dem Begriff des wirtschaftlichen Liberalismus zusammengefasst.[134]

Der wirtschaftliche Liberalismus setzt die Freiheit der Wettbewerber auf dem Markt voraus und die Wahlfreiheit der Konsumenten, sich für den einen oder anderen Anbieter auf dem Markt zu entscheiden. Dieses freie Spiel der Kräfte führt zu einer allgemeinen Harmonie der Interessen, die durch einen Eingriff des Staates nur gestört werden können.[135]

---

[132] Adam Smith, 1723-1790.

[133] Bartling, Leitbilder der Wettbewerbspolitik, S. 9.

[134] Schmidt, S.2.

[135] Gablers Wirtschafts-Lexikon, Band 2, S. 122.

Dieses klassische Wettbewerbskonzept lässt sich daher als Koordinationsprozess ohne staatliche Lenkung verstehen.[136]

Neben dem Staat werden auch die dauerhaften Monopole als Störfaktoren für die Freiheit der Individuen angesehen. Sie behindern das Wachstum der Wirtschaft und verschaffen dem Monopolisten eine größere Profitrate.

Zeitlich begrenzte Monopolstellungen (zum Beispiel bei der Einführung neuer Produkte) hält Smith für zulässig.[137]

Nach einer vereinbarten Frist seien jedoch die staatlichen Aufsichtsorgane verpflichtet, die rechtlichen Rahmenbedingungen auf dem von dem Monopol beherrschten Markt so zu ändern, dass ein freier Wettbewerb möglich wäre.[138]

Somit beschränkt sich die Monopolpolitik des Staates auf die Etablierung einer funktionsfähigen Rechtsordnung, die Pflicht eine Infrastruktur bereitzustellen und für die finanziellen Sanktionen im Falle des Verstoßes zu sorgen.[139]

Jedoch unterließ es Adam Smith, die Bedingungen, unter denen der Wettbewerb die gewünschte Harmonie der Interessen herbeiführen kann, aufzuzeigen. Diesen Defiziten versuchten die anderen Modelle, wie das Modell der vollständigen Konkurrenz, zu begegnen.

b) Das neoklassische „Gleichgewichtsmodell der vollständigen Konkurrenz"

Da die Klassiker es unterließen, die Voraussetzungen für ein Wettbewerbskonzept aufzustellen, bei dem eine totale Übereinstimmung von Gesamt- und Individualinteressen vorliegt, wurde in der Folgezeit das Modell der „vollständigen Konkurrenz" entwickelt.[140]

---

136 Mann, Artikel "Adam Smith", in Handwörterbuch der Sozialwissenschaften, Band 9, S. 293.

137 Smith, An Inquiry Into the Nature and Causes of Wealth of Nations, S. 55.

138 Smith, An Inquiry Into the Nature and Causes of Wealth of Nations, S. 63.

139 Smith, An Inquiry Into the Nature and Causes of Wealth of Nations, S. 300.

140 Giersch, Allgemeine Wirtschaftspolitik, Band 1, S. 106; Külp, Wohlfahrtsökonomik, Band 2, S. 1 ff., R. Richter, Preistheorie, S. 119 ff.; Bartling, Leitbilder der Wettbewerbspolitik, S. 12 ff.

Die Vertreter der neoklassischen Theorie[141] entwickelten die mathematischen Instrumente und beschrieben sowohl die Voraussetzungen von vollständiger Konkurrenz als auch von Monopol und Oligopol.

Das von ihnen entwickelte Modell hat zwei Voraussetzungen: den stationären Zustand der Wirtschaft und die vollständige Konkurrenz.

Der stationäre Zustand der Wirtschaft verlangt das Vorliegen der entsprechenden technischen Voraussetzungen, der Bevölkerung (sowohl als Arbeitnehmer als auch in der Rolle der Nachfragenden am Markt) und der Güterpalette.[142]

Die vollständige Konkurrenz verlangt[143]:

(1) ein rationales Verhalten der Unternehmer und der Verbraucher im Sinne der Gewinn- und Nutzenmaximierung;

(2) keine sachlichen, räumlichen, zeitlichen Präferenzen der Anbieter oder Nachfrager;

(3) homogene Güter;

(4) eine vollkommene Transparenz des Marktes (vollkommene Voraussicht der Marktteilnehmer, volle Teilbarkeit und Bewegbarkeit der Produktionsfaktoren und der produzierten Güter);

(5) Fehlen der rechtlichen und tatsächlichen Marktzutrittshindernisse;

(6) keine Eingriffe in den Preisbildungsprozess durch den Staat oder andere Marktteilnehmer;

(7) eine große Zahl der Anbieter und Nachfrager.

---

[141] Die bedeutendsten Vertreter der neoklassischen Theorie sind Antoine Augustin Cournot (1801-1877), Francis Yisidro Edgeworth (1845-1926), Léon Walras (1843-1910), Vilfredo Pareto (1848-1923), Betrand de Jouvenel (1903-1987).

[142] Schmidt, S. 5.

[143] Stigler bei Herdzina (Hrsg.), Wettbewerbstheorie, S. 31 f.; Poeche, Das Konzept der „Workable Competition" in der angelsächsischen Literatur, S. 11.

Nach diesem Modell tritt als Folge der vollständigen Konkurrenz ein Zustand der maximalen wirtschaftlichen Effizienz und ein vollkommener Wettbewerb ein.

Dieses Konzept wurde jedoch von Anfang an insoweit kritisiert, dass ein vollkommener Wettbewerb nicht zu erreichen sei.[144] Weiterhin wären bei einer vollständigen Konkurrenz der Preis und die Qualität der Produkte gleich, was wiederum bedeuten würde, dass die Anreizwirkung für die Hersteller nicht ausreichend wäre.[145] Außerdem analysierten die Neoklassiker die statischen Wettbewerbsprozesse und verneinten die Dynamik und ständige Veränderbarkeit des Wettbewerbs, was ihnen den Vorwurf des „Modellplatonismus" einbrachte.[146]

2. Die modernen Wettbewerbskonzepte

a) Workable Competition als second best[147]

Die Theorie des funktionsfähigen Wettbewerbs (workable competition; Harvard School) geht von der Vorstellung aus, dass der Wettbewerb als Instrument zur Erreichung der politisch vorgegebenen gesamtwirtschaftlichen Ziele anzusehen ist.[148] So versucht Clark ein Wettbewerbsleitbild zu entwerfen, welches der Dynamik des Wettbewerbs entspricht und wirklichkeitsnäher als die Hypothese der vollständigen Konkurrenz ist. Seine Ausgangsfrage war: „What do we want competition to do for us?".[149]

In seinem 1940 erschienenen, für die damalige Zeit bahnbrechenden Aufsatz „Toward A Concept of Workable Competition" stellt der Autor fest, dass die vollständige Konkurrenz (als „First-Best" Zustand) unrealistisch ist, da der

---

[144] Clark, AER 1955, S. 241 ff.

[145] Clark, AER 1955, S. 241 ff.

[146] Bartling/Luzius, Grundzüge der Volkswirtschaftslehre, S. 14; Bartling, Leitbilder der Wettbewerbspolitik, S. 15.

[147] Die Theorie des funktionsfähigen Wettbewerbs / Harvard School / Wohlfahrtsökonomischer Ansatz. Die bedeutsame Vertreter dieses Konzepts sind John Maurice Clark (1884-1963), Joe S. Bain (geb. 1912).

[148] Kerber, S. 174.

[149] Clark, Competition and the Objective Government Policy, S. 317.

Markt nicht vollkommen sei. Jedoch sind diese Unvollkommenheiten[150] nicht unbedingt negativ zu werten. Gerade sie machen den Wettbewerb funktionsfähiger.[151]

Das Konzept der vollständigen Konkurrenz sieht Clark als unerreichbares Ideal und schlägt das Konzept der „workable competition" als „second best" vor.[152] Bei diesem Konzept wird das unvermeidliche Fehlen einiger Voraussetzungen eines perfekten Wettbewerbs durch das Vorliegen anderer Voraussetzungen kompensiert.[153]

Zur Beurteilung der Wettbewerbsprozesse wurden drei Kategorien entwickelt: Marktstruktur[154], Marktergebnis[155], Marktverhalten[156].

Die Konsequenz dieses Ansatzes wäre eine marktstrukturorientierte Wettbewerbspolitik. Die Zusammenschlusskontrolle wäre dann primär an den Marktanteilen orientiert.[157]

---

[150] Zu den Marktunvollkommenheiten zählen zum Beispiel die Produktheterogenität, Intransparenz, mangelnde Voraussicht.

[151] Poeche, Das Konzept der „Workable Competition" in der angelsächsischen Literatur, S. 12; Herdzina, S. 21.

[152] Wirtz, S. 57; Poeche, Das Konzept der „Workable Competition"in der angelsächsischen Literatur, S. 12 f.; Herdzina, S. 17.

[153] Katzenbach, Die Funktionsfähigkeit des Wettbewerbs: Weite Oligopole als Wettbewerbsbedingung, in: Herdzina (Hrsg.), Wettbewerbstheorie, S. 194 ff; Kantzenbach, AG 1986, S. 185 ff.

[154] Die Marktstruktur umfasst eine Fülle verschiedener Strukturmerkmale, die sich an der Marktform orientieren (Konzentrationsphänomene, Grad der Marktoffenheit, Art der Produkte, Marktschranken usw.).

[155] Zu dem Marktergebnis gehören die Produktpalette, die Verkaufskosten, die Produktqualität, die technische Effizienz, die Produktionskostenhöhe, die Preishöhe und –entwicklung. Nach der Ermittlung der Marktergebnisse werden diese mit anderen Märkten (zum Beispiel mit räumlichen, sachlichen, zeitlichen Vergleichsmärkten oder mit einem hypothetischen Markt in dem ein vollkommener Wettbewerb herrscht) verglichen.

[156] Das Wettbewerbsverhalten umfasst alle Parameter der Unternehmung (Preis, Qualität, Werbung, Konditionen, Patente, Beratungsdienste). Man formuliert Vermutungstatbestände für unternehmerisches Verhalten (horizontal abgestimmtes Verhalten, Bindungen zwischen Unternehmen, Behinderungspraktiken). Die genannten Vermutungstatbestände haben in der Regel den Charakter von Musterprognosen, da sie nicht in jedem Einzelfall wettbewerbswidrig sind (so können Preisbindungen, Konditionskartelle oder Produktimitationen auch wettbewerbssteigernde Wirkung haben). Danach werden Verbotstatbestände formuliert, die bestimmte Verhaltensweisen ausschließen, ohne ein konkretes Marktergebnis quantitativ vorzugeben.

[157] Scherer, Stand und Perspektiven der Industrieökonomik, in: Bombach/Gahlen/Ott (Hrsg.), Industrieökonomik: Theorie und Empirie, S. 3 ff; Minderlein, Markteintrittsbarrieren und Unternehmensstrategie: Industrieökonomische Ansätze und eine Studie zum Personal Computer Markt, S. 113 ff; Tirole, The Theory of Industrial Organization, S. 305 ff.

Viele Autoren hielten diese Hypothese für sehr offen und präzisierten und modifizierten den workable competition Ansatz, wobei sie sich dadurch unterschieden haben, ob die den Wettbewerb regelnden Normen die Marktstruktur, das Marktergebnis, die Marktanteile oder die Kombination dieser wettbewerblichen Testkategorien erfassen sollten.[158]

An diesem Konzept wurde kritisiert, dass die Marktergebnisse grundsätzlich nicht vorhersehbar und konkret normierbar sind, weil die Wettbewerbsprozesse offene Prozesse sind.[159]

b) „Effective Competition“ (wirksamer Wettbewerb)

Während die Autoren, die workable competition als second best klassifizieren, immer noch die vollständige Konkurrenz als wünschenswert, jedoch nicht realisierbar einschätzen, wird diese bei den Vertretern der „Effective Competition“ nicht mehr als anzustrebendes Ziel angesehen.[160]

Dies wird damit begründet, dass die Marktunvollkommenheiten (wie zum Beispiel Patente, die eine Quasi-Monopolstellung verschaffen) unabdingbar sind.

Die Theorie des wirksamen Wettbewerbs sieht den Wettbewerb als einen dynamischen Prozess an, sie akzeptiert die Marktunvollkommenheiten, unterscheidet jedoch zwischen den erwünschten und unerwünschten Marktunvollkommenheiten.[161]

Unter der Berücksichtigung der Wettbewerbsfunktionen und der Mängel des Begriffes des vollkommenen Wettbewerbs (insbesondere seines mangelnden Realitätscharakters und seiner mangelnden Erfassung der Marktdynamik) wurde der Begriff des „funktionsfähigen Wettbewerbs“ eingeführt. Dieser ist viel ungenauer, aber realitäts- und dynamikbezogen, sowie problemangemessener als der Begriff des vollkommenen Wettbewerbs.[162] Das Konzept des wirksamen Wettbewerbs verbindet das sich aus den Wettbewerbsfunktionen und wettbewerbspolitischen Leitbildern ergebende Bild des Wettbewerbs.

---

[158] Bartling, S. 22.

[159] von Hayek, Wettbewerb als Entdeckungsverfahren, S. 249 ff.

[160] Neumann, ZfB 1979, S. 645 ff; Schmidt/Burger, WiSt 1997, S. 625 ff.

[161] Schmidt, S. 11.

[162] Herdzina, S. 35.

c) Das Konzept der optimalen Wettbewerbsintensität im weiten Oligopol

In Deutschland haben die Wissenschaftler[163] auch versucht, die Konzepte eines funktionsfähigen Wettbewerbs zu entwickeln, dabei jedoch auf eine Definition des Wettbewerbs verzichtet. Sie untersuchten die Aufgaben des Wettbewerbs.[164]

Zu diesen Aufgaben gehörte die **leistungsgerechte Einkommensverteilung**, das bedeutet der Wettbewerb steuert die Einkommensverteilung auf den Märkten und verhindert dadurch eine Ausbeutung aufgrund der Marktmacht.[165] Eine weitere Aufgabe des Wettbewerbs ist die **Sicherung der Konsumentensouveränität** bei der Befriedigung der individuellen Bedürfnisse der Käufer, da der Wettbewerb die Zusammensetzung des laufenden Angebots an Waren und Dienstleistungen gemäß den Käuferpräferenzen steuert.

Die weiteren Aufgaben des Wettbewerbs sind einerseits die Lenkung der Produktionsfaktoren in die produktivsten Einsatzmöglichkeiten (optimale Faktorallokation) und andererseits die Anpassung von Produkten an die Nachfrage und Produktionstechnik, um die Fehlinvestitionen zu verringern und die durch die Strukturwandlungen hervorgerufenen volkswirtschaftlichen Kosten zu senken. Schließlich beschleunigt der Wettbewerb den technischen Fortschritt auf dem Markt.[166]

Bei der Einkommensverteilung, der Sicherung der Konsumentensouveränität und der Lenkung der Produktionsfaktoren handelt es sich um statische Funktionen. Diese sind jedem wirtschaftlichen System immanent.[167]

Die Anpassung von Produkten an die Anfrage und die Produktionstechnik sowie die Förderung des technischen Fortschrittes sind dynamische Funktionen, da sie ausschließlich in einer evolutorischen, sich entwickelnden Wirtschaft existieren.[168]

---

[163] Vor allem Erhard Kantzenbach (geb. 1931), Frederic M. Scherer (geb. 1932).

[164] Kantzenbach/Kallfaß, Das Konzept des funktionsfähigen Wettbewerbs – workable competition, in: Cox u.a. (Hrsg.), Handbuch des Wettbewerbs, S. 103 ff; Kantzenbach, Jahrbücher für Nationalökonomie und Statistik 1967, S. 193 ff.

[165] Kantzenbach, Die Funktionsfähigkeit des Wettbewerbs, S. 15 ff; Kantzenbach, Jahrbücher für Nationalökonomie und Statistik 1967, S. 196.

[166] Schmidt, S. 11.

[167] Kantzenbach, Die Funktionsfähigkeit des Wettbewerbs, S. 15 ff.

[168] Bartling, Leitbilder der Wettbewerbspolitik, S. 31.

Aus diesen Grundaufgaben haben die Wissenschaftler folgende Schlussfolgerung abgeleitet:

Die Wettbewerbsintensität ist optimal, wenn auf der Seite des Angebots nur wenige relativ große Verkäufer auftreten (weites Oligopol), da die Gewinnchancen, Existenzrisiken und Finanzierungsmöglichkeiten besonders günstig kombiniert sind.[169]

In der Bundesrepublik findet man Oligopole zum Beispiel in der Mineralölwirtschaft, der Automobil-, und der Elektroindustrie.[170]

Hierdurch lassen sich sowohl das Parallelverhalten der Firmen vermeiden als auch funktionslose Machtkämpfe („oligopolistic wars") vorbeugen.[171]

Die Transformation der Märkte in weite Oligopole soll mit Hilfe der Fusionen und Übernahmen erfolgen. Die Fusionskontrolle soll hierbei dazu dienen, dass die weiten Oligopole sich nicht in die engen Oligopole verwandeln (Existenz von nur zwei oder drei Anbietern).

Kritisiert wird an diesem Konzept vor allem, dass es keine optimale Marktform in der Praxis gibt und dass die theoretische und die empirische Forschung ergeben, dass die optimale Erfüllung der Wettbewerbsfunktionen in unterschiedlichen Marktformen möglich ist, die teilweise stärker im Bereich polypolistischer (viele Anbieter) und teilweise im Bereich oligopolistischer Marktstrukturen zu suchen sind.[172] Außerdem werden die Komponenten (Determinanten) des Wettbewerbs von diesem Konzept nur unzureichend erfasst, da lediglich die Anzahl der Konkurrenten und der Grad der Marktvollkommenheit erfasst werden.[173]

---

[169] Villard, JPolE 1958, S. 491.

[170] Gablers Wirtschafts-Lexikon, Band 4, S. 702.

[171] Schmidt, S. 13.

[172] Müller, Artikel: Wettbewerbspolitik, Handwörterbuch der Volkswirtschaftslehre, Spalte 1524 ff, 1529 f.; Bartling, Wettbewerbspolitik, S. 36 ff.

[173] Bartling, Leitbilder der Wettbewerbspolitik, S. 36.

d) Die Konzepte der Wettbewerbsfreiheit

aa) „Der freie Wettbewerb der Neuklassik: die österreichische Schule"

Diese Lehre knüpft an den freien Wettbewerb der Klassik an und fordert zwei Voraussetzungen zum Vorhandensein des wirksamen Wettbewerbs: die Wettbewerbsfreiheit und einen starken „spirit of competition" der Teilnehmer.[174]

Die Vertreter dieser Schule[175] meinen, dass es sich beim Wettbewerb um ein Entdeckungsverfahren handelt, dessen Ergebnisse keiner vorhersehen kann. Dies erklären sie damit, dass der Wettbewerb vor allem dem Finden neuen Wissens dient, zu dem man ohne Wettbewerb nicht gelangen würde. Daher ist es nicht möglich, die Ergebnisse vorherzusagen.[176]

Die Wettbewerbsordnung wird als das ökonomische Äquivalent zur freiheitlichen Gesellschaftsordnung gesehen und beinhaltet sowohl die Freiheit der Anbieter als auch die der Käufer.

Lediglich in den Ausnahmebereichen gibt es Wettbewerbshemmnisse. Hierzu gehören die politischen Ausnahmebereiche (staatliche Wettbewerbspolitik und staatliche wettbewerbsbeschränkende Maßnahmen) und natürliche Ausnahmebereiche temporärer Natur (zum Beispiel bei der Einführung eines neuen Produktes).[177] Die Missbrauchsaufsicht sollte jedoch eingreifen, wenn die temporären Bereiche sich verfestigen.[178]

So lehnte Hoppmann die Instrumentalisierung des Wettbewerbs für die ökonomischen Ziele ab und ging nur von dem Ziel der individuellen Freiheit aus.[179]

---

[174] Hayek, Der Wettbewerb als Entdeckungsverfahren; Hayek, Der Sinn des Wettbewerbs, in: Hayek, Individualismus und wirtschaftliche Ordnung; Herdzina, Möglichkeiten und Grenzen einer wirtschaftstheoretischen Fundierung der Wettbewerbspolitik; Schmidtchen, Property Rights, Freiheit und Wettbewerbspolitik; Eickhof, Hamburger Jahrbuch, Band 25, S. 225 ff.

[175] Die Hauptvertreter sind Ludwig von Mises (1881-1973), Friedrich A. von Hayek (1899-1992), Erich Hoppmann (geb. 1924), Israel M. Kirzner (geb. 1930).

[176] Schmidt, S. 15.

[177] Bartling, Leitbilder der Wettbewerbspolitik, S. 46; Hoppman, Jahrbücher für Nationalökonomie und Statistik 1973, S. 165 ff.

[178] Hoppmann, Marktmacht und Wettbewerb, S. 18.

[179] Hoppmann, Marktmacht und Wettbewerb, S. 14.

Beim Vorliegen der Wettbewerbsfreiheit würde das Marktsystem als Ganzes funktionieren. Dieser Prozess würde gleichzeitig ökonomisch gute, allerdings im Einzelnen nicht bekannte Ergebnisse hervorbringen.

Ein zentrales Charakteristikum des österreichischen Ansatzes ist ein tiefes Misstrauen gegenüber dem Staat. Daher wird auch die staatliche Wettbewerbspolitik als „Marktstrukturinterventionismus" angesehen.[180] Eine aktive Wettbewerbspolitik gegenüber der wirtschaftlichen Macht von Unternehmen wird als zunehmend unnötig bewertet.[181]

Aus diesen Überlegungen wird die Aufgabe der Wettbewerbspolitik als eine Verhinderung der Wettbewerbsbeschränkungen durch den Staat oder die Marktteilnehmer (zum Beispiel durch Fusionen, Behinderungsstrategien) mittels adäquater Regeln gesehen. Die Hauptaufgabe ist die Sicherung der Wettbewerbsfreiheit der Wirtschaftsteilnehmer.

Nach der österreichischen Idealvorstellung sollten möglichst nur allgemeine Spielregeln bestehen, unter deren Beachtung sich dann die Wirtschaftssubjekte (unter weitestgehender Zurückdrängung staatlicher Eingriffe) frei koordinieren können.[182]

Kritisiert wird vor allem, dass die Erfassung des Wettbewerbs als ein Such- und Entdeckungsverfahren einen Vergleich zwischen dem durch die Wettbewerbsfreiheit angestrebten und dem erreichten Marktergebnis unmöglich macht. Denn das angestrebte Marktergebnis kann nach dieser Auffassung nicht festgestellt werden. Dadurch ist die Bekämpfung des sogenannten Ausbeutungsmissbrauchs unmöglich (Preismissbrauchsaufsicht über marktbeherrschende Unternehmen).[183]

Außerdem ist die Abgrenzung der Ausnahmebereiche von den Wettbewerbsbereichen „unscharf" und praktisch unmöglich.[184]

---

[180] Hoppmann, Fusionskontrolle, S. 23; v. Hayek, ORDO 1975, S. 20.

[181] Hoppmann, Fusionskontrolle, S. 12 ff.

[182] Schmidt, WiSt 1981, S. 282 ff.

[183] Ausführlich zur Kritik am österreichischen Konzept Bartling, Leitbilder der Wettbewerbspolitik, S. 49 ff.

[184] Bartling, Leitbilder der Wettbewerbspolitik, S. 53.

bb) Das ordoliberale Wettbewerbskonzept

Das ordoliberale Konzept entstammt dem freien Wettbewerb der Neuklassik, hat dessen Voraussetzungen jedoch verschärft. Das Ziel dieser Schule[185] besteht im Schutz der individuellen Handlungsfreiheit, und zwar zum einen gegenüber der Macht des Staats und zum anderen gegenüber der wirtschaftlichen Macht privater Wirtschaftssubjekte.[186] Es soll zwar feste Ordnungsregeln geben, jedoch müssen sich innerhalb dieser Regeln die Marktprozesse frei entwickeln können, also ohne weitere staatliche Interventionen. Die staatliche Wettbewerbspolitik ist notwendig zur Sicherung der wirtschaftlichen Handlungsfreiheit der Individuen gegenüber der Handlungsmacht anderer Wirtschaftssubjekte. Solch staatliche Wettbewerbspolitik wird nicht als Eingriff, sondern als notwendige Bedingung für die Aufrechterhaltung der wirtschaftlichen Freiheit erachtet. Dieses Konzept steht damit für eine präventive Fusionskontrolle durch klare gesetzliche Regelungen und für ein allgemeines und ausnahmsloses Kartellverbot.[187]

e) Das Konzept der „Chicago School of Antitrust Analysis“

Das Konzept der Chicago School[188], das unter dem Präsident Reagan einen erheblichen Einfluss auf die neuere US-amerikanische Antitrustpolitik und Rechtsprechung erlangte,[189] sieht das Marktgeschehen als ein freies Spiel der Kräfte, in welchem die gesündesten und die besten überleben (Sozial-Darwinismus) und lässt den Einfluss des Staates nur in sehr eng umgrenzten ordnungspolitischen Rahmenbedingungen zu.[190]

Als Ziel der Antitrustpolitik wird die Maximierung der Konsumentenwohlfahrt (performance approach) angesehen. Die Aufgabe des Staates ist daher die Aufrechterhaltung der Marktmechanismen, die ein Maximum an Konsumentenwohlfahrt gewährleisten.

---

[185] Die bedeutsamen Vertreter sind Walter Eucken, Franz Böhm, Ernst-Joachim Mestmäcker, Wernhard Möschel.

[186] Eucken, Grundsätze der Wirtschaftspolitik, S. 179.

[187] Kerber, S. 178.

[188] George J. Stigler (1911-1991), Robert H. Borkn (geb. 1927), Richard Posner (geb. 1939).

[189] Ingo Schmidt, S. 19.

[190] Schmidt/Rittaler, WiSt 1986, S. 283 ff; Müller, WuW 1986, S. 533 ff.

Die wettbewerbspolitischen Eingriffe des Staates in die Marktstruktur werden abgelehnt. Die Fusionen als Ausdruck externen Unternehmenswachstums werden nicht als wettbewerbsgefährdend angesehen, da sie der Vermögenskonzentration in der Hand der überlegenen Unternehmer dienen und ineffizientes Management bestrafen.[191]

Im Unterschied zu dem „Harvard School Ansatz" ist einzig die ökonomische Effizienz das Ziel der Wettbewerbspolitik.[192] Die Oligopole hält die Chicago School für nicht stabil und daher die Preiserhöhung durch dauerhafte Oligopole für unwahrscheinlich.[193]

Die optimalen Unternehmensgrößen würden sich daran erkennen lassen, dass sich das Unternehmen am Markt durchsetzt (survivor approach). Dann sind die Zusammenschlüsse nicht ein Instrument der Erhöhung der Marktanteile, sondern ein Ausdruck der erhöhten Effizienz.[194]

Mit diesen Argumenten plädiert die Chicago – School für eine weitgehende Unbedenklichkeit von Zusammenschlüssen. Diese sind erst bei einer sehr hohen Konzentration bedenklich und lediglich horizontale Kartelle seien stärker als die sonstigen Zusammenschlüsse zu verfolgen.[195]

Die Chicago School übersieht, dass die Fusionen auch Ineffizienz und Bürokratiewachstum auslösen können. Außerdem sind die so genannten „unilateral effects" bei Fusionen auch ohne eine hohe Konzentration möglich.[196] Schließlich können auch die Oligopole mit oder ohne Koordination die Preise erhöhen und den gegenseitigen Wettbewerbsdruck minimieren.

Dieses Konzept stellt nicht die Aufrechterhaltung des Wettbewerbs, sondern die Steigerung der Effizienz des einzelnen Unternehmens in den Vordergrund.[197]

---

[191] Bork, The Antitrust Paradoxon, S. 91.

[192] Kerber. S. 175.

[193] Kerber. S. 175.

[194] Schmidt, S. 20 ff.

[195] Kerber, S. 175.

[196] ABl. EG 2004 Nr. C 31, v. 5.2.2004, S. 3; Vgl. hierzu unter „Unilateral effects" bei differenzierten Produkten S.245.

[197] Schmidt, S. 23.

C. Die Geschichte der Fusionskontrollverordnung als ein Beispiel der Europäischen Normsetzung

Es folgt nun eine Betrachtung der Geschichte der Fusionskontrolle in der Europäischen Gemeinschaft. Die Kenntnis der Entwicklung der Fusionskontrolle in Europa ist unentbehrlich, um die aktuellen Änderungen und ihre Auswirkungen nachzuvollziehen. Insofern wird in einem kursorischen Abriss, ohne dass es sich um eine rechtshistorische Arbeit handeln soll, auf die geschichtliche Entwicklung der Fusionskontrolle und den Ursprung der heutigen Problemfelder eingegangen.

Um den Kernaussagen der folgenden Darstellung nicht vorzugreifen, soll an dieser Stelle nur gesagt werden, dass nicht vornehmlich der rechtliche Rahmen, sondern eher finanzielle und politische Überlegungen die Fusionskontrolle in Europa bestimmt haben. Viele Entwicklungen haben sich nicht am „bonum commune" orientiert, sondern sich aus dem Zusammenspiel der Machtkämpfe bei der Verteilung der Einflusssphären der Mitgliedsstaaten und der Kommission ergeben.

Aktuelle Diskussionen sind immer auch zugleich Teil einer Rezeptionsgeschichte, zu deren Verständnis die geschichtliche Entwicklung der Europäischen Gemeinschaft beitragen kann. Man muss hierbei selbstverständlich den engen Zusammenhang von Konzentrationskontrolle und den sozialen, politischen und wirtschaftlichen Zeitverhältnissen im Auge behalten. Ein angemessenes Verständnis der Fusionskontrolle ergibt sich nicht aus einer, von ihren Entstehungs- und Verwendungszusammenhängen losgelösten, Versenkung in reine Gedankenwelten.

Für diejenigen, die sich ständig mit der Fusionskontrolle befassen, stellen historische Zusammenhänge zusätzliche Argumente beim Ausfüllen der erforderlichen Dokumentation dar.[198] Viele Fragen, die in den folgenden Kapiteln präsentiert werden, können nicht absolut genau beantwortet werden.[199] Den aus dieser Ungenauigkeit resultierenden Beurteilungsspielraum kann ein Praktiker dadurch nutzbar machen, dass er die zuständige Fusionskontrollbehörde mit Hilfe der historischen Argumente von der Richtigkeit seiner Position überzeugt.

---

[198] Zum Beispiel Formblatt CO zur Anmeldung eines Zusammenschlusses gemäß der Verordnung (EWG) Nr. 139/2004 des Rates, Abl. EG 2004 Nr. L 133, 9 vom 30.4.2004 (Anhang 1 zur Verordnung Nr. 802/2004 zur Anwendung der Verordnung Nr. 139/2004).

[199] Zum Beispiel die Feststellung des relevanten Marktes, der erheblichen Behinderung des Wettbewerbs oder der marktbeherrschenden Stellung (materielle Voraussetzungen des Art. 2 Abs. 3 FKVO).

Der Gang der Fusionskontrolle in Europa ist sehr eng mit der Entstehung und dem Ablauf der europäischen Integration verbunden; es handelt sich um einen langen und sowohl von Erfolgen als auch von Rückschlägen gekennzeichneten Prozess.

So beginnt die Darstellung mit dem Schuman-Plan und schildert die fusionskontrollrechtlichen Regelungen des EGKS-Vertrages. Weiterhin wird das in Folge des Merger-Booms der 1960er Jahre entstandene „Konzentrationsmemorandum 1966“ dargestellt. Mangels klarer fusionskontrollrechtlicher Regelungen in Europa sollten Art. 85, 86 a.F. EG-V angewendet werden, wobei die Anwendbarkeit sehr umstritten war und die Anwendungspraxis mehrfach von der Kommission und dem EuGH geändert wurde. Die Vorschriften wurden nicht für die Fusionskontrolle konzipiert und die Anwendbarkeit brachte eine zunehmende Rechtsunsicherheit für die Unternehmen. Die dargestellten bedeutendsten fusionskontrollrechtlichen EuGH-Urteile (Continental Can,[200] Hoffman/La Roche,[201] Philip Morris[202]) bildeten die Bausteine der zukünftigen Fusionskontrollverordnung. Beschäftigt man sich mit diesen Urteilen, so erkennt man die Gestalten der heutigen umstrittensten Probleme der Fusionskontrollverordnung (Schwellenwerte, Abgrenzung der Zuständigkeiten, Begriff der Marktbeherrschung usw.). Die fusionskontrollrechtlichen Urteile des EuGH konnten die Rechtsunsicherheit in der EG nicht beseitigen, bis die neue Fusionskontrollverordnung 1989 erlassen wurde. Die Verordnung wurde 1997 und letztmalig im Jahre 2003 überarbeitet. Die Darstellung der Entstehungsgeschichte der Verordnung wird auf die wesentlichen Probleme begrenzt, die die Entwicklung in Europa gebremst haben und daher die Änderungen der Fusionskontrollverordnung notwendig machten. Die Rechtsgrundlagen der FKVO werden ebenfalls kurz skizziert, da sie für die Beurteilung der Zuständigkeit der Kommission relevant sind.

I. Die Verträge

Die ersten Normen, welche die Konzentrationen in Europa betrafen, wurzelten auf dem kurz nach der Beendigung des 2. Weltkrieges entstandenen Konzept des Franzosen Jean Monnet von 1950, welches sodann der damalige französische Außenminister Schuman aufgriff („Schuman-Plan“). Der Grundgedanke bestand darin, die deutsche Produktion von Kohle und Stahl, der eine erhebli-

---

[200] EuGH Rs. 6/72, (Continental Can/Kommission), Slg. 1973, II-243 ff.

[201] EuGH, Rs. 85/76 (Hoffmann – La Roche & Co AG/Kommission), Slg. 1979 II-461, 463.

[202] EuGH, Urt. v. 17.11.1987, Rs. 156/84 (Philip Morris/Rothmanns), Slg. 1987, II-4566.

che wirtschaftliche und militärische Bedeutung beigemessen wurde, unter eine internationale Kontrolle zu bringen[203]. Dadurch sollte die Bedrohung des europäischen Friedens durch ein wieder erstarkendes Deutschland vermieden werden.[204] Angesichts des aufkommenden „Ost-West-Konfliktes“ und der negativen Erfahrungen mit dem Versailler Vertrag erschien ein solches Vorgehen nur dann friedenssichernd und erfolgversprechend, wenn Deutschland gemeinsam mit den anderen europäischen Staaten in ein supranationales System eingegliedert würde.[205] So kam es am 18.04.1951 in Paris zur Gründung der Europäischen Gemeinschaft für Kohle und Stahl (EGKS, sog. „Montanunion“) zwischen Deutschland, Frankreich, Italien und den Benelux-Staaten.

Die Pariser Verträge beinhalten in Art. 66 des Vertrages über die Gründung der Europäischen Gemeinschaft für Kohle und Stahl (EGKS-Vertrag) eine detaillierte Regelung über Konzentrationen, die jedoch ausschließlich die Kohle- und Stahlindustrie betrifft, da der EGKS-Vertrag sich nur darauf bezieht. Nach Art. 66 § 1 S. 1 EGKS-Vertrag ist für die Konzentrationen unabhängig von der Größe der beteiligten Unternehmen und ohne Anknüpfung an Aufgreifschwellen ausschließlich die Gemeinschaft zuständig.

Die Gründe für eine ausführliche Regelung waren die bereits eingetretene Konzentrations- und Kartellbildung gerade in den betroffenen Sektoren von Kohleförderung und Stahlerzeugung sowie das Misstrauen der Nachkriegszeit gegenüber einer zu großen wirtschaftlichen Macht Deutschlands[206]. Hinzu kam die Dezentralisationspolitik der Alliierten und die Erkenntnis, dass gerade die industrielle Konzentration eine entscheidende Rolle bei der Kriegsführung hatte[207]. Die Konzentrationskontrolle im EGKS-Vertrag war daher sowohl ökonomisch sinnvoll als auch politisch gewünscht[208].

---

[203] Loibl, Europarecht, S.1.

[204] Wilmowsky, Jura 1992, S. 337.

[205] Beutler/Bieber/Pipkorn/Streil, Die Europäische Union – Rechtsordnung und Politik, S. 33; Rexin in: Lilge, Deutschland 1945-1963, S. 79.

[206] Wirtz, S. 241.

[207] Rexin in: Lilge, Deutschland 1945-1963, S. 76 f.

[208] Bos/Styck/Wytnick/Ridyard, Concentration Control in the European Community, S. 29; Heyden, ECLR 1991, S. 161; Overbury, Proceedings of the 19-th Annual Fordham Corporate Law Institute, S. 558 ff.

Die fusionskontrollrechtlichen Regelungen des EGKS-Vertrages (Art. 66 ff. EGKS-V) sind mit wenigen Änderungen[209] und der Anpassung an das Verfahren der Fusionskontrolle[210] bis Ende 2002 unverändert geblieben.[211]

Die Geltung des EGKS-Vertrages ist am 31.12.2002 ausgelaufen.[212]

Schon 1954 wurden jedoch durch die Entscheidung der Hohen Behörde[213] Nr. 25/54 Ausnahmen von der Anmeldepflicht aufgrund der Größe der beteiligten Unternehmen eingeführt.[214]

Die Pläne zur Förderung der wirtschaftlichen Integration, insbesondere zur Schaffung eines Gemeinsamen Marktes, führten zur Gründung der Europäischen Wirtschaftsgemeinschaft durch den EWG-Vertrag und der Europäischen Atomgemeinschaft durch den EAG-Vertrag, die am 25.3.1957 in Rom unterzeichnet wurden und am 1.1.1958 in Kraft getreten sind[215]. Die Verträge von Rom enthielten keine ausdrückliche Regelung über die Fusionskontrolle, die den Pariser Verträgen vergleichbar gewesen wäre.

Die ökonomische Realität der damaligen Zeit sprach gegen eine europaweite Fusionsregelung, da die Firmenzusammenschlüsse in den meisten Industriebranchen abgesehen von der Kohle- und Stahlindustrie überwiegend innerstaatlich und nicht europäisch waren; außerdem wollten die einzelnen Staaten so ein wichtiges wirtschaftpolitisches Instrument nicht aus den Händen geben.[216]

Darüber hinaus war die europäische Industrie in den 1950ern noch wenig konzentriert und es wurde generell angenommen, „concentrations would enable companies to take advantage of economies of scale in an enlarged market“[217].

---

[209] Obwexer, EuZW 2002, S. 517, 521; Schröter/Jakob/Mederer, Europäisches Wettbewerbsrecht, S. 1786.

[210] Obwexer, EuZW 2002, S. 517, 521.

[211] Vgl. hierzu Kapitel Quo vadi die Zuständigkeitsregelungen der Fusionskontrollverordnung S.135.

[212] Vgl. zu den mit dem Auslaufen des EGKS-Vertrages verbundenen Änderungen S.157.

[213] Zentraler Exekutivorgan der EGKS mit der Befugnis, verbindliche Entscheidungen ohne Einfluss der Mitgliedsstaaten zu treffen.

[214] ABl. EGKS 1954, S. 346.

[215] Herdegen, Europarecht, Rdnr. 43.

[216] Wirtz, S. 242.

[217] Rodford, European Access 1990, Nr. 3, S. 17.

„It must be said that the merger issue was not high on anyone's agenda in Europe in mid-1950's. National competition policy, where it existed, was not overly concerned with mergers and the EEC's founding Treaty reflected that situation".[218]

Ob hinter der legislativen Untätigkeit der Gründervater der Europäischen Union die Absicht lag, die kriegsgeschädigte Europäische Industrie wieder zu beleben und einen mit den USA vergleichbaren Industrialisierungsgrad zu ermöglichen,[219] oder die Fusionskontrolle einfach außer Acht gelassen wurde, ist umstritten und lässt sich heute nicht genau beantworten.

Zwar wurden im Spaak-Bericht von 1955[220] zur Vorbereitung der Römischen Verträge Überlegungen über mögliche Regelungen einer Zusammenschlusskontrolle erörtert, jedoch blieben diese unberücksichtigt.[221]

In den 60er Jahren beginnt in Europa ein durch die wachsende Wirtschaft hervorgerufener „Merger-Boom".[222] So hat sich zum Beispiel die jährliche Zahl der Fusionen zwischen 1962 und 1970 um den Faktor 3,5 erhöht.[223] Die Folge des Merger-Booms war die Änderung der politischen Einstellung zu den Fusionsprozessen. Die Fragen, inwiefern die bestehenden Regelungen über den Wettbewerb auf die Fusionen angewendet werden können[224] sowie ob und welche eigene Regelungen der Fusionskontrolle erforderlich sind, gehörten untrennbar zu diesem Prozess.

Von den schon bestehenden Rechtsgrundlagen kamen vor allem Art. 85 a.F. EG-V[225] und 86 a.F. EG-V[226] in Betracht.

---

[218] Britain, The Development of Merger Control in the EEC Competition Law, S. 23 f.

[219] Schwartz, YJIL 1993, S. 613.

[220] Bericht über den Entwurf von Gemeinschaftsverträgen zur Gründung der Europäischen Wirtschaftsgemeinschaft (EWG) und der Europäischen Atomgemeinschaft (Euratom).

[221] Wirtz, S. 241.

[222] Cowman, S. 23.

[223] Europäische Kommission, III. Bericht über die Wettbewerbspolitik, Rdnr. 25.

[224] Cowman, S. 24.

[225] Verbot wettbewerbshindernder Vereinbarungen und Verhaltensweisen (heute Art. 81 EG).

[226] Missbrauch einer marktbeherrschenden Stellung (heute Art. 82 EG).

II. Das Konzentrationsmemorandum - 1966

Ob eine Fusionskontrolle über Art. 85 a.F. EG-V und 86 a.F. EG-V möglich ist, wurde sehr lange Zeit kontrovers diskutiert.

Als erster äußerte sich der Kommissar von Goeben vor dem Europäischen Parlament über die mögliche Anwendbarkeit dieser Artikel zu Zwecken der Zusammenschlusskontrolle.[227] Die von der Kommission eingesetzten Expertengruppen, bestehend aus Professoren der einzelnen Mitgliedsstaaten, bestätigten diese Möglichkeit und machten bedeutende prinzipielle Aussagen.[228]

Die Gutachter hielten Art. 85 a.F. EG-V für anwendbar, wenn die Konzentration zwei Rechtspersönlichkeiten bestehen lässt und der Anteilserwerb im Rahmen einer gemeinsamen Übereinkunft geschieht.[229]

Art. 86 a.F. EG-V sollte hiernach anwendbar sein, wenn die Unternehmenskonzentration unmittelbar auf einen Missbrauch der durch sie erlangten marktbeherrschenden Stellung abzielt oder wenn der Zusammenschluss eine Folge der marktbeherrschenden Stellung ist.

Die Expertengruppe vermischte hierdurch das Marktverhalten (Missbrauch der marktbeherrschenden Stellung) und die strukturellen Marktveränderungen (Zusammenschlüsse) zu einem einheitlichen Prüfungselement.

Entgegen der Ansicht der Experten stellte die Kommission 1966 ihr Konzentrationsmemorandum mit den Eckpunkten für eine europäische Fusionskontrolle vor.[230] Hierbei verfolgte die Kommission eine grundlegende Trennung zwischen Marktverhalten und den strukturellen Marktveränderungen. Auch in der heutigen Fusionskontrollverordnung und in den Kartellrechtsordnungen der Europäischen Länder ist diese scharfe Trennung beibehalten worden.

---

[227] Cowman, S. 25.

[228] Das Ergebnis der Professorengruppen ist im „Le problème de la concentration dans le Marché Commun", Brussel, 1966 Études CEE Serie Concurrence, No. 3 veröffentlicht.

[229] Diese Regelung entspricht ungefähr der heutigen Fusion durch Neugründung i.S.v. Art. 3 Abs. 1 lit. a FKVO.

[230] Memorandum on the Concentration of the Enterprises in the Common Market, EEC Competition Series Study No. 3.

Nach Ansicht der Kommission ist Art. 86 a.F. EG-V potentiell auf Konzentrationen anwendbar; Art. 85 a.F. EG-V ist dagegen gleichzeitig zu weit und zu eng[231].

Zu weit ist Art. 85 a.F. EG-V im Hinblick darauf, dass sich diese Norm als eine Bestimmung herausstellen kann, die jeden Zusammenschluss erfasst und daher ein Hindernis für viele Fusionen sein könnte. Zugleich könne sich Art. 85 Abs. 3 a.F. EG-V zum Einfallstor für industriepolitische Erwägungen entwickeln und damit eine zu weit reichende Regelung darstellen.

Daher ist für die Anwendbarkeit des Art. 85 a.F. EG-V nicht nur ein Eigentümerwechsel erforderlich, sondern auch eine Verhaltensabstimmung zwischen den an der Konzentration beteiligten Unternehmen.

Weiterhin führte die Kommission aus, dass das Erfordernis einer Übereinkunft zwischen den Unternehmen in Art. 85 a.F. EG-V zu rechtlichen Problemen bei der Erfassung von Anteilserwerbern auf dem Kapitalmarkt führe: Art. 85 Abs. 2 a.F. EG-V habe eine rigide Nichtigkeitssanktion und zudem sei Art. 85 Abs. 3 a.F. EG-V schwierig auf die strukturellen Veränderungen anzuwenden. Bei der Fusionskontrolle ist eine plastische Rechtsfolge erforderlich, die es zwar ermöglicht, die Fusion zu genehmigen, jedoch den zusammenschließenden Unternehmen verschiedenste Auflagen und Bedingungen auferlegt.

Außerdem sei Art. 85 a.F. EG-V überhaupt nicht für die Fusionskontrolle konzipiert.[232] Dies bedeutete, dass Art. 85 a.F. EG-V lediglich analog auf die Zusammenschlüsse angewendet werden konnte, was mit dem in Europa geltenden Subsidiaritätsprinzip schwierig zu vereinbaren war.

Die Begründung der Kommission war rechtlich sehr schwach und sollte nur den politischen Willen der Kommission bestätigen. Die Erleichterung der grenzüberschreitenden Fusionen war 1966 im Interesse der Gemeinschaft. Die Kommission behielt sich auch Änderungen vor, was politisch sicherlich ein sehr geschickter Schritt war, insbesondere wegen der gerade stattfindenden „Politik des Leeren Stuhls" durch Charles de Gaulle, die es für die Kommission unmöglich machte, ihre Kompetenzen eigenmächtig auszuweiten[233].

---

231 Schwartz, YJIL 1993, S. 614.

232 Wirtz, S. 243.

233 Aufgrund von Einstimmigkeitserfordernis infolge der Luxemburger Vereinbarung; Loibl, Europarecht, S.11.

Jedoch bedeutete die Nichtanwendbarkeit von Art. 85 a.F. EG-V, dass objektiv betrachtet keine wettbewerbsrechtliche Hürde für grenzüberschreitende Unternehmensstrategien vorlag. Da aber die Kommission 1966 Art. 86 a.F. EG-V für anwendbar erklärte, war die rechtliche Situation sehr unsicher.[234]

Auch Art. 86 a.F. EG-V war nicht für die Fusionskontrolle konzipiert, jedoch wollte die Kommission ihre Macht auf dem immer wichtiger werdenden Gebiet der Fusionskontrolle nicht verlieren und hat sich daher Art. 86 a.F. EG-V als Einfallstor für die zukünftigen Entscheidungen vorbehalten.

Der anstehende Beitritt von Großbritannien, Irland und Dänemark beschleunigte die Entwicklung der Konzentrationskontrolle: die Abschlusserklärung des Gipfels von Paris von 1972 enthält eine Aufforderung an die Kommission, einen Entwurf für einen Konzentrationsmechanismus in der EG vorzulegen.[235]

Die Unternehmen und ihre Rechtsberater forderten eine klare, verständliche Regelung anstelle des Art. 86 a.F. EG, der lediglich Rechtsunsicherheit brachte. Jedoch fand der 1973 präsentierte Entwurf der Fusionskontrollverordnung keine Zustimmung im Ministerrat.

III. Continental Can Urteil des EuGH - 1973

Eine Kehrtwende in der europäischen Fusionspolitik brachte das Continental Can Urteil des EuGH aus dem Jahre 1973.[236] Hierbei ging es um den angestrebten Kauf der Aktienpakete von anderen Betreibern durch die Continental Can Company in New - York und ihre Europäische Tochtergesellschaft Europemballge, deren Stellung auf dem europäischen Markt im Bereich Leichtmetallverpackung und Metalldecken für die Konservenindustrie durch den Kauf erheblich verstärkt worden wäre.

Nach der Auffassung des Europäischen Gerichtshofes lag ein Missbrauch einer marktbeherrschenden Stellung im Sinne des Art. 86a.F. EG-V dann vor, wenn ein Unternehmen in einer marktbeherrschenden Stellung seine Position in der Weise verstärkt, dass die Marktbeherrschung einen solchen Grad er-

---

[234] Schwartz, YJIL 1993, S. 615.

[235] Cowman, S. 26.

[236] EuGH Rs. 6/72 (Continental Can/Kommission), Slg. 1973, II-243.

reicht, dass der Wettbewerb erheblich gebunden ist.[237] Damit ist Art. 86 a.F. EG-V auf die Kontrolle von Zusammenschlüssen anwendbar, wenn eine erhebliche Bindung des Wettbewerbs vorliegt. Was unter der erheblichen Bindung des Wettbewerbs zu verstehen ist, erklärt das Urteil nicht. Somit hat der EuGH die Rechtslage zwar geändert, jedoch nicht mehr Rechtssicherheit geschaffen. Außerdem konnte Art. 86 a.F. EG-V sehr selten angewendet werden, da der EuGH eine marktbeherrschende Stellung schon vor dem Zusammenschluss als notwendige Voraussetzung forderte.

Nach der Ansicht des EuGH greift Art. 86 a.F. EG-V nicht bei strukturellen Veränderungen, die den Wettbewerb nicht erheblich beschränken. Jedoch ist Art. 86 a.F. EG-V dann anwendbar, wenn eine marktbeherrschende Stellung vorliegt, die so dominant ist, dass kritische Marktstrukturen entstehen, die die Aufrechterhaltung des wirksamen Wettbewerbs in der Gemeinschaft gefährden und damit Vertragsziele umgangen werden.[238]

Der EuGH machte jedoch die Einschränkung, dass Art. 86 a.F. EG-V keine ausdrücklichen Vorschriften über die Kontrolle von Unternehmenszusammenschlüssen beinhaltet[239] und daher nur ausnahmsweise in den Fällen besonders starker Wettbewerbsgefährdung angewendet werden kann. In der Folgezeit verdeutlichte der EuGH durch mehrere Urteile,[240] dass Art. 86 a.F. EG-V nur die Fälle der überragenden Marktbeherrschung erfasst.

In der Entscheidung Hoffmann/La Roche führt der EuGH aus, dass obwohl die marktbeherrschende Position alleine nicht ausreichend ist, sie jedoch ein Indikator dafür ist, dass eine marktbeherrschende Stellung vorliegt. Das Verhalten eines Unternehmens ist erst dann marktbeherrschend, wenn es eine Struktur erzeugt, in der der Wettbewerb geschwächt wird.[241] Dieses Urteil bildete die Grundlage des Marktbeherrschungsbegriffes der späteren Fusionskontrollverordnung.

Die Kommission prüfte mehrere Zusammenschlüsse auf Grundlage von Art. 86 a.F. EG-V, untersagte wegen der hohen Eingriffsschwelle jedoch keinen.

---

[237] EuGH Rs. 6/72, (Continental Can/Kommission), Slg. 1973, II-243; Grund 26.

[238] Kerber, S. 6; Groeben/Thiesing/Ehlermann – *Schröter,* Art. 86, Rdnr. 219 ff.

[239] EuGH Rs. 6/72, (Continental Can/Kommission), Slg. 1973, II-243; Zäch, Wettbewerbsrecht der Europäischen Union – Praxis von Kommission und Gerichtshof, S. 358; Elland ECLR 1987, S. 167 f.; Goyder, EC Competition Law, S. 386 ff.

[240] Z.B. EuGH, Rs. 85/76 (Hoffmann – La Roche & Co AG / Kommission), Slg. 1979 II-461 ff.

[241] EuGH, Rs. 85/76 (Hoffmann – La Roche & Co AG / Kommission), Slg. 1979 II-461, 463.

Daher hat sich Art. 86 a.F. EG-V als Instrument der Fusionskontrolle nicht als nicht sehr wirkungsvoll erwiesen. Mit Hinblick auf das Erfordernis der marktbeherrschenden Stellung schon vor der fraglichen Operation und der Notwendigkeit, dass die Zusammenschlussinitiative von dem dominanten Unternehmen ausgeht, konnte Art. 86 a.F. EG-V keine wirksame Kontrolle gewährleisten.

Die Schwäche der Anwendung bestand außerdem darin, dass Art. 86 a.F. EG-V keine Ausnahmemöglichkeit vorsah[242] und keine vorherige Anzeige erforderlich machte, um die Konzentration rechtswirksam schon vor dem Zusammenschluss prüfen und genehmigen zu können.

Sowohl die Continental Can Entscheidung als auch die weiteren Urteile des EuGH hatten daher eine erhebliche Unsicherheit in der Wirtschaft zur Folge.[243] Weder die Entscheidungen der Kommission noch die Urteile des EuGH waren vorhersehbar.

Im Zigaretten-Urteil (Philip Morris Urteil) erklärte der EuGH, dass Art. 86 a.F. EG-V auf den Erwerb von Minderheitsbeteiligungen durch einen Wettbewerber anwendbar ist, wenn es dem Erwerber dadurch ermöglicht wird, das Wettbewerbsverhalten des Unternehmens zu koordinieren,[244] und bestätigte die Möglichkeit, Art. 85 a.F. EG-V auf Konzentrationen anzuwenden.[245] Hierdurch wurde die Anwendbarkeit des Art. 86 a.F. EG-V erheblich erweitert.

Der EuGH stellte in der Erwägung Nr. 37 fest, dass eine Akquisition als Mittel dienen könne, das wirtschaftliche Verhalten des Unternehmens so zu beeinflussen, dass der Wettbewerb verfälscht oder beschränkt wird. Der EuGH hat jedoch einschränkend ausgeführt, dass Art. 85 a.F. EG-V mindestens zwei Unternehmen voraussetzt und daher die Unternehmen nach der Akquisition zumindest augenscheinlich zusammen bleiben müssen.[246]

---

[242] Downes/Ellison, Legal Control of Mergers in the EC, S. 7 f.; Bishop in: Bishop/Kay, European Mergers and Merger Policy, S. 303 f.; Schwartz, YJIL 1993, S. 622; Whish, Competition Law, S. 703; Collins, YJIL 1992, S. 274.

[243] Wirtz, S. 245.

[244] EuGH, Urt. v. 17.11.1987, Rs. 156/84 (Philip Morris/Rothmanns), Slg. 1987, II-4566.

[245] Gassner, S. 183; Kerber, S. 6.

[246] Downes/Ellison, Legal Control of Mergers in the EC, S. 21 f.

Dieses Urteil wurde sehr unterschiedlich interpretiert.[247] Auch danach ist es dem EuGH nicht gelungen, die Rechtsunsicherheit zu beseitigen. So war es immer noch unklar, auf welche Konzentrationen welche Artikel anwendbar sind. Ein weiterer Faktor war das bereits erwähnte Fehlen des zwingenden Anmeldeverfahrens und der präventiven Kontrolle, was die administrative Kontrolle schwierig machte. Schließlich handelte es sich um ein langwieriges Verwaltungsverfahren und Fusionen brauchen schnelle Entscheidungen.[248]

Jedoch waren die aufgezählten Urteile wichtige Bausteine für die später entstandene Fusionskontrollverordnung.

Zu dieser Zeit gewannen auch die Art. 92[249] und 94[250] a.F. EG-V für die Fusionskontrolle an Bedeutung, indem sie den Verkauf staatlicher Unternehmen unter Wert verhinderten[251].

Diese Maßnahmen zusammen genommen (Art. 85, 86, 92, 94 a.F. EG-V) gaben der Kommission ein erhöhtes politisches Potential, das jedoch immer noch viele Schwächen aufwies. Daher verfolgte die Kommission in den folgenden Jahren das Ziel, sich durch eine Ratsverordnung die umfassenden kontrollrechtlichen Befugnisse zu verschaffen.

IV. Fusionskontrollverordnung - 1989

Der Entwurf der Fusionskontrollverordnung aus dem Jahre 1973 wurde nach dem ersten Aufruf auf dem Pariser Gipfel in 1972 verfasst.[252] Doch dieser Vorschlag wurde äußerst kritisch aufgenommen. Der im Ministerrat gescheiterte Entwurf führte zu einer 16 Jahre dauernden Diskussion.

Die auf der Praxis der Kommission, die seit der Continental Can Entscheidung entwickelt wurde, basierende Fusionskontrollverordnung, musste die nationalen Eigeninteressen der Mitgliedsstaaten in kompromissfähigen Detailregelun-

---

247 Cowman, S. 28.

248 Wirtz, S. 246.

249 Heute Art. 87 EG, Unzulässigkeit von Beihilfen.

250 Heute Art. 88 EG, Maßnahmen gegen unstatthafte Beihilfen.

251 Downes/Ellison, Legal Control of Mergers in the EC, S. 26.

252 Punkt 7 der Abschlusserklärung des Gipfels von Paris: Aufruf, einen Entwurf für einen Konzentrationsmechanismus in der EG vorzulegen.

gen unterbringen[253]. Die lange Verhinderung der Übereinkunft resultierte vor allem daraus, dass die Wettbewerbspolitik essentielle nationale Wirtschaftsinteressen betrifft; kein Staat wollte auf nationale Beihilfen und öffentliches Beschaffungswesen verzichten; jeder Mitgliedsstaat hat seine eigenen wirtschaftspolitischen Vorstellungen; niemand wollte die mit der Entscheidung über die Fusionen zusammenhängende Macht abgeben.[254]

Die große Uneinigkeit zwischen den Wettbewerbsbehörden und den zuständigen Ministern der einzelnen Staaten bezog sich vor allem auf die Regelungen des Anwendungsbereiches (unter anderem die Schwellenwerte) und die Beurteilungskriterien für die Vereinbarkeit mit dem gemeinsamen Markt. Umstritten war auch das Verfahren, vor allem, ob die Zusammenschlusskontrolle präventiv sein darf (danach Art. 7 FKVO – modifizierte Prävention) und die Abgrenzung der Entscheidungszuständigkeit von Kommission und Mitgliedsstaaten.

Die Regelung der Schwellenwerte und die Zuständigkeitsverteilung wurde insbesondere dadurch erfasst, dass mehrere Europäische Staaten in den 80-er und frühen 90er Jahren noch keine eigene Fusionskontrollmechanismen hatten.[255]

Ein wichtiges Ereignis für die Europäische Integration war die Verabschiedung der Einheitlichen Europäischen Akte (EEA) am 28.02.1986, die am 01.07.1987 in Kraft getreten ist. Durch sie wurde die „Verwirklichung eines europäischen Binnenmarktes" als Vertragsziel in den EWGV aufgenommen.[256] Die EEA brachte außerdem einen erheblichen Kompetenzzuwachs für die Gemeinschaft.[257]

---

[253] Schwartz, YJIL 1993, S. 609 f.; Callister, CILJ, 1991, S. 97 ff; Frey, The Public Choice View of international political economy in: Vaubel/Vilett (Hrsg.), The political economy of international Organisations, S. 7 ff.

[254] Hölzer in: Montagon, European Competition Policy, S. 11 f.; Downes/Ellison, Legal Control of Mergers in the EC, S. 32 f.; Schwartz, YJIL 1993, S. 623 ff; Reynolds, JWTL 1983, S.421; Bright, ECLR 1991, S. 139 ff.

[255] So hatten die Niederlande und Dänemark noch kein Fusionskontrollsystem zum Zeitpunkt der Entstehung der Verordnung.

[256] Vgl. Art. 14 EG.

[257] Bischof, Europarecht, Rdnr. 6; Herdegen, Europarecht, Rdnr. 47.

1987 hat Kommissar Sutherland in einer Rede vor dem Europäischen Parlament angedeutet, dass Art. 85 a.F. EG-V zu Zwecken einer umfassenden Konzentrationskontrolle angewendet werden kann.[258]

Von vielen Kreisen wurde diese Andeutung jedoch als Drohung gesehen; viele haben dies so verstanden, dass die Kommission verstärkt auf Art. 85, 86 a.F. EG-V zurückgreifen wird, falls der Ministerrat nicht bald eine Verordnung verabschiede und das Europäische Parlament zustimme.[259]

1988 fanden wieder ernsthafte Gespräche über die FKVO im Rahmen des EG- Binnenmarktprogramms statt; die Kommission legt mehrere veränderte Vorschläge vor.[260]

Der Vorsitz Frankreichs im Rat und die bevorstehende Wiedervereinigung Deutschlands haben dazu beigetragen, dass die FKVO im Dezember 1989 angenommen wurde und am 21.9.1990 in Kraft treten ist.[261]

Nach Erwägungsgrund Nr. 7 der FKVO ist die Verordnung „nicht nur auf Art. 83 (EG), sondern vor allem auf Art. 308 des (EG) Vertrages zu stützen".

Art. 83 EG ist die Rechtsgrundlage für den Erlass von Durchführungsvorschriften für Art. 81 und 82 EG. Zwar sind die beiden Normen nach der Rechtsprechung des EuGH auf bestimmte Zusammenschlüsse anwendbar,[262] jedoch erfassen diese Artikel nicht alle Zusammenschlüsse, die sich als unvereinbar mit dem vom EG-Vertrag geforderten System des unverfälschten Wettbewerbs erweisen können.[263] Weder eine Genehmigungsfiktion, noch eine präventive Fusionskontrolle oder Bedingungen und Auflagen sind in den Art. 81, 82 EG vorgesehen. Somit reicht diese Norm als alleinige Rechtsgrundlage für die Fusionskontrollverordnung nicht aus.

---

[258] Elland, ECLR 1987, S. 168.

[259] Cowman, S. 29; Davidow, CJTL 1991, S. 15.

[260] Zu den einzelnen Entwürfen Ruppelt, WuW 1989, S. 187 ff.

[261] Reynolds, IFLR, Januar 1990, S. 33 f; Schwartz, YJIL 1993, S. 652.

[262] EuGH Rs. 6/72, (Continental Can/Kommission), Slg. 1973, II-243; EuGH, Urt. v. 17.11.1987, Rs. 156/84 (Philip Morris /Rothmanns), Slg. 1987, II-4566.

[263] Erwägungsgrund 7 zur FKVO.

Gemäß Art. 308 EG kann sich die Gemeinschaft für die Verwirklichung ihrer Ziele zusätzliche Befugnisse geben. Hierbei müssen das Subsidiaritätsprinzip und das Prinzip der Verhältnismäßigkeit[264] nach Art. 5 EG beachtet werden.

Festzuhalten ist, dass es sich bei der Fusionskontrollverordnung nicht bloß um eine Durchführungsverordnung zu den Artikeln 81 und 82 EG handelt.[265] Vielmehr handelt es sich um ein neues und einziges Instrument zur wirksamen Kontrolle der Zusammenschlüsse entsprechend ihrer Auswirkungen auf die Wettbewerbsstruktur der Gemeinschaft.[266]

V. Überarbeitung der Fusionskontrollverordnung - 1997

Schon bald nach der Verabschiedung der Fusionskontrollverordnung stellte sich das Problem, das schon bei der Vorbereitung bekannt war: Die Verordnung „emerged only as a result of political compromise as to its provisions"[267] and „was a fruit of a true political compromise".[268]

Dieser Kompromiss machte sich an vielen Stellen bemerkbar, insbesondere bei den komplizierten Verweisungsvorschriften der Art. 9 und 22 FKVO und den Schwellenwerten des Art. 1 FKVO.[269]

Schon bei der Verabschiedung der FKVO wurde geregelt, dass diese nach drei Jahren überarbeitet werden soll.[270] Jedoch wurde die Überarbeitung 1993 noch um weitere drei Jahre verschoben, da die Kommission es für sinnvoll hielt, mehr Erfahrung auf dem Gebiet der Fusionen, sowohl auf der Europäischen Ebene als auch auf der Ebene der einzelnen Staaten, zu sammeln. Die Verschiebung war auch unbedingt erforderlich, da es abzusehen war, dass die Divergenzen zwischen den einzelnen Staaten, die auch die Entstehung der FKVO gehindert hatten, immer noch unüberbrückbar waren. Wieder und wie-

---

[264] Sowohl das Subsidiaritätsprinzip als auch der Grundsatz der Verhältnismäßigkeit sind ausdrücklich im Erwägungsgrund 6 der FKVO angesprochen.

[265] Schröter/Jakob/Mederer, S. 1301, Rdnr. 3.

[266] Ausführlich zu diesem Thema bei Schröter/Jakob/Mederer (Hrsg.), Kommentar zum Europäischen Wettbewerbsrecht, S. 1301.

[267] Kassamali, ECLR 1996, S. 89 f.

[268] Broberg, ECLR 2002, S. 429, 433.

[269] Vgl. hierzu: ausführlich Quo vadi die Zuständigkeitsregelungen der Fusionskontrollverordnung, S. 135.

[270] Art. 1 Abs. 3, Art. 9, Art. 22 FKVO.

der wurden die Änderungsvorschläge durch die Machtkämpfe der nationalen Behörden sabotiert. Manche mitgliedsstaatliche Behörden befürchteten schlichtweg, dass sie noch mehr von der verbleibenden Gewalt in den fusionskontrollrechtlichen Angelegenheiten an die Kommission verlieren werden und waren daher gegen jede Änderung oder Überarbeitung, besonders soweit es um die Umsatzschwellen ging, welche für die Entscheidung relevant sind, ob die Kommission oder die mitgliedsstaatlichen Behörden zuständig sind.[271]

1996 hat die Kommission ein Grünbuch mit einem Vorschlag der überarbeiteten FKVO vorgelegt, dazu wurden mehrere Änderungsvorschläge erarbeitet.[272] Daneben wurden mehrere Themen zur öffentlichen Diskussion freigegeben und die Leser wurden aufgefordert, zu den einzelnen Problemen Stellung zu nehmen.

Dieser Prozess endete 1997 mit einer überarbeiteten FKVO, die am 1. März 1998 in Kraft getreten ist.[273]

Die Kontrollbefugnisse der Kommission wurden gestärkt, das Verfahren wurde vereinfacht und beschleunigt.[274] Man hat versucht, das Problem der Mehrfachanmeldungen zu lösen.[275]

Jedoch handelte es sich bei den Änderungen meistens um marginale Umstellungen. Den Unternehmen fehlt praktisch jegliche Rechtschutzmöglichkeit im Fusionskontrollverfahren, da bei zeitintensiven Zusammenschlüssen die gerichtliche Entscheidung einige Jahre nach der Entscheidung der Kommission für die Unternehmen nicht mehr nützlich ist und der einstweilige Rechtsschutz den Zusammenschluss nicht ermöglichen kann. Der „3+ Vorschlag“ , zur Lösung des Problems der Mehrfachanmeldungen, nach dem die Kommission immer dann zuständig wäre, wenn das Vorhaben in drei oder mehr Mitgliedsstaaten die Voraussetzungen für eine Anmeldung erfüllt, ist am Widerstand der nationalen Kartellbehörden gescheitert.[276]

---

[271] Hirsch, JILP 1995, S. 43, 47.

[272] Ausführlich hierzu Broberg, ECLR 1996, S. 289 ff.

[273] Verordnung (EG) Nr. 1310/97 des Rates v. 30.6.1997, ABl 1997 Nr. L 180, S. 1.

[274] Vgl. hierzu das Kapitel Verfahren, S. 77.

[275] Vgl. hierzu das Kapitel Quo vadi die Zuständigkeitsregelungen der Fusionskontrollverordnung .135.

[276] Bischke/Wirtz, RIW 2001, S. 328 ff.; v. Meibom / Geiger, EuZW 2002, S. 261 ff.; Ahlborn/Turner, ECLR 1998, S. 249.

Daher erreichten viele Änderungen nicht ihr Ziel (so zum Beispiel gelang es mittels Art. 1 Abs. 3 FKVO nicht, die Mehrfachanmeldungen zu vermeiden), so dass schon bald klar wurde, dass eine neue Überarbeitung erforderlich sein würde.

VI. Die Verordnung 139/04

Am 28.6.2000 legte die Kommission einen Bericht über die praktischen Erfahrungen mit der FKVO vor.[277] In diesem Bericht stellte die Kommission fest, dass der 1997 neu eingefügte Art. 1 Abs. 3 FKVO das Problem der Mehrfachanmeldungen nicht gelöst hat.

Hierbei geht es um Verfahren von Unternehmen, die sich in mehr als zwei Mitgliedsstaaten anmelden müssen, aber die erforderliche Umsatzgrenze nicht erreichen. Die Bewältigung dieses Phänomens, welches zu extrem hohen Kosten und Zeitverlusten führt, wurde als das vorrangigste Ziel einer Reform der europäischen Zusammenschlüsse postuliert[278] und hatte die Reform der FKVO ausgelöst.

Bei der aktuellen umfassenden Modernisierung der Europäischen Fusionskontrolle[279] handelt es sich um die grundlegendste Überarbeitung seit 12 Jahren.[280] Es werden nicht nur die technischen und verfahrensrechtlichen Fragen gelöst, sondern auch die neuen wettbewerbspolitischen Grundlagen der europäischen Fusionskontrolle[281] eingearbeitet.

Die Notwendigkeit einer grundlegenden Änderung ergab sich aus den gewandelten wirtschaftlichen und politischen Bedingungen, sowohl auf europäischer, als auch auf globaler Ebene; die FKVO soll Herausforderungen begegnen, die sich aus „weltweiten Fusionen, der Währungsunion, der Marktintegration, der Erweiterung der Europäischen Union und der Notwendigkeit der Zusammenarbeit mit anderen zuständigen Behörden ergeben würden".[282]

---

277 Bericht an den Rat über die Anwendung der in der Fusionskontrollverordnung vorgesehenen Schwellenwerte, KOM (2000) 399 endg.; zu dem Bericht ausführlich: Baron, WuW 1997, S. 579, 583.

278 Bartosch/Nollau, EuZW 2002, S. 197.

279 Drautz, WuW 2002, S. 444.

280 Klees, EuZW 2003, S. 197.

281 Bischke/Mäger, EWS 2003, S. 97; Drautz, WuW 2002, S. 444.

282 Grünbuch über die Revision der Verordnung (EWG) Nr. 4064/89 des Rates v. 11.12.2001, KOM (2001) 745/6 endg., S.4.

Ein weiterer Auslöser der Reformen war die zunehmende Anzahl der Zusammenschlüsse mit globaler Dimension und die zunehmende Komplexität der Zusammenschlüsse.[283]

Ein zusätzlicher Druck zur Neufassung der FKVO ergab sich aus den Niederlagen der Kommission vor dem EuGH in drei Verfahren.[284] Die Niederlagen der Kommission verursachten die Kritik, dass die Kommission nicht in der Lage sei, eine wirksame Fusionskontrolle zu gewährleisten.

Die Diskussion um die Globalisierung, der Wunsch nach einer Annäherung zwischen den Fusionskontrollbehörden der USA und der EU[285] und auch die Verbesserung der Zusammenarbeit und der Konvergenz mit den anderen führenden Kartellrechtsordnungen der Welt[286] ist besonders aktuell, da die Kommission Anfang 2002 den Zusammenschluss GE / Honeywell untersagte,[287] obwohl die US-amerikanischen Kartellbehörden diesen Zusammenschluss vorher erlaubt haben.[288]

Außerdem ist die Entwicklung stark durch die schlechte wirtschaftliche Lage und sehr schwache Konjunktur in vielen europäischen Ländern beeinflusst.[289]

Am 11.12.2001 veröffentlichte die Kommission das zweite Grünbuch über die Revision der Verordnung 4064/89[290] und vorderte die interessierten Kreise auf, zu dem Vorschlag schriftlich Stellung zu nehmen. Die Aufforderung fand außerordentlich starke Resonanz. Über einhundert Zuschriften kamen aus den Bereichen von Kartellbehörden und Ministerien der Mitgliedsstaaten, Wirt-

---

283 Drautz, WuW 2002, S. 444; Broberg, ECLR 2002, S. 429.

284 EuGI Urt. v. 6.6.2002 , Rs. T – 342/99 (COMP/M.1524; Airtours/First Choice), Slg. 2002, II-2585; Urt. v. 22.10.2002, Rs. T-310/01 (COMP/M.2283; Schneider/Legrand), EuGH WuW 2003, S. 299 ff. ; Urt. v. 25.10.2002, Rs. T-05/02 (COMP/M.2416; Tetra Laval/Sidel), EuGH WuW 2002, S. 411 ff; Zu den Urteilen Ehlermann/Völcker, EuZW 2003, S. 1.

285 Drautz, WuW 2002, S. 444.

286 Drautz, WuW 2002, S. 444.

287 Entscheidung der Kommission vom 3.2.2002, IV/M. 2220, GE/Honeywell, http://www.europa.eu.int/comm/competition/ mergers/cases/decisions/m2220_en.pdf.

288 Bischke/Mäger, EWS 2003, S. 97.

289 Bundesministerium für Wirtschaft, Monatsberichte zur wirtschaftlichen Lage in der BRD, Faktum, 2000, 2001, 2002.

290 Grünbuch über die Revision der Verordnung (EWG) Nr. 4064/89 des Rates v. 11.12.2001, KOM (2001) 745/6 endg.

schaftsverbänden, Unternehmen und der Anwaltschaft.[291] Besonders kontroverse Diskussionen rief das Problem der Mehrfachanmeldungen hervor. Für die Anwaltschaft, die das Grünbuch begrüßte, bedeutete der Vorschlag der Kommission eine Arbeitsentlastung; jedoch befürchteten die nationalen Kartellbehörden einen Kompetenzverlust.[292] Neben der lebhaften Auseinandersetzung um die Mehrfachanmeldungen wurde die Zuständigkeitsverteilung zwischen der Kommission und den Behörden viel diskutiert.[293]

Grünbuch, Ursprungsentwurf und Eingaben mündeten im Kommissionsentwurf vom 12.12.2002, der die Verordnung 4064/89 ersetzen sollte und vom Europäischen Parlament am 9.10.2003 bestätigt wurde.

Die wohl grundlegendste Änderung betraf den Wechsel von der Anwendung des Marktbeherrschungs-Tests[294] zum SLC-Test.[295] Der Vorschlag der Kommission im Grünbuch, den SLC-Test in Europa einzuführen,[296] ist jedoch auf solch ernsthaften Widerstand gestoßen[297], dass die Kommission zur Rückkehr zum Marktbeherrschungstest gezwungen wurde. In den von der Kommission an den Rat am 11.12.2002 gerichteten Änderungsvorschlägen zur FKVO sprach sich diese für die Beibehaltung des Marktbeherrschungstests aus.[298]

Diese Frage war im Ministerrat bis zur letzten Minute sehr umstritten. Am 27.11.2003 hat die Bundesregierung ihren Widerstand gegen den SLC Test

---

[291] Teil der Stellungnahmen bei der http://www.europa.eu.int/comm/competition/mergers/review/comments.html.

[292] Arhold, EWS 2002, S. 449.

[293] Klees, EuZW 2003, S. 197.

[294] Der in Westeuropa entwickelte und seit 40 Jahren in den meisten europäischen Ländern angewendete **Marktbeherrschungstest** stellt anhand von Marktanteilen und weiteren Kriterien fest, ob ein Unternehmen die die wirtschaftliche Machtstellung inne hat, die dieses in die Lage versetzt, die Aufrechterhaltung eines wirksamen Wettbewerbs auf dem relevanten Markt zu verhindern, indem sie ihm die Möglichkeit verschafft, sich seinen Wettbewerbern, seinen Abnehmern und schließlich den Verbrauchern gegenüber in einem nennenswerten Umfang unabhängig zu verhalten. Vgl. hierzu EuGH Urt. v. 14. 02. 1978, WuW/E EWG 425 - „United Brands/Kommission", Rz. 18 ff.

[295] Der in den USA entwickelte **SLC-Test** untersucht, ob eine Fusion zur wesentlichen Reduzierung des Wettbewerbs führt. Hierzu sehr ausführlich im Kapitel Erhebliche Behinderung des wirksamen Wettbewerbs, insbesondere durch die Ausnutzung der marktbeherrschenden Stellung S.191.

[296] Grünbuch über die Revision der Verordnung (EWG) Nr. 4064/89 des Rates v. 11.12.2001, KOM (2001) 745/6 endg., Rdnr. 167-169.

[297] Vgl. z.B. die Stellungnahme der österreichischen Wirtschaftskammer (http://www.wko.at/rp/fusionskontrolle.pdf) und des Bundeskartellamtes (http://www.bundeskartellamt.de/Stellungnahme_FK-VO_BKartA.pdf).

[298] Vorschlag für die Verordnung des Rates vom 11.12.2002 über die Kontrolle von Unternehmenszusammenschlüssen, KOM (2002), 711 endg.

aufgegeben. Der Rat kam in seinem Verordnungsbeschluss vom 28.11.2003 zu einer Lösung, die beide Tests miteinander verbindet.

In der endgültigen Fassung wurde versucht, einen Kompromiss zwischen den beiden Systemen zu finden. Der eingeführte SIEC-Test (Significant Impediment to Effective Competition) ist ein rechtliches Novum und soll verschiedene Definitionen und Kriterien verbinden. Er entspricht weder dem in den meisten Europäischen Staaten vorhandenem Marktbeherrschungstest, noch dem in SLC-Test, so dass es heutzutage in der Europäischen Gemeinschaft drei verschiedene und parallel laufende Testverfahren gibt.[299]

Am 20. Januar 2004 wurde die Arbeit durch eine offizielle Entscheidung des Rates abgeschlossen.

Eingebettet ist die neue Fusionskontrollverordnung in ein Bündel von Maßnahmen im Rahmen des Reformpakets auf dem Gebiet des europäischen Wirtschafts- und Kartellrechts. Gleichzeitig erscheint ein Mitteilungsentwurf der Kommission über die Kontrolle horizontaler Zusammenschlüsse gemäß der FKVO, dessen Ziel es ist, die Analyse von Fusionsfällen nachvollziehbarer und berechenbarer zu machen.[300] Außerdem wird eine Durchführungsverordnung zu Art. 81 und 82 EG erlassen.

Zu erwähnen ist in diesem Zusammenhang auch das zeitnahe Erscheinen der neuen Kartellverfahrensverordnung (1/2003[301]), die das europäische Kartellrecht grundlegend reformierte.

Weiterhin folgen viele nichtlegislative Maßnahmen zur Reorganisation der Generaldirektion Wettbewerb der europäischen Kommission, die für die Fusionskontrolle zuständig ist. So wird die Position eines Chefökonomen in der Generaldirektion Wettbewerb geschaffen. Ferner wird der Mitarbeiterstab des für die Verteidigungsrechte der Unternehmen und ein faires Verfahren zuständigen Anhörungsbeauftragten vergrößert. Auch die Akteneinsicht wird vereinfacht und schon früher als bisher ermöglicht.[302]

---

[299] Böge, WuW 2004, S. 138, 139.

[300] Bischke/Mäger, EWS 2003, S. 97.

[301] Weitbrecht, EuZW 2003, S. 69.

[302] Beschluss der Kommission über das Mandat von Anhörungsbeauftragten in bestimmten Wettbewerbsverfahren, ABl. 2001, Nr. L 162, S. 1 ff.

Sowohl die neue Fusionskontrollverordnung als auch die anderen legislativen und nichtlegislativen Maßnahmen sind am 1.5.2004 in Kraft getreten und somit genau am Tag des Beitritts der 10 neuen Staaten in die Europäische Union.[303]

Die neue Fusionskontrollverordnung soll nicht nur die Fusionen in Europa regeln, sondern auch ein Vorbild für die anderen Fusionskontrollmechanismen der Welt sein. Ob dies tatsächlich der Fall sein kann, wird die in den folgenden Kapiteln durchgeführte Analyse der gelösten und ungelösten Probleme zeigen.

VII. Schluss

Als Fazit sind die folgenden Wesensmerkmale der geschichtlichen Entwicklung der Fusionskontrolle in Europa festzustellen:

(1) Die Geschichte der Fusionskontrolle in Europa ist eine Geschichte politischer Kompromisse.

(2) Häufig wird die Fusionskontrolle in Europa nicht durch den rechtlichen Rahmen, sondern eher durch finanzielle und politische Überlegungen, bestimmt.

(3) Viele fusionskontrollrechtliche Entwicklungen in der Europäischen Union haben sich nicht am „bonum commune" orientiert, sondern sich aus dem Zusammenspiel der Machtkämpfe bei der Verteilung der Einflusssphären der Mitgliedsstaaten und der Kommission ergeben.

Diese Kernaussagen verdeutlichen, aus welchen Gründen verschiedene Entwicklungen auf der Europäischen Ebene nur sehr langsam voranschreiten oder gänzlich gebremst werden.

Die Hürden auf dem Weg zu einem fair funktionierenden Fusionskontrollsystem mit vorhersehbaren und überprüfbaren Entscheidungen sind hoch.

---

[303] Verordnung (EG) Nr. 1 / 2003 des Rates zur Durchführung der in Art. 81 und 82 EG niederlegten Wettbewerbsregeln, ABl. Nr. L 1 vom 4.1.2003, S.1.

Übersicht 1:

Die Chronologie der europäischen Fusionskontrolle

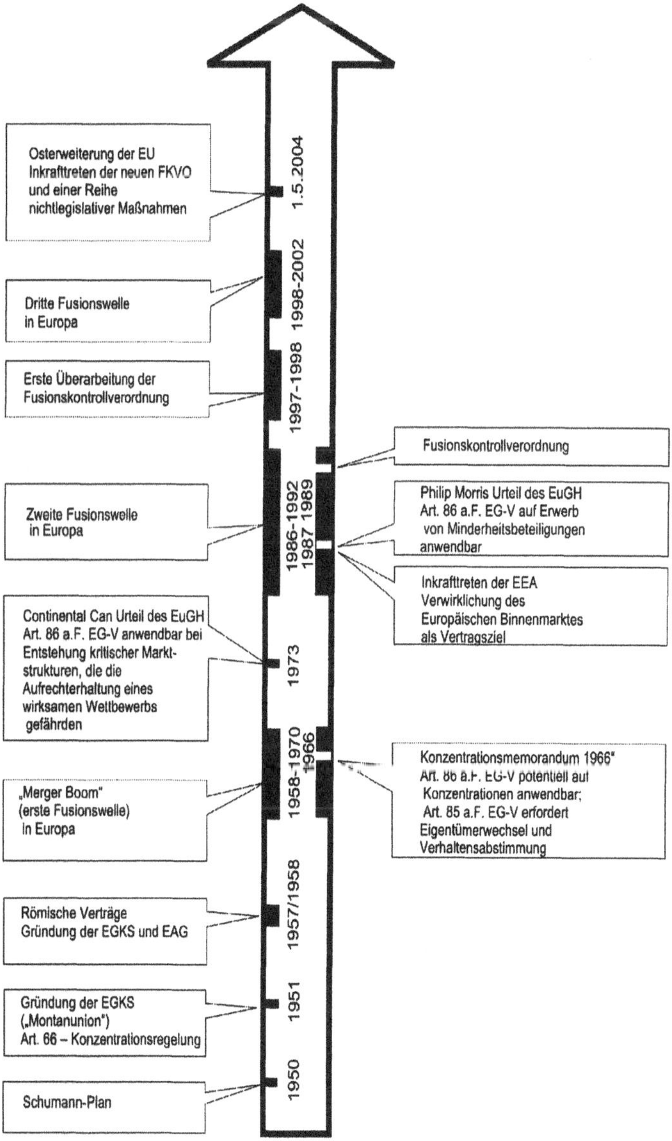

D. Viel Lärm um nichts oder die institutionellen Reformen der Europäischen Fusionskontrolle

I. Einleitung

Vor dem Hintergrund der geschichtlichen Erfahrungen sollen die für die Fusionskontrolle zuständigen Institutionen sowie die parallel zum formellen Normsetzungsverfahren erfolgten institutionellen Änderungen der letzten Jahre dargestellt werden.

Anders als bei den meisten Verfahren vor dem Bundeskartellamt ist auf der europäischen Ebene noch vor der Anmeldung bei den informellen Vorgesprächen eine enge Zusammenarbeit mit der Kommission erforderlich.[304] Daher ist auf der europäischen Ebene besonders für die Praktiker die Kenntnis der Institutionen unentbehrlich.

Die zuständige Institution auf der Europäischen Ebene ist die Europäische Kommission. Innerhalb der Kommission ist die Generaldirektion Wettbewerb und deren Bestandteil Merger Network mit den Unternehmenszusammenschlüssen beschäftigt.

Eine Vielzahl von Problemen in der Europäischen Fusionskontrolle ergibt sich aus dem institutionellen Konzept der Europäischen Fusionskontrolle, so dass sich hinsichtlich der institutionellen Weiterentwicklung verschiedene Vorschläge in der Diskussion befanden, befinden und sich immer befinden werden.[305]

Hierzu gehören zunächst die organisatorischen Veränderungen innerhalb der zuständigen Generaldirektion IV.[306] Ein Problem, welches noch vor einigen Jahren im Vordergrund der Reformgespräche stand, jedoch in letzter Zeit bedauerlicherweise in den Hintergrund getreten ist, ist die Errichtung eines Euro-

---

304 Immenga/Mestmäcker - *Immenga,* EG-Wettbewerbsrecht, Band I, S. 801; Drautz/Schröder, Praxis der Europäischen Fusionskontrolle, S. 187; Wirtz, S. 260.

305 Vergleiche dazu nur Wolf, WM 1996, S. 2193; Kartte, Ordo 1992, S. 405 ff.; Drautz/Schröder, Praxis der Europäischen Fusionskontrolle, S. 187; Cook/Kerse, E.C. Merger Control, S. 91; Kerber, S. 152; Farbmann, EuR 2004, S. 495, 503 und viele andere.

306 Drautz, WuW 2002, S. 444.

päischen Kartellamtes.[307] Diese Probleme müssen aufgrund der steigenden Zahl der Fusionen und der steigenden Komplexität der wirtschaftlichen Vorgänge neu aufgeworfen werden.

Überblicksartig werden daher die zuständigen Organe dargestellt, detaillierter wird auf die bereits erfolgten und die notwendigen Änderungen innerhalb der Organe eingegangen. Es gilt im Einzelnen zu beleuchten, inwieweit die erfolgten Änderungen an praktischen Problemfeldern orientiert sind und ihnen gerecht werden.

In den letzten Jahren wurde bei der Kommission ein Kontrollforum aus den Bediensteten der Kommission geschaffen, das die besonders komplizierten Entscheidungen[308] überprüfen soll. Außerdem wurden die Posten des Chef-Ökonomen und des Verbindungsbeamten für Verbraucherfragen geschaffen. Der Posten des Anhörungsbeauftragten wurde wesentlich aufgewertet. Schließlich wurde die Merger Task Force durch die Merger Network ersetzt.

Auch die Möglichkeit der mitgliedsstaatlichen Behörden, sich stärker am Fusionskontrollverfahren zu beteiligen wurde durch die Änderung des Verweisungssystems und der Verfahrensbeteiligung des Beratenden Ausschusses durch die Fristenverlängerung in der zweiten Verfahrenshase aufgewertet.

Die institutionellen Änderungen sind an der Diskussion in der Literatur unbemerkt vorbeigeschlichen und hinter die „SLC-versus-Marktbeherrschungs-Diskussion“[309] und die Verfahrensänderungen zurückgetreten. In der Literatur findet man fast keine substantiierte inhaltliche Auseinandersetzung, sondern lediglich eine Auflistung der Änderungen, versehen mit einem kurzen „sind zu begrüßen“.[310]

In der folgenden Untersuchung wird die Frage gestellt, ob es sich tatsächlich um die erforderlichen grundlegenden Änderungen oder lediglich um eine marginale Arbeitsumverteilung innerhalb der Kommission handelt.

---

[307] Dazu ausführlich Kerber, S. 152; Vortrag des Deputy Assistant Attorney General der Antitruist Division des U.S. Department of Justice William J. Kolasky, vom 9.11.2001, Conglomerate Mergers and Range Effects: It's a Long Way from Chicago to Brussels, www.usdoj.gov/public/speeches/9536.htm; Wolf, WM 1996, S. 2193; Kartte, Ordo 1992, S. 405 ff.

[308] In der zweiten Verfahrensphase.

[309] Vgl. hierzu Kapitel Erhebliche Behinderung des wirksamen Wettbewerbs, insbesondere durch die Ausnutzung der marktbeherrschenden Stellung S.191.

[310] Zum Beispiel bei von Hinten-Reed/Camesasca/Schedl, RIW 2003, S. 321, 322.

II. Kommission

1. Ausschließliche Zuständigkeit der Kommission

Auf europäischer Ebene existiert keine spezialisierte Wettbewerbsbehörde. Die Funktion einer Europäischen Kartellbehörde und damit die Verantwortung für die Durchsetzung der Wettbewerbsregeln und der Fusionskontrollverordnung sind ausschließlich dem allgemeinen Vollzugsorgan der Gemeinschaft, der Europäischen Kommission in Brüssel, übertragen.[311] Gemäß Art. 21 Abs. 1 FKVO ist die Kommission ausschließlich für den Erlass der Entscheidungen nach der FKVO zuständig.

Die Kommission besteht aus 24 Generaldirektionen; die Direktionen sind jeweils einem Kommissar zugeordnet. Für den Wettbewerb ist die Generaldirektion Wettbewerb zuständig. Für die eigentliche Entscheidung ist stets die gesamte Kommission zuständig.[312]

Die Kommission als Kollegialorgan hat die Möglichkeit,[313] bestimmte Entscheidungsbefugnisse an einzelne Kommissionsmitglieder (Ermächtigungsverfahren) oder Generaldirektoren (Delegationsverfahren) zu übertragen. Dadurch können Entscheidungen im Bereich der Geschäftsführung und Verwaltung sowie der Verfahrens- und Routineangelegenheiten von dem jeweils zuständigen Kommissionsmitglied oder Generaldirektor getroffen werden. Dieses System gewährleistet, dass die Tagesordnungen für Sitzungen der Kommission nicht „überfrachtet" sind und der Entscheidungsprozess infolgedessen nicht gelähmt wird.

Die Kommission hat im Wege des Ermächtigungsverfahrens den für den Wettbewerb zuständigen Kommissar ermächtigt, alle Entscheidungen der ersten Verfahrensphase zu treffen.[314] Der Wettbewerbskommissar kann die Vereinbarkeit mit dem Gemeinsamen Markt feststellen, braucht jedoch für die Ein-

---

[311] Hausmann, Staatliche Kartellrechtsdurchsetzung im internationalen Vergleich, S. 90; Huggenberger, Die marktbeherrschende Stellung in der Fusionskontrolle der EG, S. 84 f.

[312] Art. 7 der Geschäftsordnung der Kommission, ABl. EG 2000 Nr. L 308 vom 8.12.2000, S. 26 ff.; vgl. hierzu ausführlich bei Kartte, Ordo 1992, S. 405, 407.

[313] Siehe Artikel 13 und 14 der Geschäftsordnung der Kommission vom 29.November 2000 (ABl. EG 2000 Nr. L 308 vom 8.12.2000,S.26 ff).

[314] Kartte, Ordo 1992, S. 405, 407.

leitung des Hauptprüfungsverfahrens[315] eine Zustimmung des Präsidenten der EG-Kommission.

Entscheidungen, die nach der zweiten Verfahrensphase[316] gefällt werden, werden immer von allen 20 Kommissaren getroffen, wobei der Wettbewerbskommissar jeweils nur eine Stimme hat. Das bedeutet, dass der Wettbewerbskommissar für die Untersagungen und Auflageentscheidungen die Stimmen von noch 10 weiteren Kommissaren benötigt. Obwohl die Kommissare ihre Tätigkeit in voller Unabhängigkeit ausüben,[317] können die Regierungen der einzelnen Länder „ihre" Kommissare politisch unter Druck setzen und auf diese Weise Einfluss auf das Abstimmungsverhalten nehmen. Die einzelnen Kommissare vertreten somit nicht nur die Interessen ihrer Ressorts, sondern oft auch die Interessen ihrer Mitgliedsstaaten. Dies führt zu einer wachsenden Politisierung der Fusionskontrolle.

2. Merger Network

Organisatorisch im Rahmen der Kommission ist für die Zusammenschlusskontrolle die GD IV, die Generaldirektion Wettbewerb, zuständig.[318] Die für die Fusionskontrolle zuständigen Abteilungen der Generaldirektion Wettbewerb wurden schon mehrfach umfassend reformiert. Nach dem Unterliegen der Kommission in drei Verfahren vor dem EuGH[319], war wieder einmal Zeit für eine Reform der für die Fusionskontrolle zuständigen Institutionen.

Aus diesem Grunde hat man am 16. April 2004 aus der früher für die Fusionskontrolle zuständigen „Merger Task Force" ein „Merger Network" geschaffen. Im Zuge dessen haben sich jedoch nur einige Details verändert. So hat man die Fachkompetenzen für bestimmte Industriebranchen auf die einzelnen Abteilungen verteilt,[320] jedoch ist diese Verteilung auch weiterhin nicht statisch. Die gleichen Fälle werden von denselben Personen bearbeitet. Das, was nach

---

[315] Art. 6 Abs. 1 lit. c FKVO.

[316] Vgl. Kapitel Verfahren S.94.

[317] Art. 213 Abs. 2 EG.

[318] Kartte, Ordo 1992, S. 405, 408. Zurzeit ist Philip Loewe der Generaldirektor der Generaldirektion Wettbewerb und Georg Drautz sein für die Fusionskontrolle zuständiger Stellvertreter.

[319] EuGl Urt. v. 6.6.2002 , Rs. T – 342/99 (COMP/M.1524; Airtours/First Choice), Slg. 2002, II-2585; EuGl Urt. v. 22.10.02 Rs. T-310/01 und T-77/02, (Schneider Electric SA / Kommission der EG), Slg. 2002, II-4071 und Slg. 2002, II-4201 (Sparte Elektro) und EuGH WuW 2003, S. 299 ff. ; Urt. v. 25.10.2002, Rs. T-05/02 (COMP/M.2416; Tetra Laval/Sidel), EuGH WuW 2002, S. 411 ff.

[320] Früher waren alle Mitarbeiter für alle Branchen zuständig.

Außen als eine umfassende institutionelle Reform erscheint, ist tatsächlich nur eine Luftblase. Oder, noch genauer, wie ein hoher Beamter der Kommission in einem privaten Gespräch dazu sagte: „Das Kind hat nur einen anderen Namen bekommen!"

Die Merger Network ist in fünf operationelle Abteilungen (operative units) und ein Referat für die Wettbewerbspolitik aufgeteilt.[321] Sie wird durch einen Direktor geleitet.[322] Die Mitglieder der einzelnen Units sollen nach Möglichkeit unterschiedlicher Nationalität sein und verschiedene Ausbildungen haben, wobei die Branchen- und Sprachkenntnisse bei der Zusammensetzung der einzelnen Teams berücksichtigt werden.

Die einzelnen Teams arbeiten nicht in einem „Vakuum". Bei der Bearbeitung der Fälle werden auch die anderen Generaldirektionen kontaktiert, die spezifische Fachkenntnisse in bestimmten Gebieten haben.[323] Die Möglichkeit, Konsultationen und Abstimmungen mit vielen anderen Institutionen innerhalb der Kommission durchzuführen, wird als ein System von „Checks and Ballances" bezeichnet.[324] Zwar erfolgt hierdurch auch die Berücksichtigung einer Fülle verschiedener Einflüsse und Interessen bei der Fusionskontrolle, jedoch bleibt die Kontrolle ausschließlich den Kommissionsmitarbeitern vorbehalten.

Dem Merger Network gehören zurzeit etwa 50 Mitarbeiter an. Das Merger Network der Kommission hat den Ruf, trotz ihres jungen Alters, eine der effizientesten Behörden Europas zu sein. Sie war bisher immer in der Lage, die europäische Fusionskontrolle trotz kurzer Fristen[325] zu bewältigen. Die Personalausstattung hat jedoch mit dem Anstieg der Zahl der Anmeldungen kaum Schritt halten können. Die arbeitsmäßige Überlastung erklärt auch, dass alle Kommissionsmitteilungen der letzten Jahre[326] auf eine Arbeitsentlastung der Kommission zielen.

---

[321] Vgl. hierzu die Darstellung auf der Seite der Kommission: http://europa.eu.int/comm/dgs/competition/directory/organi_de.pdf.

[322] Im Internet auf der Seite der Kommission: http://europa.eu.int/comm/dgs/competition/directory/organ_de.pdf.

[323] Noch zur Merger Task Force: Cook/Kerse, E.C. Merger Control, S. 91.

[324] Cowman, S. 79.

[325] Insbesondere im Vergleich zu den USA.

[326] Bekanntmachung der Kommission über die Einschränkungen des Wettbewerbs, die mit der Durchführung von Unternehmenszusammenschlüssen unmittelbar verbunden und für diese notwendig sind; ABl. EG 2001 Nr. C 188 vom 4.7.2001; Bekanntmachung der Kommission über die Definition des relevanten Marktes im Sinne des Wettbewerbsrechts der Gemeinschaft, ABl. EG Nr. C 372, vom 9.12.1997, S. 5, Rdnr. 20 f.; Bekanntmachung der Kommission über ein vereinfachtes Verfahren für

3. Einzelne Beteiligte am Fusionskontrollverfahren innerhalb der Kommission

Im Folgenden werden die am Fusionskontrollverfahren Beteiligten präsentiert, deren Ämter im Rahmen der letzten Reform der FKVO grundlegend reformiert oder neu geschaffen wurden.

Bei der Schaffung des Kontrollforums, des Postens eines Chef-Ökonomen, eines Verbindungsbeamten für Verbraucherfragen und des Anhörungsbeauftragten handelt es sich um eher kleine, unbedeutende, kosmetische Änderungen, die auf das Unterliegen der Kommission in drei Verfahren zurückzuführen sind. Diese Änderungen beseitigen nicht das Hauptproblem des institutionellen Rahmens der Fusionskontrolle: die Kommission bleibt weiterhin der „Ankläger und Richter", solange nicht eine unabhängige Behörde geschaffen wird, die sich mit der Fusionskontrolle beschäftigt. Bis zur Schaffung einer solchen Behörde bleiben die Kommissionsentscheidungen weiterhin unvorhersehbar, so dass nicht das Recht, sondern die politischen Überlegungen im Vordergrund der Entscheidungen stehen.

a) Kontrollforum (Peer Review Panel/ Devils Advocate Panel)

Das aus erfahrenen Bediensteten (aus der gesamten Generaldirektion Wettbewerb) bestehende Kontrollforum soll die Schlussfolgerungen der Kommissionsbeamten an den zentralen Stellen des Verfahrens noch einmal unvoreingenommen überprüfen. Die Kommission beabsichtigt dieses Forum verstärkt und systematisch in der zweiten Verfahrensphase des Fusionskontrollverfahrens zu nutzen. Das Kontrollforum soll ebenfalls die Entscheidungsfindung im Bereich des Kartellrechts und der staatlichen Beihilfen unterstützen.[327]

Die Schaffung eines solchen Kontrollforums ist zwar wegen der zusätzlichen Kontroll- und Diskussionsmöglichkeit der Entscheidungen uneingeschränkt zu begrüßen, denn eine ergänzende Überprüfung jeder Verwaltungsentscheidung ist immer sinnvoll. Jedoch besteht das Kontrollforum ausschließlich aus den Beamten der Kommission. Generell ist die Tendenz anzunehmen, dass dieses Forum sich an der Linie der Kommission orientieren wird, da allgemein davon ausgegangen wird, dass die Unterminierung der eigenen Position für keine

---

bestimmte Zusammenschlüsse gemäß der Verordnung (EWG) Nr. 4064/89 des Rates, ABl. EG Nr. C 217 vom 29.7.2000, S. 32.

[327] Kommission der Europäischen Gemeinschaften, XXXII. Wettbewerbsbericht, S. 76.

Institution wünschenswert ist. Außerdem sind die Mitglieder des Kontrollforums Beamte der Kommission, die Vorgesetzte haben und befördert werden möchten. Es bestehen folglich nicht zu unterschätzende Individualinteressen. Wenige würden eine nicht opportunistische Stellung einnehmen und somit ihre Beförderung riskieren. Daher kann kaum von einer echten „Kontroll- und Diskussionsmöglichkeit" gesprochen werden.

Viel sinnvoller wäre es, einen unabhängigen Beirat einzusetzen, der aus den Vertretern der Industrie und Wissenschaftlern aus verschiedenen Ländern besteht. Da dieses Forum außerhalb der Kommission angesiedelt wäre, könnte eine stärkere Objektivierung der Arbeit erwartet werden. Eine solche Institution könnte ähnlich wie die Monopolkommission in Deutschland zusammengesetzt sein. Der Grund für die Einsetzung der Monopolkommission in Deutschland war gerade die Schaffung einer Möglichkeit - zusätzlich zu der staatlichen Institution (Bundeskartellamt) - unabhängige Gutachter einzusetzen, die über die Arbeit des Bundeskartellamtes, über die Entwicklung der Unternehmenskonzentration und zu sonstigen wettbewerbspolitischen Fragen alle zwei Jahre einen Bericht verfassen und Sondergutachten zu bestimmten Verfahren anfertigen.[328] Eine solche Einrichtung fehlt jedoch auf der europäischen Ebene gänzlich.

b) Der Chef-Ökonom (Chief Competition Economist)

Eine der wesentlichen Änderungen zur Verbesserung der wirtschaftlichen Entscheidungsprozesse der Generaldirektion Wettbewerb[329] ist die Schaffung des Postens des Chef-Ökonomen.[330] Der Chef-Ökonom und sein Mitarbeiterstab sollen die Entscheidungsträger auf allen Ebenen in wirtschaftlichen Fragen beraten und während des gesamten Untersuchungsprozesses anleiten. Sein Ziel ist „to enhance the economic soundness of EC policy and enforcement practice".[331] Hierdurch möchte man eine stärkere Einbeziehung und Berücksichtigung der industrieökonomischen Bezüge in der Fusionskontrolle erreichen, was eine stärkere Ausrichtung auf die Fusionskontrolle der USA und der

---

[328] Bunte, Kartellrecht, S. 293.

[329] Kommission der Europäischen Gemeinschaften, XXXII. Wettbewerbsbericht, S. 76.

[330] Der Wettbewerbskommissar Mario Monti hat Lars-Hendrik Röller zum Chef-Ökonomen ernannt.

[331] Rede von Mario Monti, Speech/04/107, Convergence in EU-US antitrust policy regarding mergers and acquisitions: an EU perspective; UCLA Law First Annual Instituite on US and EU Antitrust Aspects of Mergers and Acquisitions, Los Angeles, 28 February 2004; http://europa.eu.int/rapid/start/cgi/guesten.ksh?p_action.gettxt=gt&doc=SPEECH/04/107|0|RAPID&lg=EN&display=.

Chicago School bedeutet. Interessant in diesem Zusammenhang ist, dass die Tätigkeit des Chefökonomen sich nicht nur auf die Fusionskontrolle erstrecken wird, sondern auch die Durchsetzung des Wettbewerbsrechts, einschließlich der Kontrolle staatlicher Beihilfen umfassen wird.

Die Schaffung des Postens des Chef-Ökonomen folgte Mario Montis Forderung nach der Anpassung der inhaltlichen Regeln und Entscheidungen der Kommission an den Bedarf der Wirtschaft, die Überdenkung der wirtschaftlichen Regeln unter Berücksichtigung der modernen Märkte und die Reaktion auf wirtschaftlichen Wandel.[332]

In diesem Rahmen sollen auch die Einstellung von Volkswirten seitens der Kommission beschleunigt und Rückgriffe auf externe Wirtschaftskompetenz ermöglicht werden.[333]

Zwar wird eine stärkere Berücksichtigung der industriepolitischen Faktoren als sehr positiv angesehen, jedoch bedeutet diese Entwicklung gleichzeitig eine Schwächung des Einflusses der wettbewerblichen Faktoren. Auch dies ist eines von vielen Anzeichen der zunehmenden „Chicagoisierung" der Fusionskontrolle.

c) Der Verbindungsbeamte für Verbraucherfragen[334]

Eine Änderung, die als Schaffung des Gleichgewichts gegen die zunehmende „Chicagoisierung"[335] der Europäischen Fusionskontrolle, insbesondere durch eine verstärkte Berücksichtigung der wirtschaftlichen Aspekte, gesehen werden kann, ist die Schaffung des Postens des Verbindungsbeamten für Verbraucherfragen.

Die Kommission hat diesen Posten dafür eingesetzt, die Einbeziehung von Verbraucherverbänden zu fördern und zu erleichtern und hierdurch den Verbrauchern mehr Gehör im Fusionskontrollverfahren zu gewähren. Die Kommission stellt fest, dass die Verbraucher sich zu selten bei der Fusions-

---

[332] Kommission der Europäischen Gemeinschaften, XXXII. Wettbewerbsbericht (Vorwort) S. 5.

[333] Kommission der Europäischen Gemeinschaften, XXXII. Wettbewerbsbericht, S. 76.

[334] Juan Riviere y Marti ist der erste Verbindungsbeamte für Verbraucherfragen in der Generaldirektion Wettbewerb.

[335] Vgl. Kapitel Fusionskontrolle und Wettbewerbspolitik: Grundbegriffe und Grundkonzepte S.15.

kontrolle zu Wort melden, obwohl die Fusionskontrolle den Interessen der Verbraucher dienen soll.[336]

Der Schutz der Verbraucher stellt eines der wesentlichen Ziele des EG-Vertrages und der Fusionskontrolle dar.[337] In jedem Wettbewerbsbericht liest man von den tollen Errungenschaften der Kommission im Bereich des Verbraucherschutzes.[338] Plötzlich stellt die Kommission jedoch fest, dass der Verbraucherschutz und die Verbindung zu den Verbraucherverbänden nicht sehr erfolgreich funktionieren.[339] Vor diesem Hintergrund ist die Feststellung der Kommission, dass die Verbraucher mehr Gehör in der Fusionskontrolle erhalten sollen, zumindest bizarr und gleichzeitig bitter. Möglicherweise war vorher der Verbraucherschutz doch nicht so gelungen?

d) Der Anhörungsbeauftragte

Die nach der Untersagung des Zusammenschlussvorhabens General Electric/Honeywell viel zitierte Aussage des Chefs von General Electric, Jack Welch, dass es schwierig sei, in einem Verfahren zu bestehen, in dem Ankläger und Richter identisch seien, war der Hauptanlass für die Novellierung des Mandats des Anhörungsbeauftragten.[340] Die Kommission hat 2001 ihre Rolle gestärkt,[341] um die Objektivität der Untersuchung und den Schutz der Verteidigungsrechte der beteiligten Unternehmen zu stärken.[342]

Der Anhörungsbeauftragte ist ein unabhängiger, leitender Beamter der Kommission (hier drängt sich die Frage auf, ob ein Beamter der Kommission überhaupt unabhängig sein kann), dessen Aufgabe es ist, Anhörungen zu organi-

---

[336] Kommission der Europäischen Gemeinschaften, XXXII. Wettbewerbsbericht, S. 77.

[337] Kommission der Europäischen Gemeinschaften, XXXI. Wettbewerbsbericht, S. 21 (Wettbewerb und Verbraucher).

[338] Vgl. statt vielen anderen die Einleitungen zu den Wettbewerbsberichten: Kommission der Europäischen Gemeinschaften, XXXII. Wettbewerbsbericht, S. 13 f., insbesondere Kasten auf S. 14 unten (die Rolle des Verbrauchers); Kommission der Europäischen Gemeinschaften, XXXI. Wettbewerbsbericht, S. 21 (Wettbewerb und Verbraucher).

[339] Vgl. hierzu die Erklärung der Europäischen Kommission unter http://europa.eu.int/rapid/start/cgi/guesten.ksh?p_action.getfile=gf&doc=IP/03/1679|0|RAPID&lg=DE&type=PDF.

[340] Bartosch/Nolau, EuZW 2002, S. 197, 208.

[341] Beschluss der Kommission vom 23.5.2001 über das Mandat des Anhörungsbeauftragten in bestimmten Wettbewerbsverfahren, ABl. EG Nr. L 162, vom 19.06.2001, S. 21.

[342] Von Hinten-Reed/Camesasca/Schedl, RIW 2003, S. 321, 322.

sieren und für ihren ordnungsgemäßen Ablauf zu sorgen. Somit trägt der Anhörungsbeauftragte zur Objektivität der Anhörung selbst, zur Beachtung von Fairnessgarantien, zur Wahrung des Rechts der Parteien auf rechtliches Gehör und zur Objektivität der späteren Entscheidung bei.[343] Zu den Aufgaben des Anhörungsbeauftragten zählt es auch, bei Streitigkeiten zwischen den Kommissionsdienststellen und den betroffenen Parteien über Fragen der Vertraulichkeit von Unterlagen und über eine Einsichtnahme in die Akten zu vermitteln, die von einer oder mehreren Parteien zur Vorbereitung der Verteidigung verlangt wird. Der Anhörungsbeauftragte erstattet dem für Wettbewerb zuständigen Kommissionsmitglied Bericht; sein Abschlussbericht über eine Wettbewerbssache wird gemeinsam mit der Entscheidung im Amtsblatt veröffentlicht. Das Mandat des Anhörungsbeauftragten wurde in einem Beschluss der Kommission festgelegt.[344]

III. Weitere an der Fusionskontrolle beteiligte Europäische Institutionen

Das Europäische Parlament sowie der Wirtschafts- und Sozialausschuss verfassen regelmäßige Stellungnahmen zu den jährlichen Wettbewerbsberichten. Sie besprechen die einzelnen Entscheidungen der Kommission und beziehen sich auf die Entwicklung der Wettbewerbspolitik in Europa.[345]

IV. Neuerungen bei der Einflussnahme der Kartellbehörden der Mitgliedsstaaten

Die Problematik der Aufteilung der Befugnisse von EG-Kommission und nationalen Kartellbehörden war schon während der Entstehung der Fusionskontrollverordnung einer der Hauptdiskussionspunkte.[346] Vor allem das Prinzip der ausschließlichen Geltung, unter Ausschluss von Doppelkontrollen, war bis zuletzt Gegenstand zäher Verhandlungen.[347] Trotz der ausschließlichen europäi-

---

[343] Kommission der Europäischen Gemeinschaften, Glossar der Wettbewerbspolitik der EU, S. 7.

[344] Siehe: Beschluss der Kommission vom 23.5.2001 über das Mandat von Anhörungsbeauftragten in bestimmten Wettbewerbsverfahren (ABl. Nr. L 162, vom 19.06.2001, S. 21).

[345] Zum Beispiel Die Entschließung des Europäischen Parlaments zu dem 30. Bericht der Kommission über die Wettbewerbspolitik 2000, SEK (2001) 694 – C5-0312/2001 – 2001/2130(COS) und Erwiderung der Kommission, abgedruckt in Kommission der Europäischen Gemeinschaften, XXXI. Wettbewerbsbericht, S. 423; Stellungnahme des Wirtschafts- und Sozialausschusses zum 30.Bericht über die Wettbewerbspolitik 2000, SEK (2001) 694 endg. und Standpunkt der Kommission, abgedruckt in Kommission der Europäischen Gemeinschaften, XXXI. Wettbewerbsbericht, S. 430.

[346] Everling, WuW 1993, S. 709 ff; Bright, ECLR 1991, S. 139.

[347] Immenga/Mestmäcker – *Immenga*, EG-Wettbewerbsrecht, Band I, S. 782.

schen Zuständigkeit für die Zusammenschlüsse mit gemeinschaftsweiter Bedeutung (one-stop-shop) haben die Mitgliedstaaten die Möglichkeit, das Fusionskontrollverfahren zu beeinflussen.

Hierzu gehört sowohl die Möglichkeit, eine Verweisung nach Art. 9 FKVO anzustreben, als auch die Gelegenheit, Stellungnahmen im Beratenden Ausschuss abzugeben.

Diese Rechte sind besonders wichtig für die nationalen Unternehmen, die am Fusionskontrollverfahren beteiligt sind. Die Unternehmen sind an einem Einfluss der Wettbewerbsbehörden interessiert, wenn sie mit ihnen übereinstimmen. Sie erwarten dann sogar, ähnlich wie bei einem diplomatischen Schutz, eine Unterstützung gegenüber der Kommission. Doch wenn unterschiedliche Auffassungen bestehen und die nationalen Behördenvertreter eine ablehnende Stellung nehmen, fühlen sich die Unternehmen geradezu im Stich gelassen und verraten.

Das Verhältnis der Gemeinschaft, Mitgliedsstaaten und Unternehmen ist kein Sonderproblem der Fusionskontrolle, sondern betrifft alle Bereiche der Wirtschaftspolitik der Gemeinschaft.[348]

Die Mitgliedsstaaten haben bezüglich der Zusammenschlüsse, die in den Anwendungsbereich der Fusionskontrollverordnung fallen, Beteiligungs- und Anhörungsrechte.

1. Verweisung nach Art. 9 FKVO („deutsche Klausel")

Zu einer Einflussnahmemöglichkeit der nationalen Kartellbehörden auf die europäische Fusionskontrolle gehört die Möglichkeit, die Verweisung eines Zusammenschlusses an die Mitgliedsländer zu beantragen.[349]

2. Der Beratende Ausschuss für Unternehmenszusammenschlüsse

Art. 19 Abs. 3 – 7 FKVO regeln die Zusammensetzung und Aufgaben des Beratenden Ausschusses. Die Hauptaufgabe des Beratenden Ausschusses ist

---

[348] Everling, WuW 1993, S. 709 ff.

[349] Ausführlich hierzu im Kapitel Quo vadi die Zuständigkeitsregelungen der Fusionskontrollverordnung S.135.

die Anhörung im Rechtssetzungsverfahren. Er soll die Zusammenarbeit der Kommission und der Mitgliedsstaaten koordinieren[350] und die Berücksichtigung nationaler Besonderheiten bei der Zusammenschlusskontrolle gewährleisten.[351]

Dem Beratenden Ausschuss gehören die Wettbewerbsexperten der Mitgliedsstaaten an.[352] Welche mitgliedsstaatlichen Behörden den Beratenden Ausschuss besetzen, bestimmt der Mitgliedsstaat.[353] Sie erarbeiten während der Sitzungen schriftliche Stellungnahmen zu den Kommissionsentscheidungen. Die Stellungnahmen des Beratenden Ausschusses sind zwar nicht verbindlich, die unterbliebene obligatorische Anhörung begründet jedoch einen Mangel, der zur Nichtigkeit des Rechtsaktes führt.

Der Beratende Ausschuss soll die externen Untersuchungen der Kommission prüfen. Die Kommission will den beratenden Ausschuss stärker und schon in den früheren Verfahrensstadien in die Prüfung einbeziehen.

Die automatische Fristverlängerung um 15 Arbeitstage bei einem Zusageangebot in der zweiten Verfahrensphase stärkt auch die Rechte des Beratenden Ausschusses, da die zweiwöchige Konsultationsfrist nach Art. 19 Abs. 5 S. 3 FKVO eingehalten werden kann. Daher handelt es sich um die (einzige) Ent-

---

[350] Körber, Die Konkurrentenklage im Fusionskontrollrecht, S. 75 ff.

[351] Wolf, EuZW 1994, S. 237.

[352] Die aktuelle Liste der Teilnehmer des Beratenden Ausschusses (nach Auskunft der nationalen Wettbewerbsbehörden. Stand 1.1.2004): Belgien (Ministerie van Economische Zaken; Bestuur Handelsbeleid; Algemene Inspectie van de Prizen en de Mededinging); Dänemark (Konkurrencestyrelsen); Bundesrepublik Deutschland (Bundeskartellamt, Bundesministerium für Wirtschaft); Griechenland (Competition-Committee); Spanien (Ministerio de Economía y Hacienda, Secretaría de Estrado de Economía, Subdirección General de Concentraciones y Estudios); Frankreich (Direction Générale de la Concurrence, de la Consommation et Répression des Fraudes/Contrôle des Concentrations, Ministère de l'Economie); Irland (Principal, Competition Policy Section, Department of Enterprise and Employment); Italien (Segretario Generale dell'Autorità Garante della Concorrenza e del Mercato, Ministero dell'Industria); Luxemburg (Ministère de l'Economie); Niederlande (Hoofd Sectie Concentratiecontrole, Nederlandse Mededingingautoriteit); Österreich (Bundesministerium für Wirtschaftliche Angelegenheiten, EWR-Wettbewerbsabteilung); Portugal (Direcao-Geral do Comercío e da Concorrencia, Ministério da Economia), Finnland (Kilpailuvirasto /Amt für freien Wettbewerb/); Schweden (Konkurrensverket /Wettbewerbsbehörde/); Großbritanien (Office of Fair Trading, Department of Trade and Industry).

Ab dem 1.5. 2004 werden am Beratenden Ausschuss zusätzlich die Vertreter der Wettbewerbsbehörden von Estland, Lettland, Litauen, Slowakei, Slowenien, Malta, Zypern, Polen, Ungarn, Tschechien und ab dem 1.1. 2007 von Rumänien und Bulgarien teilnehmen.

[353] Schröter/Jakob/Mederer (Hrsg.), Kommentar zum Europäischen Wettbewerbsrecht, S. 1739, FKVO Art. 19, Rdnr. 1.

wicklung innerhalb der am Fusionskontrollverfahren beteiligten Gremien, die ohne Wenn und Aber zu begrüßen ist.

3. European Competition Authorities Forum (ECA)

Das “European Competition Authorities Forum” (ECA) ist ein Diskussionsforum der Wettbewerbsbehörden der Länder im Europäischen Wirtschaftsraum, sowie der Europäischen Kommission und der EFTA-Überwachungsbehörde. Das seit April 2001 bestehende Forum hat sich vorgenommen, die Zusammenarbeit der Behörden zu verbessern und damit zu einer wirksamen Durchsetzung des jeweiligen nationalen wie des europäischen Wettbewerbsrechts beizutragen. Vorschläge für eine bessere Kooperation werden in themenspezifischen Arbeitsgruppen entwickelt.[354]

Die ersten Arbeitsergebnisse des ECA sind die im November 2001 veröffentlichten gemeinsamen Prinzipien für Bonusprogramme zur Aufdeckung und Verfolgung von Kartellabsprachen (Principles for Leniency Programmes). Weiterhin erfolgt seit September 2001 die gegenseitige Unterrichtung der nationalen Behörden über alle Fusionsfälle, die in mehreren ECA-Ländern anmeldepflichtig sind (Mehrfachnotifizierungen). Nach den ersten Erfahrungen wurde hierzu im April 2002 ein Verfahrensleitfaden (Procedures Guide) verabschiedet.[355] Insgesamt hat sich dadurch die Zusammenarbeit in der „Fallarbeit“ deutlich intensiviert. Die gegenseitige Unterrichtung hat auch dazu beigetragen, dass erstmals mehrere nationale Wettbewerbsbehörden gemeinsam Fusionsfälle gemäß Artikel 22 der Europäischen Fusionskontrollverordnung an die Europäische Kommission verwiesen haben.[356]

Die ECA-Treffen finden halbjährlich, auf der Ebene der Behördenleiter, statt. Im April 2002 haben diese u.a. beschlossen, die Arbeitsgruppe 'Mehrfachnotifizierungen' fortzusetzen und eine weitere Arbeitsgruppe zu Fragen des Wett-

---

[354] Ausführliche Darstellung sowie weiterführende Informationen zu ECA unter http://www.bundeskartellamt.de/eca.html.

[355] Auf der Internet-Seite des Bundeskartellamtes http://www.bundeskartellamt.de/eca.html abrufbar.

[356] Entscheidung der Kommission vom 16.4.2002, IV/M. 2698 Promatech/Sulzer Textil; http://europa.eu.int/comm/competition/mergers/cases/decisions/m2698_en.pdf; vgl. hierzu Kommission der Europäischen Gemeinschaften, XXXII. Wettbewerbsbericht, S. 71, vgl. hierzu Kapitel S.135; Entscheidung der Kommission vom 17.04.2002, IV/M.2738, GEES/Unison; http://europa.eu.int/comm/competition/mergers/cases/decisions/m2738_en.pdf; vgl. hierzu Kommission der Europäischen Gemeinschaften, XXXII. Wettbewerbsbericht, S. 71, vgl. hierzu Kapitel Quo vadi die Zuständigkeitsregelungen der Fusionskontrollverordnung S.135.

bewerbs im Luftverkehr einzusetzen, deren Federführung das Bundeskartellamt übernommen hat.

Bei den institutionellen Änderungen fast völlig vernachlässigt werden die Stimmen aus der Praxis. Sowohl an der Arbeit des Beratenden Ausschusses als auch an den Sitzungen des European Competition Authorities Forums nehmen nur die Vertreter der mitgliedsstaatlichen Wettbewerbsbehörden und Ministerien teil. Weder die Repräsentanten der Industrieverbände noch sonstige externe Organisationen sind an dem Verfahren beteiligt.

Um die fusionskontrollrechtliche Arbeit der Kommission durchsichtiger und die Entscheidungen vorhersehbarer zu machen, muss genau dieser Umstand modifiziert werden.

V. Forderung nach einer unabhängigen Wettbewerbsbehörde in der Europäischen Kommission

Warum benötigt man noch eine Behörde auf der EU-Ebene? Sind der Verwaltungsapparat und die Behördenmaschinerie nicht bereits groß genug?

Im Rahmen der Gespräche mit sachkundigen Vertretern der Kommission und der Wirtschaft wird immer wieder argumentiert, dass die Schaffung einer neuen Institution Kosten verursacht und außerdem der Streit zwischen den Mitgliedsländern hervortritt, in welchem Land die Behörde sein sollte.

Die Forderung nach einer unabhängigen Kartellbehörde in der Europäischen Gemeinschaft, mit dem Ziel den unabhängigen Wettbewerbsschutz in der Europäischen Gemeinschaft abzusichern, hört man schon seit langer Zeit gerade von „deutscher Seite".[357] In letzter Zeit ist das Problem der institutionellen Absicherung der Fusionskontrolle jedoch in den Hintergrund gerückt. Berücksichtigt man, dass der Wettbewerbsschutz das vorrangige Ziel der Fusionskontrolle sein soll, so gewährleistet das derzeitige institutionelle Gefüge nicht die notwendige Neutralität in den Zusammenschlussentscheidungen. Zwar werden die Fälle von der Merger Network ungewöhnlich schnell und präzise behandelt, jedoch basieren die Entscheidungen weitgehend auf unbestimmten Rechtsbegriffen.[358] In diesem Rahmen würde eine selbstständige, nicht weisungsgebundene Wettbewerbsbehörde viel stärker die Ziele des EG-

[357] Siehe schon die Überlegungen von Kerber, S. 152; Kartte, Ordo 1992, S. 405, 408.

[358] Z.B.: Erhebliche Behinderung des Wettbewerbs.

Vertrages wahren können als die politisch orientierten Entscheidungsträger der EG-Kommission.

Zwar wurden in den ersten zehn Jahren nach dem Inkrafttreten der Fusionskontrollverordnung nur wenige Entscheidungen der Kommission von den europäischen Gerichten verworfen, jedoch liegt dies nicht an der perfekten Arbeit der Kommission, sondern am mangelnden Rechtsschutz.[359]

Noch vor wenigen Jahren hat das Gericht der Kommission einen weiten Beurteilungsspielraum zugestanden[360] und beschränkte sich lediglich auf eine Plausibilitätskontrolle.[361]

Verständlich vor diesem Hintergrund ist auch die Kritik der mangelnden Gewaltenteilung bei der Fusionskontrolle: in jüngster Zeit zitiert die Presse oft die Aussage des Chefs von General Electric, Jack Welch, dass es schwierig sei, in einem Verfahren zu bestehen, in dem Ankläger und Richter identisch seien. Dies entspricht auch der Äußerung des Deputy Assistant Attorney General der Antitruist Division des U.S. Department of Justice William J. Kolasky, wonach das Europäische Fusionskontrollverfahren dem Gewaltenteilungsprinzip nicht entspricht, da die Kommission die Funktion des Ermittlers, Anklägers und Richters in Personalunion ausübt.[362]

In den neuesten Entscheidungen[363] steigt das Gericht in die Beurteilung komplexer wirtschaftlicher Zusammenhänge ein, prognostiziert die zukünftige Entwicklung des Wettbewerbs und beschränkt sich nicht mehr auf die eklatanten Fehlbeurteilungen der Kommission.

Hierbei handelt es sich um eine erfreuliche Entwicklung.

---

359 Ausführlich hierzu im Kapitel Rechtsschutz.

360 Montag/Leibenath, ZHR 2000, S. 176, 188.

361 Vgl. hierzu EuGI Urt. v. 6.6.2002 , Rs. T – 342/99 (COMP/M.1524; Airtours/First Choice), Slg. 2002, II-2585, Rdnr. 62; Bartosch, EuZW 2002, S. 645 ff; Haupt, EWS 2002, S. 361 ff; Hirsbrunner, EuZW 2003, S. 709 ff; Ehlermann/Völcker, EuZW 2003, S. 1.

362 Vortrag des Deputy Assistant Attorney General der Antitruist Division des U.S. Department of Justice William J. Kolasky, vom 9.11.2001, Conglomerate Mergers and Range Effects: It's a Long Way from Chicago to Brussels, www.usdoj.gov/public/speeches/9536.htm.

363 Entscheidung der Kommission vom 22.09.1999, IV/M.1524 (Airtours/First Choice), Abl. EG Nr. C 124 und ABl. EG Nr. C. 191-0024; Bartosch, EuZW 2002, S. 645 ff; Haupt, EWS 2002, S. 361 ff; Hirsbrunner, EuZW 2003, S. 709 ff; Emmerich, AG 2003, 649, S. 660.

Dass die Kommission in Serie verliert, wirft die Frage auf, woran das liegt. Das Überlegenheitsgefühl, das sich aus der Rolle der Kommission als „Hüterin des Gemeinschaftsinteresses" ergibt, kann zu „Betriebsblindheit" und zu Vorurteilen führen. Hierbei kann es passieren, dass die Entscheidungen und die ihnen vorausliegende wettbewerbliche Würdigungen nach ihrer „Nützlichkeit" für die Gemeinschaft vorgefasst werden. Daher drängt sich die Ansicht auf, dass die durch das EuGI aufgehobenen Zusammenschlussverbote keine Ausreißer waren, sondern, wie in der bahnbrechenden Entscheidungsbesprechung von Gerrit Schohe bezeichnet,[364] die „Folgen struktureller Mängel in der Machtausübung durch die Kommission" darstellen.

Sehr viel deutlicher als bisher macht diese Rechtsprechung die Notwendigkeit der grundlegenden Reformen beim institutionellen Gefüge des Fusionskontrollverfahrens klar.

Es wird unter anderem darauf eingegangen, dass die nationalen Behörden der Mitgliedsstaaten über „ihre" Kommissare die Entscheidungen der Kommission beeinflussen und eine unsachgemäße Verquickung verschiedener Entscheidungen infolge der Aufgabenvielfalt der Kommission erfolgen würde. Die Kommission nimmt sowohl die Verwaltungstätigkeit als auch politische Aufgaben wahr, die Kommissare sind nicht nur Politiker, sondern auch Rechtsanwender.[365] Die Effektivität der EG-Fusionskontrolle ist daher von der Person des Wettbewerbskommissars, seiner Durchsetzungsfähigkeit und seinen politischen Interessen abhängig.

Mit dem Beitritt der neuen EU-Länder am 1. Mai 2004 wird das Interessenwirrwarr noch größer sein. Es werden noch mehr unterschiedliche Interessen und politische Einflüsse ausgeübt, so dass die Errichtung eines selbstständigen Europäischen Kartellamtes sachlich geboten erscheint. Zudem wird die Kommission von den administrativen Aufgaben entlastet und kann sich auf ihre wachsende politische Verantwortung konzentrieren. Jedoch bedeutet die Kompetenz, über die Unternehmenszusammenschlüsse zu entscheiden, nicht nur die Last der administrativen Aufgaben, sondern sie bringt auch eine starke politische Machtstellung innerhalb der Gemeinschaft mit sich. Wie Ernst Niederleithinger bei der Einführung der Fusionskontrolle 1989 zutreffend bemerkte, bedeutet die Fusionskontrolle nicht nur repressives Verwaltungshandeln gegen einzelne wettbewerbsbeschränkende Vereinbarungen oder Verhal-

---

[364] Schohe, WuW 2003, S. 359, 363.

[365] Wolf, WM 1996, S. 2193; Kartte, Ordo 1992, S. 405, 408.

tensweisen, sondern Mitwirkung bei der strukturellen Veränderung der Wirtschaft.[366] Auf diese Machtstellung verzichtet man jedoch nicht gerne.

VI. Schluss

Zu den bedeutsamsten institutionellen Änderungen der letzten Jahre gehört die Schaffung eines Kontrollforums aus den Bediensteten der Kommission, das die besonders komplizierten Entscheidungen überprüft, des Postens des Chef-Ökonomen und des Verbindungsbeamten für Verbraucherfragen, eine Aufwertung der Position des Anhörungsbeauftragten sowie die Einführung der Merger Network anstelle der Merger Task Force. Gestärkt wurde die Möglichkeit der Beteiligung der mitgliedsstaatlichen Behörden am Fusionskontrollverfahren, indem das Verweisungssystem vereinfacht und die für die Arbeit des Beratenden Ausschusses relevanten Fristen verlängert wurden.

Die Begeisterung der Kommission bei der Darstellung der Reformen[367] ist leicht nachzuvollziehen. Die Reformen rechtfertigen die vergangenen Fehler und verschleiern die tatsächlichen Probleme (wie zum Beispiel die mangelnde Gewaltenteilung und die mangelnde Kontrolle). Vor diesem Hintergrund kann es schwer fallen, sich der Faszination von Reformprojekten zu entziehen.

Die genaue Auseinandersetzung mit den Änderungen bezüglich der einzelnen Beteiligten innerhalb der Kommission zeigt jedoch, dass die Kommission viel mehr von „grundlegenden Reformen" berichtet[368] als tatsächlich reformiert ist. In Wirklichkeit handelt es sich um kleine, unbedeutende Änderungen, die die derzeitige Politik der Kommission kaum verändern können. Es entsteht der Eindruck, als ob man den ständigen Prozess der Reformierung als Indulgenz für die jeweiligen Fehler verwendet. In Wirklichkeit sind die Neuerungen eher unbedeutend. Weder einige neu eingeführte Posten bei der Kommission noch die Umbenennung der Arbeitsgruppen können eine unabhängige Analyse der Zusammenschlüsse gewährleisten. So sind sie weiterhin nicht in der Lage ein ganzheitliches System für objektive Kontrolle und praxisgerechte Ressourcenverteilung zu bieten. Es lässt sich folglich erkennen, dass solche Änderungen keine zielführende Entwicklung der Fusionskontrolle hervorbringen können.

---

[366] Niederleithinger, EWS 1990, S. 73.

[367] Zum Beispiel in Kommission der Europäischen Gemeinschaften, XXXII. Wettbewerbsbericht, S. 76 ff.; Kommission der Europäischen Gemeinschaften, XXXII. Wettbewerbsbericht, S. 5; Kommission der Europäischen Gemeinschaften, Glossar der Wettbewerbspolitik der EU, S. 7.

[368] Kommission der Europäischen Gemeinschaften, XXXII. Wettbewerbsbericht, S. 76.

Das derzeit vorliegende Defizit der Gewaltenteilung und der wirksamen Kontrolle im Rahmen des Fusionskontrollverfahrens würde erst dann entfallen, wenn die Fusionskontrolle durch eine unabhängige Wettbewerbsbehörde erfolgte und zusätzliche Kontrolle durch eine externe Organisation hinzugefügt würde.

In die Reformdiskussionen wurde häufig, besonders seitens der Kommission, eingebracht, dass das europäische System ein institutionelles und legislatives Vorbild für die anderen Fusionskontrollsysteme dieser Welt sein soll. In der bestehenden Form kann es sicherlich kein Vorbild sein.

Betrachtet man die institutionellen Veränderungen der letzten Jahre, so erkennt man zwei klare Tendenzen:

(1) die Verstärkung der Zusammenarbeit mit den Mitgliedsstaaten (durch die Sicherung der Rechte des Beratenden Ausschusses und die Vereinfachung der Verweisungsvorschriften),

(2) eine stärkere Einbeziehung und Berücksichtigung der industrieökonomischen Bezüge bei der Fusionskontrolle (durch die Schaffung des Postens des Chef-Ökonomen).

Diese Maßnahmen stehen im Einklang mit den materiell- und verfahrensrechtlichen Änderungen.[369] Nach der Auseinandersetzung mit den zuständigen Institutionen und den institutionellen Änderungen werden auch die Entwicklungen der letzten Jahre im Rahmen des fusionskontrollrechtlichen Verfahrens und Rechtsschutzes verständlicher, die in den nächsten beiden Kapiteln untersucht werden.

---

[369] Vgl. die Änderungen der Verweisungsvorschriften und der Verfahrensfristen im Kapitel Verfahren S.77.

E. Verfahren

I. Einleitung

Auf der Grundlage der herausgearbeiteten institutionellen Änderungen kann auch die eingehende Analyse der Verfahrensänderungen erfolgen, denn die Institutionen sind diejenigen, die von den Verfahrensregelungen betroffen sind und diese in der Praxis umsetzen.

In der neuen Fusionskontrollverordnung sind die Verfahrensänderungen durch ihre Vielzahl und Komplexität von erheblicher Bedeutung für alle zusammenschlusswilligen Unternehmen in der EU und müssen daher eingehend untersucht werden. Bereiche wie zum Beispiel Fristen, Ermittlungs- und Sanktionsbefugnisse, Verweisungen sowie Behandlung der Nebenabreden haben eine umfassende Modifikation erfahren. Die Änderungen lassen sich nicht getrennt vom Fusionskontrollverfahren darstellen, daher wird das Verfahren beschrieben und die einzelnen Änderungen in die Schilderung eingeflochten. Der Überblick über die Verfahrensänderungen wird durch die bisherige Praxis der Kommission vervollständigt.

Das Verfahren der Fusionskontrollverordnung sieht zwei Stufen vor: ein Vorprüfungsverfahren von vier bis sechs Wochen[370] ab Eingang der vollständigen Anmeldung und ein Hauptprüfungsverfahren von achtzehn bis einundzwanzig Wochen[371].

Das Fusionskontrollverfahren beginnt mit informellen Vorgesprächen mit der Merger Network und der Anmeldung. Überblickartig werden die informellen Vorgespräche und der Inhalt der Anmeldung dargestellt. Ausführlich wird auf die wesentlich geänderten Anmeldefristen eingegangen. Es stellt sich dabei die Frage, welche Auswirkungen die veränderte Anmeldefristenregelung für die Unternehmen haben werden.

Weiterhin werden im Zusammenhang mit der Rücknahme der Anmeldung einige Fragen aufgeworfen. So ist bisher insbesondere unklar, ob der durch die FKVO angeordnete Ausschluss der Rücknahmemöglichkeit in der zweiten Verfahrensphase auch im Rahmen des Vorprüfungsverfahrens Geltung hat.

---

[370] Art. 6 FKVO.

[371] Art. 10 FKVO.

Nach der Anmeldung prüft die Kommission den Zusammenschluss im Rahmen des Vorprüfungsverfahrens. Bei der Darstellung des Vorprüfungsverfahrens wird ausführlich auf die geänderten Fristen eingegangen. Die Kommission kann innerhalb dieser Fristen feststellen, dass die FKVO nicht anwendbar ist; sie kann den Zusammenschluss freigeben oder das Hauptverfahren einleiten.

Die Entscheidungsmöglichkeiten der Kommission im Hauptverfahren sind in Art. 8 FKVO geregelt.

Wichtige Änderungen in diesem Verfahrensabschnitt sind im Zusammenhang mit der Möglichkeit der Kommission, eine Entflechtungsanordnung zu treffen, vorgenommen worden. Insbesondere ist zu ergründen, welche Veränderungen sich aufgrund der tatbestandlichen Vereinfachung einerseits und der Ermessensreduktion der Kommission andererseits ergeben werden.

Die wichtigen Änderungen der letzten Jahre beziehen sich ebenfalls auf die Verfahrensfristen. Besondere Brisanz verursachen die verlängerten Fristenregelungen gerade im Hinblick auf zeitkritische Zusammenschlüsse. Hier kann es dazu führen, dass eine Kommissionsentscheidung erst dann getroffen wird, wenn bereits durch Zeitablauf jegliches ökonomische Interesse an dem Zusammenschluss weggefallen ist.

Anschließend werden die weiteren verfahrensrechtlichen Änderungen dargestellt, die nicht in der VO 139/04 kodifiziert wurden.

Übersicht 2: Verfahren der Fusionskontrollverordnung

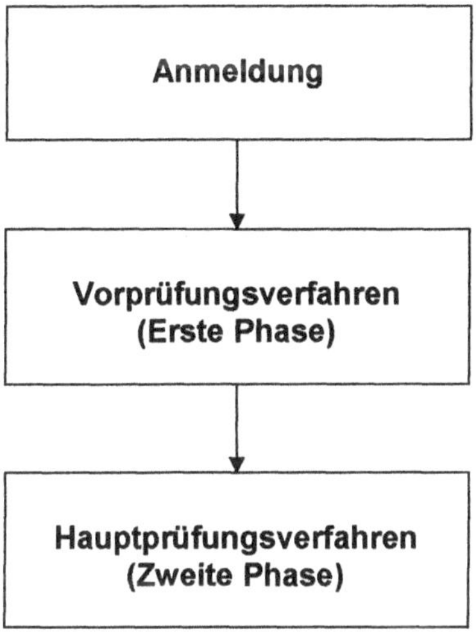

II. Anmeldung

Das Fusionskontrollverfahren beginnt mit einer Anmeldung bei der Kommission.[372] Um die Anmeldung vorzubereiten, tritt man in die so genannten informellen Vorgespräche mit der Merger Network ein, die bei der Kommission für die Fusionskontrolle zuständig ist.[373]

1. Anmeldepflicht

Anmeldepflichtig im Sinne des Art. 4 FKVO sind alle Zusammenschlüsse von gemeinschaftsweiter Bedeutung im Sinne von Art. 1 Abs. 2 und 3 FKVO. Unbeachtlich ist, ob es sich um ein Unternehmen innerhalb oder außerhalb der EG handelt.[374]

---

372 Art. 4 Abs. 1 FKVO.

373 Vgl. Kapitel Viel Lärm um nichts oder die institutionellen Reformen der Europäischen Fusionskontrolle S.59.

374 Vgl. hierzu Kapitel Quo vadi die Zuständigkeitsregelungen der Fusionskontrollverordnung S.135.

Übersicht 3: Anmeldepflicht

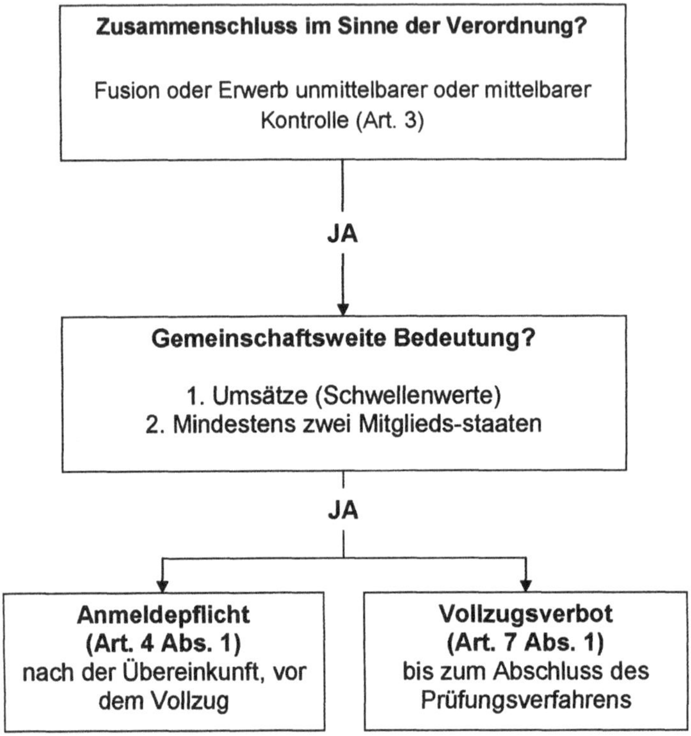

2. Informelle Vorgespräche mit dem Merger Network[375]

Vor der eigentlichen Anmeldung führen die Unternehmen informelle Vorgespräche mit dem Merger Network durch.[376] Diese Gespräche haben mehrere Funktionen. Zum einen erfährt die Kommission frühzeitig von dem Zusam-

[375] Solche informellen Vorgespräche gibt es in der Praxis des Bundeskartellamtes in Deutschland nur selten, meistens wendet man sich direkt an das Bundeskartellamt mit der Anmeldung des Zusammenschlusses. Vgl. Bunte, Kartellrecht, S. 271 ff.

[376] Noch für die Merger Task Force: Immenga/Mestmäcker - *Immenga*, EG-Wettbewerbsrecht, Band I, S. 801.

menschlussvorhaben.[377] Zum anderen wird den Parteien schon in der frühen Verfahrensphase die Gelegenheit gegeben, eine erste Einschätzung oder Bewertung ihres Vorhabens durch die Kommission zu erhalten.[378] Schließlich helfen die Vorgespräche den Parteien, die Anmeldung vorzubereiten – die Parteien können die einzelnen im Formblatt CO erforderlichen Angaben mit den Mitarbeitern der zuständigen Unit des Merger Network erörtern und folglich die möglichen wettbewerblichen Probleme der Transaktion auszuräumen und alternative Gestaltungen besser abwägen zu können.[379]

Die Gespräche sind strengstens vertraulich. Wendet sich ein Unternehmen an das Merger Network, so wird dort ein Team zusammengestellt, mit dem das Unternehmen in Zukunft kommuniziert.

Die Vorgespräche sind in der FKVO nicht berücksichtigt, man findet lediglich einen Hinweis darauf im versteckten Erwägungsgrund Nr. 8 zur VerfVO[380].

3. Anmeldefrist

Die bedeutendste Änderung im Rahmen des Anmeldeverfahrens betrifft die Anmeldefrist. Die VO 139/04 verzichtet auf die starren Anmeldefristen und ermöglicht den Unternehmen, eine Anmeldung zum beliebigen Zeitpunkt vor dem Vollzug des Zusammenschlusses einzureichen.

Die alte FKVO[381] sah in Art. 4 Abs. 1 FKVO eine Frist von einer Woche für die Anmeldung von Zusammenschlüssen nach dem (formellen) Vertragsabschluss, nach der Veröffentlichung des Kauf- oder Tauschangebots oder des Erwerbs einer die Kontrolle begründenden Beteiligung vor.[382]

Nach der neuen FKVO reicht es aus, wenn die Zusammenschlüsse vor Ihrem Vollzug bei der Kommission angemeldet werden.[383] Unter dem Vollzug sind

---

[377] Immenga/Mestmäcker - *Immenga*, EG-Wettbewerbsrecht, Band I, S. 801.

[378] Drautz/Schröder, Praxis der Europäischen Fusionskontrolle, S. 187.

[379] Wirtz, S. 260.

[380] Verordnung (EWG) Nr. 3384/94 über die Anmeldungen, über die Fristen sowie über die Anhörung nach der Verordnung (EWG) Nr. 4064/89 des Rates über die Kontrolle von Unternehmenszusammenschlüssen.

[381] Verordnung (EWG) Nr. 4064/89.

[382] Vgl. ausführlich zu den Fristen nach der VO Nr. 4064/89 Happe, EuZW 1995, S. 303 ff.

[383] Art. 4 Abs. 1 S. 1 FKVO.

die Rechtshandlungen zu verstehen, die für die Umsetzung des Vorhabens konstitutiv sind.[384] Dies ist beispielsweise beim Kontrollerwerb durch den Vertrag nicht bereits der Abschluss des rechtsgültigen Kaufvertrages, sondern die Ausübung der sich aus dem Vertrag ergebenden Rechte und Pflichten, wie beispielsweise die Ausübung von Weisungen oder die Vorname von Registrierungseintragungen u.s.w.

Eine Anmeldung ist schon dann möglich, wenn „die beteiligten Unternehmen der Kommission gegenüber glaubhaft machen, dass sie gewillt sind, einen Vertrag zu schließen oder im Fall eines Übernahmeangebots öffentlich ihre Absicht zur Abgabe eines solchen Angebots bekundet haben".[385] Somit kann die Anmeldung zu einem viel früheren Zeitpunkt als vorher abgegeben werden. Diese Situation ähnelt der Rechtslage in Deutschland. Die Anmeldung beim Bundeskartellamt kann unabhängig vom Vertragsabschluss erfolgen, sobald ein konkretes Anmeldevorhaben vorliegt.[386]

Nach dem Erwägungsgrund 34 zur FKVO reicht eine „von allen Beteiligten unterzeichnete Absichtserklärung, Grundsatzvereinbarung oder Übereinkunft", um den Willen zum Vertragsschluss darzulegen. Ob aus dem Erwägungsgrund zu schließen ist, dass eine mündliche Vereinbarung nicht ausreicht[387] oder aufgrund der Unverbindlichkeit der Erwägungsgründe ernsthafte mündliche Vereinbarungen ausreichen werden, bleibt abzuwarten. Den Unternehmen und ihren Rechtsberatern ist an dieser Stelle auf jeden Fall eine „von allen Beteiligten unterzeichnete Absichtserklärung, Grundsatzvereinbarung oder Übereinkunft" zu empfehlen.

Mit der Regelung der Anmeldepflicht vor dem Vollzug des Zusammenschlusses[388] wurde auch die Anmeldepflicht zeitlich nach hinten verlegt (nach der früheren Rechtslage musste die Anmeldung eine Woche nach dem Vertragsabschluss erfolgen[389]).

Die Flexibilisierung der Anmeldezeitpunkte ist vor allem für die Unternehmen von Vorteil. Die Parteien können durch die frühzeitige Anmeldung das Verfah-

---

[384] Schröter/Jakob/Mederer - *Stoffregen*, Kommentar zum Europäischen Wettbewerbsrecht, S. 1627.

[385] Art. 4 Abs. 1 S. 2 FKVO.

[386] Bechthold, GWB, § 39, Rdnr. 1.

[387] Berg, BB 2004, S. 561, 566.

[388] Art. 4 Abs. 1 S. 1 FKVO.

[389] Art. 4 Abs. 1 FKVO a.F.

ren beschleunigen und auf diese Weise die Kosten der Übernahme senken. Das gilt insbesondere für die zeitintensiven Zusammenschlüsse.

Damit folgt der Rat den Wünschen der Fachwelt und der Wirtschaft.[390] Die neuen Zeitpunkte der Anmeldung erleichtern außerdem die internationale Kooperation mit Drittstaaten[391] und vereinheitlichen die Rechtslage mit den Vereinigten Staaten.[392] In den USA muss die Anmeldung „before completing the transaction" erfolgen.[393] Eine andere Zeitvorgabe existiert nicht.[394]

Gleichzeitig wird die Arbeit der Unternehmen und ihrer Rechtsberater erleichtert. In vielen Fällen können die Unternehmen selbst den Zeitpunkt der Einreichung der Anmeldeunterlagen bestimmen und haben hierdurch mehr Zeit den CO-Antrag auszufüllen.

Schon in den ersten Monaten der Existenz der neuen Anmeldefristenregelung hört man viel Lob seitens der Praktiker.

---

[390] Arhold, EWS 2002, S. 449 ff.; Bartosch/Nolau, EuZW 2002, S. 197 ff.; Ehlermann/Völker, EuZW 2003, S. 1 ff.; Klees, EuZW 2003, S. 197 ff; Happe, EuZW 1995, S. 303 ff.

[391] Dittert, WuW 2004, S. 148, 151.

[392] Drautz, WuW 2002, S. 444, 448.

[393] Section 7 A (g) (1) Clayton Act.

[394] Cowman, S. 161.

Übersicht 4: Anmeldefrist

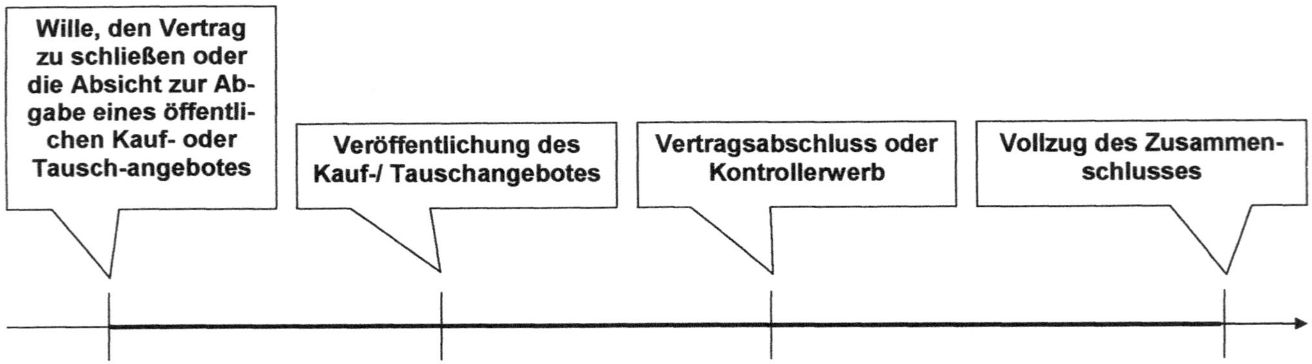

4. Inhalt und Veröffentlichung der Anmeldung

Der Inhalt der Anmeldung richtet sich nach dem Formblatt CO.[395] Das Formblatt beinhaltet die Auflistung der für die Anmeldung erforderlichen Informationen.

Auf Antrag ist auch eine abgekürzte Anmeldung möglich. Im Grünbuch gab es einen Entwurf einer Art „Gruppenfreistellungsverordnung“ für die „harmlosen Fusionsfälle“.[396] Dieser Vorschlag wurde jedoch in den Fachkreisen nicht unterstützt, so dass der an den Rat weitergeleitete Verordnungsentwurf diesen Vorschlag nicht enthielt.

Jedoch soll nach dem neuen CO-Formblatt[397] der Anwendungsbereich des vereinfachten Anmeldeverfahrens erheblich ausgeweitet werden. So soll es auch in den Fällen angewendet werden, in denen die beteiligten Unternehmen nicht auf denselben (vertikal verbundenen oder benachbarten) Märkten tätig sind oder ihre Marktanteile 15 % (bei vertikalen Märkten) oder 25 % (bei benachbarten Märkten) nicht übersteigen. Außerdem sollen Fälle erfasst werden, in denen ein Unternehmen die alleinige Kontrolle über ein Unternehmen erwirbt, an dem es bereits Mitkontrolle hat.[398]

Die Kommission veröffentlicht die Tatsache der Anmeldung,[399] wobei den Geschäftsgeheimnissen des Unternehmens Rechnung getragen wird.[400]

5. Rechtsfolge der Anmeldung - Vollzugsverbot

Nach Art. 7 Abs. 1 FKVO gilt ein Vollzugsverbot für die Zusammenschlüsse bis zum Abschluss des Prüfungsverfahrens.

---

[395] Formblatt CO zur Anmeldung eines Zusammenschlusses gemäß der Verordnung (EWG) Nr. 139/2004 des Rates, Abl. EG 2004 Nr. L 133, 9 vom 30.4.2004 (Anhang 1 zur Verordnung Nr. 802/2004 zur Anwendung der Verordnung Nr. 139/2004).

[396] Grünbuch über die Revision der Verordnung (EWG) Nr. 4064/89 des Rates v. 11.12.2001, KOM (2001) 745/6 endg., Rdnr. 177.

[397] Formblatt CO zur Anmeldung eines Zusammenschlusses gemäß der Verordnung (EWG) Nr. 139/2004 des Rates, Abl. EG 2004 Nr. L 133, 9 vom 30.4.2004 (Anhang 1 zur Verordnung Nr. 802/2004 zur Anwendung der Verordnung Nr. 139/2004).

[398] Vgl. hierzu Berg, BB 2004, S. 561, 564.

[399] Art. 4 Abs. 3 S. 1 FKVO

[400] Art. 4 Abs. 3 S. 2 FKVO.

Das Vollzugsverbot ist ein wesentlicher Teil des Fusionskontrollsystems in der EG, da es sich um ein System der präventiven Kontrolle handelt.[401]

Die Rechtsgeschäfte, die unter Missachtung des Vollzugsverbots geschlossen wurden, sind bis zum Abschluss des Verfahrens schwebend unwirksam.[402] Der Verstoß gegen das Vollzugsverbot ist gleichzeitig eine Ordnungswidrigkeit nach Art. 14 Abs. 2 lit. a FKVO und kann mit einer Geldbuße von bis zu 10 % des Gesamtumsatzes geahndet werden.[403]

Jedoch können auch Ausnahmegenehmigungen vom Vollzugsverbot erteilt werden. Die Unternehmen können in bestimmten Fällen[404] den Zusammenschluss schon vor der Durchführung des Verfahrens durch die Kommission vornehmen, müssen jedoch bedenken, dass die Kommission nach der Überprüfung des Zusammenschlusses eine Entflechtung anordnen kann, so dass der vor dem Zusammenschluss bestehende Zustand hergestellt werden soll. Zwar sind die Befugnisse der Kommission auf diesem Gebiet präzisiert und teilweise eingeschränkt worden,[405] trotzdem kann die Entflechtung eines schon vollzogenen Zusammenschlusses dramatische Auswirkungen auf zusammenschließende Unternehmen haben.[406]

Daher ist ein Vollzug auch dann nicht immer zu empfehlen, wenn eine Ausnahme vom Vollzugsverbot vorliegt.

---

[401] Schröter/Jakob/Mederer - *Stoffregen*, Kommentar zum Europäischen Wettbewerbsrecht, S. 1626; Immenga/Mestmäcker - *Immenga*, Band I, S. 990, FKVO, Art. 7 Rdnr. 1.

[402] Art. 7 Abs. 5 FKVO.

[403] Vgl. hierzu Kapitel Ermittlungs- und Sanktionsbefugnisse (Drakonische Regeln) S.109.

[404] Art. 7 Abs. 3, 4 FKVO.

[405] Vgl. Kapitel Entflechtungsanordnung S.96.

[406] Vgl. Cowman, S. 143 zu den möglichen und tatsächlichen Auswirkungen der Entflechtungsanordnung auf die Unternehmen.

Übersicht 5: Ausnahmen vom Vollzugsverbot

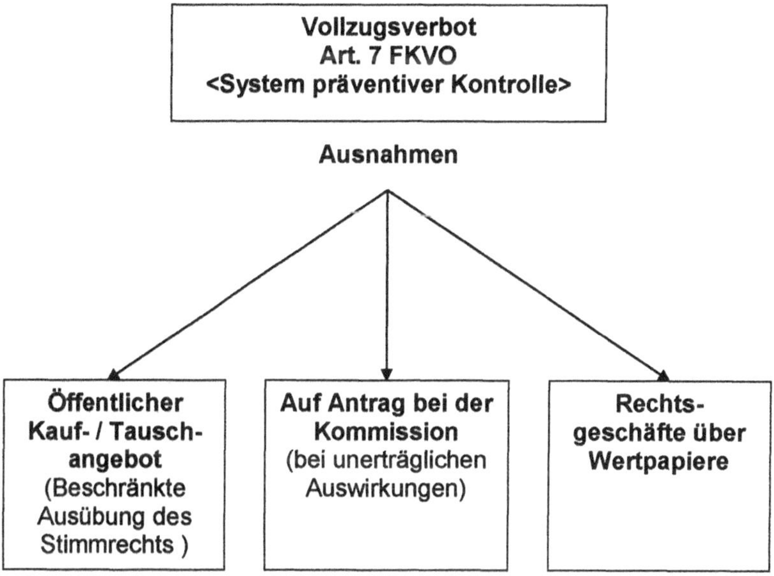

6. Rücknahme der Anmeldung

Nach der VO (EWG) 4964/89 konnte die Anmeldung jederzeit (sowohl im Vorprüfungsverfahren als auch im Hauptprüfungsverfahren) widerrufen werden.[407]

In der neuen Fassung wurde Art. 6 Abs. 1 lit. c Satz 2 FKVO geändert. Die Vorschrift besagt, dass eine Rücknahme der Anmeldung in der Phase II des Verfahrens nicht möglich ist, da ein Verfahren stets mit einer förmlichen Genehmigungs-, Untersagungs- oder Entflechtungsentscheidung nach Art. 8 FKVO beendet werden muss.

Fraglich ist allerdings, ob das Rücknahmeverbot auch für die erste Phase (für das Vorprüfungsverfahren) gilt.

[407] Schröter/Jakob/Mederer - *Stoffregen*, Kommentar zum Europäischen Wettbewerbsrecht, S. 1621; Drautz/Schroeder, Praxis der Europäischen Fusionskontrolle, S. 214, 229 ff.

Teilweise wird im Schrifttum vertreten, dass eine Rücknahme mittlerweile ausgeschlossen ist.[408] Die beteiligten Unternehmen können zwar eine Rücknahme wünschen und müssen diese glaubhaft machen. Die Entscheidung im Einzelfall, ob die Anmeldung zurückgenommen werden kann, hängt jedoch nur von der Kommission ab. Sie muss im Einzelfall begründen, ob sie die Rücknahme akzeptiert oder nicht akzeptiert. Daher sind die Parteien jetzt nicht mehr die alleinigen Herren des Verfahrens.[409]

Der Umkehrschluss aus Art. 6 Abs. 1 lit. c Satz 2 FKVO spricht jedoch dafür, dass eine Rücknahme in der ersten Phase möglich bleibt. Weder im Grünbuch der Kommission noch im anschließenden Vorschlag der Kommission an den Rat wurde beabsichtigt, die Rücknahme der Anmeldung in der ersten Phase zu erschweren oder gänzlich unmöglich zu machen.

Es gibt auch keine einleuchtenden Gründe für die Änderung der Kommissionspraxis. Die Änderungen der Fusionskontrollverordnung sollen die Arbeit der Kommission erleichtern und das Verfahren flexibler gestalten. Das Verbot der Rücknahme der Anmeldung würde sich genau umgekehrt auswirken.

Außerdem gibt es in der Statistik der Kommission so wenig untersagte Zusammenschlusstatbestände, weil die Unternehmen die Möglichkeit haben, die Anmeldung in der ersten Verfahrensphase zurückzunehmen. Oft wird den Unternehmen mitgeteilt, dass der Zusammenschluss nicht genehmigt werden kann und die Unternehmen ziehen selber die Anmeldung zurück. Ein Verbot der Rücknahme der Anmeldung würde dann viel mehr die Zahl der tatsächlich untersagten Zusammenschlüsse aufzeigen.

Wie die Praxis der Kommission sein wird, wird die Zeit zeigen. Für die Unternehmen ist es empfehlenswert, die wesentlichen Fragen in den informellen Vorgesprächen zu klären und nach Möglichkeit schon nach den Ergebnissen der informellen Vorgespräche zu entscheiden, ob eine Anmeldung erfolgt oder nicht.

---

[408] Dittert, WuW 2004, S. 148, 152.

[409] Dittert, WuW 2004, S. 148, 153.

Übersicht 6: Anmeldung

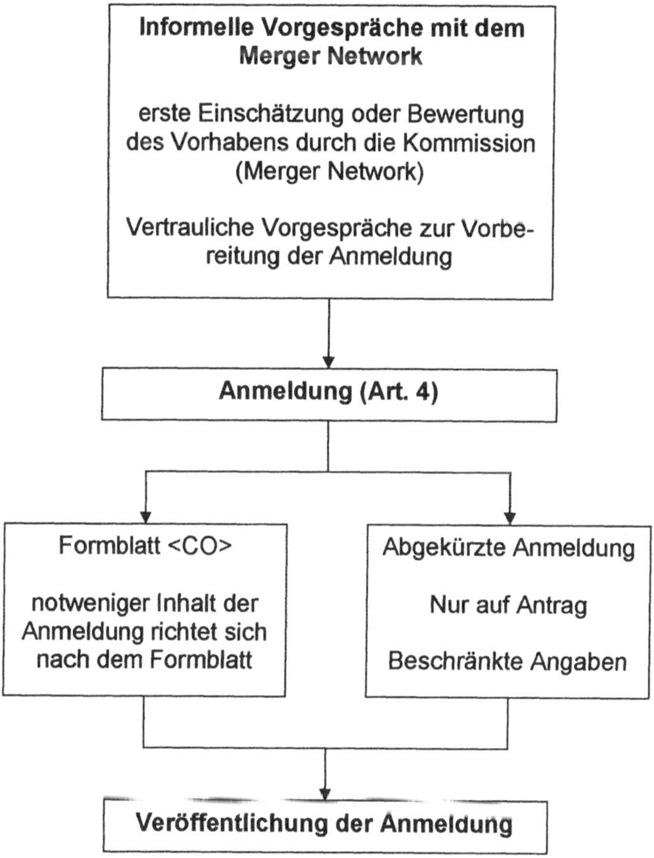

III. Vorprüfungsverfahren (erste Phase), Art. 6 FKVO

1. Prüfung im Vorprüfungsverfahren

Im Vorprüfungsverfahren (oder Vorverfahren) prüft die Kommission das Zusammenschlussverfahren. Sie beginnt mit der Prüfung des Anwendungsbereichs der FKVO: prüft, ob ein Zusammenschluss im Sinne von Art. 3 FKVO vorliegt und ermittelt, ob der Zusammenschluss die Umsatzschwellen von Art. 1 Abs. 2 FKVO erreicht und gemeinschaftsweite Bedeutung hat. Danach prüft die Kommission, ob der Zusammenschluss einen Anlass zu ernsthaften Bedenken hinsichtlich der Vereinbarkeit mit dem gemeinsamen Markt gibt. Geändert haben sich hier lediglich die Prüfungsfristen, auf die später ausführlich eingegangen wird.

2. Entscheidungsmöglichkeiten der Kommission

Im Rahmen des Vorprüfungsverfahrens hat die Kommission vier Entscheidungsmöglichkeiten. Sie kann:

(1) feststellen, dass die Fusionskontrollverordnung nicht anwendbar ist (Nichtanwendbarkeitsfeststellung, Art. 6 Abs. 1 lit. a FKVO),

(2) den Zusammenschluss freigeben (Unbedenklichkeitsentscheidung, Art. 6 Abs. 1 lit. b FKVO) oder

(3) das Hauptverfahren einleiten (Einleitungsentscheidung, Art. 6 Abs. 1 lit. c FKVO).

Die Nichtanwendbarkeitsfeststellung erfolgt, wenn die Kommission feststellt, dass der Zusammenschluss nicht unter die FKVO fällt. Die Unbedenklichkeitsentscheidung ergeht dann, wenn die FKVO zwar anwendbar ist, jedoch die Kommission keine ernsthaften Bedenken hinsichtlich der Vereinbarkeit des Zusammenschlusses mit dem gemeinsamen Markt sieht. Eine Einleitungsentscheidung erfolgt dann, wenn sich infolge der Prüfung durch die Kommission ernsthafte Bedenken hinsichtlich der Vereinbarkeit des Zusammenschlusses mit dem gemeinsamen Markt ergeben.

3. Entscheidungsfristen

Nach der bisherigen Rechtslage musste die Kommission innerhalb eines Monats entscheiden, ob sie eine Unbedenklichkeitsentscheidung, eine Einleitungsentscheidung oder eine Nichtanwendbarkeitsfeststellung trifft.[410] Diese Frist hat sich für die Fälle um sechs Wochen verlängert, in denen die beteiligten Unternehmen nach der Anmeldung Verpflichtungen als Abhilfemaßnahmen angeboten haben[411] oder wo ein Verweisungsantrag an die nationalen

[410] Art. 10 Abs. 1 Unterabs. 1 FKVO a.F.

[411] Art. 10 Abs. 1 Unterabs. 2 FKVO a.F.

Behörden vorlag.[412] Kritisiert an diesem System wurde, dass es durch die fehlende Verlängerungsmöglichkeit oft nicht möglich war, die durch Zusagen geänderten Vorschläge der Beteiligten fundiert zu überprüfen.[413]

Nach der neuen FKVO werden die in Arbeitstagen bemessenen Fristen[414] nur wenig geändert: 25 Tage für eine Unbedenklichkeitsentscheidung, Einleitungsentscheidung oder Nichtanwendbarkeitsfeststellung,[415] 35 Tage, wenn die beteiligten Unternehmen nach der Anmeldung Verpflichtungen als Abhilfemaßnahmen anbieten,[416] oder ein Verweisungsantrag an die nationalen Behörden vorliegt.[417] Die Frist von 35 Arbeitstagen ist gegenüber der alten 6 Wochen Frist somit um eine Woche länger.

Ergeht innerhalb der Entscheidungsfrist keine Entscheidung der Kommission, so gilt der Zusammenschluss als mit dem gemeinsamen Markt vereinbar.[418]

Die Kommission unterrichtet nach Art. 6 Abs. 2 FKVO die beteiligten Unternehmen und die Mitgliedsstaaten von ihren Entscheidungen.

---

[412] Art. 10 Abs. 1 Unterabs. 2 FKVO a.F.

[413] Arhold, EWS 2002, S. 449 ff.; Bartosch/Nolau, EuZW 2002, S. 197 ff.; Ehlermann/Völker, EuZW 2003, S. 1 ff.; Klees, EuZW 2003, S. 197 ff.

[414] Vgl. Art. 10 FKVO.

[415] Art. 10 Abs. 1 S. 1 FKVO.

[416] Art. 10 Abs. 1 S. 2, 1.Alt. FKVO.

[417] Art. 10 Abs. 1 S. 2, 2. Alt. FKVO.

[418] Art. 10 Abs. 6 FKVO.

Übersicht 7: Vorprüfungsverfahren (Vorverfahren, erste Phase), Art. 6 FKVO

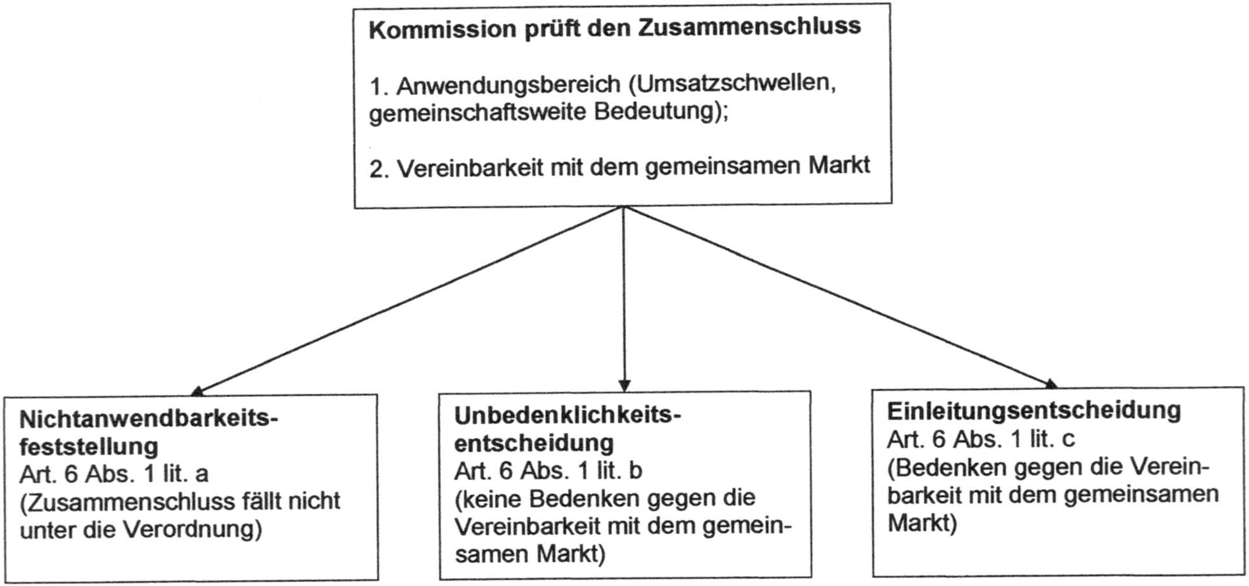

Übersicht 8: Fristen im Vorprüfungsverfahren

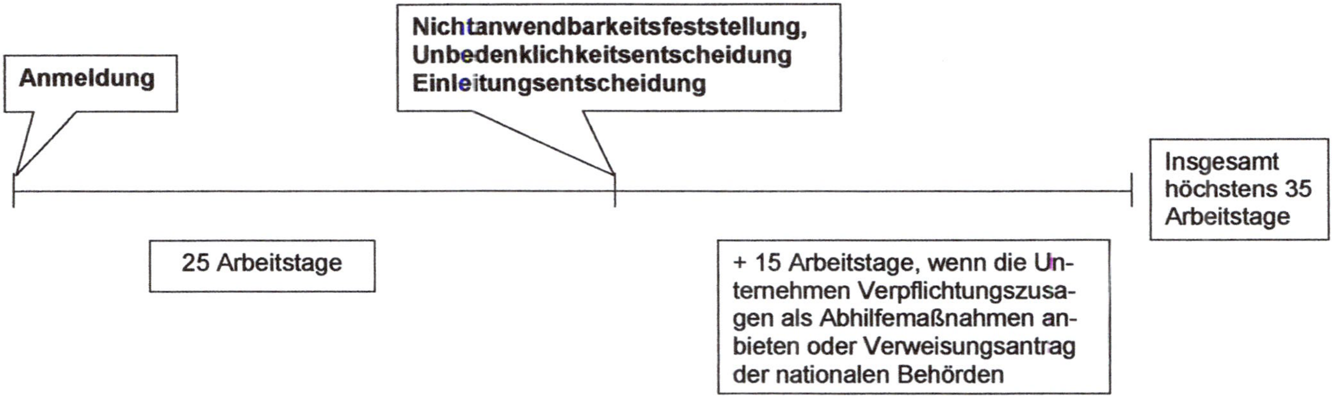

IV. Hauptprüfungsverfahren (zweite Phase)

1. Prüfung im Hauptprüfungsverfahren

Im Hauptprüfungsverfahren wird die Vereinbarkeit mit dem gemeinsamen Markt untersucht.[419]

Alle Entscheidungen der Kommission nach Art. 8 Abs. 2 – 5 FKVO werden im Amtsblatt der EU, Serie L veröffentlicht.[420]

Übersicht 9: Entscheidungen im Hauptprüfungsverfahren[421]

	1994	1995	1996	1997	1998	1999	2000	2001	2002
Zahl der Notifizierungen	95	110	131	172	235	292	345	335	277
Entscheidung im Hauptprüfungsverfahren	5	7	7	12	12	20	24	20	7
Davon untersagt	1	2	3	1	2	1	2	5	0

2. Entscheidungsmöglichkeiten der Kommission

Am Ende des Hauptverfahrens hat die Kommission vier Entscheidungsmöglichkeiten. Sie kann

(1) die Freigabe des Zusammenschlusses ohne Auflagen anordnen (Vereinbarkeitserklärung, Art. 8 Abs. 2 S. 1 FKVO),

(2) die Freigabe des Zusammenschlusses unter Auflagen und Bedingungen anordnen (Vereinbarkeitserklärung mit Auflagen oder Bedingungen, Art. 8 Abs. 2 S. 2 FKVO),

---

419 Immenga/Mestmäcker - *Immenga*, EG-Wettbewerbsrecht, Band I, S. 805.

420 Art. 20 FKVO.

421 Kommission der Europäischen Gemeinschaften, XXIV, XXV, XXVI, XXVII, XXVIII; XXIX, XXX, XXXI, XXXII. Wettbewerbsberichte.

(3) den Zusammenschluss untersagen (Untersagungsentscheidung, Art. 8 Abs. 3 FKVO),

(4) die Entflechtung des Zusammenschlusses anordnen (Entflechtungsanordnung, Art. 8 Abs. 4 FKVO) oder

(5) die Entscheidung widerrufen (Art. 8 Abs. 5 und 6 FKVO).

Erfolgt keine Entscheidung der Kommission innerhalb der nach Art. 10 Abs. 2 und 3 FKVO genannten Frist, so wird nach Art. 10 Abs. 6 FKVO der Zusammenschluss als mit dem gemeinsamen Markt vereinbar fingiert.

a) Vereinbarkeitserklärung

Die Kommission ordnet die Freigabe des Zusammenschlusses gemäß Art. 8 Abs. 2 S. 1 FKVO an, wenn ihre ursprünglichen Bedenken durch die Ermittlungen in der zweiten Verfahrensphase nicht bestätigt werden.

b) Vereinbarkeitserklärung mit Auflagen oder Bedingungen

Kommt die Kommission zu dem Ergebnis, dass der Zusammenschluss gegen Art. 2 Abs. 3 FKVO verstoßen wird, können die Parteien zusagen ihr Vorhaben abzuändern, um Wettbewerbsbedenken zu beseitigen. Dann erfolgt eine Freigabe des Zusammenschlusses unter Auflagen und Bedingungen gemäß Art. 8 Abs. 2 S. 2 FKVO.[422]

c) Untersagungsentscheidung

Die Kommission kann nach Art. 8 Abs. 3 FKVO den Zusammenschluss untersagen, wenn die Voraussetzungen des Art. 2 Abs. 3 FKVO nicht erfüllt sind.

---

[422] Zu den Zusagen im Fusionskontrollverfahren (Zusagenpolitik der EG-Kommission, Entwicklung der Zusagenpraxis in den letzten drei Jahren, sowie Spezialprobleme), vgl. Berg, EuZW 2003, S. 362 ff.

d) Entflechtungsanordnung

Der ehemals lange und kompliziert geschriebene Art. 8 Abs. 4 FKVO a.F. wurde erheblich gekürzt und präzisiert.

Wurde der Zusammenschluss schon vor der Entscheidung vollzogen, so kann die Kommission gemäß Art. 8 Abs. 4 FKVO eine Entflechtung anordnen, um einen wirksamen Wettbewerb wiederherzustellen.

Art. 8 Abs. 4 lit. a FKVO betrifft die rechtswidrig und erlaubt[423] vollzogenen Zusammenschlüsse, die anschließend von der Kommission untersagt wurden, da sie mit dem gemeinsamen Markt unvereinbar sind.

Art. 8 Abs. 4 lit. b FKVO betrifft die Entflechtungsanordnung nach einem vollzogenen Zusammenschluss bei einer Nichteinhaltung der Bedingung.

Die Kommission kann in den Fällen des Art. 8 Abs. 4 FKVO die Auflösung der Fusion beziehungsweise den Verkauf aller erworbenen Vermögenswerte des Unternehmens anordnen. Somit ist der Rückkehr zum Zustand vor dem Vollzug des Zusammenschlusses vom Gesetz erwünscht.

Diese Änderungen wurden vor allem durch die Erfahrungen in den Untersagungsentscheidungen Schneider/Legrand[424] und Tetra Laval/Sidel[425] beeinflusst.

In beiden Fällen wurden die Zusammenschlüsse zunächst erlaubt vollzogen, da eine Ausnahme vom Vollzugsverbot gemäß Art. 7 Abs. 2 FKVO vorlag. Sowohl Schneider als auch Tetra Laval haben ein vorbehaltloses Angebot an die Aktionäre von Legrand und Sidel unterbreitet und zum Zeitpunkt des Verbots bereits mehr als 90 % der Anteile des jeweils zu übernehmenden Unternehmens erworben. Im Fall von öffentlichen Kauf- oder Tauschangeboten ges-

---

[423] Ein erlaubter Zusammenschluss wird anschließend untersagt, wenn z.B. eine Ausnahme vom Vollzugsverbot vorliegt und der Zusammenschluss stattfindet, später sich jedoch rausstellt dass dieser nicht mit dem gemeinsamen Markt vereinbar ist.

[424] Entscheidung der Kommission vom 10.10.2001 und 31.01.2002, IV/M. 2283 (Schneider/Legrad), http://europa.eu.int/comm/competition/mergers/cases/decisions/m2283_3_de.pdf; EuGI Urt. v. 22.10.02 Rs. T-310/01 und T-77/02, (Schneider Electric SA / Kommission der EG), Slg. 2002, II-4071 und Slg. 2002, II-4201 (Sparte Elektro).

[425] Entscheidung der Kommission vom 30.10.2001 und 31.01.2002, IV/M.2416 (Tetra Laval/Sidel), http://europa.eu.int/comm/competition/mergers/cases/decisions/m2416_en.pdf; EuGI Urt. v. 25.10.2002, Rs. T-05/02 (Tetra Laval / Kommission der EG), EuGH WuW 2002, S. 411 ff.

tattet die Fusionskontrollverordnung ausnahmsweise[426] derartige Übernahmen selbst vor der Bekanntgabe der endgültigen Entscheidung der Kommission. Die Kommission hat jedoch festgestellt, dass die oben genannten Zusammenschlüsse mit dem gemeinsamen Markt nicht vereinbar sind, so dass diese nach der Vollziehung verboten wurden.[427]

Das EuGI hat die Untersagungsentscheidung der Kommission für nichtig erklärt[428] und folglich wegen des Wegfalls der Rechtsgrundlage die Entflechtungsanordnung der Europäischen Kommission aufgehoben.[429]

Im Fall Tetra Laval/Sidel[430] hat Tetra Laval nach der Untersagungsentscheidung der Kommission verlangt, eine Beteiligung an der Firma Sidel aufrechterhalten zu können. Die Kommission hat dies abgelehnt.[431] Nach Ansicht der Kommission war nur eine dauerhafte und endgültige Lösung der strukturellen und finanziellen Verbindungen zwischen den beiden Unternehmen geeignet, die Bedingungen für wirksamen Wettbewerb dauerhaft zu gewährleisten.[432] Auch diese Entscheidung wurde vom EuGI wegen der materiellrechtlichen Fehlbeurteilung durch die Kommission aufgehoben.[433]

Im Fall Schneider/Legrand[434] billigte die Kommission nach der Untersagungsentscheidung eine 5%-ige Beteiligung am Kapital von Legrand zu. Die Kommission hat jedoch angeordnet, Legrand zu veräußern, um die Aufrechterhaltung seiner Wettbewerbsstellung sicherzustellen.

Die Erfahrungen der beiden Fälle haben den Europäischen Gesetzgeber dazu veranlasst, das Ermessen der Kommission im Hinblick auf die Wiederherstellung des status quo (ein Zustand wie vor der Fusion) stark einzuschränken.

---

426 Gemäß Art. 7 Abs. 2 FKVO.

427 Kommission der Europäischen Gemeinschaften, XXXII. Wettbewerbsbericht, S. 60 ff; Kommission der Europäischen Gemeinschaften, XXXI. Wettbewerbsbericht, S. 267 f.

428 EuGI Urt. v. 22.10.02 Rs. T-310/01, (Schneider Electric SA / Kommission der EG), Slg. 2002, II-4071.

429 EuGI Urt. v. 22.10.02, Rs. T-77/02, (Schneider Electric SA / Kommission der EG), Slg. 2002, II-4201 (Sparte Elektro).

430 Entscheidung der Kommission vom 30.10.2001 und 31.01.2002, IV/M.2416 (Tetra Laval/Sidel), http://europa.eu.int/comm/competition/mergers/cases/decisions/m2416_en.pdf.

431 Kommission der Europäischen Gemeinschaften, XXXI. Wettbewerbsbericht, S. 269.

432 Kommission der Europäischen Gemeinschaften, XXXI. Wettbewerbsbericht, S. 269.

433 Entscheidung der Kommission vom 30.10.2001 und 31.01.2002, IV/M.2416 (Tetra Laval/Sidel), http://europa.eu.int/comm/competition/mergers/cases/decisions/m2416_en.pdf.

434 Kommission der Europäischen Gemeinschaften, XXXI. Wettbewerbsbericht, S. 60 ff.

So reicht die Aufgabe der Kontrolle über ein Unternehmen bei Aufrechterhaltung einer Minderheitenbeteiligung für eine Entflechtung nach der neuen Rechtslage nicht mehr aus.[435]

[435] Dittert, WuW 2004, S. 148, 157.

Übersicht 10: Hauptprüfungsverfahren (Hauptverfahren, zweite Phase), Art. 8 FKVO

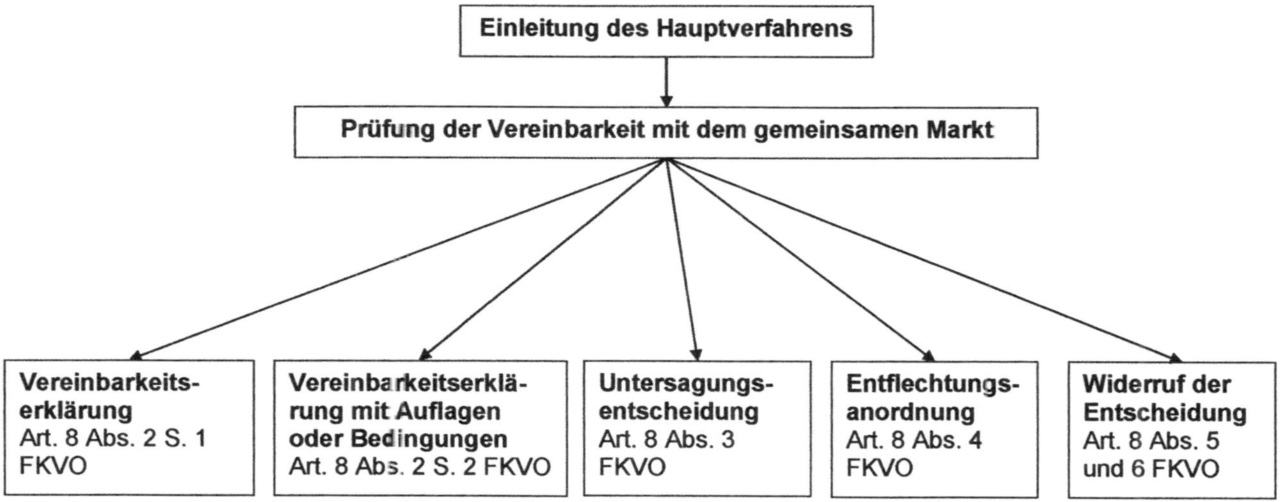

Übersicht 11: Fristen im Hauptprüfungsverfahren

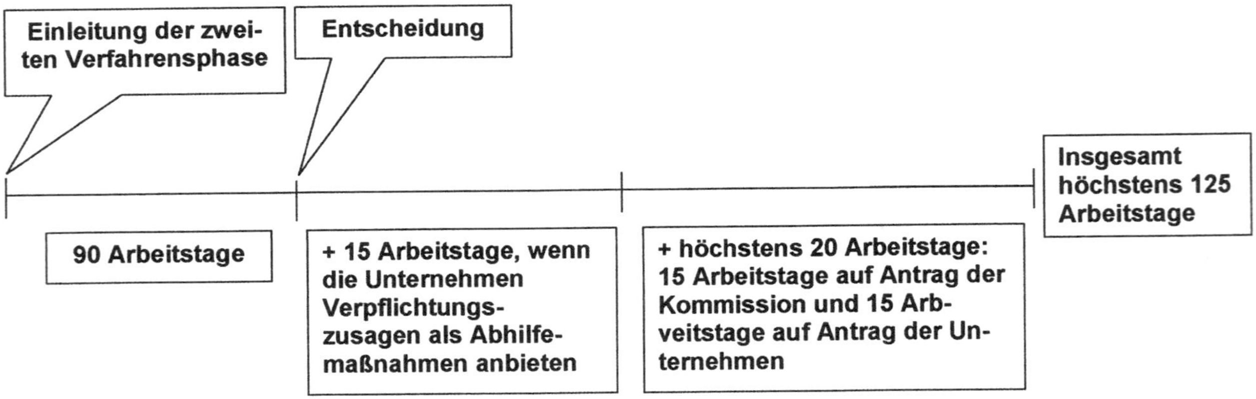

Gesamtübersicht 12: Fusionskontrollverfahren

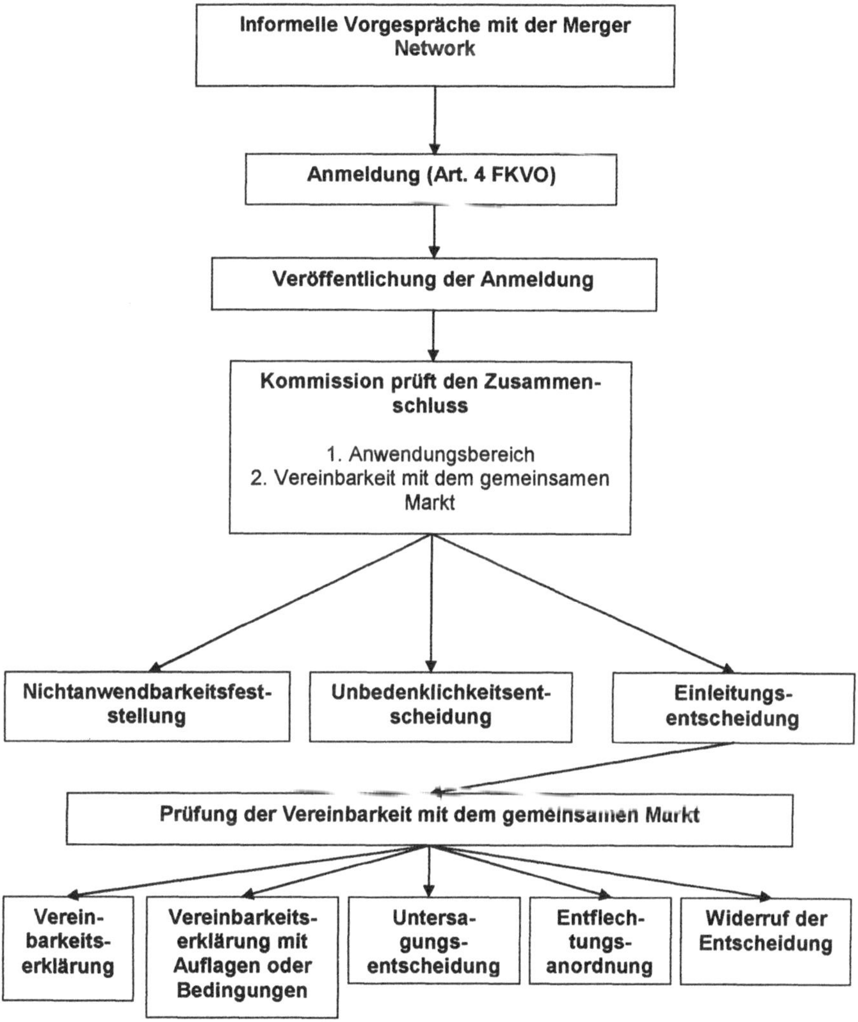

e) Weitere Maßnahmen

Die Kommission kann nach Art. 8 Abs. 4 2. Spiegelstrich FKVO „jede andere geeignete Maßnahme anordnen, um sicherzustellen, dass die beteiligten Unternehmen den Zusammenschluss rückgängig machen oder andere Maßnahmen zur Wiederherstellung des früheren Zustands nach Maßgabe ihrer Entscheidung ergreifen".

f) Einstweilige Maßnahmen

Art. 8 Abs. 5 FKVO gibt der Kommission die Möglichkeit, „einstweilige Maßnahmen anzuordnen", um wirksamen Wettbewerb wiederherzustellen oder aufrecht zu erhalten. Die einstweiligen Maßnahmen erfolgen, bis eine Entscheidung in der Hauptsache ergangen ist.

Zu denken ist an eine Trennung der zusammengelegten Unternehmen, an die Benennung eines Treuhänders zur Überwachung und an diverse Berichtspflichten.[436]

g) Widerruf der Entscheidung

Die Kommission kann ihre Freigabeentscheidung widerrufen, wenn diese auf unrichtigen Angaben beruht oder arglistig herbeigeführt worden ist oder wenn die beteiligten Unternehmen einer Auflage zuwiderhandeln.[437]

Die unrichtigen Angaben erfassen auch die fehlende Mitteilung wettbewerbsrelevanter Informationen.[438] Liegt ein Verstoß gegen eine Auflage vor, so kommt es auf ein Verschulden des Verstoßenden nicht an.[439]

So stellte die Kommission nach einer Genehmigungsentscheidung in der Sache Sanofi/Synthélabo[440] fest, dass wettbewerbliche Bedenken gegen den Zusammenschluss auf dem Markt für betäubende Wirkstoffe entstehen können.

---

[436] Dittert, WuW 2004, S. 148, 158.

[437] Art. 8 Abs. 5 und 6 FKVO.

[438] Schröter/Jakob/Mederer - *Stoffregen*, Kommentar zum Europäischen Wettbewerbsrecht, S. 1664, FKVO; Fuchs, EuZW 1996, S. 263, 264.

[439] Fuchs, EuZW 1996, S. 263, 265.

[440] Entscheidung der Kommission vom 15.03.1999, IV/M.1542, Sanofi/Synthelabo.

Diesen Markt hat Sanofi bei der Anmeldung nicht angegeben. Damit beruhte die Genehmigungsentscheidung auf unrichtigen Angaben, die die Kommission sowohl zum Widerruf der Entscheidung als auch zur Verhängung von Geldbußen veranlasste.[441]

Die Rechtsfolge des Widerrufs ist die Wiedereröffnung des Hauptverfahrens, welches die Kommission erneut durch eine Entscheidung nach Art. 8 FKVO abschließen muss.[442]

In der Sache Sanofi/Synthélabo haben die Unternehmen der Kommission die nötigen Informationen über die betäubenden Wirkstoffe nach dem Widerruf übermittelt. Die Kommission hat den Zusammenschluss im Ergebnis gegen Auflagen genehmigt.[443]

3. Entscheidungsfristen

Für die zweite Prüfungsphase standen der Kommission nach der früheren Rechtslage 4 Monate Zeit zur Verfügung.[444] Eine Möglichkeit der Fristverlängerung war in der zweiten Verfahrensphase nicht vorgesehen.

Nach der neuen Rechtslage wird die zweite Verfahrensphase gewöhnlich 90 Tage dauern.[445] Die Frist beginnt mit der Einleitung des Hauptverfahrens.[446]

Die Frist erhöht sich gemäß Art. 10 Abs. 3 S. 2 FKVO auf 105 Arbeitstage, wenn die beteiligten Unternehmen[447] anbieten, Verpflichtungen einzugehen, um den Zusammenschluss in einer mit dem gemeinsamen Markt zu vereinbarenden Weise zu gestalten und die Verpflichtungen mehr als 55 Tage nach Einleitung des Verfahrens unterbreitet wurden.

---

441 Entscheidung der Kommission vom 21.04.1999, IV/M.1397, Sanofi/Synthelabo, http://europa.eu.int/comm/competition/mergers/cases/decisions/m1397_fr.pdf.

442 Leibenath, Die Rechtsprobleme der Zusagenpraxis in der Europäischen Fusionskontrolle, S. 327 ff; Fuchs, EuZW 1996, 263, 264.

443 Kommission der Europäischen Gemeinschaften, XXIX. Wettbewerbsbericht, S. 86.

444 Art. 10 Abs. 2 und 3 FKVO a.F.

445 Art. 10 Abs. 3 S. 1 FKVO.

446 Art. 10 Abs. 3 S. 1 FKVO.

447 Gemäß Art. 8 Abs. 2 FKVO.

Diese Frist gibt vor allem dem Beratenden Ausschuss[448] mehr Zeit, sich mit der Sache zu befassen, indem seine Konsultationsfrist von zwei Wochen gesichert wird. Hierdurch werden die Rechte der Mitgliedsstaaten im Fusionskontrollverfahren gestärkt.[449]

Zwei weitere Möglichkeiten, die Frist zu verlängern, beinhalten Art. 10 Abs. 3 S. 3, 4 und 5 FKVO. Danach ist es möglich die Frist jeweils um 15 Tage auf Antrag der Kommission oder der beteiligten Unternehmen zu verlängern. Die Verlängerung darf jedoch insgesamt nicht länger als 20 Tage betragen. Sie muss im gegenseitigen Einvernehmen der Unternehmen mit der Kommission erfolgen.

Nach Erwägungsgrund 35 ist diese Fristverlängerung eingeführt worden, „damit ausreichend Zeit für die Untersuchung des Falls und für die Überprüfung der gegenüber der Kommission vorgetragenen Tatsachen und Argumente zur Verfügung steht".

Zu beachten ist, dass diese Verlängerung eine Ausnahme bleiben soll.

Die neuen Fristenregelungen sind zu begrüßen.[450] Sie entsprechen der Kritik der Wirtschaft und lindern den Zeitdruck des Verfahrens erheblich. In den letzten Jahren konnte man feststellen, dass bei komplizierten Zusammenschlussvorhaben in der zweiten Verfahrensphase die Zeit für eine sorgfältige Prüfung des Zusammenschlussvorhabens fehlte. Zwar wird in manchen Fällen das Verfahren länger als früher dauern, so kann allein die zweite Prüfungsphase 125 Arbeitstage betragen. Jedoch wird man dadurch die zeitlichen Engpässe vermeiden können und über die geänderten Vorschläge von Zusagen durch ausreichende Konsultation mit Marktteilnehmern und mit dem beratenden Ausschuss fundierter entscheiden können.[451]

Auch die 125-tägige Maximalfrist scheint sehr kurz zu sein, wenn man diese mit der US-amerikanischen Fusionskontrolle vergleicht. Dort können die Verbotsentscheidungen im Fusionskontrollverfahren ausschließlich von Gerichten

---

[448] Die Teilnahmemöglichkeit der Mitgliedsstaaten am Fusionskontrollverfahren.

[449] Nach der alten Rechtslage waren die Konsultationsfristen des Beratenden Ausschusses im Fusionskontrollverfahren besonders gefährdet, vgl. hierzu Dittert, WuW 2004, S. 148, 149 f.

[450] Zu ähnlichen Ergebnissen kommt die informelle Befragung führender Personen kartellrechtlicher Abteilungen der Unternehmen und Großkanzleien.

[451] Berg, BB 2004, S. 561, 567.

ausgesprochen werden, bei den gerichtlichen Entscheidungen gelten keine Fristen.

V. Weitere verfahrensrechtliche Änderungen

Neben der Reform der Fusionskontrollverordnung hat die Kommission viele andere Änderungen durchgeführt, die jedoch nicht rechtlich verankert sind. Zum einen handelt es sich um institutionelle Änderungen, wie die Schaffung des Postens des Chef-Ökonomen[452] und des Verbindungsbeamten für Verbraucherfragen sowie die Schaffung eines Kontrollforums bestehend aus erfahrenen Beamten.[453]

Zum anderen sind es verfahrensrechtliche Änderungen, wie die Möglichkeit der Zusammenkünfte mit den beteiligten Unternehmen an zentralen Punkten des Verfahrens.[454] Die Kommission beabsichtigte außerdem, Gebühren für das fusionskontrollrechtliche Verfahren einzuführen, hat jedoch letztlich davon abgesehen. Sie wollte weiterhin den Zeitpunkt der Akteneinsicht vorverlegen, hat die Vorverlegung lediglich auf die relevantesten Dokumente beschränkt.

1. Zusammenkünfte mit beteiligten Unternehmen und Dritten

Die Kommission beabsichtigt die Zusammenkünfte mit den beteiligten Unternehmen an zentralen Punkten des Verfahrens.[455] Dies soll gewährleisten, dass das Verfahren für die beteiligten Unternehmen transparenter ist. Die Verstärkung der Zusammenarbeit mit den Unternehmen steht im Einklang mit der verstärkten Möglichkeit der Unternehmen, das Schicksal der Anmeldung zu beeinflussen. Hierzu gehört sicherlich auch die Möglichkeit, Verweisungsanträge vor der Anmeldung zu stellen.[456] Diese Tendenz ist uneingeschränkt zu begrüßen.

---

[452] Vgl. hierzu Mario Monti, Speech 04/107 (vom 28.02.2004), Convergence in EU-US antitrust Policy regarding mergers and acquisitions: an EU perspective; http://europa.eu.int/rapid/start/cgi/guesten.ksh?p_action.gettxt=gt&doc=SPEECH/04/107|0|RAPID&lg=EN&display=.

[453] Diese Änderungen werden im Kapitel Viel Lärm um nichts oder die institutionellen Reformen der Europäischen Fusionskontrolle S.59 behandelt.

[454] Bischke/Mäger, EWS 2003, S. 97, 106.

[455] Bischke/Mäger, EWS 2003, S. 97, 106.

[456] Vgl. Kapitel Quo vadi die Zuständigkeitsregelungen der Fusionskontrollverordnung S.135.

Ebenfalls werden dreiseitige Besprechungen durchgeführt, um unterschiedliche Meinungen zu den Kerndaten der betroffenen Märkte zu sammeln. Die Verstärkung der Zusammenarbeit mit den nicht am Zusammenschluss beteiligten Marktteilnehmern steht im Einklang mit der Erweiterung der Auskunftsbefugnisse der Kommission.[457] Auch die Tendenz zur Einbeziehung von Dritten ist erfreulich, denn endlich können auch solche Gesellschaften verstärkt in das Verfahren einbezogen werden, die als Marktkonkurrenten vom Zusammenschluss betroffen sind.

2. Vorverlegung des Zeitpunktes der Akteneinsicht bei besonders wichtigen Unterlagen

Eine geplante Änderung, die letztlich nicht vorgenommen wurde, ist die Vorverlegung des Zeitpunktes der Akteneinsicht.[458] Die Kommission wollte ursprünglich die Akteneinsicht früher als bislang gewähren.[459] Die Kommission beabsichtigte den fusionierenden Parteien kurz nach der Einleitung der eingehenden Untersuchung (am Anfang der zweiten Phase) die volle Akteneinsicht zu gewähren.[460] Jedoch hat nach Art. 13 Abs. 3 VO Nr. 447/89 i.V.m Art. 17 Abs. 1 DVO-Entwurf keine Veränderung stattgefunden. Geändert wurde nur, dass die beteiligten Unternehmen schon vor der Übermittlung der Beschwerdepunkte Akteneinsicht über die besonders wichtigen Dokumente erlangen können.[461] Hierzu wird die Kommission Leitlinien veröffentlichen.

Die frühzeitige Akteneinsicht könnte das Vertrauen in die Durchführung der Fusionskontrollverfahren vertiefen, daher ist es zu bedauern, dass die Änderung trotz einer langjährigen Diskussion[462] auch diesmal nicht erfolgte. Das Recht auf Einsicht in die das Verfahren betreffenden Akten ist zur Geltendmachung und Verteidigung der Interessen der Parteien erforderlich. Akteneinsicht schafft eine gewisse Waffengleichheit zwischen den Zusammenschlussparteien und der Kommission und gibt den Unternehmen die Möglichkeit, sich auf die Gespräche mit der Kommission vorzubereiten. Bei den knappen fusionskontrollrechtlichen Verfahrensfristen ist die Möglichkeit für die Unternehmen von Nutzen, sich schon frühzeitig Gedanken über die Zusagen an die Kom-

---

[457] Vgl. Kapitel Ermittlungs- und Sanktionsbefugnisse (Drakonische Regeln) S.109.

[458] Von Hinten-Reed/Camesasca/Schedl, RIW 2003, S. 321, 322.

[459] Bischke/Mäger, EWS 2003, S. 97, 106.

[460] Kommission der Europäischen Gemeinschaften, XXXI. Wettbewerbsbericht, S. 76.

[461] Kommission der Europäischen Gemeinschaften, XXXI. Wettbewerbsbericht, S. 76.

[462] Zu dem Diskussionsstand vgl. ausführlich Bronett, WuW 1997, S. 383 ff.

mission zu machen. Daher ist es zu bedauern, dass die Kommission nur sehr eingeschränkt die Akteneinsicht vorverlegt hat.

3. Keine Einführung der Verwaltungsgebühren

Ursprünglich hat die Kommission beabsichtigt, Gebühren für das Verfahren einzuführen.[463] Eine solche Änderung wäre nur dann zu begrüßen, wenn hierdurch der Mitarbeiterstab der Generaldirektion IV vergrößert werden könnte. Von der Erhebung der Gebühren wurde schließlich abgesehen. Das Verfahren bleibt weiterhin gebührenfrei.

VI. Gesamtwürdigung der Verfahrensänderungen

Die wesentlichen verfahrensrechtlichen Änderungen der letzten Jahre betreffen vor allem die Verfahrensfristen: sowohl die Anmeldefristen, als auch die Fristen in der ersten und der zweiten Verfahrensphase wurden erheblich flexibler gestaltet.

Dies ist sowohl für die Unternehmen als auch für die Kommission von Nutzen. Die Unternehmen können selbst entscheiden, wann sie die Anmeldung bei der Kommission einreichen.

Auch für die Kommission bringt die Fristverlängerung eine Entspannung; sie kann detailliert die vorgetragenen Tatsachen und Argumente der Unternehmen prüfen. Der Beratende Ausschuss erhält die Möglichkeit, sich mit der Sache zu befassen, indem seine Konsultationsfrist von zwei Wochen gesichert wird.

Die Fristen sind immer noch sehr knapp, wenn man diese mit den US-amerikanischen Fristenregelungen vergleicht.[464]

---

[463] Grünbuch über die Revision der Verordnung (EWG) Nr. 4064/89 des Rates v. 11.12.2001, KOM (2001) 745/6 endg., Rdnr. 227.

[464] Zwar beträgt die Überprüfungsfrist in den Vereinigten Staaten nur 30 Tage (Section 7 A (b)(1) Clayton Act), jedoch kann diese Frist verlängert werden, indem eine Anfrage (Second Request) an die Unternehmen geschickt wird. Nach der vollständigen Beantwortung der Anfrage haben die Behörden noch 20 Tage, um sich mit dem Zusammenschluss zu befassen. Da die Anfrage (Second Request) sehr umfassend sein kann, gibt es keine maximale Frist, wann nach der Anmeldung des Zusammenschlusses eine endgültige Entscheidung vorliegen muss.

Die Vereinheitlichung der Anmeldefrist mit der US-amerikanischen Regelung, gibt der Kommission die Möglichkeit, sich viel früher als vorher mit dem Zusammenschluss zu befassen. Wird ein Zusammenschluss bei der Kommission und bei der Federal Trade Commission angemeldet, so besteht jetzt die Möglichkeit eine gleichzeitige Entscheidung zu erwirken. Da der Zusammenschluss bei der Kommission bisher später als bei der Federal Trade Commission angemeldet wurde, veröffentlichte die Kommission auch entsprechend später ihre Entscheidung. Hatte die Federal Trade Commission bereits über den Zusammenschluss entschieden, so stand die Kommission unter Entscheidungsdruck.[465] Die Harmonisierung beseitigt diesen Entscheidungsdruck und ermöglicht eine bessere Kooperation zwischen der Kommission und den US-amerikanischen Behörden.

Die Präzisierung der Entflechtungsregelungen und die weiteren verfahrensrechtlichen Vereinfachungen dienen der Entlastung der Kommission und der Erhöhung der Durchsichtigkeit und „Unternehmerfreundlichkeit" des Verfahrens. Dieser Trend wird auch durch die nicht kodifizierte Möglichkeit verstärkt, Dritte in das Verfahren einzubeziehen und mit den Unternehmen an den entscheidenden Verfahrensstellen zu beraten. Ob diese Änderungen tatsächlich genutzt werden, hängt vollkommen von der Kommission ab.

[465] So hat die Federal Trade Commission zum Beispiel im Boeing/McDonnell Douglas Fall (Entscheidung der Kommission vom 18.02.1997, IV/M.877, Boeing/McDonnell Douglas) ihre Entscheidung viel früher als die Kommission veröffentlicht.

F. Ermittlungs- und Sanktionsbefugnisse (Drakonische Regeln)

Der soeben erfolgten Darstellung des behördlichen Verfahrens schließt sich nunmehr eine Betrachtung der Ermittlungs- und Sanktionsbefugnisse an, welche der Kommission im Rahmen des Fusionskontrollverfahrens zur Verfügung stehen. In der neuen FKVO werden die Ermittlungs- und die Sanktionsbefugnisse der Kommission ausgeweitet. Es wurden verschiedene Typen von Auskunftsverlangen der Kommission kodifiziert, Nachprüfungsbefugnisse in Geschäftsräumen eingeführt und die Mitwirkungspflicht der nationalen Behörden bei den Ermittlungen der Kommission geregelt. Daneben wurden die Geldbußen und Zwangsgelder an den Umsatz der Unternehmen angepasst und hierdurch erheblich erhöht. Dies geschah, um die Ermittlungs- und die Sanktionsbefugnisse in der Fusionskontrolle an die Befugnisse im Rahmen von Art. 81 und 82 EG anzugleichen.[466]

Im Folgenden sollen die Änderungen vorgestellt und die Frage beantwortet werden, ob eine solche Verböserung der Ermittlungs- und Sanktionsbefugnisse erforderlich ist. Es soll gezeigt werden, dass keine Anpassung an Art. 81 und 82 EG erforderlich war, weil die FKVO und Art. 81 und 82 EG vollkommen unterschiedliche Vorschriften mit absolut anderer Schutzrichtung sind.

I. Ermittlungsbefugnisse der Kommission

Die Ermittlungsbefugnisse der Kommission sind in Art. 11 und 13 FKVO geregelt. Art. 11 FKVO beschäftigt sich mit den Auskunftsersuchen, die an die Wettbewerber und Kunden verschickt werden. Die Vorschrift unterscheidet zwischen den einfachen Auskunftsverlangen[467] und den Auskunftsverlangen im Wege der Entscheidung[468]. Bei den einfachen Auskunftsverlangen steht es den Unternehmen frei, ob sie diese beantworten oder nicht. Bei den Auskunftsverlangen im Wege der Entscheidung müssen die Unternehmen diese beantworten. Außerdem hat die Kommission die Möglichkeit, formelle Inter-

---

[466] Verordnung (EG) Nr. 1/2003 des Rates vom 16.12.2002 zur Durchführung der in den Art. 81 und 82 des Vertrages niedergelegten Wettbewerbsregeln, Abl. EG Nr. L 1 vom 4.1.2003, S. 1.

[467] Art. 11 Abs. 2 FKVO.

[468] Art. 11 Abs. 3 FKVO.

views durchzuführen und diese zu Beweiszwecken im Fusionskontrollverfahren zu verwenden.[469]

Gemäß Art. 13 FKVO darf die Kommission in bestimmten Fällen die Nachprüfungen in Geschäftsräumen vornehmen, die Unterlagen überprüfen, Kopien anfertigen und Erläuterungen verlangen. Die Kommission hat ebenfalls das Recht, die Geschäftsräume und die Geschäftsunterlagen zu versiegeln. Die Vorschrift wird im Erwägungsgrund 39 erläutert.

Art. 13 Abs. 5 statuiert die Mitwirkungspflicht der nationalen Behörden beim Fusionskontrollverfahren der Kommission. Art. 13 Abs. 6 bis 8 und Erwägungsgrund 40 kodifizieren die schon bestehende Rechtsprechung zu der Unterstützung der Kommission durch die nationalen Behörden.[470]

II. Sanktionsbefugnisse der Kommission

Die neuen Art. 14 und 15 FKVO führen zu einer deutlichen Erhöhung der Geldbußen und zu einer Angleichung an den Unternehmensumsatz und wurden hiermit an die kartellrechtlichen Vorschriften angepasst.[471]

Sie ersetzen die Geldbußen der alten Fusionskontrollverordnung, deren Wirksamkeit die Kommission aufgrund der geringen Summe (von 1.000 bis 50.000 € pro Tag) mehrfach anzweifelte.[472]

Die neue Berechnungsweise garantiert, dass die Geldbußen mit der Inflation und der wirtschaftlichen Entwicklung Schritt halten. So werden schwere Verstöße mit Geldbußen bis zu 10 % des Gesamtumsatzes[473] und leichte Verstöße mit bis zu 1% des Gesamtumsatzes geahndet[474]. Zwangsgelder können pro Tag bis zu 5% des durchschnittlichen täglichen Tagesumsatzes betragen.[475]

---

469 Erwägungsgrund 38 zur FKVO letzter Satz.

470 EuGH Urt. v. 19.05.1994, Rs. C-36/92 P (SEP/Kommisssion), Slg. 1994, I-1911, Rdnr. 37. Die Rechtsprechung betrifft die Verordnung Nr. 17, Art. 10.

471 Art. 81, 82 EG.

472 Kommission der Europäischen Gemeinschaften, XXIX. Wettbewerbsbericht, S. 83.

473 Art. 14 Abs. 1 FKVO.

474 Art. 14 Abs. 2 FKVO.

475 Art. 15 FKVO.

So haben bisher die Geldbußen nach Art. 14 FKVO keine große Rolle gespielt. In den ersten Jahren nach der Einführung der Fusionskontrollverordnung hat die Kommission im Rahmen des Ermessens, das ihr nach Art. 14 FKVO zusteht, auf die Auferlegung von Geldbußen verzichtet.[476] So wurden zum ersten Mal in der europäischen Fusionskontrolle die Geldbußen gegen die Firma Samsung im Fall Samsung/AST[477] verhängt. Die Firma Samsung hat in Januar 1996 Kontrolle über ATS erworben, ohne dies der Kommission zuvor angemeldet zu haben. Die Anmeldung erfolgte im April 1997. Die Kommission ging jedoch davon aus, dass die verspätete Anmeldung unvorsätzlich erfolgte und hat bei der Festsetzung der Höhe der Geldbußen berücksichtigt, dass der Wettbewerb durch das Vorgehen der Unternehmen nicht beschränkt wurde.[478]

Die weiteren Fälle, in den die Kommission Geldbußen verhängte, sind A.P.Moller[479] (wegen der Nichtanmeldung von drei Zusammenschlüssen), Sanofi/Synthelabo[480] (wegen unrichtiger Angaben bei der Anmeldung), KLM/Martinair III[481] (wegen unrichtiger Auskünfte in der Anmeldung), Deutsche Post /Trans-o-flex[482] (wegen vorsätzlicher unrichtiger Angaben in der Beantwortung von Auskunftsverlangen).

Die Zwangsgelder nach Art. 15 FKVO wurden in der Europäischen Fusionskontrolle bisher nur einmal festgesetzt, nämlich in der Entscheidung Mitsubishi Heavy Industries.[483] Das Unternehmen Mitsubishi Heavy Industries hat bei der Gründung des Gemeinschaftsunternehmens Kvaerner und Ahlström die erforderlichen Auskünfte nicht erteilt. Die verlangte Auskunft war unentbehrlich,

---

[476] Schröter/Jakob/Mederer - *Hacker*, Kommentar zum Europäischen Wettbewerbsrecht, S. 1711, FKVO.

[477] Entscheidung der Kommission vom 18.02.1998, IV/M.970, Samsung/AST, http://europa.eu.int/comm/competition/mergers/cases/decisions/m970_de.pdf.

[478] Kommission der Europäischen Gemeinschaften, XXVIII. Wettbewerbsbericht, S. 84.

[479] Entscheidung der Kommission vom 10.2.1999, IV/M.969, LUFTHANSA CITYLINE / BOMBARDIER / EBJS, ABl. 1999 Nr. L 183, http://europa.eu.int/comm/competition/mergers/cases/decisions/m968_de.pdf.

[480] Entscheidung der Kommission vom 21.04.1999, IV/M.1397 und vom 28.7.1999, IV/M.1543, Sanofi/Synthelabo, (ABl. 2000 Nr. L 95 S.1), http://europa.eu.int/comm/competition/mergers/cases/decisions/m1397_fr.pdf.

[481] Entscheidung der Kommission vom 14.12.1999, IV/M.1608, Deutsche Post/ Transoflex, http://europa.eu.int/comm/competition/mergers/cases/decisions/m1610_de.pdf.

[482] Entscheidung vom 14.12.1999, IV/M.1610 – ABl. 2001 Nr. L 97, S.1, Deutsche Post/ Transoflex, http://europa.eu.int/comm/competition/mergers/cases/decisions/m1610_de.pdf.

[483] Entscheidung der Kommission vom 12.7.2000, COMP/M.1634 – Mitsubishi Heavy Industries, ABl. 2001, Nr. L 4 S. 31, http://europa.eu.int/comm/competition/mergers/cases/decisions/m1634_de.pdf.

um den Zusammenschluss von Kvaerner und Ahlström richtig zu bewerten. In der Nichterteilung der Auskunft sah die Kommission einen gravierenden Verstoß gegen das Gemeinschaftsrecht.[484] Die Kommission hat eine Geldbuße in Höhe von 50.000 € nach Art. 14 Abs. 1 lit. c FKVO verhängt und zusätzlich ein Zwangsgeld in Höhe von 900.000 € auferlegt.

III. Würdigung der Verschärfung der Ermittlungs- und Sanktionsbefugnisse

Die Schaffung verschiedener Typen von Auskunftsverlangen, die Einführung der Nachprüfungsbefugnisse in Geschäftsräumen, die Mitwirkungspflicht der nationalen Behörden bei den Ermittlungen der Kommission und die Anpassung der Geldbußen und Zwangsgelder an den Umsatz der Unternehmen erfolgte, um die Vorschriften der FKVO an Art. 81, 82 EG anzupassen. Diese Angleichung ist sehr bedenklich. Bei der präventiven Fusionskontrolle und der repressiven Missbrauchsaufsicht handelt es sich um grundverschiedene Fälle.

Dies liegt darin begründet, dass das Kartellrecht (und Art. 81 und 82 EG) viel mehr auf die Konfrontation zwischen den Unternehmen und der Kommission angelegt ist als die Fusionskontrolle.

Die Nachprüfungen dienen vor allem dazu, Beweismaterial für Zuwiderhandlungen gegen die Wettbewerbsregeln in den Geschäftsräumen der Unternehmen zu sammeln. Nachprüfungen sind insoweit ein klassisches Ermittlungsinstrument, vor allem in Kartellverfahren. In Fusionskontrollverfahren geht es aber nicht darum, den Unternehmen einen Verstoß gegen Wettbewerbsregeln nachzuweisen. Daher sind die Nachprüfungsbefugnisse der Kommission bisher praktisch unbedeutend[485] und auch die Zwangsgelder sind äußerst selten verhängt worden.

In Anbetracht der mangelnden Gewaltenteilung und Überprüfungsmöglichkeit der Kommissionsentscheidungen der Fusionskontrolle[486] ist die Verschärfung der Ermittlungs- und Sanktionsbefugnisse bedenklich. Gerade mangels einer

---

[484] Kommission der Europäischen Gemeinschaften, XXX. Wettbewerbsbericht, S. 97.

[485] Schröter/Jakob/Mederer - *Hacker*, Kommentar zum Europäischen Wettbewerbsrecht, S. 1709. Kommission der Europäischen Gemeinschaften, XXX. Wettbewerbsbericht, S. 75.

[486] Vgl. Kapitel Quo vadi die Zuständigkeitsregelungen der Fusionskontrollverordnung S.135 und Graue Wolken am blauen Himmel – der Rechtsschutz gegen die Entscheidungen der Kommission S.119.

effizienten Überprüfungsmöglichkeit ist es ein „Spiel mit dem Feuer", wenn man der Kommission so weitreichende Waffen gibt.

Anzumerken ist, dass es neben den Buß- und Zwangsgeldern andere effiziente Möglichkeiten gibt, das Fehlverhalten der Unternehmen zu sanktionieren; hierzu gehören vor allem die Veröffentlichungen der Kommission in der Presse und im Amtsblatt der EG, Strafverfahren nach dem Wirtschaftsstrafrecht der Mitgliedsstaaten u.s.w.

Grundsätzlich hat die Kommission keine Vollzugskompetenz, zu den seltenen Ausnahmen, in denen die Kommission Strafen und Bußgelder verhängen kann, zählen Art. 81 und 82 EG. Unverständlich ist, wieso diese Ausnahmen noch ausgeweitet werden müssen.

Fraglich ist, ob die drakonischen Bußgelder tatsächlich die Unternehmen von Verstößen abschrecken werden.

Die Geldbußen und Zwangsgelder kann man nicht anders als drakonische bezeichnen, besonders wenn man sich die Straferhöhung um ein Mehrfaches vor Augen führt.

Die Zwangs- und Bußgelder in Höhe von 1-10 % des Umsatzes stellen eine sehr hohe Summe für die Unternehmen dar. Das Fehlverhalten des Managements wird sich vornehmlich auf die Arbeitnehmer und Aktieninhaber auswirken.

Vor diesem Hintergrund ist die Änderung der Ermittlungs- und Sanktionsbefugnisse gefährlich und die Auswirkungen auf die Kommissionspraxis müssen beobachtet werden.

Für die Kommission bedeutet die Verschärfung der Ermittlungs- und Sanktionsbefugnisse eine klare Marktstärkung. Sie stellt das Macht- und Drohpotenzial, das mit der Möglichkeit verbunden ist, Geldbußen und Zwangsgelder zu verhängen, in den Geschäftsräumen zu ermitteln und Geschäftsräume zu versiegeln, bereit.

Insgesamt ist eine strafverschärfende und unternehmensfeindliche Tendenz der grundsätzlich präventiv angelegten Fusionskontrolle zu vermerken. Besonders traurig ist, dass diese Verschärfung aus den oben genannten Gründen überhaupt nicht erforderlich ist.

G. Die neue Behandlung der Nebenabreden - soll man schlafende Hunde wecken?

Eine weitere für die Unternehmen und ihre Rechtsberater relevante Änderung der FKVO bezieht sich auf die Behandlung von Nebenabreden seitens der Kommission in Unternehmenskaufverträgen. Die Unternehmen sollen nur solche Nebenabreden zur Überprüfung anmelden, die neue oder ungelöste Fragen aufwerfen. Dies geschieht, um die Nebenabreden nicht einzeln prüfen zu müssen, was zu einer längeren Verfahrensdauer führen würde. Trotzdem soll den Unternehmen in Bezug auf die Nebenabreden Rechtssicherheit geboten werden.

Schon immer stritten sich die Geister über die Reichweite der Prüfungskompetenz der Kommission bezüglich der Nebenabreden. Die Auffassungen reichten von einer vollständigen Negierung der Überprüfbarkeit bis hin zu einem umfassenden Zugeständnis dieser Kompetenz. Es ist daher von Bedeutung, welchem Weg der Europäische Gesetzgeber mit der Neufassung der Fusionskontrollverordnung folgt und inwieweit diese Entscheidung den tatsächlichen Erfordernissen Rechnung trägt.

I. Der Begriff der Nebenabreden

Die Fusionskontrollverordnung definiert im neuen Erwägungsgrund 21 die Nebenabreden als die mit der Durchführung des Zusammenschlusses unmittelbar verbundenen und dazu notwendigen Einschränkungen, denen sich die Unternehmen zu unterwerfen haben. Die Nebenabreden erfassen Wettbewerbsverbote, Lizenzvereinbarungen, Bezugs- und Lieferverpflichtungen oder ähnliche Vereinbarungen, welche die beteiligten Unternehmen im Zusammenhang mit einer Fusion eingehen können.[487] Wichtig ist, dass die Nebenabreden stets eine untergeordnete Bedeutung haben müssen.[488]

---

[487] Schröter/Jakob/Mederer - *Dittert*, Kommentar zum Europäischen Wettbewerbsrecht, S. 1667.

[488] EuGl Urt. v. 18.09.2001, Rs. T-112/99 (Métropole télévision -M6), Slg. 2001, II – 2459, Rdnr. 105.

II. Die Behandlung der Nebenabreden

Ursprünglich hat die Kommission die Nebenabreden gemeinsam mit dem jeweiligen Zusammenschluss gewürdigt. Jede Nebenabrede wurde im Einzelnen durchgeprüft.[489] Jedoch war diese Vorgehensweise sehr langwierig.

2001 hat die Kommission eine Bekanntmachung über die Nebenabreden erlassen.[490] Diese Bekanntmachung hat der Kommission ermöglicht, den Zusammenschluss zu würdigen, ohne in der Entscheidung im Einzelnen auf die Nebenabreden einzugehen. Die Kommission wollte damit das Verfahren vereinfachen, da die Nebenabreden nach ihrer Ansicht eine viel geringere Bedeutung als die eigentliche Fusion hatten. Die Kommission wollte außerdem das Fusionskontrollverfahren an das Kartellverfahren angleichen, da auch im Kartellverfahren die Nebenabreden nicht behandelt werden.[491]

Das EuGI hat im Lagardère-Urteil[492] jedoch festgestellt, dass eine solche Änderung der Kommissionspraxis ohne eine ausdrückliche Änderung der FKVO unzulässig ist. Sie verursacht Rechtsunsicherheit und beeinträchtigt die Fusionsfähigkeit der europäischen Unternehmen. Vielmehr ist die Kommission verpflichtet, bei einem genauen und eindeutigen Antrag auf Beurteilung von Nebenabreden eine angemessene Antwort zu geben.[493]

Im Grünbuch[494] und im Kommissionsvorschlag[495] an den Rat wurde die Wiederherstellung des Zustandes vor dem Lagardère Urteil vorgeschlagen, das heißt die Möglichkeit den Zusammenschluss zu würdigen, ohne auf die einzelnen Nebenabreden einzugehen.

---

[489] Schröter/Jakob/Mederer - *Stoffregen*, Kommentar zum Europäischen Wettbewerbsrecht, S. 1623.

[490] Bekanntmachung der Kommission über die Einschränkungen des Wettbewerbs, die mit der Durchführung von Unternehmenszusammenschlüssen unmittelbar verbunden und für diese notwendig sind; ABl. Eg Nr. C 188 vom 4.7.2001 S. 5.

[491] Arhold, EWS 2001, S. 573, 577.

[492] EuGI Urt. v. 20.11.2002, Rs. T-251/00 (Lagardère SCA und Canal + SCA), Slg. 2002, II – 4825, Rdnr. 90 ff.

[493] EuGI Urt. v. 20.11.2002, Rs. T-251/00 (Lagardère SCA und Canal + SCA), Slg. 2002, II – 4825, Rdnr.103.

[494] Grünbuch über die Revision der Verordnung (EWG) Nr. 4064/89 des Rates v. 11.12.2001, KOM (2001) 745/6 endg., Rdnr. 101-104.

[495] Vorschlag für die Verordnung des Rats vom 11.12.2002 über die Kontrolle von Unternehmenszusammenschlüssen, KOM (2002), 711 endg.

In der neuen Fusionskontrollverordnung hat sich jedoch gemäß Art. 6 Abs. 1 lit. b Unterabs. 2 FKVO und Art. 8 Abs. 2 Unterabs. 3 FKVO (erläutert durch Erwägungsgrund 21) eine Lösung durchgesetzt, nach der die Kommission grundsätzlich nicht die Nebenabreden prüfen muss, da ihre Entscheidung auch die Nebenabreden erfasst.[496] Die Unternehmen dürfen solche Nebenabreden anmelden, die neue oder ungelöste Fragen[497] aufwerfen, die wiederum zur ernsthaften Rechtsunsicherheit führen können.

Somit befreit Erwägungsgrund 21 die Kommission von der Prüfung jeder Nebenabrede.

III. Würdigung der Behandlung der Nebenabreden

Zusammenfassend kann festgestellt werden, dass die Verantwortung für die Beurteilung der Nebenabreden bei den Unternehmen und ihren Rechtsberatern liegt. Sie allein können von der Kommission die Stellungnahmen zur Behandlung relevanter Nebenabreden einholen.

Gerade das ist problematisch: die Unternehmen müssen selbst beurteilen, ob es sich um eine neue und ungelöste Frage handelt. Für manche Unternehmen bringt diese Regelung zwar eine gewisse Rechtssicherheit. Die Gespräche mit den Praktikern ergeben, dass man sich nur in seltensten Ausnahmefällen an die Kommission wenden wird, denn schlafende Hunde soll man bekanntlich nicht wecken.[498]

Was die inhaltliche Würdigung der einzelnen Nebenabreden anbetrifft, so brachte die VO 139/04 hierzu keine Änderungen, so dass auf die umfangreiche Literatur zum Art. 8 Abs. 2, 2. Unterabsatz, S. 2 FKVO verwiesen werden kann.[499]

---

[496] Erwägungsgrund 21, S. 2.

[497] Dies ist dann der Fall, wenn die Kommission zu dieser Frage noch nie Stellung genommen hat (Erwägungsgrund 21, S. 4).

[498] Ergebnisse von informellen Befragungen führender Personen kartellrechtlicher Abteilungen der Unternehmen und Großkanzleien.

[499] Vgl. unter anderem die glänzende Kommentierung bei Schröter/Jakob/Mederer - *Dittert*, Kommentar zum Europäischen Wettbewerbsrecht, S. 1667.

H. Graue Wolken am blauen Himmel – der Rechtsschutz gegen die Entscheidungen der Kommission

I. Einleitung

Die Durchsetzung eines flexiblen und wirtschaftsfreundlichen Verfahrens im Rahmen der FKVO kann nur dadurch erreicht werden, dass zugleich ein effizientes Rechtsschutzsystem entwickelt wird, das die Überprüfung von den im oben dargestellten Verfahren ergangenen fusionskontrollrechtlichen Entscheidungen durch durch das EuGl und den EuGH ermöglicht.

Das Grünbuch der Kommission[500] enthielt keinen einzigen Vorschlag zur Änderung des Rechtsschutzes, im Gegenteil die Kommission hat den Rechtsschutz als angemessen bezeichnet. Dennoch waren die letzten Jahre für die Entwicklung des Rechtsschutzes im Bereich der Fusionskontrolle sehr bedeutend und dieser ist zu einem der aktuellsten rechtlichen und politischen Themen des Europäischen Kartellrechts geworden.

Zunächst sollen die Probleme des Rechtsschutzes dargestellt werden, die es fast unmöglich machen, die Entscheidungen der Kommission gerichtlich anzugreifen: die lange Dauer der Überprüfung und das „Fusionsprivileg" der Kommission. Danach werden die Versuche des EuGH in den letzten Jahren gewürdigt, diese Probleme zu lösen und weitere Alternativen zur Bewältigung dieser Herausforderung diskutiert. Insbesondere soll auf die Gründe des EuGH, mehrere Kommissionsentscheidungen aufzuheben, eingegangen werden.

Der Gegenstand der weiteren Analyse besteht darin, ob die Änderung des Prüfungsmaßstabs und die Einführung des beschleunigten Verfahrens die vorliegenden Rechtsschutzlücken tatsächlich schließen oder sie sich lediglich für die seltenen Ausnahmefälle eignen. Insbesondere wird das beschleunigte Verfahren allseitig als „Messias" gelobt. Im Folgenden wird darauf eingegangen, ob es sich tatsächlich um eine erhebliche Verfahrensbeschleunigung handelt, die sich auf die fusionskontrollrechtlichen Fälle auswirkt.

Weitere Aufmerksamkeit gebührt den Rechtsschutzmöglichkeiten Dritter, deren Horizont sich im Rahmen der fortlaufenden normkonkretisierenden Recht-

---

[500] Grünbuch über die Revision der Verordnung (EWG) Nr. 4064/89 des Rates v. 11.12.2001, KOM (2001) 745/6 endg., Rdnr. 253.

sprechung entwickelt hat. Der EuGH hat sich in den letzten Jahren mit dem Begriff des Dritten und der unmittelbaren Betroffenheit beschäftigt. Es soll festgestellt werden, inwieweit den Dritten eine adäquate Rechtsposition durch die Entscheidungen des EuGH zugestanden wird.

II. Die Entwicklung des Rechtsschutzes in der Europäischen Fusionskontrolle

In den ersten zehn Jahren der europäischen Fusionskontrollpraxis dürfte kaum ein Unternehmen ernsthaft erwartet haben, dass eine Entscheidung der Kommission durch Anrufung des Europäischen Gerichts der ersten Instanz geändert werden könnte. Die Unternehmen haben eher weit reichende Auflagen akzeptiert, um die Abwendung einer Verbotsentscheidung zu vermeiden, oder ihre Zusammenschlussvorhaben zurückgezogen. Von den ergangenen Fusionsverboten wurden nur sehr wenige angefochten und fast immer ohne Erfolg.[501]

Dies lag daran, dass das EuGl der Kommission bei komplexen wirtschaftlichen Fragen einen weiten Ermessensspielraum zubilligte.[502] Außerdem hat die mehrjährige Verfahrensdauer die Unternehmen daran gehindert, gegen die Kommission zu klagen. So betrug die durchschnittliche Verfahrensdauer vor dem EuGl in 2001 19,5 Monate.[503] Das Kali und Salz Urteil erging sogar erst viereinhalb Jahre nach der Anmeldung des Zusammenschlusses.[504]

Eine solche Verfahrensdauer ist unzumutbar in den Fällen, in denen die Parteien einer gestaltenden Entscheidung der Kommission bedürfen, um ihr Vorhaben mit der erforderlichen Rechtssicherheit durchführen zu können.[505] Gemäß Art. 7 Abs. 1 FKVO gilt nach der Anmeldung das Vollzugsverbot des Zusammenschlusses. Der daraus resultierende Schwebezustand kann nicht jahrelang aufrechterhalten werden, bis das EuGl die Verbotsentscheidung der Kommission aufhebt und die Kommission anschließend eine erneute Prüfung

---

501 Cook, Kerse, E.C. Merger Control, S. 216 f.; schon bei Brown, ECLR 1994, S. 296 (parties to the few contentious cases no doubt recognize that litigation in the Community Courts is a slow and uncertain process which risks the delaying the achievement of their objectives).

502 Ehlermann/Völcker, EuZW 2003, S. 1.

503 Völcker, WuW 2003, S. 6.

504 EuGH Urt. v. 31.03.1998, verbundene Rs. C-68/94, C-30/95; C-209/98; (Frankreich u.a./Kommission, „Kali und Salz"), Slg. 1998, I-1375.

505 Völcker, WuW 2003, S. 6 f.; Ehlermann/Völcker, EuZW 2003, S. 1.

vornimmt und dann eine - gegebenenfalls mit Auflagen verbundene - Genehmigung erlässt.

Eine Freigabe des Zusammenschlusses hätte für die Unternehmen mehrere Jahre nach dem geplanten Zusammenschluss überhaupt keinen Sinn mehr gehabt.

Eine Klage beim EuGl war nur für die Dritte sinnvoll, die mit der Entscheidung der Kommission nicht einverstanden waren. Daher handelt es sich bei den meisten Urteilen der Europäischen Gerichte der ersten 10 Jahre nach der Einführung der FKVO um Klagen Dritter gegen Entscheidungen der Kommission.[506]

Schließlich war der einstweilige Rechtsschutz nicht geeignet, den Unternehmen effizient zu helfen, da dadurch das Vollzugsverbot des Art. 7 Abs. 1 FKVO nicht beseitigt werden konnte.

Daher kam auch die Einschätzung, dass wegen der fehlenden effizienten Überprüfungsmöglichkeit nur „der blaue Himmel" über dem Merger Network und über der Kommission wache.[507]

Die Airtours/First Choice-Entscheidung[508] ist der erste Fall gewesen, in dem das EuGl zeigte, dass es der Kommission kein „Fusionsprivileg" mehr einräumt und die Entscheidungen sorgfältig überprüft ohne der Kommission einen sehr weiten Ermessensspielraum zuzubilligen. Der EuGH begnügte sich nicht mit einer Plausibilitätskontrolle, sondern ist tief in den Sachverhalt „eingestiegen".[509] Jedoch erfolgte die Anmeldung des Zusammenschlusses am 29. April 1999 und die Entscheidung des EuGl erfolgte mehr als drei Jahre später. Dies war zu spät, um den Vollzug des Zusammenschlusses noch zu ermöglichen.

---

506 Zum Beispiel EuGH Urt. v. 07.12.1993, Rs. T-83/92 (Zunis Holding / Kommission), Slg. 1993, I-6419; EuGH, Urt. v. 23.3.1994, Rs. T-3/93, (Air France/Kommission), Slg. 1994, S. II-121 (II-152, Rdnr. 51); vgl. hierzu Brown, ECLR 1994, S. 296 ff.

507 Cowman, S. 64.

508 EuGl Urt. v. 6.6.2002, Rs. T – 342/99 (COMP/M.1524; Airtours/Kommission), Slg. 2002, II-2585.

509 Vgl. hierzu EuGl Urt. v. 6.6.2002 , Rs. T – 342/99 (COMP/M.1524; Airtours/Kommission), Slg. 2002, II-2585, Rdnr. 62; Bartosch, EuZW 2002, S. 645 ff; Haupt, EWS 2002, S. 361 ff; Hirsbrunner, EuZW 2003, S. 709 ff; Ehlermann/Völcker, EuZW 2003, S. 1.

Zwei weitere Urteile, Schneider Electric[510] und Tetra Laval,[511] haben den Rechtsschutz der Fusionskontrolle weitgehend verändert. Diese Urteile wurden ein Jahr nach den ursprünglichen Verbotsentscheidungen verkündet, was in diesen Fällen rechtzeitig genug war, um das Zusammenschlussvorhaben durchzuführen.

Das EuGl hat das am 1.2.2001 neu eingeführte beschleunigte Verfahren[512] genutzt und konnte die Entscheidungszeit hierdurch erheblich verkürzen. Dabei stellte es ausdrücklich klar, dass der Preis einer schnellen Entscheidung keinesfalls eine niedrigere Kontrolldichte im Airtours-Urteil bedeutet.[513]

III. Die einzelnen Rechtsschutzmöglichkeiten

Art. 21 Abs. 2 FKVO wiederholt deklaratorisch, was sich bereits primärrechtlich aus Art. 230 EG ergibt: die Entscheidungen der Europäischen Kommission werden vom Europäischen Gerichtshof untersucht.

Die folgende Darstellung soll nicht die Voraussetzungen der einzelnen Klagen zum EuGH wiedergeben (diese findet man in allen Lehrbüchern und Kommentaren zum Europarecht), sondern soll nur die aktuellen Probleme und Änderungen auf diesem Gebiet aufzeigen und diese analysieren. Diese sind vor allem die Änderungen bei der Prüfung der Klagebefugnis Dritter im Rahmen der Zulässigkeit der Nichtigkeitsklage durch das EuGl. Außerdem werden die Neuerung des Prüfungsmaßstabs und der Prüfungsdichte bei der Prüfung der Begründetheit der Nichtigkeitsklage durch das EuGl dargestellt. Schließlich wird das neu eingeführte beschleunigte Verfahren beim EuGl und EuGH kritisch beleuchtet.

---

[510] Urt. v. 22.10.2002, Rs. T-310/01 (COMP/M.2283; Schneider/Kommission), EuGH WuW 2003, 299 ff.

[511] Urt. v. 25.10.2002, Rs. T-05/02 (COMP/M.2416; Tetra Laval/Kommission), EuGH WuW 2002, 411 ff.

[512] ABl. EG 2000 Nr. L 322/1 und 4. Der Rat genehmigte die Vorschläge zu den Änderungen der Verfahrensordnungen des EuGH und EuGl am 16.11.2000. Anschließend wurden die Änderungen der Verfahrensordnung vom EuGH (am 28.11.2000) und vom EuGl (am 6.12.2000) angenommen.

[513] Vgl. hierzu EuGl Urt. v. 6.6.2002 , Rs. T – 342/99 (COMP/M.1524; Airtours/Kommission), Slg. 2002, II-2585, Rdnr. 63.

1. Nichtigkeitsklage

Die Unternehmen haben die Möglichkeit, sich an das EuGI mit der Nichtigkeitsklage zu wenden. Die Mitgliedsstaaten können ebenfalls eine Nichtigkeitsklage gemäß Art. 230 Abs. 2 EG gegen die Entscheidungen der Kommission oder eine Untätigkeitsklage nach Art. 232 Abs. 1 EG beim EuGH erheben.[514]

Da es sich bei der Fusionskontrolle um ein präventives Kontrollsystem handelt, ist die Untätigkeitsklage nur in ganz seltenen Ausnahmekonstellationen einschlägig.[515] Daher konzentriert sich die weitere Darstellung der Verfahrensarten im Hauptsacheverfahren auf die Nichtigkeitsklage.

Ist die Nichtigkeitsklage der Unternehmen gegen die Kommission begründet, so wird die Entscheidung der Kommission gemäß Art. 231 EG ex tunc für nichtig erklärt. Das EuGH und EuGI treffen in den Urteilen niemals eine ersetzende Entscheidung, denn das Gericht ist keine zweite Verwaltungsinstanz.

a) Klagebefugnis Dritter

Die Klagebefugnis Dritter birgt ein Problemfeld, das schon seit der Einführung der FKVO besteht. Da es sich bei den Unternehmen um nicht privilegierte Kläger im Sinne von Art. 230 Abs. 4 EG handelt[516], müssen diese ihre Klagebefugnis nachweisen. In den letzten Jahren hat das EuGI seine Rechtsprechung auf diesem Gebiet verfeinert. Das Gericht setzte sich mit der Vorgehensmöglichkeit Dritter gegen die Freigabeentscheidungen der Kommission sowie mit der Frage, wer Dritte in der ersten und der zweiten Verfahrensphase sind, auseinander.

---

[514] Die Klagen der Mitgliedsstaaten gegen fusionskontrollrechtliche Entscheidungen sind jedoch in den letzten Jahren nicht vorgekommen und sind daher nur der Vollständigkeit halber angesprochen.

[515] Denkbar wäre eine Untätigkeitsklage Dritter dann, wenn die Parteien infolge der informellen Vorgespräche mit der Merger Network den Zusammenschluss nicht anmelden und die Kommission darauf nicht reagiert. Lehnt die Kommission die Verfahrenseröffnung ab, so ist wieder die Nichtigkeitsklage statthaft. Somit ist der Anwendungsbereich der Untätigkeitsklage eher theoretischer Art; Montag/Leibenath, ZHR 2000, S. 176, 190.

[516] Privilegierte Kläger sind gemäß Art. 230 Abs. 2 EG die Mitgliedstaaten, der Rat, die Kommission und das Europäische Parlament.

Dritte können sowohl die Konkurrenten[517] als auch die Abnehmer und die Lieferanten,[518] die Minderheitsaktionäre[519] und die Arbeitnehmervertreter[520] sein.

Wieso ist die Frage der Klagebefugnis Dritter für die Kontrolle der Kommissionsentscheidungen besonders relevant? Die FKVO räumt Dritten eine eher schwache Stellung im Fusionskontrollverfahren vor der Kommission ein.[521] Die Beteiligung Dritter ist nur in der zweiten Verfahrensphase geregelt, wo sie ein Anhörungsrecht nach Art. 18 Abs. 4 S. 2 FKVO haben.[522] Die Fusionskontrollverordnung privilegiert das Interesse der zusammenschlussbeteiligten Unternehmen an einer zügigen Prüfung der Vereinbarkeit ihres Vorhabens mit dem gemeinsamen Markt gegenüber dem Interesse der von dem Zusammenschluss betroffenen Dritten an einer möglichst umfassenden Untersuchung.[523]

Vor diesem Hintergrund gewinnt die Frage der Rechtsschutzmöglichkeit Dritter besondere Bedeutung.

EuGH und EuGI bejahen die Klagebefugnis Dritter beim Vorgehen gegen die Freigabeentscheidungen im Fusionskontrollverfahren gemäß Art. 230 Abs. 4 EG, wenn Dritte durch die Entscheidung unmittelbar und individuell betroffen sind.[524]

Das EuGI hat den Begriff der unmittelbaren Betroffenheit Dritter im Coca-Cola-Fall[525] konkretisiert. Das Gericht verneint die Klagebefugnis, wenn die Kläger sich lediglich gegen die Feststellungen bezüglich der Marktabgrenzung in der Begründung der Kommission wenden. Das Gericht begründete seine Entscheidung damit, dass diese Feststellungen niemanden binden und beziehen

---

[517] Körber, EuZW 1996, S. 267.

[518] Schröter/Jakob/Mederer – *Langenheine / Dittert*, Kommentar zum Europäischen Wettbewerbsrecht, S. 1754.

[519] Montag/Leibenath, ZHR 2000, S. 176, 181.

[520] Montag/Leibenath, ZHR 2000, S. 176, 181; Körber, EuZW 1996, S. 267, 268.

[521] Montag/Leibenath, ZHR 2000, S. 176 ff.

[522] Vgl. hierzu S. 77.

[523] Montag/Leibenath, ZHR 2000, S. 176 ff; Körber, EuZW 1996, S. 267, 268; Immenga, WuW 1990, S. 371, 379ff; Immenga, Die Europäische Fusionskontrolle im wettbewerbspolitischen Kräftefeld, S. 37 ff; Heidenhain, EuZW 1991, S. 591 ff.

[524] Emmerich, AG 2001, S. 605, 614; Hirsbrunner, EuZW 2001, S. 197, 202.

[525] EuGH Urt. v. 22.03.2000, verbundene Rs. T-125/97, T-127-97 (The Coca-Cola Company und Coca-Cola Enterprises Inc. / Kommission), Slg. 2000, II-1733 (1763 ff, Rdnr. 80 ff).

sich ausschließlich auf den Zeitpunkt der Entscheidung, so dass sie in den späteren Fällen noch einmal überprüft werden können.[526] Somit reichen die Feststellungen in der Begründung nicht; man muss sich vielmehr gegen den Tenor des Urteils wenden.

Weiterhin beschäftigte sich das EuGl mit der Frage, wie man die Betroffenheit Dritter überhaupt nachweisen kann. Bei den Entscheidungen in der zweiten Verfahrensphase existiert dieses Problem nicht, da beim Hauptprüfungsverfahren Dritten, die ein hinreichendes Interesse darlegen können, ein Anhörungsrecht nach Art. 18 Abs. 4 S. 2 FKVO zusteht.[527] Diese Anhörungsberechtigten sind gleichzeitig die „betroffenen Dritten" im Rahmen der Nichtigkeitsklage.

In der ersten Phase gibt es ein Bündel von Indizien, welche das Vorliegen der Betroffenheit begründen. Hierzu gehören sowohl die Abgabe einer Stellungnahme (bei zusätzlicher wirtschaftlicher Betroffenheit) nach der Veröffentlichung der Anmeldung des Zusammenschlussvorhabens im Amtsblatt EG gemäß Art. 4 Abs. 3 FKVO,[528] als auch die Berücksichtigung Dritter bei der Überprüfung des Zusammenschlusses durch die Kommission.[529]

Die Rechtsprechung des Gerichts ist uneingeschränkt zu begrüßen; die Klarstellung der Klagebefugnis Dritter im Rahmen der Nichtigkeitsklage ermöglicht eine klare Vorgehensweise.

b) Begründetheit der Nichtigkeitsklage

Die zweite sehr relevante Neuerung der letzten Jahre ist die Änderung des Prüfungsmaßstabs in der Begründetheit der Nichtigkeitsklagen. Die Nichtigkeitsklage nach Art. 230 EG ist begründet, wenn mindestens einer der in Art. 230 Abs. 2 EG genannten Gründe vorliegt. Zu beachten ist, dass das Gericht

---

526 EuGH Urt. v. 22.03.2000, verbundene Rs. T-125/97, T-127-97 (The Coca-Cola Company und Coca-Cola Enterprises Inc. / Kommission), Slg. 2000, II-1733 (1763 ff, Rdnr. 80 ff).

527 Z.B. EuGH, Urt. v. 16.5.1991, Rs. C-358/89, (Extramet/Kommission), Slg. 1991, S. I-2501 (I-2532, Rdnr. 17).

528 Dieses Recht ist beim beschleunigten Verfahren erheblich eingeschränkt.

529 EuGH, Urt. v. 23.3.1994, Rs. T-3/93, (Air France / Kommission), Slg. 1994, S. II-121 (II-152, Rdnr. 51).

nicht auf die vom Kläger geltend gemachten Rechtsfehler beschränkt ist, sondern auch die nicht gerügten Mängel aufgreifen kann.[530]

Der neue Trend bei der Prüfung der Begründetheit der Klage ist eine vertiefte Auseinandersetzung mit den Zusammenschlussvorhaben.

Noch vor wenigen Jahren hat das Gericht der Kommission einen weiten Beurteilungsspielraum zugestanden.[531] Die Prüfung hat sich darauf beschränkt, ob die Verfahrensvorschriften eingehalten worden sind, die Begründung ausreichend ist, der Sachverhalt zutreffend festgestellt worden ist und keine offensichtlich falsche Würdigung des Sachverhalts und kein Ermessensmissbrauch vorliegen.[532]

In den neuesten Entscheidungen[533] steigt das Gericht in die Beurteilung komplexer wirtschaftlicher Zusammenhänge ein, prognostiziert die zukünftige Entwicklung des Wettbewerbs und beschränkt sich nicht mehr auf die eklatanten Fehlbeurteilungen der Kommission.

So stellte das Gericht in der Schneider/Legrand Entscheidung fest, dass die Marktanalyse der Kommission auf Oberflächlichkeiten, Verallgemeinerungen, Auslassungen und Widersprüche gestützt war.[534] Nach der Auffassung des Gerichts kam es infolge der Fehlbeurteilung der Kommission zu der Überschätzung der Marktmacht des entstandenen Unternehmens und der Unterschätzung der Marktmacht der Wettbewerber.[535] Hierbei ging das Gericht sehr genau vor. Statt einer oberflächlichen Analyse wie in den Urteilen der ersten zehn Jahre nach dem Inkrafttreten der FKVO prüft das Gericht jedes einzelne Detail. Das Gericht verzichtete auf die übliche Vorbemerkung, so dass seine Nachprüfung beschränkt sei, wenn es um „komplexe Beurteilungen der Kommission" geht. Stattdessen hat das Gericht die wettbewerbliche Würdigung der Kommission uneingeschränkt kontrolliert. Die zunehmende Gründlichkeit des

530 Erichsen/Weiß, Jura 1990, S. 528, 534.

531 Vgl. oben: Die Entwicklung des Rechtsschutzes in der Europäischen Fusionskontrolle S.120.

532 Montag/Leibenath, ZHR 2000, S. 176, 188.

533 EuGl Urt. v. 6.6.2002 , Rs. T – 342/99 (COMP/M.1524; Airtours/Kommission), Slg. 2002, II-2585; Bartosch, EuZW 2002, S. 645 ff; Haupt, EWS 2002, S. 361 ff; Hirsbrunner, EuZW 2003, S. 709 ff; Emmerich, AG 2003, S. 649, 660.

534 EuGl Urt. v. 22.10.2002, Rs. T-310/01 (COMP/M.2283; Schneider/Kommission), EuGH WuW 2003, 299 ff. Rdnr. 197, 203, 208, 246, 255, 377 f., 409.

535 EuGl Urt. v. 22.10.2002, Rs. T-310/01 (COMP/M.2283; Schneider/Kommission), EuGH WuW 2003, 299 ff., Rdnr. 180, 256, 296, 318, 373.

Gerichts im Zusammenhang mit der Auseinandersetzung mit den Argumenten der Kommission zeigt, dass die Prüfungsdichte des Gerichts erheblich gestiegen ist.

Das Gericht stellt einen krassen Widerspruch fest: die Kommission geht von nationalen räumlich relevanten Märkten aus, prüft jedoch die Marktstellung auf ganz anderen Märkten. Die Kommission schließt von den erwarteten Auswirkungen auf dem französischen Markt auf die anderen nationalen Märkte. Eine solche Vorgehensweise ist absolut unzulässig. Die Kommission hätte jeden räumlich relevanten Markt getrennt untersuchen sollen.

Im Ergebnis erklärte das Gericht die Entscheidung der Kommission wegen verschiedener sachlicher Fehler für nichtig. Dadurch ist auch die Grundlage für die Entflechtungsentscheidung der Kommission weggefallen. Das Gericht erklärte deshalb auch diese Entscheidung für nichtig.

Hierbei handelt es sich um eine erfreuliche Entwicklung der gerichtlichen Praxis. Dass die Kommission dreimal nacheinander verloren hat, ist sicherlich kein Zufall. Die oben beschriebenen eklatanten Verstöße, die das Gericht feststellte, beziehen sich nicht auf die Rechtsansichten, wo man über die Richtigkeit streiten kann. Nein, es sind einfache Tatsachenfeststellungen, die die Kommission missachtete.

Zwar sucht die Kommission ständig nach Möglichkeiten, solche Fehler auszuräumen, zum Beispiel durch die Einführung des Posten des Chefökonomen, die Einsetzung eines Kontrollforums aus erfahrenen Beamten der Kommission, die Schaffung eines Posten des Verbindungsbeamten für Verbraucherfragen und des Anhörungsbeauftragten usw.[536] Jedoch reichen solche Änderungen offensichtlich nicht aus.

Solche Reformen im Inneren der Kommission ändern nichts daran, dass die Kommission die bisherige Macht behalten will; sie will auch im Wettbewerbsrecht die mächtigste politische Behörde mit einem weiten Entscheidungsspielraum bleiben.

Auch hier wird klar, dass eine solche Arbeit nur deswegen möglich ist, weil keine effiziente Überprüfungsmöglichkeit vorliegt, da die Kommission erhebli-

---

[536] Vgl. hierzu Kapitel Viel Lärm um nichts oder die institutionellen Reformen der Europäischen Fusionskontrolle S.59.

che Spielräume hat. In diese Spielräume kann man jede politische Wertung einfließen lassen. Daher ist auch hier dringend die Schaffung einer effizienteren Kontrolle und des Europäischen Kartellamtes notwendig.

Nichts verbessert den Druck der richtigen Tatsachenfeststellung und Entscheidungsfindung mehr, als das Wissen, dass die Entscheidung durch eine externe Gewalt überprüft wird, sowie die Angst vor der öffentlichen Blamage und die Last, einen abgeschlossenen Fall neu bearbeiten zu müssen.

2. Der einstweilige Rechtschutz

Der einstweilige Rechtsschutz ist in den seltensten fusionskontrollrechtlichen Fällen fruchtbar. Zwar besteht im Europäischen Prozessrecht die Möglichkeit des einstweiligen Rechtsschutzes gemäß Art. 83 – 90 VerfO – EuGH, Art. 104-110 VerfO-EuGl. Die Unternehmen können im Rahmen der Fusionskontrolle die Aussetzung des Vollzugs der Entscheidung nach Art. 242 S. 2 EG beantragen. Die Aussetzung des Vollzugs bezieht sich auf bestimmte, den Adressaten belastende Maßnahmen der Kommission. Die Unternehmen können außerdem den Erlass einer einstweiligen Anordnung nach Art. 243 EG begehren, wenn das Verfahren zur Hauptsache auf die Nichtigerklärung des Gemeinschaftsrechtsaktes (Nichtigkeitsklage im Sinne von Art. 230 EG) gerichtet ist.

Jedoch ist der einstweilige Rechtsschutz in den meisten fusionskontrollrechtlichen Fällen weder dazu geeignet, eine erwünschte Entscheidung herbeizuführen, noch dazu, die langen Entscheidungsfristen des Hauptverfahrens (vor allem der gewöhnlichen Nichtigkeitsklage) zu überbrücken. Wegen der Vorwegnahme der Hauptsache besteht weder eine Möglichkeit, die Kommission zu einer einstweiligen Genehmigung des Zusammenschlussvorhabens zu zwingen, noch kann das Vollzugsverbot des Art. 7 Abs. 1 FKVO außer Kraft gesetzt werden.

Schließlich ist es fast unmöglich darzulegen, dass der Nichtvollzug eines Zusammenschlussvorhabens einen für den Erlass der einstweiligen Anordnung erforderlichen „irreparablen Schaden" bedeutet. Daran könnte man lediglich bei Sanierungsfusionen denken, da die Untersagung des Zusammenschlusses zu der Schließung des Unternehmens und zum Verlust von Arbeitsplätzen führt.

Insgesamt ist es empfehlenswert, in den Fällen, wo eine schnelle Entscheidung erforderlich ist, das beschleunigte Verfahren zu wählen.

3. Das beschleunigte Verfahren

Seit einer Änderung der Verfahrensordnungen des EuGH und des EuGl im Jahre 2000 können EuGH und EuGl die bei ihnen anhängigen Rechtssachen ausnahmsweise in einem „beschleunigten Verfahren" behandeln.[537] Da das beschleunigte Verfahren in den letzten Jahren als eine Art Allheilmittel gelobt wird, muss hier untersucht werden, ob es wirklich so viele Vorteile birgt.

a) Voraussetzungen des beschleunigten Verfahrens

Die Anordnung des beschleunigten Verfahrens steht im Ermessen des Gerichts und kann sowohl vom Kläger als auch vom Beklagten beantragt werden.[538]

Der ***Antrag auf Durchführung eines beschleunigten Verfahrens*** muss mit besonderem Schriftsatz gleichzeitig mit der Klageschrift oder der Klagebeantwortung bei Gericht eingereicht werden. Gemäß Art. 104 a VerfO-EuGH kann bei außerordentlicher Dringlichkeit auch das Vorabentscheidungsersuchen eines vorlegenden nationalen Gerichts gemäß Art. 234 EG einem beschleunigten Verfahren unterworfen werden.[539]

Das beschleunigte Verfahren setzt zusätzlich zu den geschilderten Voraussetzungen der Nichtigkeitsklage eine „***besondere Dringlichkeit***" der Sache voraus.

Unter der besonderen Dringlichkeit versteht man solche Fälle, bei denen der Erlass der einstweiligen Anordnung keinen ausreichenden Rechtsschutz gewährt.[540]

Vor allem wird das beschleunigte Verfahren in solchen Fällen durchgeführt, in denen zur Abwendung größter (wirtschaftlicher) Schäden dringend alsbaldige

---

[537] Art. 62 a VerfO-EuGH und Art. 76 a VerfO-EuGl

[538] Art. 76 a VerfO-EuGl, Art. 62 a VerfO-EuGH.

[539] So etwa in der Sache H. Jippes/Minister van Landbouw, in der der EuGH am 12.7.2001 erstmals ein Urteil auf der Grundlage des beschleunigten Verfahrens gefällt hat (EuGH Urt. v. 12.07.2001, Rs. C-189/01 (H. Jippes/Minister van Landbouw), Slg. 2001, I-5689).

[540] Mitteilung des EuGl zur Änderung der Verfahrensordnung des Gerichts erster Instanz zur Beschleunigung des Verfahrens, Ziffer 1, 1. Absatz, www.curia.eu.int.

Rechtssicherheit erforderlich ist. Dazu gehören insbesondere auch Fusionskontrollverfahren und Streitigkeiten im Beihilfebereich.[541]

Weiterhin muss die Sache für das beschleunigte Verfahren geeignet sein. Das Gericht entscheidet unter der Berücksichtigung der besonderen Dringlichkeit, der Umstände der Rechtssache und der Frage, ob die Rechtssache unter der Berücksichtigung des Schwierigkeitsgrades und der Schriftsätze in einer mündlichen Verhandlung erörtert werden kann.[542]

Wird eine Entscheidung durch das beschleunigte Verfahren beantragt, so soll die Klageschrift grundsätzlich die Höchstzahl der Seiten von 10 bis 25 nicht überschreiten.[543] Anzumerken ist hierbei, dass es sich lediglich um den Richtwert handelt, welcher nicht unbedingt eingehalten werden muss. So wurden im Fall Tetra Laval[544] eine 60-seitige Klageschrift und im Fall Schneider Electric[545] eine 140-seitige Klageschrift eingereicht.[546]

Für Unternehmen und ihre Rechtsberater ist es empfehlenswert eine umfassende Klagebegründung einzureichen, jedoch gleichzeitig anzumerken, auf welche Klagegründe für den Fall des beschleunigten Verfahrens verzichtet wird.

Selbst im Rechtsmittelverfahren können die Vorschriften über das beschleunigte Verfahren angewandt werden. So hatte das EuGI beispielsweise in einem Urteil vom 26. November 2002 die Rücknahme der Zulassung verschiedener Humanarzneimittel („Appetitzügler") durch die Kommission für nichtig erklärt.[547] Die Rechtsmittelschrift der Kommission ging daraufhin am 3. Februar 2003 bei der Kanzlei des Gerichtshofs ein. Bereits am 24. Juli 2003 und damit noch nicht einmal nach einem halben Jahr, erließ der EuGH (Plenum)

---

[541] Vgl. unter www.der-syndikus.der/briefings/eu/#19.

[542] Mitteilung des EuGI zur Änderung der Verfahrensordnung des Gerichts erster Instanz zur Beschleunigung des Verfahrens, Ziffer 1, 1. Absatz, www.curia.eu.int.

[543] Praktische Anweisungen des EuGH und EuGI für die Parteien des beschleunigten Verfahrens, April 2002, ABl. EG 2002, Nr. L 87/48.

[544] EuGI Urt. v. 25.10.2002, Rs. T-05/02 (COMP/M.2416; Tetra Laval/Kommission), EuGH WuW 2002, S.411 ff.

[545] EuGI Urt. v. 22.10.2002, Rs. T-310/01 (COMP/M.2283; Schneider/Kommission), EuGH WuW 2003, S.299 ff.

[546] Völcker, WuW 2003, S. 6.

[547] EuGI, Urt. v. 26.11.2002, Rs. T-74/00, T-76/00, T-83/00 bis T 85/00, T-132/00, T-137/00 und T-141/00 (Artegodan u.a./Kommission), Slg. 2002, II-4945.

sein Urteil.[548] Außerhalb des beschleunigten Verfahrens wäre ein solcher Zeitrahmen nur schwerlich einzuhalten gewesen. Dies alles schloss nicht aus, dass die Rechtsmittelführerin noch zusätzlich den Antrag auf Erlass einer einstweiligen Anordnung stellen konnte. Über diesen entschied der Präsident des EuGH ebenfalls im genannten Zeitraum, und zwar am 8. Mai 2003.

b) Besonderheiten des beschleunigten Verfahrens

Durch das beschleunigte Verfahren kann die sonst übliche Verfahrensdauer von bis zu mehreren Jahren auf mehrere Monate abgekürzt werden. Entscheidender Verfahrensabschnitt beim beschleunigten Verfahren ist die mündliche Verhandlung. Das schriftliche Verfahren ist dagegen grundsätzlich auf die Klageschrift und die Klagebeantwortung beschränkt.

Wird das beschleunigte Verfahren gewählt, so findet gemäß Art. 62 a Abs. 2 VerfO-EuGH und Art. 76 a Abs. 2 VerfO-EuGl keine zweite Schriftsatzrunde statt (Erwiderung des Klägers und des Beklagten).

Weiterhin können die Streithelfer ohne eine Genehmigung des Gerichts keine Schriftsätze einreichen und dürfen ihre Erwägungen nur in der mündlichen Verhandlung vorbringen (gemäß Art. 62 a Abs. 2 VerfO-EuGH; Art. 76 a Abs. 2 VerfO-EuGl). Im Rahmen der Nichtigkeitsklage können die Streithelfer ihre Anträge bis zu sechs Wochen nach der Veröffentlichung der Mitteilung über den anhängigen Fall im Amtsblatt vorbringen (gemäß Art. 93 Abs. 1, 16 Abs. 6 VerfO-EuGH; Art. 115 Abs. 1, 24 Abs. 6 VerfO-EuGl).

Die Terminierung im beschleunigten Verfahren geschieht zum frühestmöglichen Zeitpunkt.[549]

Durch die prozessrechtlichen Besonderheiten kann die Verfahrenszeit erheblich verkürzt werden.

---

[548] EuGl, Urt. v. 26.11.2002, Rs. T-74/00, T-76/00, T-83/00 bis T 85/00, T-132/00, T-137/00 und T-141/00 (Artegodan u.a./Kommission); EuZW 2003, 599 ff. Das EuGH wies darin das eingelegte Rechtsmittel zurück.

[549] EuGl Urt. v. 22.10.2002, Rs. T-310/01 (COMP/M.2283; Schneider/Kommission), EuGH WuW 2003, 299 ff., Rdnr. 63-65.

c) Würdigung und Änderungsvorschläge

In den Fällen Schneider Legrand[550] und Tetra Laval[551] erfolgten die gerichtlichen Entscheidungen rechtzeitig, da Ausnahmen vom Vollzugsverbot vorlagen und die Aktien der Zielunternehmen bereits erworben wurden.

In einem Zusammenschlussverfahren, in dem ein Vollzugsverbot ohne Ausnahmen besteht, wäre die Verfahrensdauer von einem Jahr immer noch zu lang. Zu beachten ist, dass zu der Zeit des beschleunigten Verfahrens auch noch die Zeit der Fusionsprüfung durch die Kommission hinzukommt, die nach der VO 139/04 bis zu acht Monaten beträgt.[552] Hinzu kommen auch die Pränotifizierungsgespräche mit dem Merger Network Nach dem Verfahren beim EuGI wird die Kommission eine gewisse Zeit (noch einmal bis zu acht Monaten) für die erneute Prüfung des Zusammenschlusses benötigen (vgl. Art. 10 Abs. 5 FKVO).

Obwohl dies immer noch nicht schnell genug ist (so dauerten die Verfahren Schneider Legrand und Tetra Laval von 10 bis 12 Monaten), stellt dies eine schnellere Alternative zum üblichen Verfahren vor dem EuGI und EuGH dar und wird daher als Glanzleistung der Europäischen Judikative bezeichnet.[553]

Eine Möglichkeit, das Verfahren zu verkürzen, wäre die Einführung von Kammern beim EuGI und EuGH, die speziell für Wettbewerbssachen zuständig sind. Diese Änderung ist jedoch, wie jede institutionelle Änderung auf der europäischen Ebene, sehr schwer durchzusetzen.[554]

Für die Unternehmen bedeutet das beschleunigte Verfahren auch die Beschränkung des Streitstoffes.

Unsachgemäß ist, dass die Kommission nicht der Forderung unterliegt, dass die Klageschrift grundsätzlich die Höchstzahl der Seiten von 10 bis 25 nicht

---

550 EuGI Urt. v. 22.10.2002, Rs. T-310/01 (COMP/M.2283; Schneider/Kommission), EuGH WuW 2003, 299 ff.

551 Urt. v. 25.10.2002, Rs. T-05/02 (COMP/M.2416; Tetra Laval/Kommission), EuGH WuW 2002, 411 ff.

552 Das Vorprüfungsverfahren dauert 25 bis 35 Arbeitstage (Art. 10 Abs. 1 FKVO), das Hauptprüfungsverfahren dauert 90 bis 125 Arbeitstage (Art. 10 Abs. 3,4 FKVO).

553 Völcker, WuW 2003, S. 6, 15; Schohe, WuW 2003, S. 359, 361.

554 Vgl. Kapitel Viel Lärm um nichts oder die institutionellen Reformen der Europäischen Fusionskontrolle S.59.

überschreiten soll. Somit hat die Kommission die Möglichkeit ausführlich auf das einzelne Vorbringen des Klägers einzugehen. Werden die Schriftsätze auf nur einen Schriftsatz pro Partei beschränkt, so dürfte es von erheblichem Vorteil sein, dass die Kommission im schriftlichen Verfahren das letzte Wort hat.

IV. Fazit

Wie oben dargestellt, zeichneten sich die letzten Jahre durch revolutionäre Neuerungen bei der Entwicklung des Rechtsschutzes im Bereich der Fusionskontrolle aus.

Bedauerlicherweise führen nicht alle Änderungen zum gewünschten Ergebnis.

Zu den erfreulichen Entwicklungen gehört zunächst die Klarstellung der Klagebefugnis Dritter im Rahmen der Nichtigkeitsklage. Diese ermöglicht eine klare Vorgehensweise der Unternehmen und ihrer Rechtsberater.

Eine weitere bahnbrechende Änderung ist die Erweiterung des Prüfungsmaßstabs und der Prüfungsdichte im Rahmen der Erörterung der Begründetheit der Nichtigkeitsklage durch das EuGI. Endlich gibt das EuGI das so genannte „Fusionsprivileg" der Kommission auf, überprüft detailliert die Entscheidungen der Kommission und findet Fehler, die eine Behörde nicht machen darf.

Eine Änderung, die leider nur wenige Auswirkungen auf die meisten Zusammenschlüsse hat, ist die Einführung des beschleunigten Verfahrens. Dieses Verfahren bringt eine Beschleunigung, die sich lediglich für seltene Ausnahmefälle eignet. Für die meisten Zusammenschlüsse ist das beschleunigte Verfahren immer noch zu langsam.

Die Bezeichnung in der Literatur, dass das neue beschleunigte Verfahren sich bewährt hat,[555] weil in den von dem EuGI entschiedenen Fällen zwischen der Entscheidung der Kommission und dem Urteil nur ein Jahr lag, kann daher nicht geteilt werden. Es sind weitere Änderungen erforderlich,[556] damit das beschleunigte Verfahren für die am Fusionskontrollverfahren Beteiligten effektive und rechtzeitige Rechtsschutzmöglichkeit bietet.

---

[555] Emmerich, AG 2003, S. 649, 660; Schohe, WuW 2003, S. 359, 361.

[556] Wie zum Beispiel die Einführung der Kartellrechtskammern beim EuGI und EuGH sowie eine weitergehende Beschleunigung des Verfahrens.

Trotzdem ist mit der Einführung des beschleunigten Verfahrens eine Steigerung der Verfahrenszahlen vor den Europäischen Gerichten zu erwarten.

Die Entwicklung des Rechtsschutzes in der europäischen Fusionskontrolle bleibt spannend. Die Erweiterung der EU, die fortschreitende Liberalisierung der Märkte, neue technische Entwicklungen sowie veränderte Einstellungen aller Beteiligten erschüttern immer wieder tradierte Positionen und werfen neue Probleme auf, auf welche die Gerichte ihrerseits neue Antworten finden müssen.

I. Quo vadi die Zuständigkeitsregelungen der Fusionskontrollverordnung

1. Einleitung

Ebenso wie das Verfahren und der Rechtsschutz ist auch die Kompetenzabgrenzung zwischen den nationalen und den europäischen Kartellbehörden bei der gegenwärtigen Diskussion von herausragender Bedeutung.[557] In diesem Kapitel wird die Neuordnung des Anwendungsbereichs der Fusionskontrollverordnung dargestellt. Die Änderungen verfolgen einfache Ziele: die sachnähere Behörde soll über die Zusammenschlussvorhaben entscheiden, die Anmeldung des Zusammenschlusses soll einfach und unbürokratisch erfolgen. Die Erreichung dieser Ziele ist offensichtlich nicht einfach: bei allen bisherigen Reformdiskussionen ist die Frage der Kompetenzabgrenzung zwischen den nationalen und den europäischen Kartellbehörden, also die Frage der Zuständigkeitsverteilung, von herausragender Bedeutung gewesen.[558] Schon bei der Entstehung der FKVO war dieses Thema besonders „umkämpft".[559] Die Bestimmung der Schwellenwerte bedeutete für die Mitgliedsstaaten den Verzicht auf den tatsächlichen Einfluss im Anwendungsbereich der Verordnung.[560]

Unumstritten sollte sich die Anmeldung der Verordnung auf die Zusammenschlüsse mit gemeinschaftsweiter Bedeutung erstrecken, was anhand von Umsatzkriterien bestimmt werden soll. Umstritten war lediglich die Höhe der Schwellenwerte.[561]

Zu niedrige Schwellenwerte würden die Kommission überfordern und können außerdem solche Fälle erfassen, die keine gemeinschaftsweite Bedeutung haben. Großbritannien und Deutschland wollten hohe Schwellenwerte erreichen, um einen möglichst großen Anwendungsbereich für die nationale Kon-

---

[557] Vgl. z.B. die Stellungnahme der österreichischen Wirtschaftskammer (http://www.wko.at/rp/fusionskontrolle.pdf) und des Bundeskartellamtes (www.bundeskartellamt.de/Stellungnahme_FK-VO_BKartA.pdf); Grünbuch über die Revision der Verordnung (EWG) Nr. 4064/89 des Rates v. 11.12.2001, KOM (2001) 745/6 endg., S. 4.

[558] Vgl. schon Bright, ECLR 1991, S. 139 ff.

[559] Ausführlich hierzu Farbmann, EuR 2004, S. 495, 498 ff.; Hölzer in: Montagon, European Competition Policy, S. 11 f.; Downes/Ellison, Legal Control of Mergers in the EC, S. 32 f.; Schwartz, YJIL 1993, S. 623 ff; Reynolds, JWTL 1983, S.421; Siragusa, ECLR 1993, S. 139 ff.

[560] Niederleithinger, EWS 1990, S. 73.

[561] Immenga/Mestmäcker-Immenga, EG-Wettbewerbsrecht, Band I, S. 780; Baron, WuW 1997, S. 579, 581; grundlegend Soames, ECLR 1990, S. 213 ff.

trolle beizubehalten.[562] Als Kompromiss wurden die Schwellenwerte unter der Bedingung eingeführt, nach vier Jahren vom Rat mit qualifizierter Mehrheit überprüft zu werden.[563] Diese Regelung wurde auch in den weiteren Fassungen der Fusionskontrollverordnung beibehalten. Art. 1 Abs. 4 und 5 FKVO beinhalten die Möglichkeit, nach einer Überprüfung der Schwellenwerte diese zu verändern.

Auch die Verteilung der Zuständigkeiten bei der Verabschiedung der Verordnung VO 139/2004 ist das Ergebnis eines Kompromisses zwischen den Mitgliedsstaaten[564] und der Kommission.[565]

Um die derzeitige Zuständigkeitsverteilung zu erläutern, werden zunächst verschiedene Vorschläge dargestellt, die während der Reformdiskussionen der letzten Jahre existierten. Hierbei wird der Schwerpunkt auf die Mehrfachanmeldungen – das „Schreckgespenst" der Fusionskontrolle – gesetzt und die Schwächen der bisherigen Regelung erläutert.

Weiterhin wird das neue System der Schwellenwerte, das lediglich marginal geändert wurde, kursorisch geschildert.

Im Anschluss wird das neue Verweisungssystem dargestellt. Erläutert werden die Nachteile des bisherigen Systems, die zu einer seltenen Anwendbarkeit von Verweisungsvorschriften führten. Die vier Verweisungsmöglichkeiten, die der Europäische Gesetzgeber seit der Einführung der neuen Fusionskontrollverordnung vorsieht, werden erklärt und kritisch gewürdigt. Hierbei wird auch auf die Probleme eingegangen, die durch das neue Verweisungssystem nicht gelöst wurden: das Problem der uneinheitlichen Würdigung bei den Teilverweisungen und die Fristen bei „Hin-und-her-Verweisungen".

Hier wird auch die für die Praxis sehr relevante Frage beantwortet: wann ist ein Verweisungsantrag sinnvoll?

---

[562] Siehe nur Cowman, S. 39; Siragusa, ECLR 1993, S. 139 ff.

[563] Immenga/Mestmäcker-Immenga, EG-Wettbewerbsrecht, Band I, S. 780.

[564] Vgl. z.B. die Stellungnahme der österreichischen Wirtschaftskammer (http://www.wko.at/rp/fusionskontrolle.pdf) und des Bundeskartellamtes (www.bundeskartellamt.de/Stellungnahme_FK-VO_BKartA.pdf).

[565] Grünbuch über die Revision der Verordnung (EWG) Nr. 4064/89 des Rates v. 11.12.2001, KOM (2001) 745/6 endg., S. 4.

Anschließend erfolgt die Darstellung einer weiteren Entwicklung, die das Zuständigkeitssystem der FKVO ändert: das Auslaufen der Geltung des EGKS-Vertrages. Hier werden die praxisrelevanten Änderungen zusammengefasst.

Als Fazit erfolgt eine Untersuchung der Auswirkungen der Änderungen des Zuständigkeitssystems auf die Anmeldesituation in der EU. Weiterhin wird nach der Möglichkeit gesucht, die wichtigsten Schwachstellen der Zuständigkeitsverteilung ohne eine Änderung der FKVO zu lösen. Es soll überprüft werden, inwieweit eine erfolgreiche Kooperation zwischen den mitgliedsstaatlichen Behörden und der Kommission die derzeitigen Probleme beheben kann.

II. Die Reformvorschläge

Die auf den Umsatzschwellen basierende Regelung der Zuständigkeit wurde oft in der Literatur in Frage gestellt.[566]

Das Abstellen auf die Umsätze der zusammenzuschließenden Unternehmen bietet die größtmögliche Rechtssicherheit bei der Prüfung, ob ein Vorhaben angemeldet werden muss. Außerdem sind die Umsätze leicht verfügbar.[567] Daher wurde im Grünbuch das Abstellen auf die Umsätze nicht angezweifelt.

Das wohl umstrittenste Problem innerhalb der Zuständigkeitsabgrenzung ist das Problem der Mehrfachanmeldungen, das man als „Schreckgespenst der Fusionskontrollverordnung" bezeichnet.[568] Hierbei handelt es sich um die Anmeldepflicht von solchen Unternehmen, die zwar die Umsatzschwellen der Fusionskontrollverordnung nicht erreichen, aber in drei oder mehr Ländern fusionieren. Damit die betroffenen Unternehmen die meist kostspieligen und ungewissen Situationen und einen erheblichen bürokratischen Aufwand vermeiden, wurden in den letzten 15 Jahren verschiedenste Lösungsansätze vertreten. Bereits im Rahmen der Reform von 1997 wurde ein Versuch unternommen, einen „3+ Vorschlag" durchzusetzen. Danach wäre die Kommission immer dann zuständig, wenn das Vorhaben in drei oder mehr Mitgliedsstaaten

---

566 Immenga/Mestmäcker - Immenga, EG-Wettbewerbsrecht, Band I, FKVO, S. 812; Die wenig diskutierten Alternativen dazu wären, der anglo-amerikanische Asset-Value Test, nämlich die Möglichkeit auf den Gesamtwert der Transaktion abzustellen, oder ein Abstellen auf die Auswirkungen des Zusammenschlussvorhabens auf den Marktanteil. Diese Möglichkeiten ohne Diskussion bei Lampert, WuW 2002, S. 449, 450.

567 Jakob/Schröter/Mederer - *Bruhn*, Europäisches Wettbewerbsrecht, S. 1310.

568 Baron, WuW 1997, S. 579, 581; Broberg, ECLR 1996, S. 289.

die Voraussetzungen für eine Anmeldung erfüllt. Dieser Vorschlag ist 1997 aufgrund des Widerstands der nationalen Kartellbehörden gescheitert.[569]

Die Mitgliedsstaaten sahen hierbei einen Verstoß gegen das Subsidiaritätsprinzip (Art. 5 EG).[570]

Die Schwellenwerte in den einzelnen Mitgliedsstaaten sind uneinheitlich. Daher kann es bei Mehrfachanmeldungen passieren, dass die Anmeldung in einem Staat gar nicht erforderlich ist und infolgedessen der nachfolgende Rechtsschutz problematisch sein kann. Außerdem haben die einzelnen Mitgliedsstaaten neben den Umsatzschwellen weitere Anforderungen (zum Beispiel regionale Ausnahmen, Abwägungsklauseln usw.), die ebenfalls uneinheitlich ausgestaltet sind. Solche wurden bei dem „3+ Vorschlag“ nicht berücksichtigt. Das Grünbuch soll zudem das Problem der Staffelanmeldungen, die die Umgehung des Anmeldeverfahrens bei der Kommission ermöglichen, außer Betracht gelassen haben.[571]

Wegen des Widerstands der nationalen Behörden, rückte die Kommission später von ihrem Vorschlag ab.[572] In der gleichen Patt-Situation befand sich der „3+ Vorschlag“ der Kommission schon während der Überarbeitung der FKVO in 1997. Diesmal hat die Kommission jedoch eine Kompromisslösung gefunden, die sowohl die Interessen der Mitgliedsländer berücksichtigt als auch das Problem der Mehrfachanmeldungen lösen soll. Die Kommission schlug einen erheblichen Ausbau der bestehenden Verweisungsmöglichkeit zwischen der Kommission und den nationalen Behörden vor, so dass die Beteiligten bereits vor der Anmeldung die Verweisung ihres Falles an die Kommission anregen können[573]. Die schon bestehenden Verweisungsmöglichkeiten, wurden bisher sehr wenig genutzt (es fanden nur elf Verweisungen der Kommission an die Mitgliedsstaaten in 2002 und sieben in 2001 statt) und machten das Verfahren sehr kompliziert.[574] Daher wurden in der Verordnung

---

[569] Bischke/Wirtz, RIW 2001, S. 328 ff; v. Meibom/Geiger, EuZW 2002, S. 261 ff.; Ahlborn/Turner, ECLR 1998, S. 249.

[570] Arhold, EWS 2002, S. 449, 454.

[571] Stellungnahme des Bundeskartellamtes (www.bundeskartellamt.de/Stellungnahme_FK-VO_BKartA.pdf).

[572] KOM (2002) 711, endg., ABl. EG Nr. C 20 v. 28.1.2003.

[573] KOM (2002) 711, endg., AblEG Nr. C 20 v. 28.1.2003, Begründung Rdnr. 19, 23, 25, 28; vgl. hierzu ausführliche Darstellung im Kapitel: Verweisungen vor der Anmeldung.

[574] Vgl. Entscheidungen der Kommission vom 16.04.2002, IV/M.2698, Promatech/Sulzer Textil, Abl. EG Nr. C 61/04, vom 8.03.2002, http://europa.eu.int/eur-lex/pri/en/oj/dat/2002/c_061/c_06120020308en00040004.pdf und vom 17.04.2002, IV/M. 2738,

139/04 die Verweisungsvorschriften der Art. 9 und 22 FKVO vereinfacht, so dass bei Mehrfachanmeldungen eine Verweisung an die Kommission vor oder nach der Anmeldung erfolgen kann.[575]

Oberhalb der - im nächsten Kapitel dargestellten Umsatzschwellen - gibt es fast keine Änderungen. Unterhalb der Umsatzschwellen ist die Kommission bei Mehrfachanmeldungen zuständig, wenn die Unternehmen es wünschen und die Mitgliedstaaten nicht widersprechen.

Bei der Reform der Fusionskontrollverordnung blieben so viele Probleme unberücksichtigt (alleine im Rahmen der Zuständigkeitsverteilung das Problem der uneinheitlichen Würdigung bei den Teilverweisungen und die Fristen bei „Hin-und-her-Verweisungen" u.v.a.), dass man sicher sein kann, dass es nicht die letzte Reform des Zuständigkeitssystems der Europäischen Fusionskontrolle war.

III. Die Schwellenwerte

Die im Folgenden dargestellten Schwellenwerte sind als Ergebnis einer sehr kontroversen Diskussion entstanden. Hinter den „trockenen" Zahlen der Umsatzschwellen verstecken sich die härtesten Kämpfe bei der Teilung der Einflusssphären zwischen den Mitgliedsstaaten und der Kommission.

Gemäß Art. 1 Abs. 1 ist die Fusionskontrollverordnung für alle Zusammenschlüsse von gemeinschaftsweiter Bedeutung anwendbar. Die Fusionskontrollverordnung sieht eine „one stop shop"-Kontrolle vor, das bedeutet, dass die Unternehmenszusammenschlüsse ausschließlich von der Kommission beurteilt werden, wenn die Schwellenwerte erreicht sind.

Ob ein Zusammenschluss die gemeinschaftsweite Bedeutung im Sinne von Art. 1 und Art. 21 Abs. 2 FKVO hat, richtet sich nach rein quantitativen Kriterien, die in Art. 1 Abs. 2 und 3 FKVO festgelegt sind. Die Schwellenwerte sind dafür entscheidend, ob sich die Kommission mit dem Zusammenschluss befasst.[576] Gleichgültig ist es, wo die beteiligten Unternehmen ihren Sitz haben, wo der wirtschaftliche Schwerpunkt der Transaktion liegt oder wo die Fusion

---

GEES/Unison, http://europa.eu.int/comm/competition/mergers/cases/decisions/m2738_en.pdf in denen mehrere Mitgliedsstaaten gemeinsam die Fälle an die Kommission verwiesen haben.

[575] Vgl. hierzu Kapitel Verfahren S.77.

[576] Dazu Soames, ECLR 1990, S. 213, 215; Siragusa, ECLR 1993, S. 139 ff.

vollzogen wird.[577] Daher müssen auch die in Drittstaaten erfolgenden Zusammenschlüsse angemeldet werden, wenn die beteiligten Unternehmen die Schwellenwerte in der EG erreichen.[578]

Da bei den Schwellenwerten nach der Reform der FKVO lediglich marginale Änderungen eingetreten sind (geändert wurde der weltweite Gesamtumsatz des Art. 1 Abs. 3 lit. a FKVO), werden die Schwellenwerte und deren Berechnung nur kursorisch dargestellt. Zu den Einzelheiten kann auf die Fülle von Literatur, die zu diesen Bereichen zur VO 4064/89 erschien, verwiesen werden.[579]

1. Schwellenwerte des Art. 1 Abs. 2 FKVO

Gemäß Art. 1 Abs. 2. FKVO ist die gemeinschaftsweite Bedeutung zu bejahen, wenn drei Voraussetzungen kumulativ vorliegen:

(1) Die beteiligten Unternehmen müssen einen ***weltweiten Umsatz*** von mindestens 5 Milliarden EURO haben;[580]

(2) sie müssen einen ***gemeinschaftsweiten Umsatz*** von mindestens zwei beteiligten Unternehmen von jeweils mehr als 250 Millionen EURO haben (deminimis-Regel);[581]

(3) die beteiligten Unternehmen dürfen nicht mehr als 2/3 ihres gemeinschaftsweiten Umsatzes in ein und demselben ***Mitgliedsstaat*** erzielen (Zwei-Drittel-Regel).

Alle Zusammenschlüsse, die oberhalb der Schwellenwerte liegen, werden ausschließlich von der Kommission beurteilt. Wird ein Zusammenschluss unter den Schwellenwerten der Kommission gemeldet, so lehnt die Kommission ihre Zuständigkeit durch eine Entscheidung nach Art. 6 Abs. 1 lit. a FKVO ab.

---

[577] Bunte, Kartellrecht, S. 441; Soames, ECLR 1990, S. 213, 215 f.

[578] Vgl. hierzu die Entscheidung der Kommission v. 25.07.2001, IV/M. 2333, De Beers/LVMH ; http://europa.eu.int/comm/competition/mergers/cases/decisions/m2333_en.pdf.

[579] Zu den Umsätzen und Schwellenwerten vgl. die ausführliche Darstellung Soames, ECLR 1990, S. 213, 215; Siragusa, ECLR 1993, S. 139 ff.

[580] Art. 1 Abs. 2 lit. a FKVO.

[581] Art. 1 Abs. 2 lit. b FKVO.

Die Folge der hohen Schwellenwerte besteht darin, dass die Fusionskontrollverordnung primär die Zusammenschlüsse von Großunternehmen erfasst.[582]

2. Verweisung der Mitgliedsstaaten an die Kommission

Auch bei Nichterreichung der Schwellenwerte, prüft die Kommission ein Vorhaben bei einer Verweisung der Mitgliedsstaaten an die Kommission nach der Anmeldung (Art. 22 FKVO) oder vor der Anmeldung (Art. 4 Abs. 5 FKVO).[583]

3. Schwellenwerte des Art. 1 Abs. 3 FKVO

Ein Zusammenschluss, der die Schwellen des Art. 1 Abs. 2 FKVO nicht erreicht, hat gemäß Art. 1 Abs. 3 FKVO trotzdem gemeinschaftsweite Bedeutung, wenn folgende Voraussetzungen kumulativ vorliegen:

(1) Der weltweite Umsatz aller beteiligten Unternehmen muss zusammen mehr als 2 Milliarden EURO betragen;(der weltweite Gesamtumsatz wurde infolge der Reform der Fusionskontrollverordnung von 2,5 auf 2 Milliarden EURO abgesenkt);

(2) der Gesamtumsatz aller beteiligten Unternehmen muss in mindestens drei Ländern jeweils 100 Millionen EURO übersteigen;

(3) in jedem von mindestens drei dieser Staaten muss der Gesamtumsatz von mindestens zwei beteiligten Unternehmen jeweils mehr als 25 Millionen EURO betragen;

(4) der gemeinschaftsweite Umsatz von mindestens zwei beteiligten Unternehmen jeweils 100 Millionen EURO übersteigt;

(5) die beteiligten Unternehmen dürfen nicht mehr als 2/3 ihres gemeinschaftsweiten Umsatzes in einem und demselben ***Mitgliedsstaat*** erzielen.

---

[582] Mindestens ein Großunternehmen muss an dem Zusammenschluss beteiligt sein.

[583] Vgl. hierzu das Kapitel Abweichendes Verfahren bei Verweisung an die zuständigen Behörden der Mitgliedsstaaten S.143.

4. Berechnung der Schwellenwerte[584]

Die Berechnung der Schwellenwerte erfolgt anhand des jeweiligen Jahresumsatzes im letzten Geschäftsjahr vor der Anmeldung.[585]

Art. 5 Abs. 1 bis 3 FKVO regeln, wie der Umsatz des relevanten Unternehmens berechnet wird. Nach der Bekanntmachung über die Berechnung des Umsatzes[586] wird der Umsatz an dem Tag berechnet, der dem Tag der Transaktion vorausgeht.[587]

5. Überprüfung der Schwellenwerte 2009

Die Fusionskontrollverordnung regelt in Art. 1 Abs. 4 und 5 die Überprüfung der Anwendung der Schwellenwerte und die Möglichkeit des Rates, mit qualifizierter Mehrheit die Schwellenwerte abzuändern.

---

[584] Grundlegend hierzu mit zahlreichen Beispielen Soames, ECLR 1990, S. 213 ff.

[585] Art. 5 Abs. 1 FKVO.

[586] Mitteilung der Kommission über die Berechnung des Umsatzes im Sinne der VO (EWG) Nr. 4064/89 des Rates über die Kontrolle von Unternehmenszusammenschlüssen, ABl. EG 1994 Nr. C 385/21.

[587] Mitteilung der Kommission über die Berechnung des Umsatzes im Sinne der VO (EWG) Nr. 4064/89 des Rates über die Kontrolle von Unternehmenszusammenschlüssen, ABl. EG 1994 Nr. C 385/21, Rdnr. 24.

Übersicht 13: Zuständigkeit der Kommission

Art. 1 Abs. 2 FKVO	Verweisung der Mitgliedsstaaten an die Kommission:	Art. 1 Abs. 3 FKVO
Weltweiter Umsatz mind. 5 Mrd. € + gemeinschaftsweiter Umsatz mind. 250 Mio. € + nicht mehr als 2/3 des Umsatzes der beteiligten Unternehmen in ein und demselben Mitgliedsstaat	Art. 22 FKVO - vor der Anmeldung Art. 9 FKVO– nach der Anmeldung	Weltweiter Umsatz mind. 2 Mrd. € + Umsatz in mind. 3 Ländern mind. 100 Mio. € + mind. 2 beteiligte Unternehmen haben den Umsatz über 25 Mio. €

IV. Abweichendes Verfahren bei Verweisung an die zuständigen Behörden der Mitgliedsstaaten

Erfolgt eine Verweisung der Mitgliedstaaten an die Kommission oder der Kommission an die Mitgliedstaaten, so müssen sich beim Vorliegen bestimmter in der FKVO normierter Voraussetzungen, unabhängig von den Umsätzen, die zuständigen Behörden der EU oder der Mitgliedstaaten mit dem Zusammenschluss befassen.

1. Gründe für eine Änderung des Verweisungssystems

Das Verweisungssystem der Fusionskontrollverordnung, welches zweifellos den wichtigsten Einbruch in die ausschließliche Zuständigkeit der Kommission darstellt,[588] wurde wesentlich geändert. Das alte Verweisungssystem wurde oft kritisiert.[589]

Art. 9 FKVO wird oft als „deutsche Klausel" bezeichnet, dieser Artikel wurde in die Fusionskontrollverordnung eingefügt, um die deutschen Bedenken gegen die Fusionskontrollverordnung auszuräumen. Ohne die Einführung dieser Vor-

[588] Vgl. auch Hirsbrunner, EWS 1998, S. 233; Heidenhein, EuZW 1990, S. 84.

[589] Grünbuch über die Revision der Verordnung (EWG) Nr. 4064/89 des Rates v. 11.12.2001, KOM (2001) 745/6 endg., S. 4.

schrift wäre die Zustimmung der deutschen Delegation zur FKVO fraglich.[590] Vor diesem historischen Hintergrund ist nachvollziehbar, weshalb die Vorschrift alle Merkmale einer Kompromissvorschrift trägt, was vor allem am komplizierten Aufbau und vereinzelten Ungenauigkeiten erkennbar ist.[591]

Insbesondere waren die Verweisungskriterien sehr unpräzise formuliert. So war nach Art. 9 Abs. 2 FKVO a. F. für eine Verweisung der Kommission an die Mitgliedsstaaten nach der Anmeldung erforderlich, dass „ein Zusammenschluss die beherrschende Stellung zu begründen oder zu verstärken droht".

Nach Art. 9 Abs. 2 lit. b. FKVO a. F. war erforderlich, dass ein Teil des gemeinsamen Marktes vorliegt, der nicht „wesentlich" ist. Wesentlich war wiederum nach der Rechtsprechung des EuGH jedenfalls das Gebiet eines ganzen Mitgliedsstaates, und sogar die einzelnen deutschen Bundesländer und sonstige Regionen der Mitgliedsstaaten hielt der EuGH für wesentlich.[592] Dies hat ebenfalls eine Verweisung erschwert, da fast immer die Wesentlichkeit zu bejahen war.

Weiterhin gab es Bedenken hinsichtlich der Behandlung der verwiesenen Fälle durch die nationalen Kartellbehörden.[593]

Der Zeitplan für die Verweisungen wurde ebenfalls oft kritisiert. So mussten die Mitgliedsstaaten bei einer Verweisung der Kommission an die Mitgliedsstaaten drei Wochen nach der Anmeldung die Verweisung beantragen.[594] Der Verweisungsantrag musste binnen sechs Wochen nach der Anmeldung angenommen oder abgelehnt sein.[595] Für die betroffenen Unternehmen bedeutete eine solche Vorgehensweise eine deutliche Zeitverlängerung[596] und die Steigerung der Kosten.

---

590 Umfassend Janicki, Inhalt und Praxis der Rückverweisungsvorschriften in Art. 9 der FKVO, in Schwerpunkte des Kartellrechts, FIW-Schriftenreihe, Heft 158, S. 63 f.; Farbmann, EuR 2004, S. 495, 497.

591 Schröter/Jakob/Mederer - *Hirsbrunner*, Kommentar zum Europäischen Wettbewerbsrecht, S. 1677.

592 EuGI Urt. v. 10.03.1992, Rs. T-68/89 (RTE/Kommission), Slg. 1991, II-485, Rdnr. 64; EuGH Urt. v. 06.04.1995, Rs. C-241/91 (RTE und ITP / Kommission), Slg. 1995, I-743; http://europa.eu.int/smartapi/cgi/sga_doc?smartapi!celexplus!prod!CELEXnumdoc&lg=en&numdoc=61991J0241.

593 Vgl. hierzu Berg, BB 2004, S. 561, 564.

594 Art. 9 Abs. 2 S. 1 FKVO a.F.

595 Art. 9 Abs. 4 lit. a FKVO a.F.

596 Sonst dauerte der gesamte Vorprüfungsverfahren nur 4-6 Wochen. Hier dagegen wurde noch nichts über die Fusion als solche entschieden, obwohl schon 6 Wochen vergingen.

Außerdem waren die Verweisungen nach Art. 9 FKVO sehr selten.[597] So erfolgten bis 2003 insgesamt nur 58 Verweisungen, 31 davon erfolgten in 2002 und 2003.

Übersicht 14: Verweisungen[598]

	1994	1995	1996	1997	1998	1999	2000	2001	2002
Zahl der Notifizierungen	95	110	131	172	235	292	345	335	277
Zahl der Verweisungen nach Art. 9 FKVO	1	0	3	7	4	5	6	7	11
Zahl der Verweisungen nach Art. 22 FKVO	-	-	-	1	-	-	-	-	2

Der infolge der Reform der Fusionskontrollverordnung in 1998[599] neu eingefügte, damals sehr umstrittene Art. 9 Abs. 2 lit. b FKVO wurde nur dreimal als Rechtsgrundlage für die Verweisungen verwendet.[600]

Auch von der Möglichkeit der Verweisung der Mitgliedsstaaten an die Kommission nach Art. 22 Abs. 3 FKVO a.F. wurde sehr selten gebrauch gemacht. Die Mitgliedsstaaten kamen zu einer Verweisung an die Kommission nur in Fällen außerordentlicher Bedrängnis, vor allem zu Zeitpunkten, als sie selbst noch über keine nationale Zusammenschlusskontrolle verfügten.[601] So hatten die Niederlande und Dänemark noch kein Fusionskontrollsystem zum Zeitpunkt der Entstehung der Verordnung. Die Regelung war ursprünglich für diese Mitgliedsstaaten gedacht. Daher bezeichnet man diese Regelung häufig als „holländische Klausel". Ein nach Art. 22 Abs. 3 FKVO a.F. erlaubter gemein samer Verweisungsantrag mehrerer Mitgliedsstaaten erfolgte nur dreimal. Das hatte vielfältige Gründe: die Fristen für die Verweisung waren zu lang und in den einzelnen Mitgliedsstaaten uneinheitlich, außerdem fehlte eine Bestim-

---

[597] Feine Übersicht über die Verweisungspraxis der Kommission 1989 – 1998 bei Hirsbrunner, EWS 1998, S. 233, 238.

[598] Nach Kommission der Europäischen Gemeinschaften, XXIV, XXV, XXVI, XXVII, XXVIII, XXIX, XXX, XXXI, XXXII. Wettbewerbsberichte.

[599] Verordnung (EG) Nr. 1310/97 des Rates v. 30.6.1997, ABl. EG 1997 Nr. L 180, S. 1.

[600] Vgl. Kommission der Europäischen Gemeinschaften, XXVIII, XXIX, XXX, XXXI, XXXII. Wettbewerbsberichte.

[601] Kritisch hierzu Bartosch/Nollau, EuZW 2002, S. 197, 201 f; Heidenhein, EuZW 1990, S. 84.

mung, die die nationalen Fristen bis zur Verweisung an die Kommission aussetzte.[602]

Zwei Verweisungen nach Art. 22 FKVO erfolgten 2002[603] nachdem die Wettbewerbsbehörden der Mitgliedsstaaten im Rahmen des 2001 gegründeten Forums „European Competition Authorities" (ECA)[604] eine engere Abstimmung bei der Fusionskontrolle vereinbart hatten.[605]

Eine Verweisungsmöglichkeit von der Anmeldung des Zusammenschlusses durch die Unternehmen bei der Kommission war in der Fusionskontrollverordnung gar nicht enthalten.

2. Das neue Verweisungssystem

In der Fusionskontrollverordnung gibt es vier verschiedene Verweisungsmöglichkeiten:

(1) Verweisung der Kommission an die Mitgliedsstaaten nach der Anmeldung (Art. 9 Abs. 2 FKVO),

(2) Verweisung der Mitgliedsstaaten an die Kommission nach der Anmeldung (Art. 22 FKVO),

(3) Verweisung der Kommission an die Mitgliedsstaaten vor der Anmeldung (Art. 4 Abs. 4 FKVO) und

(4) Verweisung der Mitgliedsstaaten an die Kommission vor der Anmeldung (Art. 4 Abs. 5 FKVO).

---

[602] Grünbuch über die Revision der Verordnung (EWG) Nr. 4064/89 des Rates v. 11.12.2001, KOM (2001) 745/6 endg., Rdnr, 92 ff.

[603] Vgl. Übersicht Verweisungen.

[604] Vgl. Kapitel European Competition Authorities Forum (ECA) S.71.

[605] Böge, WuW 2004, S. 138, 140.

a) Verweisung nach der Anmeldung

Die Verweisungsvorschriften der Art. 9 und Art. 22 FKVO wurden neben der Anpassung an den neuen Maßstab des Art. 2 Abs. 2 und 3 FKVO weitgehend reformiert.

aa) Verweisung der Kommission an die Mitgliedsstaaten („Deutsche Klausel")

Nach Art. 9 FKVO können die Mitgliedsstaaten eine Verweisung der Sache seitens der Kommission beantragen, auch wenn es sich um einen Fall mit gemeinschaftsweiter Bedeutung handelt. Die Verweisungskriterien sind erleichtert worden, so reicht es nach Art. 9 Abs. 2 lit. a FKVO, wenn ein Zusammenschluss den Wettbewerb „erheblich zu beeinträchtigen droht". Die Kommissionspraxis und die Gerichte werden den Begriff der „erheblichen Beeinträchtigung" ausfüllen müssen.

Auf jeden Fall ist es weniger als „die Begründung oder Verstärkung einer beherrschenden Stellung durch den Zusammenschluss".[606] Eine „erhebliche Behinderung des Wettbewerbs" ist auch nicht erforderlich. Die erhebliche Beeinträchtigung ist daher enger zu verstehen, als die erhebliche Behinderung.

Auch der neu gefasste Art. 9 FKVO wird im Schrifttum kritisiert; angezweifelt wird, ob die Verweisungen nach dem neuen Art. 9 FKVO öfter erfolgen werden.[607]

Ob die Vorschrift öfter als vorher genutzt wird, ist jedoch weniger eine Frage der Semantik, als eher der Macht, die mit der Prüfungs- und Entscheidungsmöglichkeit zusammenhängt. Daher sollte man an der Vertiefung der Zusammenarbeit zwischen der Kommission und den mitgliedsstaatlichen Kartellbehörden arbeiten, damit die Verweisungen häufiger erfolgen.

Gemäß Art. 9 Abs. 6 FKVO muss die nationale Kartellbehörde innerhalb von 45 Tagen nach der Verweisung den Parteien das vorläufige Ergebnis ihrer wettbewerblichen Prüfung mitteilen. Falls das innerstaatliche Recht eine Anmeldung vorschreibt, beginnt die 45-Tage Frist an dem Arbeitstag, der auf den Eingang der vollständigen Anmeldung folgt.

---

[606] Vgl. Art. 2 Abs. 3 FKVO.

[607] Berg, BB 2004, S. 561, 564.

Bedenklich ist hierbei, dass die Unternehmen eine erneute Anmeldung vornehmen müssen, denn sie haben sich bei der Kommission bereits einmal angemeldet. Vollkommen ausreichend wäre die Arbeit der mitgliedsstaatlichen Behörden mit den Anmeldeunterlagen, die bei der Kommission eingereicht wurden, mit der Möglichkeit, bestimmte Fragen an die Unternehmen zu stellen, falls die Anmeldeunterlagen den Behörden nicht ausreichen. Das würde sowohl die Prüfzeiten verkürzen, die sich sowieso schon durch die Verweisung verlängern, als auch den Anmeldeaufwand der Unternehmen verringern.

Eine „Zwangsverweisung" der Kommission an einen Mitgliedsstaat ohne dessen Einverständnis ist nicht möglich.

Trotz aller Kritik hat sich die Praxis der Verweisungen der Kommission an die Mitgliedsstaaten seit der Einführung der „Deutschen Klausel" mehrfach bewährt. Zumeist wird an die Mitgliedsstaaten verwiesen, wenn die relevanten Märkte einen ***„stark nationalen Charakter"*** aufweisen.

So erfolgte eine Teilverweisung im Fall SEB/Moulinex[608] von der Kommission an die französischen Fusionskontrollbehörden, da die Märkte für elektrische Haushaltskleingeräte eine starke nationale Dimension aufweisen.

Der Fall SEB/Moulinex[609] ist auch unter einem anderen Aspekt sehr interessant. Die Entscheidung des EuGH[610] in diesem Fall zeigt in ihrer Knappheit und Prägnanz alle Gefahren einer uneinheitlichen Beurteilung bei Teilverweisungen. Bedauerlicherweise hat die Reform der Fusionskontrollverordnung das Problem der Teilverweisungen nicht gelöst. Erfolgt eine Teilverweisung, so besteht die Gefahr einer fragmentierten und sogar widersprüchlichen Prüfung eines Zusammenschlussvorhabens.

Das EuGI befasste sich mit der Teilverweisung in der Entscheidung Philips gegen die Kommission.[611] Die Entscheidung behandelt die Beurteilung des Kontrollerwerbs von SEB über Moulinex durch die Kommission. Die Kommission hat die Teile des Kontrollerwerbs, die ausschließlich den französischen

---

[608] Entscheidung der Kommission v. 8.01.2002, IV/M. 2621, SEB/Moulinex, http://europa.eu.int/comm/competition/mergers/cases/decisions/m2621_fr.pdf; EuZW 2003, S. 769 f.

[609] Entscheidung der Kommission v. 8.01.2002, IV/M. 2621, SEB/Moulinex, http://europa.eu.int/comm/competition/mergers/cases/decisions/m2621_fr.pdf; EuZW 2003, S. 769 f.

[610] Entscheidung der Kommission v. 8.01.2002, IV/M. 2621, SEB/Moulinex, http://europa.eu.int/comm/competition/mergers/cases/decisions/m2621_fr.pdf; EuZW 2003, S. 769 f.

[611] Abgedruckt in EuZW 2003, S. 769 f.

Markt betreffen an die französische Wettbewerbsbehörde (französisches Wirtschaftsministerium) verwiesen.

Es kam zu einer absolut unterschiedlichen Beurteilung des Zusammenschlussvorhabens durch die Kommission und das französische Wirtschaftsministerium. Die Kommission verneinte das Vorliegen der Voraussetzungen der „failing firm defence“[612] und erteilte eine Freigabe unter strengen Auflagen. Das französische Wirtschaftsministerium hat eine bedingungslose Freigabe erteilt und das Vorliegen der Voraussetzungen der „failing firm defence“ bejaht.

Eine solche Vorgehensweise in ein und demselben Zusammenschluss ist inakzeptabel. Zwar ist die Möglichkeit einer Teilverweisung zweifellos sinnvoll, falls im Rahmen eines Zusammenschlusses bestimmte Märkte rein nationalen Charakter haben. Jedoch ist bei der Prüfung und Entscheidung trotz der Verweisung eine enge Zusammenarbeit der mitgliedsstaatlichen Behörden und der Kommission erforderlich. Die Zusammenarbeit kann sowohl über den Beratenden Ausschuss als auch über das „European Competition Authorities Forum“ erfolgen.

Ein weiterer Fall, in dem die Verweisung erfolgt, liegt bei einer ***überragend starken Auswirkung des Zusammenschlusses auf den nationalen Markt*** eines bestimmten Staates vor. So zum Beispiel hat die britische Regierung bei der Übernahme des französischen Unternehmens Cerestar durch die amerikanische Firma Cargill Inc.[613] die Verweisung an das Vereinigte Königreich verlangt, da der Zusammenschluss sich sehr stark auf den britischen Markt für Glukosesirup und Mischungen auf Glukosebasis auswirken würde.[614]

bb) Verweisung der Mitgliedsstaaten an die Kommission („holländische Klausel“)

Die Verweisung der Mitgliedsstaaten an die Kommission ist in Art. 22 FKVO geregelt.

---

612 Vgl. ausführlich zu der „failing company defence“ im Kapitel Erhebliche Behinderung des wirksamen Wettbewerbs, insbesondere durch die Ausnutzung der marktbeherrschenden Stellung S.191.

613 Entscheidung der Kommission v. 18.01.2002, IV//M.2502, Cargill / Cerestar, http://europa.eu.int/comm/competition/mergers/cases/decisions/m2502_en.pdf.

614 Vgl. hierzu Kommission der Europäischen Gemeinschaften, XXXII. Wettbewerbsbericht, S. 67.

Infolge der Reform der Fusionskontrollverordnung wurde das Verweisungsverfahren vereinfacht. Nach der neuen Rechtslage ist eine Verweisung im Falle einer „drohenden erheblichen Beeinträchtigung" möglich.[615]

Die Kommission kann die Mitgliedsstaaten auffordern, die Sache an die Kommission zu verweisen.[616] Eine solche Möglichkeit war bisher noch nicht vorgesehen. Der Antrag muss innerhalb von 15 Tagen nach der Anmeldung oder Kenntnisnahme der Kommission vom Zusammenschluss erfolgen. Die Kommission unterrichtet die zuständigen Behörden der Mitgliedsstaaten von diesem Antrag.

Nach der Unterrichtung sind die mitgliedsstaatlichen Fristen gehemmt, bis der Mitgliedsstaat entscheidet, ob er sich dem Antrag der Kommission anschließt.[617] Letztendlich liegt es im Ermessen der Kommission, ob sie die Prüfung des Zusammenschlusses an sich zieht. Die Kommission hat darüber binnen 10 Arbeitstagen zu befinden, sonst wird ihr Schweigen gemäß Art. 22 Abs. 3 FKVO als Zustimmung gewertet, den Zusammenschluss zu prüfen. Die 10-Tages-Frist beginnt nach Ablauf der Frist gemäß Art. 22 Abs. 3 FKVO, das heißt nach der 15-Tage Frist, die den Mitgliedsstaaten für die Zustimmung zusteht.

Innerhalb von Art. 22 FKVO fehlt leider die Regelung der maximalen Fristdauer bei den „Hin-und–Her- Verweisungen".[618] Zwar hat der europäische Gesetzgeber dieses Problem gesehen, dennoch hat er es lediglich im 14. Erwägungsgrund angesprochen. Die Erwägungsgründe sind jedoch unverbindlich und beinhalten keine maximale zeitliche Vorgabe, sondern lediglich die Aufforderung, das Verweisungsverfahren zügig durchzuführen.

Hat die Kommission sich für die Prüfung des Zusammenschlusses entschlossen, so erfolgt eine neue Anmeldung nach Art. 22 Abs. 4 FKVO bei der Kommission.

---

615 Berg/Digel, EWS 2003, S. 445, 446.

616 Art. 22 Abs. 5 FKVO.

617 Art. 22 Abs. 2 FKVO.

618 Zu dieser Frist kommt selbstverständlich auch noch die Prüfungsfrist der Kommission oder der nationalen Behörden hinzu.

Insgesamt ist festzustellen, dass das „Fristenregime" viel klarer und übersichtlicher geworden ist. Die Dauer der Entscheidungsfristen hätte jedoch aus der praktischen Perspektive auch etwas kürzer sein können.[619]

Im Jahre 2002 erfolgten lediglich zwei Verweisungen der Mitgliedsstaaten an die Kommission. Die Wettbewerbsbehörden Deutschlands, Frankreichs, Italiens, Österreichs, Portugals, Spaniens und des Vereinigten Königreichs haben den Fall Promatech/Sulzer Textil an die Kommission verwiesen.[620] Hierbei ging es um den Erwerb von Sulzer Textil (dem schweizerischen Textilmaschinenhersteller) durch den italienischen Webmaschinenhersteller Promatech SpA. Die Untersuchung der Kommission hatte ergeben, dass der Zusammenschluss zu einer beherrschenden Stellung auf dem westeuropäischen Markt für Greiferwerbsmaschinen geführt hätte. Die Bedenken konnten jedoch durch die Zusagen von Promatech beseitigt werden, so dass die Kommission dem Zusammenschluss zustimmte.[621]

Auch im Falle GEES/Unison[622] wurde der in sechs Mitgliedsstaaten angemeldete Zusammenschluss an die Europäische Kommission verwiesen. Die Kommission hat dem Zusammenschlussvorhaben unverzüglich zugestimmt, da keine Überschneidungen zwischen den Aktivitäten von GEES und Unison vorlagen.[623]

Der bisher in der Geschichte der Fusionskontrollverordnung dritte Verweisungsfall nach Art. 22 FKVO – der Fall GE/Agfa NDT[624] - zeigte deutlich die Schwächen des Verfahrens nach Art. 22 FKVO. Die Behörden brauchten allein 90 Tage, bis über die Zuständigkeit der Kommission entschieden wurde. Offensichtlich gibt es immer noch Schwachstellen bei der Zusammenarbeit der Kommission mit den Mitgliedsstaaten, sonst würde eine Entscheidung über die Verweisung kaum 90 Tage dauern.

---

[619] Berg/Digel, EWS 2003, S. 445, 447.

[620] Entscheidung der Kommission vom 16.04.2002, IV/M.2698, Promatech/Sulzer Textil, Abl. EG Nr. C 61/04, vom 8.03.2002, http://europa.eu.int/eur-lex/pri/en/oj/dat/2002/c_061/c_06120020308en00040004.pdf.

[621] Vgl. hierzu Kommission der Europäischen Gemeinschaften, XXXII. Wettbewerbsbericht,S. 71.

[622] Entscheidung der Kommission vom 17.04.2002, IV/M. 2738, GEES/Unison, http://europa.eu.int/comm/competition/mergers/cases/decisions/m2738_en.pdf.

[623] Vgl. hierzu Kommission der Europäischen Gemeinschaften, XXXII. Wettbewerbsbericht,, S. 71.

[624] Entscheidung der Kommission v. 5.12.2003, IV/M. 3136, (GE / AGFA NDT), http://europa.eu.int/comm/competition/mergers/cases/decisions/m3136_de.pdf.

Das bedeutet, dass sich das übliche Zusammenschlusskontrollverfahren um 90 Tage und die Zeit der „Pre-Notification-Gespräche" verlängerte. Dazu kam die Anmeldezeit bei den nationalen Behörden und die Prüfungszeit der Kommission, so dass die gesamte Prüfung fast ein Jahr dauerte.

Zusätzlich zu den vollständigen Anmeldungen in den Mitgliedsstaaten bestand die Kommission auf der Wiederholung der vollständigen Anmeldung.

In diesem Fall war die Wiederholung der vollständigen Anmeldung überhaupt nicht erforderlich. Vollkommen ausreichend wäre die Verwendung der bei den mitgliedsstaatlichen Behörden eingereichten Anmeldeunterlagen mit der Möglichkeit, zusätzliche Fragen an die Unternehmen zu stellen.

Auch die VO 139/2004 hat diese Probleme des Verweisungsverfahrens nach Art. 22 FKVO nicht gelöst und den unverhältnismäßigen Aufwand nicht beseitigt.

b) Verweisungen vor der Anmeldung

Die Verweisungen vor der Anmeldung können nach Art. 4 Abs. 4 lit. f FKVO erfolgen. Dazu muss man das Formblatt RS ausfüllen.[625] Die Angaben auf dem Formblatt RS sind den Angaben auf dem Formblatt CO ähnlich.[626] Das Initiativrecht der Verweisungen vor der Anmeldung liegt bei den Unternehmen. Der Europäische Gesetzgeber hat durch die Einführung der Verweisungsmöglichkeit vor der Anmeldung eine Möglichkeit geschaffen, eine zeit- und kostenintensive Anmeldung[627] in mehreren Mitgliedsstaaten zu vermeiden. Daher sind die neuen Vorschriften (Art. 4 Abs. 4 und 5 FKVO) für die Praxis sehr relevant.

---

[625] Anhang III zur VO (EG) Nr. 802/2004 der Kommission vom 7. April 2004 zur Durchführung der Verordnung (EG) Nr. 139/2004 des Rates über die Kontrolle von Unternehmenszusammenschlüssen; http://europa.eu.int/eur-lex/pri/de/oj/dat/2004/l_133/l_13320040430de00010039.pdf.

[626] Wie beim Formblatt CO auch, müssen 35 Kopien und die elektronische Fassung eingereicht werden.

[627] Bartosch/Nollau, EuZW 2002, S. 197.

aa) Verweisung der Kommission an die Mitgliedsstaaten

Nach Art. 4 Abs. 4 FKVO setzt die Verweisung von der Kommission an die Mitgliedsstaaten voraus, dass „der Zusammenschluss den Wettbewerb in einem Markt innerhalb des Mitgliedsstaates... erheblich beeinträchtigen könnte".

Nach Erwägungsgrund 16 ist hierbei zu beachten, dass „von den beteiligten Unternehmen" nicht „der Nachweis der erheblichen Beeinträchtigung des Wettbewerbs" verlangt werden sollte. Unklar ist daher, wieso nach dem Entwurf des Formblatts RS die Unternehmen eine Erklärung beifügen müssen, welche Beeinträchtigungen für den Wettbewerb durch den Zusammenschluss entstehen könnten.[628] Es ist auch absolut widersinnig für die Unternehmen, zunächst bei der Verweisung nachweisen zu müssen, dass „eine erhebliche Beeinträchtigung des Wettbewerbs" vorliegt, später bei der Beurteilung des Zusammenschlusses aber genau das Gegenteil nachzuweisen. Eine solche widersprüchliche Vorgehensweise ergibt sich aus dem Formblatt RS.[629] Abzuwarten ist, welche Anforderungen die Kommission an solche Nachweise stellen wird.

Bei einer Verweisung der Kommission an die Mitgliedsstaaten leitet die Kommission den Antrag der Unternehmen unverzüglich an die betroffenen Mitgliedsstaaten weiter.[630] Der jeweilige Mitgliedsstaat muss innerhalb von 15 Tagen mitteilen, ob er der Verweisung zustimmt (eine fehlende Entscheidung des Mitgliedsstaates gilt als Zustimmung).[631] Die Verweisung steht im Ermessen der Kommission. Sie kann den Fall insgesamt oder teilweise an die zuständigen nationalen Behörden verweisen.

Die Verweisungsentscheidung ergeht innerhalb von 25 Tagen nach dem Eingang des Formblattes RS bei der Kommission.[632]

---

[628] Eine solche Erklärung verlangt der Anhang III zur VO (EG) Nr. 802/2004 der Kommission vom 7. April 2004 zur Durchführung der Verordnung (EG) Nr. 139/2004 des Rates über die Kontrolle von Unternehmenszusammenschlüssen; http://europa.eu.int/eur-lex/pri/de/oj/dat/2004/l_133/l_13320040430de00010039.pdf.

[629] Eine solche Erklärung verlangt der Anhang III zur VO (EG) Nr. 802/2004 der Kommission vom 7. April 2004 zur Durchführung der Verordnung (EG) Nr. 139/2004 des Rates über die Kontrolle von Unternehmenszusammenschlüssen; http://europa.eu.int/eur-lex/pri/de/oj/dat/2004/l_133/l_13320040430de00010039.pdf.

[630] Art. 4 Abs. 4 S. 2 FKVO.

[631] Art. 4 Abs. 4 S. 3 FKVO.

[632] Art. 4 Abs. 4 S. 5 FKVO.

Wird der Fall verwiesen, so ist ausschließlich das mitgliedsstaatliche Recht anzuwenden.[633]

bb) Verweisung der Mitgliedsstaaten an die Kommission

Spiegelbildlich zu der Verweisung der Kommission an die Mitgliedsstaaten regelt Art. 4 Abs. 5 FKVO die Verweisung der Mitgliedsstaaten an die Kommission. Diese Vorschrift beinhaltet keine besonderen inhaltlichen Voraussetzungen. Notwendig ist, dass der Zusammenschluss „nach dem Wettbewerbsrecht mindestens dreier Mitgliedsstaaten geprüft werden könnte".[634]

Diese Regelung wurde als Kompromiss statt der von den nationalen Behörden entschieden abgelehnten „3+ Regelung" eingeführt. Als Kompromissvorschrift gibt Art. 4 Abs. 5 FKVO den Unternehmen nur die Möglichkeit (und keine Pflicht) der Anmeldung bei der Kommission. Außerdem haben die Mitgliedsstaaten ein Veto-Recht, wenn sie gegen die Verweisung an die Kommission sind.

Nach dem Entwurf des Formblattes RS ist eine Erklärung erforderlich, wieso der Fall von der Kommission geprüft werden soll und ob „der Zusammenschluss den Wettbewerb über das Gebiet eines einzelnen Mitgliedsstaates hinaus beeinträchtigen kann".[635]

Auch hierbei erscheint es widersprüchlich, für die Unternehmen, zunächst bei der Verweisung nachweisen zu müssen, dass „eine erhebliche Beeinträchtigung des Wettbewerbs" vorliegt, später bei der Beurteilung des Zusammenschlusses jedoch genau das Gegenteil nachzuweisen. Eine solche widersprüchliche Vorgehensweise ergibt sich auch für die Verweisung der Mitgliedsstaaten an die Kommission aus dem Formblatt RS.[636] Abzuwarten ist auch hier, welche Anforderungen die Kommission an solche Nachweise stellen wird.

---

633 Art. 4 Abs. 4 S. 9 FKVO.

634 Art. 4 Abs. 5 FKVO.

635 Anhang III zur VO (EG) Nr. 802/2004 der Kommission vom 7. April 2004 zur Durchführung der Verordnung (EG) Nr. 139/2004 des Rates über die Kontrolle von Unternehmenszusammenschlüssen; http://europa.eu.int/eur-lex/pri/de/oj/dat/2004/l_133/l_13320040430de00010039.pdf.

636 Anhang III zur VO (EG) Nr. 802/2004 der Kommission vom 7. April 2004 zur Durchführung der Verordnung (EG) Nr. 139/2004 des Rates über die Kontrolle von Unternehmenszusammenschlüssen; http://europa.eu.int/eur-lex/pri/de/oj/dat/2004/l_133/l_13320040430de00010039.pdf.

Die Kommission leitet den Antrag an die Mitgliedsstaaten weiter, die innerhalb von 15 Tagen die Verweisung ablehnen können. Die Ablehnung durch einen Staat genügt, um den gesamten Verweisungsantrag abzulehnen. Lehnen die Mitgliedsstaaten die Verweisung nicht ab, so kann die Anmeldung bei der Kommission erfolgen. Für die Unternehmen liegt der Vorteil vor allem darin, dass sie nicht mehrere einzelne Anmeldungen vornehmen müssen, sondern eine Anmeldung ausreicht (one-stop-shop). Ob die Unternehmen diese Vorteile mit Hilfe der neuen Verweisungsvorschriften realisieren können, behandelt das nächste Kapitel.

c) Würdigung der Änderungen der Verweisungsvorschriften

Um eine inhaltliche Würdigung der Verweisungsvorschriften vornehmen zu können, ist es erforderlich sich die Ziele dieser Regelungen vor Augen zu führen. Das Verweisungsverfahren soll eine Feinsteuerung der Kompetenzverteilung zwischen der Europäischen Gemeinschaft und den Mitgliedsstaaten im Bereich der Fusionskontrolle ermöglichen. Die nationalen Behörden sollen im Einzelfall eingreifen können, wenn ein Unternehmenszusammenschluss wegen der Umsatzzahlen der beteiligten Unternehmen in den Anwendungsbereich der Verordnung kommt, seine wettbewerblichen Auswirkungen aber auf nationale, regionale oder lokale Märkte beschränkt bleiben.[637]

Die Änderungen des Verweisungssystems tragen trotz einiger oben dargestellter Schwachstellen bei den Fristen und der Probleme, die durch die FKVO nicht geregelt wurden, zur Erfüllung der Ziele der Verweisungsvorschriften bei und sind daher zu begrüßen. Viele formalistische Aspekte des Verweisungsverfahrens wurden beseitigt.[638] Die Schnelligkeit und die Transparenz des Systems wurden verbessert.

Ein großer Teil der mit den Mehrfachanmeldungen verbundenen Probleme lässt sich bei effizienter Nutzung der Verweisungsvorschriften lösen.

Besonders erfreulich ist die Einführung der Möglichkeit für die Unternehmen, selbst die Verweisung anzuregen.[639] Die nationalen Kartellbehörden haben bisher sehr ungern ihre Kompetenzen an die Kommission abgetreten. Durch

[637] Hirsbrunner, EWS 1998, S. 233, 234.

[638] Von Hinten-Reed/Camesasca/Schedl, RIW 2003, S. 321, 326.

[639] Art. 4 Abs. 4 und 5 FKVO.

die neuen Regelungen wird die Möglichkeit geschaffen, von außen Einfluss auf das Schicksal des Antrages auszuüben.

Zwar handelt es sich bei Art. 4 Abs. 5 FKVO um eine Kompromissvorschrift, jedoch ist der Kompromiss recht gut gelungen. Die Vertreter der Großkanzleien und der kartellrechtlichen Abteilungen der Unternehmen[640] bestätigen, dass bei großen Zusammenschlüssen die Anmeldungen bei mehreren mitgliedstaatlichen Behörden nicht unbedingt aufwendiger sind, als eine Anmeldung bei der Kommission.

Nein! Es spielen andere Aspekte eine wichtige Rolle: die unterschiedliche Beurteilung der Marktanteile, die unterschiedliche Festsetzung des relevanten Marktes und sonstige materielle Prüfungsvoraussetzungen, die die Kommission anders als die Mitgliedsstaaten beurteilt, sind vordergründig von Bedeutung.

Möchte ein Unternehmen die Verweisung an die Kommission erreichen, so wird das Unternehmen bedenken, dass die Kommission gemeinschaftsweit die Anmeldung prüft und die Mitgliedsstaaten auf ihre Grenzen beschränkt werden.

Die neu eingeführte Regelung bedeutet daher nicht, dass alle Fälle, in denen eine Verweisung an die Kommission möglich ist, jetzt nur noch bei der Kommission angemeldet werden.

Für die Unternehmenszusammenschlüsse können Verzögerungen entstehen, wenn ein Mitgliedsstaat sein Veto-Recht ausübt.

Die Zeitverzögerung beinhaltet dann die „Pre-Notifikation-Gespräche", die 15-tagige Frist für die Mitgliedsstaaten, und die Zeit einer erneuten Anmeldung bei der Kommission.

Das Funktionieren des neuen Verweisungssystems wird auch davon abhängen, wie oft die Mitgliedsstaaten ihr Veto-Recht ausüben werden, denn das ausgeübte Veto-Recht bedeutet eine erhebliche Zeitverzögerung. Eine häufige Ausübung des Veto-Rechts wird sich daher als Abschreckung bemerkbar machen. Die Unternehmen werden dann die Mehrfachanmeldungen in Kauf

---

[640] Ergebnisse einer informellen Befragung führender Personen kartellrechtlicher Abteilungen der Unternehmen und Großkanzleien.

nehmen, um keine kostbare Zeit zu verlieren. Daher ist nicht mit einer Verweisungsflut an die Kommission zu rechnen. Trotzdem werden die gelungenen Änderungen des Verweisungsverfahrens vermutlich dazu führen, dass die Zahl der gestellten Verweisungsanträge und der verwiesenen Zusammenschlüsse steigen werden.

In der Praxis ist ein Verweisungsantrag an die Kommission dann sinnvoll, wenn die Anmeldung in mehreren Mitgliedsstaaten erfolgt und nicht mit der Ablehnung eines Mitgliedsstaates zu rechnen ist (also kein rein nationaler Charakter oder überragende Auswirkung auf den nationalen Markt vorliegt).

Auf der anderen Seite ist, um bei zeitintensiven Zusammenschlüssen die Zeit zu sparen, kein Verweisungsantrag zu empfehlen, wenn anzunehmen ist, dass die mitgliedsstaatlichen Behörden den Zusammenschluss unproblematisch genehmigen würden.

V. Auslaufen der Geltung des EGKS-Vertrages

Eine weitere Änderung der Zuständigkeitsregelungen bringt das Auslaufen der Geltung des EGKS-Vertrages mit sich.

Die kartellrechtlichen Vorschriften des EGKS-Vertrages befanden sich im Kapitel VI („Kartelle und Zusammenschlüsse"). Anwendbar waren diese Vorschriften auf alle Kohle- und Stahl-Erzeugnisse.[641] Der EGKS-Vertrag wurde am 18.4.1951 in Paris für 50 Jahre abgeschlossen.[642] Mit seinem Auslaufen im Jahre 2002 sind auch die Wettbewerbsregeln dieses Vertrages hinfällig geworden. An ihre Stelle traten die entsprechenden Vorschriften des EG-Vertrages.

Die für die Unternehmen und ihre Rechtsberater relevante Frage ist hierbei, welche Neuerungen für die Kohle- und Stahlindustrie im Bereich der Fusionskontrolle das Ende der EGKS bedeutet.

Nach dem EGKS-Vertrag war die Kommission für alle Zusammenschlüsse der Kohle- und Stahlindustrie ausschließlich zuständig, unabhängig davon, ob der Umsatz der betroffenen Unternehmen bestimmte Schwellenwerte überschrei-

---

[641] Schröter/Jakob/Mederer, Europäisches Wettbewerbsrecht, S. 1786.

[642] Art. 97 EGKS-Vertrag.

tet oder nicht.[643] Daher fallen nach Auslaufen des EGKS-Vertrages einige Zusammenschlüsse, bei denen nach EGKS-Vorschriften eine vorherige Genehmigung durch die Kommission erforderlich war, nicht mehr in die Zuständigkeit der Kommission. Diese Zusammenschlüsse müssen jetzt von den mitgliedsstaatlichen Behörden geprüft werden. Zu den Einzelheiten ist auf die Darstellung der Schwellenwerte zu verweisen.[644]

Das Verfahren zur Behandlung von Unternehmenszusammenschlüssen nach dem EGKS-Vertrag wurde schon 1998 weitgehend dem Fusionskontrollverfahren angeglichen.[645] Unterschiede gab es lediglich bei den Anmeldefristen.

Die Vereinheitlichung der Fusionskontrolle in allen Branchen der europäischen Wirtschaft und das Ende der Europäischen Gemeinschaft für Kohle und Stahl, bringt somit eine Erleichterung bei der Anmeldung der Zusammenschlüsse sowohl für die Unternehmen und als auch für die Anwaltschaft.

VI. Fazit

Die grundlegende Neuordnung der Zuständigkeitsvorschriften lässt folgende Tendenzen voraussagen:

(1) Der Ausbau und die Vereinfachung der Verweisungsvorschriften, um die Mehrfachanmeldungen zu vermeiden und das Verweisungssystems der FKVO verstärkt zu nutzen;

(2) die Einbeziehung der Unternehmen in den Verweisungsprozess, indem sie vor der Anmeldung die Möglichkeit erhalten, selbst eine Verweisung anzuregen.

Ob diese Prognosen tatsächlich eintreten, hängt sehr stark von der Kommission, den Mitgliedsstaaten und deren gegenseitiger Kooperation ab. Sowohl die Mitgliedsstaaten als auch die Kommission haben die Möglichkeit, Verweisungsanträgen zu widersprechen, können sich unkooperativ bei Teilverweisungen verhalten, können nach einer Verweisung eine erneute Einreichung der vollständigen Anmeldeunterlagen fordern sowie die Anmeldungen „hin-

---

[643] Obwexer, EuZW 2002, S. 517, 521.

[644] Vgl. S.139.

[645] Obwexer, EuZW 2002, S. 517, 521.

und-her-verweisen". Um den Unternehmen diese Schwierigkeiten zu ersparen und die zeitlichen Limits bei der Fusionskontrolle einzuhalten, ist eine enge mitgliedsstaatliche Zusammenarbeit mit der Kommission unentbehrlich.

Grundlegende Veränderungen der Kompetenzverteilung ergaben sich nicht ausschließlich aufgrund der Änderung der FKVO, sondern gewissermaßen als Rechtsreflex des Auslaufens des EGKS-Vertrages.

Viele „Schwächen" des Zuständigkeitssystems der FKVO können durch die Verstärkung der Zusammenarbeit auch ohne eine explizite Änderung der Verordnung beseitigt werden.

Bei den Teilverweisungen kann eine Abstimmung zwischen den Mitgliedsstaaten und der Kommission zu einer einheitlichen Entscheidungspolitik führen.

Bei Verweisungen kann eine koordinierte Kooperation eine wesentliche Reduzierung der Verweisungszeit herbeiführen. Hierdurch können die „Hin-und-her-Verweisungen" vermieden werden.

Auch das Erfordernis der Wiederholung des Anmeldeaufwands nach einer Verweisung hängt von der Behörde ab, an die verwiesen wurde.

Somit ist die Behördenpolitik für die Verbesserungen im Bereich der Zuständigkeiten entscheidend. Ob die Behörden sich kooperativ untereinander und wohlwollend zu den Unternehmen verhalten werden, wird die Zeit zeigen.

J. Gemeinsamer Markt oder wesentliche Teile desselben

I. Einleitung

Die materiellen Voraussetzungen, die auch als Eingreifkriterien bezeichnet werden, sind in Art. 2 FKVO verankert. Hier wird geregelt, unter welchen Bedingungen Veränderungen der Wettbewerbsstruktur durch Zusammenschlüsse mit dem Gemeinsamen Markt vereinbar oder unvereinbar sind.

Somit handelt es sich bei Art. 2 FKVO um die relevanteste materiell-rechtliche Norm der Fusionskontrollverordnung. Art. 2 FKVO nimmt funktionell einen gleichrangigen Platz neben Art. 81 und 82 EG im System des Wettbewerbsschutzes innerhalb der Gemeinschaft ein.[646]

Die Vereinbarkeit des Zusammenschlusses hängt gemäß Art. 2 FKVO von zwei Kriterien ab:

(1) Der gemeinsame Markt der Europäischen Gemeinschaft muss betroffen sein;

(2) durch den Zusammenschluss muss eine erhebliche Behinderung des wirksamen Wettbewerbs, insbesondere durch die Ausnutzung der marktbeherrschenden Stellung, vorliegen.

Die Kapitel J. und K. beinhalten eine Darstellung von den Änderungen der Kriterien infolge der Reform der Fusionskontrollverordnung sowie eine umfassende Auswertung dieser Kriterien anhand der Fusionskontrollfälle aus den Jahren 1998 bis 2003. In diesem Rahmen werden die unveränderten Aspekte nur knapp und der Vollständigkeit halber dargestellt, um den Schwerpunkt der Betrachtung auf die Neuerungen im Bereich der Eingreifkriterien zu lenken.

Die Prüfung der materiellen Voraussetzungen eines Zusammenschlusses, d.h. der Vereinbarkeit des Zusammenschlusses mit dem gemeinsamen Markt der Europäischen Union, beginnt gem. Art. 3 FKVO mit der Bestimmung des relevanten Marktes. Die Bestimmung des relevanten Marktes ist von der Reform der Fusionskontrollverordnung unberührt geblieben, jedoch wurden die Kon-

---

[646] Schröter/Jakob/Mederer, Kommentar zum Europäischen Wettbewerbsrecht, S. 1342; vgl. Erwägungsgrund 6, Erwägungsgrund 7, S.1.

zepte des sachlich und räumlich relevanten Marktes durch die Entscheidungen der Kommission in den letzten Jahren fortentwickelt.

Bei dieser Prüfung grenzt die Kommission erst die sachlich und räumlich relevanten Märkte ab. Anschließend wird für jeden der festgestellten räumlich und sachlich relevanten Märkte die Marktbeherrschung einzeln analysiert, wobei sowohl die horizontalen als auch die vertikalen Wirkungen des Zusammenschlusses geprüft werden.

Die Definition des relevanten Marktes ist „one of the most difficult parts of merger analysis“[647] und ist maßgeblich für die Feststellung der Marktanteile sowie die daran anknüpfende Beurteilung, ob durch den Zusammenschluss eine marktbeherrschende Stellung entsteht. Der EuGH hat schon in der "Kali und Salz-Entscheidung" betont, dass „a proper definition of the relevant market is a necessary precondition for any assessment of the effect of a concentration on competition“.[648]

Bei der Marktabgrenzung kann sich die Kommission auf das Vorbringen der jeweiligen Parteien stützen.[649] Daher soll die Abgrenzung des relevanten Marktes schon vor den informellen Gesprächen mit dem Merger Network der Kommission vorbereitet werden. Damit die Prüfung des relevanten Marktes durch die Kommission zügig und problemlos verläuft, sollte der Antragsteller der Kommission dadurch entgegenkommen, dass er selbst präzise den relevanten Markt im sechsten Abschnitt der Anmeldung nach dem Formblatt-CO[650] feststellt und die Feststellung exakt begründet. Hierfür sind eine detaillierte Auseinandersetzung mit den Abgrenzungskonzepten des sachlich relevanten Marktes und die Kenntnis der Abgrenzungskriterien des räumlich relevanten Marktes unentbehrlich.

Daher werden in der folgenden Darstellung zunächst die wichtigsten Abgrenzungskonzepte des sachlich relevanten Marktes vorgestellt (Industriekonzept, Bedarfsmarktkonzept, Theorie der Substitutionslücke, Theorie der Marktbezie-

---

[647] Jones / González-Diaz, The EEC Merger Regulation, S. 180.

[648] EuGl Urt. v. 31.03.1998, Rs. C-68/94 und C-30/95; Kali und Salz/Mitteldeutsche Kali, Slg. 1998, I-1375, Frankreich gegen Kommission; http://europa.eu.int/smartapi/cgi/sga_doc?smartapi!celexplus!prod!CELEXnumdoc&lg=en&numdoc=61994J0068; EuGH EuZW 1998, S. 299.

[649] Rösler, NZG 2000, S. 761.

[650] Zum Beispiel Formblatt CO zur Anmeldung eines Zusammenschlusses gemäß der Verordnung (EWG) Nr. 139/2004 des Rates, Abl. EG 2004 Nr. L 133, 9 vom 30.4.2004 (Anhang 1 zur Verordnung Nr. 802/2004 zur Anwendung der Verordnung Nr. 139/2004).

hungen, Theorie der wirtschaftlichen Pläne, Theorie der externen Interdependenz). Anschließend erfolgt die Analyse, nach welchen Konzepten die Kommission in ihren Entscheidungen vorgeht. Dazu werden zunächst die Entscheidungen der Kommission aus den letzten Jahren untersucht.

Weiterhin werden weitere Kriterien überprüft, die die Kommission neben den Abgrenzungskonzepten in ihren Entscheidungen verwendet. Die relevante Frage ist hierbei, ob es sich tatsächlich um ganz neue Kriterien handelt, oder die Abgrenzungskonzepte unter anderem Namen „verkauft" werden.

Schließlich wird auf den Bedarfsmarktbegriff der Bekanntmachung der Kommission über die Definition des relevanten Marktes im Sinne des Wettbewerbsrechts der Gemeinschaft[651] eingegangen.

Zusammenfassend soll untersucht werden, ob die Entscheidungen der Kommission vorhersehbar sind und welche Änderungen bei der Bestimmung des sachlich relevanten Marktes durch die Kommission vorgenommen werden sollen, damit in diesem Bereich die nötige Rechtssicherheit eintritt.

Anschließend wird die Abgrenzung des räumlich relevanten Marktes untersucht. Auch hier werden zunächst die Abgrenzungskriterien vorgestellt und anschließend die Vorgehensweise der Kommission in den einzelnen Entscheidungen untersucht. Hierbei sollen die einzelnen Kriterien, nach denen die Kommission vorgeht, herausgearbeitet werden. Nach der Untersuchung der Bestimmung des relevanten Marktes werden die neuen Tendenzen der Kommission, wie die Offenlassung des räumlich relevanten Marktes, beleuchtet.

Sodann erfolgt eine kurze Darstellung des zeitlich relevanten Marktes und des „wesentlichen Teils des gemeinsamen Marktes"

Der relevante Markt hat drei Dimensionen: die sachliche, die räumliche und die zeitliche, die im Folgenden dargestellt werden. Hierbei wird die für die Unternehmen relevante Frage erörtert, wann der „wesentliche Teil des gemeinsamen Marktes" im CO-Antrag ausführlich dargestellt werden sollte.

Im Fazit erfolgt eine Zusammenfassung der bei der Untersuchung der Bestimmung des relevanten Marktes durch die Kommission festgestellten Ergebnisse.

---

[651] ABl. EG Nr. C 372/5, v. 9.12.1997.

II. Sachlich relevanter Markt

1. Konzepte zur Abgrenzung des sachlich relevanten Marktes

Die Konzepte zur Abgrenzung des sachlich relevanten Marktes beschäftigen sich mit der Abgrenzung einer Gruppe von Unternehmen in der Art, dass die anderen nicht zu dieser Gruppe gehörenden Unternehmen keinen oder nur marginalen Einfluss auf das Wettbewerbsverhalten der Gruppe ausüben.[652]

Zur Abgrenzung des sachlich relevanten Marktes werden mehrere Ansätze vertreten. Naturgemäß sind alle Konzepte nicht in der Lage eine exakte Abgrenzung vorzunehmen, man spricht in diesem Zusammenhang von einer gewissen „Unschärfe". Diese Unschärfe bildet den Beurteilungsspielraum der Kartellbehörden.

a) Das Industrie-Konzept

Das Industrie-Konzept[653] von Marshall[654] stellt bei der Abgrenzung auf einen physikalisch-technischen Begriff der Ware ab, wie zum Beispiel die Chemieindustrie, die Stahlindustrie u.s.w. Somit stellt Marshall auf die Gattung der Ware ab und berücksichtigt nicht die Endprodukte. So gehören beispielsweise Toilettenpapier und Taschentücher zu einem sachlich relevanten Markt, weil sie aus ähnlichen Stoffen hergestellt sind. Dieses Konzept missachtet jedoch, dass nicht die physikalisch-technischen, sondern die wirtschaftlichen Kriterien bei der Marktabgrenzung relevant sind. Wird zum Beispiel Toilettenpapier produziert, so schauen die Kunden im Supermarkt und die Konkurrenz selten auf die chemisch-physikalische Zusammensetzung, solange das Produkt sich für die angestrebten Zwecke gut eignet. Das Industrie-Konzept übersieht, dass die Produkte häufig durch andere Produkte, die eine ganz andere Zusammensetzung haben, ersetzbar sind.[655] In der Theorie wird dieses Konzept daher nur noch bei der Auswertung von Statistiken aus Praktikabilitätserwägungen

---

[652] Rösler, NZG 2000, S. 761, 762.

[653] Marshall, Principles of Economics, S. 84 f.

[654] Marshall, Alfred, 1842-1924, bedeutender englischer Nationalökonom.

[655] Schmidt, S. 49.

verwendet.[656] Dennoch hat dieses Konzept eine hohe praktische Bedeutung für die Europäische Fusionskontrolle.[657]

b) Die verschiedenen Ausprägungen des Substitutions-Konzeptes

Allen im Folgenden dargestellten Theorien im Rahmen des Substitutions-Konzepts liegt die Substitutionsbeziehung der von den Unternehmen erzeugten Güter zugrunde. Die Theorien lassen sich in solche aus der Perspektive des Anbieters (Konzept der externen Interdependenz, Konzept der Wirtschaftspläne) oder des Nachfragers (Theorie der Substitutionslücke, Theorie der Marktbeziehungen, Bedarfsmarktkonzept) einteilen.

aa) Die Theorie der Substitutionslücke

Die ***Theorie der Substitutionslücke*** geht davon aus, dass alle funktionsgleichen Konsumgüter in totaler Konkurrenz um die Kaufkraft des Konsumenten stehen.[658]

Man kann beispielsweise alle Sorten von Toilettenpapier wegen Funktionsgleichheit auf dem Markt zu einem Bedarfsmarkt zusammenfassen. Zu den anderen Konsumgütern, wie Taschentücher oder Krepp-Papier bestehen Substitutionslücken, die zu eigenen relevanten Märkten führen und nur in Krisenzeiten aufhören zu bestehen. So werden die durchschnittlichen Käufer normalerweise nicht das Toilettenpapier durch Taschentücher ersetzen. Diese Nichtersetzbarkeit bezeichnet man als Substitutionslücke.

Zu beachten ist hierbei, dass die Substitutionslücken nicht auf der Verschiedenheit der Produkte beruhen müssen, sondern auch durch andere Präferenzen entstehen können. Hierzu gehören die persönlichen Präferenzen, wie die Kunden-Lieferantenbeziehung, die räumlichen Präferenzen wie bei einer Autobahntankstelle und die zeitlichen Präferenzen, wie zum Beispiel Messen oder Bahnhofsapotheken. Obwohl es sich um das gleiche Produkt handelt, wird es sich um unterschiedliche Märkte handeln, da die Produkte aufgrund der räumlichen oder zeitlichen Trennung nicht durcheinander ersetzbar sind. Auch hierbei handelt es sich um Substitutionslücken.

---

[656] Schmidt, S. 49.

[657] Vgl. Kapitel Sachliche Gesamtmärkte S.177.

[658] Robinson, The Economics of Imperfect Competition, S. 3 ff.

Der sachlich relevante Markt wird daher durch das Vorliegen einer Substitutionslücke abgegrenzt.

Im Ergebnis bilden jeweils funktionsähnliche Produkte, die einander ersetzen können und ähnliche Verkaufsmodalitäten haben einen sachlich relevanten Markt.

bb) Die Theorie der Marktbeziehungen

Die Theorie der Marktbeziehungen[659] von Stackelberg geht von vollkommenen Märkten aus, die durch das Fehlen von räumlichen, zeitlichen und sachlichen Präferenzen gekennzeichnet sind. Ein vollkommener Markt ist dann anzunehmen, wenn es gar keine Substitutionslücken gibt. Dies bedeutet, dass mehrere Produkte nur dann einen gemeinsamen sachlich relevanten Markt bilden, wenn sie zu identischen Bedingungen angeboten werden, d. h. die Preise für diese Produkte gleich sind, die Öffnungszeiten der Geschäfte und die Entfernung zum Geschäft gleich ist (usw.).

Wegen der Vielfalt der Produkte und der Verkaufsbedingungen gibt es sehr viele vollkommene Märkte (Elementarmärkte). Diese bilden zusammen einen unvollkommenen Gesamtmarkt.

Dieses neoklassische Modell ist sehr eng, es übersieht, dass die Märkte niemals perfekt sind. Die Waren sind immer etwas unterschiedlich und die Verbraucher haben fast immer Präferenzen. Somit wird fast jedes Produkt bei jedem einzelnen Verkäufer einen eigenen sachlich relevanten Markt bilden. Daher wird die Theorie der Marktbeziehungen nur noch als Idealmodell zur Vereinfachung statistischer Analysen verwendet.

cc) Das Bedarfsmarktkonzept

Das ***Bedarfsmarktkonzept*** stellt auf die Güter ab, die dazu geeignet sind, einen bestimmten gesellschaftlichen Bedarf zu decken.[660] Hierbei ist zu beachten, dass die Deckung des gesellschaftlichen Bedarfs immer nur durch heterogene Güter möglich ist. Unter heterogenen Gütern versteht man die sachlich ungleichartigen Güter, die miteinander konkurrieren, da sie in gewissem Grade

---

[659] Stackelberg, Marktform und Gleichgewicht, S. 29 ff.

[660] Arndt, Helmut, JbNSt 1958, S. 217ff, 224; Abbot, Lawrence, Qualität und Wettbewerb, S. 96; Traugott, WuW 1998, S. 929 f.; Säcker, ZWeR, 2004, S. 1 ff.

substituierbar sind.[661] Substituierbar sind solche Güter, die sich durch spezielle Merkmale voneinander unterscheiden, aber dennoch die gleiche Funktion erfüllen.

Zum Beispiel ist der Bedarfsmarkt „Toilettenpapier“ der Deckung des Bedarfs der Wirtschaftsgesellschaft nach Toilettenpapier gewidmet. Die Deckung eines gegebenen gesellschaftlichen Bedarfs wird, von Ausnahmesituationen abgesehen (Verwendung von Zeitungspapier), immer nur durch heterogene Güter möglich sein (das heißt durch verschiedene Sorten von Toilettenpapier).

Das Bedarfsmarktkonzept sucht nach den substituierbaren Angebots- und Nachfragebeziehungen aus der Sicht der Abnehmer.[662] Zur Konkretisierung des Bedarfsmarktkonzeptes werden repräsentative, stichprobenartige Abnehmerbefragungen (Händler und / oder Verbraucher) vorgenommen.

Die Abgrenzung erfolgt mit Hilfe der „Kreuzpreiselastizität“ - darunter versteht man die Messziffer für die Wirkung der Preisveränderung eines Gutes auf die Nachfragemenge eines anderen Gutes.[663] Somit wird untersucht, wie sich die Preissteigerung auf den Absatz der konkurrierenden Waren auswirkt.[664]

Man erhöht den Preis für ein Produkt um 10 bis 15 % und beobachtet, auf welche Produkte die Käufer ausweichen werden. Die Gesamtheit dieser Waren (die Waren, auf die die Käufer ausweichen sowie die verteuerte Ware) bildet den Bedarfsmarkt.

Wird zum Beispiel der Preis für das 4-lagige Toilettenpapier erhöht, weichen die Kunden auf das 3-lagige Toilettenpapier aus. In diesem Fall kann darauf geschlossen werden, dass das 3- und 4-lagige Toilettenpapier einen gemeinsamen sachlich relevanten Markt bilden.

Wird der Preis des Toilettenpapiers bei einem Discounter erhöht und kaufen die Kunden trotzdem kein teueres Papier, sondern erwerben dieses Produkt

---

[661] Gabler Wirtschafts-Lexikon, Band 3, S. 2407; Rösler, NZG 2000, S. 761, 762.

[662] Bain, Industrial Organization, S. 6.

[663] Gablers Wirtschafts-Lexikon, Band 3, S. 3066; Traugott, WuW 1998, S. 929, 930.

[664] In technical terms the degree of substitutability of any two different things, whether in the same industry or in different ones, should be measurable by the cross-elasticity of demand between the things. The cross-elasticity measures the responsiveness of the sale volume of one output to a small change in the price of the other; Bain, Industrial Organization, S. 224.

bei anderen Discountern, so sind unterschiedliche relevante Märkte anzunehmen.

Im Ergebnis gehören solche Güter zum relevanten Markt, auf die der Käufer ausweichen kann, wenn man den Preis eines Guts gering, aber spürbar erhöht.

dd) Das Konzept der externen Interdependenz

Das Konzept der externen Interdependenz ordnet solche Konkurrenzunternehmen einem gemeinsamen Markt zu, die beim Verkauf von Waren voneinander abhängig sind.[665] Verändert sich die Absatzmenge bei einem Anbieter infolge einer Preissenkung oder Preiserhöhung, so muss sich auch die Absatzmenge bei anderen, zum gleichen Markt gehörenden Anbietern antiproportional verändern. Das bedeutet, dass die Steigerung der verkauften Menge der Güter bei einem Anbieter zur Verringerung der verkauften Güter beim anderen Anbieter führt (und umgekehrt).

ee) Das Konzept der Wirtschaftspläne

Nach diesem Konzept liegt ein gemeinsamer Markt vor, wenn ein Unternehmen ein anderes Unternehmen als mitberücksichtigenswert anerkennt. Das ***Konzept der Wirtschaftspläne*** geht davon aus, dass alle Unternehmen, die in ihren Wirtschaftsplänen die Entscheidungen anderer Unternehmen berücksichtigen, einem Markt zugehörig sind.[666] So liegt eine Konkurrenzbeziehung (die das Vorliegen eines relevanten Marktes auszeichnet) vor, wenn ein Anbieter in seinem Wirtschaftsplan damit rechnet oder weiß, dass sein Absatz nicht nur von eigenen Aktionsparametern und dem Verhalten der Käufer, sondern auch von den Aktionsparametern anderer Anbieter abhängt.[667]

Bei Discountern kann man häufig beobachten, dass die Preissenkung oder –erhöhung bei einem Anbieter sofort zu einer ähnlichen Aktion bei einem anderen Anbieter führt. Genau diese Strategien erfasst das Konzept der Wirtschaftspläne.

---

[665] Triffin, Monopolistic Competition and General Equilibrium Theory, S. 1 ff.

[666] Willeke, Art. Marktformen, in HdSW 7.Band, S. 136 ff, 145; Traugott, WuW 1998, S. 929, 932.

[667] Schneider, Einführung in die Wirtschaftstheorie II. Teil, S. 68.

In der folgenden **Übersicht 15** sind die modernen Abgrenzungskonzepte des sachlich relevanten Marktes dargestellt. Die **Übersicht 16** zeigt die Unterschiede zwischen den Abgrenzungskonzepten am Beispiel des sachlich relevanten Marktes von Toilettenpapier.

Übersicht 15: Moderne Abgrenzungskonzepte des sachlich relevanten Marktes

Substitutionskonzepte				
Aus der Sicht der Verbraucher			Aus der Sicht der Unternehmer	
Theorie der Substitutionslücke	**Theorie der Marktbeziehungen**	**Bedarfsmarktkonzept**	**Theorie der wirtschaftlichen Pläne**	**Theorie der externen Interdependenz**
- Alle funktionsgleichen Konsumgüter stehen in totaler Konkurrenz um die Kaufkraft des Konsumenten und bilden den relevanten Markt.	- Mehrere Produkte bilden dann einen sachlich relevanten Markt, wenn sie zu preislich, örtlich und zeitlich identischen Bedingungen angeboten werden (im Ergebnis konstituiert jedes Produkt in einem Laden einen eigenen Markt).	- Heterogene, subsituierbare Güter, auf welche die Käufer bei einer kleinen, aber spürbaren Preiserhöhung ausweichen, bilden einen sachlich relevanten Markt.	- Der gleiche sachlich relevante Markt, bei Berücksichtigung der anderen Unternehmen in den Wirtschaftplänen des Unternehmens.	- Solche Unternehmen gehören zu einem gemeinsamen Markt, die beim Verkauf von Waren voneinander abhängig sind.

Übersicht 16: Abgrenzungskonzepte des sachlich relevanten Marktes am Beispiel Toilettenpapier

Industriekonzept	Theorie der Substitutionslücke	Theorie der Marktbeziehungen	Bedarfsmarktkonzept	Theorie der wirtschaftlichen Pläne und Theorie der externen Interdependenz
Taschentücher, Krepp-Papier, Toilettenpapier gehören zu einem sachlich relevanten Markt der Papiertuchprodukte.	Alle Sorten von Toilettenpapier gehören zum gleichen sachlich relevanten Markt; Substitutionslücke liegt z.B. zum Markt der Taschentücher vor.	Absolut identische Toilettenpapier-rollen zum gleichen Preis gehören zum gleichen relevanten Markt (d.h. jede Sorte, die in diesem Laden verkauft wird, bildet einen eigenen Markt).	Heterogene Sorten von Toilettenpapier bilden den gleichen sachlich relevanten Markt; es gibt zwei sachlich relevante Märkte: günstiges Papier bei Discountern und teureres Papier.	Es gibt zwei sachlich relevante Märkte – günstiges und teueres, da sowohl die Discounter als auch die Markenanbieter die Preise gegenseitig berücksichtigen.

In der Praxis nahm die Kommission im Fusionsfall ***Kimberly-Clark/Scott*** im Bereich von Papiertuchprodukten drei relevante Märkte an: einen Markt für Toilettenpapier, einen Markt für Küchenrollen und einen Markt für Taschentücher. Jeder dieser drei Märkte umfasste sowohl Markenartikel als auch Eigenmarken. Inkonsequenterweise untersucht die Kommission in der Wettbewerbsbeurteilung den Wettbewerbsdruck und die Auswirkung der Fusion auf das Markenartikelsegment getrennt von den Eigenmarken.[668]

[668] Entscheidung der Kommission vom 16.01.1996, IV/M.623, Kimberley-Clark/Scott, http://europa.eu.int/comm/competition/mergers/cases/decisions/m623_de.pdf.

2. Die Bestimmung des sachlich relevanten Marktes in der Europäischen Fusionskontrolle

a) Die Vorgehensweise der Kommission nach dem Bedarfsmarktkonzept und der Theorie der Substitutionslücke

Als zentrales Kriterium für die Abgrenzung des sachlich relevanten Marktes verwendet die Kommission eine ausreichende Substituierbarkeit von Produkten aus der Sicht der Nachfrager.

Der sachlich relevante Produktmarkt umfasst nach der Definition des EuGH „jene Erzeugnisse, die vom Verbraucher hinsichtlich ihrer Eigenschaften, Preise und ihres vorgesehenen Verwendungszwecks als austauschbar oder substituierbar angesehen werden".[669]

Diese Definition folgt denjenigen Ausprägungen des Substitutionskonzeptes, die aus Sicht der Nachfrager den Markt abgrenzen, also der Theorie der Substitutionslücke und dem Bedarfsmarktkonzept.

Ein solcher Ansatz wurde in den wegweisenden Entscheidungen der Kommission, wie Tetra Pak/Alfa-Laval[670], VIAG/Continental Can[671], Nestle/Perrier[672], Du Pont/ICI[673] und Mannesmann/Hoesch[674] vertreten.

---

[669] Entscheidung der Kommission vom 2.10.1991, IV/M. 53, Aerospitale-Alenia/de Havilland, http://europa.eu.int/comm/competition/mergers/cases/decisions/m53_en.pdf, abgedruckt in WuW 1992, 163 ff.; Formblatt CO zur Anmeldung eines Zusammenschlusses gemäß der Verordnung (EWG) Nr. 139/2004 des Rates, Abl. EG 2004 Nr. L 133, 9 vom 30.4.2004 (Anhang 1 zur Verordnung Nr. 802/2004 zur Anwendung der Verordnung Nr. 139/2004), Abschnitt 5; vgl. hierzu grundlegend Briones Alonso, ECLR 1994, S. 195 ff.

[670] Entscheidung der Kommission vom 19.07.1991, IV/M. 68, Tetra Pak/Alfa-Laval, ABl. EG 1991, Nr. L 290 / 36 ff vom 22.10.1991; http://europa.eu.int/smartapi/cgi/sga_doc?smartapi!celexplus!prod!CELEXnumdoc&lg=en&numdoc=31991D0535.

[671] Entscheidung der Kommission vom 6.6.1991, IV/M. 81, VIAG/Continental Can, http://europa.eu.int/comm/competition/mergers/cases/decisions/m81_en.pdf; WuW 1991, S. 1020 ff.

[672] Entscheidung der Kommission vom 25.03.1992, IV/M. 190, Nestle/Perrier, http://europa.eu.int/smartapi/cgi/sga_doc?smartapi!celexplus!prod!CELEXnumdoc&lg=en&numdoc=31992D0553; ABl. EG 1992, L 356/2 ff, v. 5.12.1992.

[673] Entscheidung der Kommission vom 30.09.1992, IV/M. 214, Du Pont / ICI, http://europa.eu.int/comm/competition/mergers/cases/decisions/m214_en.pdf; ABl. EG Nr. L. 7/13 ff v. 13.1.1993.

[674] Entscheidung der Kommission vom 12.11.1992, IV/M. 222, Mannesmann / Hoesch, http://europa.eu.int/comm/competition/mergers/cases/decisions/m222_de.pdf; ABl. 1991, L 290/36 ff , v. 8.5.1993.

So verwendete die Kommission bei der Tetra Pak/Alfa-Laval-Entscheidung[675] neben den Plausibilitätsüberlegungen zur mangelnden Austauschbarkeit aufgrund unterschiedlicher Eigenschaften der Verpackung, die von Tetra Pak[676] und die von Alfa-Laval[677] hergestellt wurde, auch die Ergebnisse einer Umfrage bei Molkereien.[678] In dieser Umfrage gaben über 75 % der Befragten an, dass erst ein Preisanstieg von 20% sie dazu zwingen würde, bei künftigen Investitionen das Verpackungsverfahren zu wechseln.[679] Eine solche quantitative Betrachtungsweise, die auch in der US-amerikanischen Fusionskontrolle üblich ist[680], entspricht dem Bedarfsmarktkonzept.

Somit stellt die Kommission auf den Preisanstieg als betriebswirtschaftliches Kriterium zur Produktauswahl ab und ermittelt den relevanten Markt mit Hilfe der Kreuzpreiselastizität.

Eine ähnliche Vorgehensweise wählte die Kommission bei einer anderen klassischen Entscheidung: Nestle/Perrier[681]. Hier stellte sich die Frage, ob abgefüllte Brunnenwässer gegenüber Erfrischungsgetränken einen gesonderten Markt darstellen, so dass sich die Hersteller von Brunnenwässern unabhängig von den Erfrischungsgetränkeherstellern verhalten können.[682] Die Kommission argumentiert zum einen mit den verschiedenen Images der Produkte: so haben die Brunnenwässer eher das Image eines natürlichen Produktes, das man mit Reinheit, dem Fehlen von Kunststoffen und gesunder Lebensführung as-

---

[675] Entscheidung der Kommission vom 19.07.1991, IV/M. 68, Tetra Pak/Alfa-Laval, ABl. EG 1991, Nr. L 290 / 36 ff vom 22.10.1991; http://europa.eu.int/smartapi/cgi/sga_doc?smartapi!celexplus!prod!CELEXnumdoc&lg=en&numdoc=31991D0535.

[676] Aseptisch arbeitende Verpackungsmaschienen.

[677] Verwendung von Karton bei der Herstellung der Verpackung.

[678] In der anwaltlichen Praxis ist eine solche Umfrage meistens undurchführbar, da sachliche, personelle und finanzielle Mitteln dafür fehlen. Außerdem würde die Umfrage bei der Konkurrenz die bevorstehende Fusion gefährden und die Aktienpreise beeinflussen.

[679] Kerber, S. 29.

[680] Small-but-significant-nontransitory-increase in price.

[681] Entscheidung der Kommission vom 25.03.1992, IV/M. 190, Nestle/Perrier, ABl. EG 1992, L 356/2 ff, v. 5.12.1992.

[682] Entscheidung der Kommission vom 25.03.1992, IV/M. 190, Nestle/Perrier, ABl. EG 1992, L 356/2 ff, v. 5.12.1992, Rndr. 9.

soziiert.[683] Weiterhin argumentierte die Kommission auch mit den Aspekten großer absoluter Preisunterschiede und einer geringen Kreuzpreiselastizität.[684]

Auch in den Entscheidungen der letzten Jahre findet man häufig die beschriebene Vorgehensweise. So prüft die Kommission in der Sache TetraLaval/Sidel[685], ob Kartonverpackungen und PET-Verpackungen einander ersetzen können und stellen fest, dass diese Produkte substituierbar sind, da sie zwar auf unterschiedlichen, jedoch auf benachbarten Produktmärkten befindlich sind.[686] Dagegen können nach der Entscheidung der Kommission Owens-Illinois/BTR Packaging[687] die Glasbehälter nicht die Kunststoffverpackungen ersetzen, so dass Glasbehälter einen eigenen relevanten Markt bilden.

Auf eine ausreichende Substituierbarkeit von Produkten aus der Sicht der Nachfrager stellte die Kommission in den letzten Jahren unter anderem auch bei den folgenden Entscheidungen ab: Masterfoods/Royal Canin[688], Thyssen/Krupp (auf dem Produktmarkt der Rolltreppen)[689] sowie Hoffmann-La Roche /Boehringer Mannheim[690].

b) Anwendung weiterer Abgrenzungstheorien durch die Kommission

Nicht bei allen Entscheidungen der Kommission werden die verschiedenen Ausprägungen des Substitutionskonzepts aus der Sicht der Nachfrager

---

[683] Entscheidung der Kommission vom 25.03.1992, IV/M. 190, Nestle/Perrier, ABl. EG 1992, L 356/2 ff, v. 5.12.1992, Rdnr. 10.

[684] Entscheidung der Kommission vom 25.03.1992, IV/M. 190, Nestle/Perrier, ABl. EG 1992, L 356/2 ff, v. 5.12.1992, Rdnr. 13; vgl. hierzu Baker/Wu, ECLR 1998, 273 ff.

[685] Entscheidung der Kommission vom 30.10.2001, IV/M. 2416, Tetra Laval / Sidel, http://europa.eu.int/comm/competition/mergers/cases/decisions/m2416_en.pdf; hierzu: Kommission der Europäischen Gemeinschaften, XXXII. Wettbewerbsbericht, S. 61 f.

[686] Diese Entscheidung wurde vom EuGI annuliert. Urt. v. 25.10.2002, Rs. T-05/02 (COMP/M.2416; Tetra Laval/Sidel), Vgl. die Darstellung in EuGH WuW 2002, S. 411 ff.Die Kommission hat die Berufung eingelegt.

[687] Entscheidung der Kommission vom 21.04.1998, IV/M. 1109, Owens-Illinois / BTR Packaging, http://europa.eu.int/comm/competition/mergers/cases/decisions/m1109_en.pdf; hierzu: Kommission der Europäischen Gemeinschaften, XXVIII. Wettbewerbsbericht, S. 208.

[688] Entscheidung der Kommission vom 15.2.2002, IV/M. 2554, Masterfoods/Royal Canin, http://europa.eu.int/comm/competition/mergers/cases/decisions/m2544_en.pdf.

[689] Entscheidung der Kommission vom 2.06.1998, IV/M. 1080, Tyssen / Krupp, http://europa.eu.int/comm/competition/mergers/cases/decisions/m1080_de.pdf; hierzu: Kommission der Europäischen Gemeinschaften, XXVIII. Wettbewerbsbericht, S. 206.

[690] Entscheidung der Kommission vom 4.2.1998, IV/M. 950, Hoffmann-La Roche /Boehringer Mannheim, hierzu: Kommission der Europäischen Gemeinschaften, XXVIII. Wettbewerbsbericht, S. 210.

schwerpunktmäßig berücksichtigt.[691] So untersucht die Kommission in der Sache Airtours/First Choice[692], ob eine gegenseitige Abhängigkeit der Konkurrenten auf dem Markt besteht und stellt fest, dass „zwischen den Reiseveranstaltern auf dem Markt eine gegenseitige Abhängigkeit besteht". Diese Vorgehensweise entspricht dem Konzept der externen Interdependenz und dem Konzept der Wirtschaftspläne.

Eine ähnliche Argumentation verfolgt die Kommission in der Entscheidung Enso/Stora[693], wo die gegenseitige Abhängigkeit der Verpackungshersteller[694] untersucht wird. Jedoch beleuchtet die Kommission die externe Interdependenz eher als zusätzliches Argument zum Bedarfsmarktkonzept.[695]

c) Homogene Wettbewerbsbedingungen

Neben den Abgrenzungskonzepten sieht die Kommission das Bestehen unterschiedlicher Wettbewerbsbedingungen als eine weitere Ursache für gesonderte relevante Produktmärkte an, die selbst bei völliger Austauschbarkeit der Produkte zu unterschiedlichen relevanten Märkten führen würden.[696]

So werden hierunter die Fälle subsumiert, bei denen bestimmte Produkte an verschiedene Nachfrager unter sehr unterschiedlichen Wettbewerbsbedingungen verkauft werden.

Besteht beispielsweise mit einem Nachfrager eine ständige Kundenbeziehung, die eine „just-in-time" Belieferung beinhaltet, so wird sich das entscheidend sowohl auf den Preis als auch auf die sonstigen Konditionen auswirken.

Hierbei wird kein vollkommen neues „Abgrenzungskriterium" erfunden. Auch die Kommission kocht nur mit Wasser. In Wirklichkeit entsprechen die „homo-

---

691 In diesem Sinne auch Säcker, ZWeR, 2004, S. 1 ff.

692 Entscheidung der Kommission vom 4.2.1998, IV/M. 1524, Airtours/First Choice, hierzu: Kommission der Europäischen Gemeinschaften, XXXII. Wettbewerbsbericht, S. 58 f; ABl. EG Nr. C 191 vom 10.8.2002, Rdnr. 224 ff.

693 Entscheidung der Kommission vom 4.2.1998, IV/M. 970, Enso/Stora, hierzu: Kommission der Europäischen Gemeinschaften, XXVIII. Wettbewerbsbericht, S. 77.

694 Tetra Pak, Elopak, SIG Combibloc.

695 Entscheidung der Kommission vom 4.2.1998, IV/M. 970, Enso/Stora, hierzu: Kommission der Europäischen Gemeinschaften, XXVIII. Wettbewerbsbericht, S. 77.

696 Ausführlich hierzu: Kommission der Europäischen Gemeinschaften, XXII. Wettbewerbsbericht, S. 401; Briones Alonso, ECLR 1994, S. 195 ff.

genen Wettbewerbsbedingungen" der Anwendung des Substitutions-Konzepts, jedoch erfolgt die Anwendung aus der Perspektive des Anbieters (Konzept der externen Interdependenz, Konzept der Wirtschaftspläne).

So argumentiert die Kommission zum Beispiel in der klassischen *Varta/Bosch*[697] Entscheidung, dass ein neuer sachlich relevanter Markt (neben dem Markt für die Kfz-Batterien und Stoßdämpfer) entsteht, wenn die Anbieter an bestimmte Abnehmer Dienstleistungen mitverkaufen (z.B. „just-in-time"-Belieferung). Hierdurch werden sie mit den anderen Anbietern nicht für austauschbar angesehen, so dass ein anderer relevanter Markt entsteht.

d) Weitere Abgrenzungskriterien

Die Kommission berücksichtigt in bestimmten Fällen zusätzlich, ***wie lange die Anbieter brauchen, um ihre Produktion auf marktrelevante Produkte umzustellen***.[698] Ein solcher Wettbewerb muss jedoch bereits bestehen oder in naher Zukunft einsetzen. Entscheidend ist die Zeitdauer, die eine solche Umstellung benötigt.[699] In diesem Fall umfasst der sachlich relevante Markt alle Produkte (sowohl diejenigen, die produziert werden, als auch solche, auf die umgestellt werden kann). Dies begründet die Kommission damit, dass auch solche Anbieter zum relevanten Markt gehören, die ihre Produktion auf die relevanten Erzeugnisse umstellen und sie kurzfristig auf den Markt bringen, ohne spürbaren Zusatzkosten oder Risiken ausgesetzt zu sein.[700]

In der Entscheidung *ITS/Signode/Titan*[701] beschäftigt sich die Kommission mit dem Markt der Stahl- und Plastikbänder in Europa und stellt fest, dass die Stahlbänder „leicht, wirksam und ohne Kostenbelastung" die Plastikbänder

---

[697] Entscheidung der Kommission vom 31.07.1991, IV/M. 12, Varta / Bosch, http://europa.eu.int/comm/competition/mergers/cases/decisions/m12_de.pdf, ABl. Nr. L 320/26 v. 22. 11.1991, abgedruckt in WuW 1992, S. 255 ff., Rdnr. 12 ff.

[698] Briones Alonso, ECLR 1994, S. 195 ff.

[699] Entscheidung der Kommission vom 2.10.1991, IV/M. 53, Aerospitale-Alenia/de Havilland, http://europa.eu.int/comm/competition/mergers/cases/decisions/m53_en.pdf, abgedruckt in WuW 1992, 163 ff.; ABl. EG 1990 Nr. L 334/42 v. 5.12.1991; Entscheidung der Kommission vom 23.02.1998, IV/M. 53, http://europa.eu.int/comm/competition/mergers/cases/decisions/m1094_en.pdf; Caterpillar/Perkins Engines, ABl. EG 1998 Nr. C 93/25.

[700] Bekanntmachung der Kommission über die Definition des relevanten Marktes im Sinne des Wettbewerbsrechts der Gemeinschaft, ABl. EG 1997 Nr. C 372/5, v. 9.12.1997, Rdnr. 20 f.

[701] Entscheidung der Kommission vom 6.05.1998, IV/M. 970, ITS/Signode/Titan, http://europa.eu.int/comm/competition/mergers/cases/decisions/m970_de.pdf.

ersetzen können und kommt so zu einer Erweiterung des sachlich relevanten Marktes.[702]

In der *MCI-WorldCom/Sprint-Entscheidung*[703] prüft die Kommission den potenziellen Wettbewerb im Bereich von weltumspannenden Telekommunikationsdiensten und der Abwicklung von Auslandsgesprächen und untersucht die mögliche Wettbewerbsentwicklung.

Auch in der Entscheidung *Air Liquide/BOC*[704] prüft die Kommission die "Auswirkungen des Zusammenschlusses auf den potenziellen Wettbewerb". Hier verdeutlicht sie, dass die Wahrscheinlichkeit und die Absehbarkeit von einem ausreichenden Maß an Wettbewerb" für die Genehmigung des Zusammenschlusses spricht.

Die Entscheidung *Tetra Laval/Sidel*[705] veranschaulicht, dass die Kommission bei der Feststellung des sachlich relevanten Marktes den potenziellen Wettbewerb dynamisch analysiert.[706]

Alle diese Aspekte kann der Antragsteller kumulativ neben den Abgrenzungskonzepten als zusätzliches Argumentationsmaterial verwenden.

e) Sachliche Gesamtmärkte

In manchen Entscheidungen spricht die Kommission von einem Gesamtmarkt. So wurde schon von Gesamtmärkten für die öffentliche Übertragungstech-

---

[702] Die Kommission stimmt trotzdem dem Zusammenschlussvorhaben wegen der Nachfragemacht der Kunden zu.

[703] Entscheidung der Kommission vom 28.06.2000, IV/M. 1069; MCI-WorldCom/Sprint, hierzu: Kommission der Europäischen Gemeinschaften, XXX. Wettbewerbsbericht, S. 85.

[704] Entscheidung der Kommission vom 18.01.2002, IV/M. 1630, Air Liquide/BOC; http://europa.eu.int/comm/competition/mergers/cases/decisions/m1630_en.pdf; hierzu: Kommission der Europäischen Gemeinschaften, XXX. Wettbewerbsbericht, S. 92.

[705] Entscheidung der Kommission vom 30.10.2001, IV/M. 2416, Tetra Laval / Sidel, http://europa.eu.int/comm/competition/mergers/cases/decisions/m2416_en.pdf; hierzu: Kommission der Europäischen Gemeinschaften, XXXI. Wettbewerbsbericht, S. 88.

[706] Kommission der Europäischen Gemeinschaften, XXXI. Wettbewerbsbericht, S. 88.

nik[707], für Autoglas[708], für kalt und warm gewalzte nahtlose Edelstahlrohre[709], für mechanische, elektromechanische und elektronische Elektrizitätszähler[710] sowie für Abwasserrohre aus Steinzeug, Beton, Kunststoff, Guss und Faserzement[711] gesprochen.

Zieht man das Autoglas als Beispiel heran, so stellt man fest, dass es verschiedenste Sorten, Arten, Anwendungsmöglichkeiten und Preise für Autoglas gibt, so dass diese Produkte gar nicht substituierbar sein können. Der Kommission reicht es in solchen Fällen, dass die Marktteilnehmer annähernd dieselbe Stellung und ähnliche Zutrittsschranken haben.

Im Interesse der Verfahrensökonomie wird dann auf eine detaillierte Prüfung des sachlich relevanten Marktes verzichtet.[712]

Auch die sachlichen Gesamtmärkte sind keine originäre Erfindung der Kommission. Die Verwendung der „sachlichen Gesamtmärkte“ in der Europäischen Fusionskontrolle entspricht dem Industriekonzept von Marshall. Hierbei handelt es sich um den bisher einzigen Fall, in dem die Kommission nicht einem der Ausprägungen des Substitutionskonzeptes folgt.

f) Die Bekanntmachung der Kommission über die Definition des relevanten Marktes im Sinne des Wettbewerbsrechts der Gemeinschaft[713]

Die 1997 erlassene Bekanntmachung betrifft, wie schon aus dem Titel ersichtlich ist, nicht nur die Fusionskontrolle, sondern alle Wettbewerbsregeln der Gemeinschaft.[714] Hierbei handelt es sich um eine Zusammenfassung der Entscheidungspraxis des EuGH und der Kommission bezüglich der Marktbegriffe.

---

707 Siehe Entscheidung der Kommission vom 12.4.1991, IV/M. 042; Alcatel/Telettra, ABl. 1991 Nr. L 122/48, Rdnr. 37.

708 Siehe Entscheidung der Kommission vom 21.12.1993, IV/M. 358 ; Pilkington-Technit/SIV, ABl. 1991 Nr. L 158/24, Rdnr. 18.

709 Siehe Entscheidung der Kommission vom 31.1.1994, IV/M. 315; Mannesmann/Vallourec/Ilva, ABl. 1994 Nr. L 102/15, Rdnr. 20.

710 Siehe Entscheidung der Kommission 18.11.1997, IV/M. 913; Siemens/Elektrowatt, ABl. 1999 Nr. L 88/1, Rdnr. 26 ff.

711 Siehe Entscheidung der Kommission vom 19.9.1999, IV/M. 1664; Wienerberger/DSCB/Steinzeug, Rdnr. 9 ff.

712 Schröter/Jakob/Mederer, Kommentar zum Europäischen Wettbewerbsrecht, S. 1361, Rdnr. 76.

713 ABl. EG Nr. C 372/5, v. 9.12.1997.

714 Z.B. auch die Beihilfefälle; vgl. hierzu: Furse, ECLR 1997, S. 378.

Die Bestimmung des sachlich relevanten Marktes erfolgt nach der Bekanntmachung durch die Prüfung der ausreichenden Substituierbarkeit von Produkten aus der Sicht der Nachfrager.[715] So umfasst nach der Definition der Bekanntmachung der sachlich relevante Markt „sämtliche Erzeugnisse und/oder Dienstleistungen, die von den Verbrauchern hinsichtlich ihrer Eigenschaften, Preise und ihres vorgesehenen Verwendungszwecks als austauschbar oder substituierbar angesehen werden".

Folgt man dieser „verbraucherorientierten" Definition, so wären das Bedarfsmarktkonzept und die Theorie der Substitutionslücke bei der Abgrenzung immer anwendbar, was jedoch, wie oben festgestellt, nicht der Fall ist.[716]

Die weiteren Aspekte, die von der Kommission bei der Abgrenzung berücksichtigt werden sollen, sind die jüngste Vergangenheit, die Ergebnisse aus spezifischen Untersuchungen, der Standpunkt von Kunden und Wettbewerbern, die Präferenzen der Verbraucher, die unterschiedlichen Kundengruppen und die Preisdiskriminierung.

g) Resümee

Liest man die Entscheidungen des EuGH und die kartellrechtlichen Publikationen, so erhält man den Eindruck, dass die Kommission dem Bedarfsmarktkonzept bei der Abgrenzung des sachlich relevanten Marktes folgt[717] und dass die Kommission gezwungen ist, über längere Zeiträume möglichst einheitliche Marktabgrenzung vorzunehmen, die Entscheidungen berechenbar, möglichst konstant und widerspruchsfrei zu machen.[718] In der Praxis ist dies jedoch nicht der Fall: die Kommission bedient sich verschiedener Abgrenzungskonzepte.[719]

---

[715] Ausführlich zu der Bekanntmachung der Kommission über die Definition des relevanten Marktes im Sinne des Wettbewerbsrechts der Gemeinschaft bei Cook/Kerse, The E.C. Merger Control, S. 134 ff; Furse, ECLR 1997, S. 378; Desai, ECLR 1997, S. 473 ff.; Baker/Wu, ECLR 1998, S. 273 ff.

[716] Vgl. S. 10 f.

[717] So in der Zusammenfassung zur Vorlesung Fusionskontrollverordnung von Vernet/Zupan, (Materialien des Lehrstuhls von Prof. Dr. Ch. Meier-Schatz), im Internet: http://www.rwa.unisg.ch/org/rwa/web.nsf/wwwPublnhalteGer/Lehrstuhl+Meier-Schatz?opendocument; Cowman, S. 49; Immena/Mestmäcker, EG-Wettbewerbsrecht, Kommentar, Band I, S. 832, Rdnr. 34; Traugott, WuW 1998, S. 928 ff.

[718] Rösler, NZG 2000, S. 761.

[719] Bahnbrechend und sehr aktuell hierzu Säcker, ZWeR, 2004, S. 1 ff.

Sie werden teilweise kombiniert, teilweise aber auch einzeln angewendet. Daneben werden die Homogenität oder Heterogenität der Wettbewerbsbedingungen untersucht[720] und manchmal die Märkte zu sachlichen Gesamtmärkten zusammengefasst. Jedoch handelt es sich hierbei um keine neu erfundenen Abgrenzungskriterien, sondern lediglich um neue Namen für die alten Konzepte.

Die Erfahrung zeigt, dass die Kommission eine für sie wünschenswerte Entscheidung trifft und dann ein Abgrenzungskonzept verwendet, welches das vorher bestimmte Ergebnis der Kommission bestätigt.

Dies ist besonders bedenklich, da „consistency in market definition analysis is important to a predictable system of merger control".[721]

Zwar verhilft die Verwendung verschiedener Abgrenzungskonzepte zur Möglichkeit, Fehlerbereiche bei der Abgrenzung zu minimieren[722] und eine flexible Herangehensweise zu ermöglichen[723], jedoch sprechen die Rechtssicherheit und die Vorhersehbarkeit der Kommissionsentscheidungen gegen diese Vorgehensweise.

Bedenklich ist weiterhin, dass die Kommission den Relevanzschwerpunkt von Fall zu Fall beliebig verschieben kann, wodurch sich die Transparenz der Kommissionsentscheidungen und die Rechtssicherheit weiter reduzieren.

Zudem ist festzustellen, dass eine Tendenz der Kommission besteht, verschiedene Möglichkeiten der Abgrenzung des sachlich relevanten Marktes zu diskutieren, sich diesbezüglich aber nicht festzulegen. Die Kommission argumentiert dann in der Weise, dass der Zusammenschluss auch bei der engsten möglichen Abgrenzung keinen Anlass zu ernsthaften Bedenken bietet, so dass die endgültige Abgrenzung offen gelassen werden kann.[724] Dies geschieht vor allem aus verfahrensökonomischen Gründen.

---

[720] Jones / González-Diaz, The EEC Merger Regulation, S. 110 ff.; Bekanntmachung der Kommission über die Definition des relevanten Marktes im Sinne des Wettbewerbsrechts der Gemeinschaft, ABl. EG Nr. C 372/5, v. 9.12.1997.

[721] Cowman, S. 51.

[722] Schmidt, S. 52.

[723] Cowman, S. 57.

[724] Kerber, S. 26

Im Ergebnis werden alle existierenden Abgrenzungskonzepte verwendet, sogar solche, die von der Wissenschaft allgemein abgelehnt werden (Industrie-Konzept von Marschall[725] oder die Theorie der Marktbeziehungen[726]). Für die Antragsteller hat dies zur Folge, dass die sachliche Marktabgrenzung absolut unvorhersehbar werden kann.

Um die derzeitige Rechtsunsicherheit bei der Marktabgrenzung zu beseitigen, sollte die Kommission sich bei ihren Entscheidungen ausschließlich auf das Bedarfsmarktkonzept beschränken.

III. Der räumlich relevante Markt

1. Abgrenzungskonzept des relevanten Marktes

Auch die räumliche Marktabgrenzung spielt für den Wettbewerbsprozess des relevanten Marktes eine wichtige Rolle und ist insbesondere bei transportintensiven Gütern oder im Dienstleistungsgewerbe von Bedeutung. So konkurriert jeder Bäcker grundsätzlich nur mit benachbarten Wettbewerbern,[727] dagegen konkurrieren die Anbieter von Röhren aus Präzisstahl[728] oder Verpackungen[729] auf dem europäischen Markt.

Die Bestimmung des geografischen Marktes ist gerade in der dynamischen Bildung des europäischen Binnenmarktes nach dem Beitritt der neuen EU Länder außerordentlich schwierig, andererseits aber von herausragender Bedeutung.[730]

Für die Bestimmung des räumlich relevanten Marktes gibt es keine Abgrenzungskonzepte. Stattdessen arbeiteten die Wissenschaft und die Praxis Krite-

---

725 Vgl. S.164.

726 Vgl. S.168.

727 Schmidt, S. 53; Traugott, WuW 1998, S. 929, 934.

728 Entscheidung der Kommission vom 12.11.1992, IV/M. 222, Mannesmann / Hoesch, http://europa.eu.int/comm/competition/mergers/cases/decisions/m222_de.pdf; ABl. 1991, L 290/36 ff , v. 8.5.1993.

729 Entscheidung der Kommission vom 19.07.1991, IV/M. 68, Tetra Pak/Alfa-Laval, ABl. EG 1991, Nr. L 290 / 36 ff vom 22.10.1991; http://europa.eu.int/smartapi/cgi/sga_doc?smartapi!celexplus!prod!CELEXnumdoc&lg=en&numdoc=31991D0535.

730 Rösler, NZG 2000, S. 761, 766.

rien heraus, die auf das Vorliegen eines räumlich relevanten Marktes hinweisen. Zu diesen Kriterien gehören der Grad der Harmonisierung der Rechtsnormen in der EU, die Transportkosten, die Handelsbeschränkungen, die Vertriebssysteme und die nationalen Käuferpräferenzen, die Unterschiede bei Preisen und Marktanteilen und der grenzüberschreitende Handel. Bei der Bestimmung des räumlich relevanten Marktes werden außerdem solche Faktoren wie die Gebietsgröße, die Bevölkerungszahl, die überregionale Ausstrahlung des betreffenden Gebiets[731], der Unternehmenssitz, die Käuferpräferenzen, der Transport und Vertrieb und die Marktanteile ergänzend einbezogen. Ausnahmsweise können auch ein größeres Gebiet (Miteinbezug von Drittstaaten) oder eine engere Marktabgrenzung (isolierte Märkte) betrachtet werden.

2. Die Bestimmung des räumlich relevanten Marktes in der Europäischen Fusionskontrolle

a) Vorgehensweise und Definition

Die Bestimmung des räumlich relevanten Marktes wird in fast jeder Entscheidung der Kommission angesprochen. Mit zunehmender Entwicklung des Binnenmarktes werden aus den früheren nationalen Märkten die europäischen oder die globalen Märkte.

Nach der Definition des Art. 9 Abs. 7 FKVO wird der geographisch relevante Markt als ein Gebiet mit hinreichend homogenen Wettbewerbsbedingungen bezeichnet, der sich von anderen Gebieten mit merklich unterschiedlichen Wettbewerbsbedingungen abgrenzt. Hierbei sei auf die Art und die Eigenschaften der betroffenen Produkte und Dienstleistungen, auf die Existenz von Marktzutrittsschranken oder Verbraucherpräferenzen, auf das Bestehen erheblicher Unterschiede in den Marktanteilen der Unternehmen oder auf nennenswerte Preisunterschiede auf dem betreffenden und den benachbarten Gebieten abzustellen. Diese Legaldefinition enthält sowohl die Ursachen[732] als auch die Indikatoren[733].

---

731 Zum Beispiel London als Hauptstadt und Trendsetter.

732 Z.B. Marktzutrittsschranken.

733 Z.B. Preisunterschiede.

Eine ähnliche Definition enthält die Bekanntmachung der Kommission über die Definition des relevanten Marktes im Sinne des Wettbewerbsrechts der Gemeinschaft.[734]

b) Abgrenzungskriterien

Im Folgenden werden die Kriterien vorgestellt, welche die Kommission bei der Abgrenzung des räumlich relevanten Marktes in den letzten Jahren verwendete.

Selbstverständlich prüft die Kommission diese Faktoren nicht kumulativ, sondern wählt die problematischen Kriterien in jedem Einzelfall aus und diskutiert diese.

aa) Der Grad der Harmonisierung der Rechtsnormen in der EU

In vielen Fällen nimmt die Kommission einen nationalen Markt dann an, wenn unterschiedliche, nicht harmonisierte rechtliche Regelungen in den verschiedenen EG-Ländern vorliegen.[735] Umgekehrt betrachtet die Kommission einen bereits weit fortgeschrittenen Prozess der Harmonisierung als ein Argument für einen EG-weiten Markt. So nimmt die Kommission in den Fällen ABB/Elsag Bailey[736], Agfa-Gevaert/DuPont[737] eine europaweite Dimension aufgrund der Harmonisierung der Normen in Europa an.

Die Harmonisierung der Rechtsnormen in der EU betrifft bei diesen beiden Zusammenschlüssen vor allem die Standardisierung der Anforderungen an die Produkte (vergleichbar mit den deutschen DIN-Normen).

---

[734] ABl. EG Nr. C 372/5, v. 9.12.1997; ausführliche Erläuterungen bei Furse, ECLR 1997, S. 378; Desai, ECLR 1997, S. 473 ff.

[735] Rösler, NZG 2000, S. 761, 767.

[736] Entscheidung der Kommission vom 16.12.1998, IV/M. 1339; ABB/Elsag Bailey; http://europa.eu.int/comm/competition/mergers/cases/decisions/m1339_en.pdf; hierzu: Kommission der Europäischen Gemeinschaften, XXVIII. Wettbewerbsbericht, S. 203.

[737] Entscheidung der Kommission vom 11.2.1998, IV/M. 986, *Agfa-Gevaert/DuPont;* hierzu: Kommission der Europäischen Gemeinschaften, XXVIII. Wettbewerbsbericht, S. 211.

bb) Transportkosten und Handelsbeschränkungen

Ebenfalls sprechen hohe Transportkosten und verschiedene Handelsbeschränkungen (zum Beispiel die staatlich veranlasste Monopole und die Importkontingente) für die Existenz eines nationalen Marktes.[738]

So hat die Kommission wegen der niedrigen Transportkosten beim Handel mit Kabeln in der EU einen gemeinschaftsweiten relevanten Markt angenommen und die Fusion im Falle Pirelli/BICC[739] genehmigt.

Besonders niedrige oder fast gar keine Transportkosten nimmt die Kommission bei den Fusionen der europäischen Banken an.[740] Noch vor wenigen Jahren war die Bankenlandschaft durch die zum größten Teil nationalen Banken repräsentiert. Aus der durch die Einführung des elektronischen Zahlungsverkehrs verursachten Kostenreduktion des Zahlungsverkehrs um 90%[741] schließt die Kommission auf die potenzielle Einstiegschancen der europäischen Banken in den Nachbarsländern und nimmt mittlerweile einen europäischen Markt an.[742]

cc) Vertriebssysteme und nationale Käuferpräferenzen

Weiterhin sprechen unterschiedliche Vertriebssysteme und starke nationale Käuferpräferenzen für das Vorliegen eines nationalen Marktes.[743]

Im Fall Johnson & Johnson/Depuy[744] werden allein die nationalen Märkte als relevant angesehen, da die Abnehmer der Produkte auf Schulungen und Unterstützung angewiesen sind und Vertretungen in den einzelnen Ländern unerlässlich sind.

---

[738] Briones Alonso, ECLR 1994, S. 207.

[739] Entscheidung der Kommission vom 19.07.2000, IV/M. 1882, Pirelli/BICC; http://europa.eu.int/comm/competition/mergers/cases/decisions/m1882_en.pdf; hierzu: Kommission der Europäischen Gemeinschaften, XXX. Wettbewerbsbericht, S. 199.

[740] Veljanovski, ECLR 2000, S. 195 ff.

[741] Veljanovski, ECLR 2000, S. 195, 197.

[742] Entscheidung der Kommission vom 24.06.1998, IV/M.1172, Fortis AG / Generale Bank; http://europa.eu.int/comm/competition/mergers/cases/decisions/m1172_en.pdf; Rdnr. 22.

[743] Rösler, NZG 2000, S. 761, 767 ff; Briones Alonso, ECLR 1994, S. 204 f.

[744] Entscheidung der Kommission vom 28.10.1998, IV/M. 1286; Johnson & Johnson/Depuy; http://europa.eu.int/comm/competition/mergers/cases/decisions/m1286_en.pdf; hierzu: Kommission der Europäischen Gemeinschaften, XXVIII. Wettbewerbsbericht, S. 203 f.

Im Fall Volvo/Scania[745] wurden ebenfalls erhebliche Kaufgewohnheiten besonders in Finnland, Norwegen, Schweden und Irland als separatmarktbildend angenommen.

Interessanterweise entschied sich die Kommission ebenfalls für das Vorliegen von nationalen Märkten in der Sache Price Waterhouse / Coopers&Lybrand.[746] In diesem Fall können trotz der Beteiligung von zwei der „Großen Fünf" (heute die „Großen Vier") unter den weltweit tätigen Wirtschaftsprüfungsgesellschaften wegen unterschiedlicher gesetzlicher Anforderungen an die Abschlussprüfung und fachlicher Anforderungen sowie der nötigen Präsenz der Dienstleister vor Ort nur die Märkte der jeweiligen Staaten betroffen werden.[747]

dd) Unterschiede bei Preisen und Marktanteilen, grenzüberschreitender Handel

Schließlich sind auch die Unterschiede bei Preisen und Marktanteilen sowie fehlender grenzüberschreitender Handel Indikatoren für räumlich getrennte Märkte. So führen in der Entscheidung Owens-Illinois/BTR Packaging[748] die erheblichen Preisunterschiede in verschiedenen EG-Ländern, in denen die Unternehmen agieren, zur Annahme eines nationalen Marktes.

---

[745] Entscheidung der Kommission vom 14.3.2000; IV/M.1672, Volvo/Scania; hierzu: Kommission der Europäischen Gemeinschaften, XXX. Wettbewerbsbericht, S. 83.

[746] Entscheidung der Kommission vom 20.5.1998, IV/M. 1016; Price Waterhouse / Coopers&Lybrand; hierzu: Kommission der Europäischen Gemeinschaften, XXX. Wettbewerbsbericht, S. 213.

[747] Overd, ECLR 1999, S. 47 f.

[748] Entscheidung der Kommission vom 21.04.1998, IV/M. 1109, Owens-Illinois / BTR Packaging, http://europa.eu.int/comm/competition/mergers/cases/decisions/m1109_en.pdf; hierzu: Kommission der Europäischen Gemeinschaften, XXVIII. Wettbewerbsbericht, S. 208.

Übersicht 17: Kriterien für die Abgrenzung des räumlich relevanten Marktes

Grad der Harmonisierung der Normen	Transport-kosten	Handels-beschränkungen	Vertriebs-systeme	Nationale Käufer-präferenzen	Unterschiede bei Preisen	Unterschiede bei Marktanteilen	Grenzüberschreitender Handel
Fehlende Harmonisierung als Indiz für getrennten relevanten Markt	Hohe Transport-kosten bei den Gütern mit hohem Gewicht und Raumbedarf	Staatliche Handelshemmnisse; Import-kontingente	Vertriebs-strategie und -kosten	Präferenzen der Verbraucher für heimische Produkte; ausgeprägtes Markenbewusstsein; Kulturelle und sprachliche Unterschiede	Vergleich der Durchschnittspreise über längere Zeiträume (offensichtl. Preis-abweichung als Indiz für getrennte räuml. relev. Märkte)	ungleichmäßige Verteilung der Marktanteile	Das Fehlen steuerlicher, rechtlicher, kultureller Barrieren

c) Zwischenfazit

In den meisten Entscheidungen der Kommission ist die Abgrenzung des räumlich relevanten Marktes nicht so präzise wie die Abgrenzung des sachlich relevanten Marktes: die Kommission unterscheidet lediglich zwischen den lokalen, regionalen, nationalen, mehrere Mitgliedsstaaten umfassenden, gemeinschaftsweiten und Weltmärkten.[749]

Die Untersuchung der Marktdefinitionen durch die Kommission ergab, dass in der Fünfjahresperiode von 1997-2002 von insgesamt 1295 Entscheidungen 184 (14,2 %) nach Ansicht der Kommission ausschließlich die nationalen Märkte betrafen. In 187 Fällen (14,4 %) waren nicht allein nationale Märkte betroffen. Bei den restlichen 924 Entscheidungen (71,4 %) erfolgte keine Abgrenzung der räumlich-relevanten Märkte, weil wettbewerbsrechtliche Bedenken unabhängig davon, ob es sich um einen EG-weiten, einen regionalen oder einen nationalen Markt handelte, nicht bestanden hätten.[750]

Zudem ist festzustellen, dass (ähnlich wie bei der Abgrenzung des sachlich relevanten Marktes) eine Tendenz der Kommission besteht, verschiedene Möglichkeiten der Abgrenzung des räumlich relevanten Marktes zu diskutieren, sich diesbezüglich aber nicht festzulegen. Die Kommission argumentiert dann in der Weise, dass der Zusammenschluss auch bei der engsten möglichen Abgrenzung keinen Anlass zu ernsthaften Bedenken bietet, so dass die endgültige Abgrenzung offen gelassen werden kann.[751] Auch bei der Bestimmung des räumlich relevanten Marktes geschieht dies aus verfahrensökonomischen Gründen.

IV. Zeitlich relevanter Markt

Die zeitliche Marktabgrenzung ist dann erforderlich, wenn die Anbieter und Nachfrager nur zu einem bestimmten Zeitpunkt zum Leistungsaustausch bereit sind. Die Ursachen für die zeitlichen Marktgrenzen können sowohl gesetzlicher (Ladenöffnungszeiten) als auch natürlicher Art (Saisonprodukte) sein.[752]

---

[749] Rösler, NZG 2000, S. 761, 767; Schütz, WuW 1996, S. 286, 287; Emmerich, AG 2001, S. 605, 608.

[750] Kommission der Europäischen Gemeinschaften, XXXI. Wettbewerbsbericht, S. 86.

[751] Kerber, S. 26

[752] Schmidt, S. 53.

Was die Abgrenzung des zeitlich relevanten Marktes anbetrifft, so hat sich die Kommission in den letzten sechs Jahren nicht mit dieser Frage beschäftigt.

V. Wesentlicher Teil des gemeinsamen Marktes

Gemäß Art. 2 Abs. 2 und 3 FKVO muss ein Zusammenschluss den gemeinsamen Markt oder die wesentlichen Teile desselben umfassen, so dass die unterhalb dieser Schwelle liegenden „Bagatellmärkte" nicht berücksichtigt werden, auch wenn durch den Zusammenschluss eine marktbeherrschende Stellung entsteht oder verstärkt wird.[753]

Der Begriff des wesentlichen Teils des Gemeinsamen Marktes wird unter Berücksichtigung des Schutzzwecks des Art. 2 FKVO bestimmt. So muss der betroffene Markt ein gewisses wirtschaftliches Gewicht in qualitativer oder quantitativer Sicht für die Gemeinschaft besitzen. Hierfür werden entsprechend Art. 82 EG Kriterien wie die Zahl und die Bedeutung der Nachfrager und Anbieter, ihre Kaufkraft oder ihr wirtschaftliches Gewicht, die Struktur und der Umfang der Produktion sowie des Verbrauchs der relevanten Erzeugnisse im Verhältnis zur gesamten Gemeinschaft herangezogen.[754]

Die Kommission hat bisher noch keinen Markt gefunden, der keinen wesentlichen Teil des gemeinsamen Marktes ergibt.[755]

Eine ausführliche Darstellung des „wesentlichen Teils des gemeinsamen Marktes" in der Anmeldung nach dem Formblatt-CO[756] ist dann empfehlenswert, wenn man sich auf der Grenze zwischen der Zuständigkeit des Bundeskartellamtes und der Europäischen Kommission befindet. Möchte man die Entscheidung der Jurisdiktion der Kommission unterstellen[757] und die Gefahr vermeiden, dass die Entscheidung (zum Beispiel wegen eines rein innerstaatlichen Sachverhalts) vom Bundeskartellamt an sich gezogen wird, so sollte man auf den „wesentlichen Teil des gemeinsamen Marktes" eingehen.

---

[753] Jedoch sind die nationalen Behörden zuständig.

[754] Schröter/Jakob/Mederer, Kommentar zum Europäischen Wettbewerbsrecht, Rdnr. 159.

[755] Ausnahmsweise wird das Fehlen des wesentlichen Teils des gemeinsamen Marktes in dem Bericht über die Verweisungsentscheidung der Kommission Holderbank/Cedest angesprochen; hierzu: Kommission der Europäischen Gemeinschaften, XXIII. Wettbewerbsbericht, Rdnr. 333.

[756] Zum Beispiel Formblatt CO zur Anmeldung eines Zusammenschlusses gemäß der Verordnung (EWG) Nr. 139/2004 des Rates, Abl. EG 2004 Nr. L 133, 9 vom 30.4.2004 (Anhang 1 zur Verordnung Nr. 802/2004 zur Anwendung der Verordnung Nr. 139/2004).

[757] Zum Beispiel wegen des toleranteren Verhältnisses der Kommission zu höheren Marktanteilen.

VI. Fazit

Die Frage nach der Abgrenzung von Märkten ist so alt wie das Kartellrecht selbst. Trotzdem ist es bisher nicht gelungen, abschließende und gänzlich befriedigende Lösungen zu finden.

Bei der Untersuchung der Bestimmung des relevanten Marktes durch die Kommission in den Jahren 1998 – 2003 kann man folgende Tendenzen feststellen.

(1) Bei der Bestimmung des sachlich relevanten Marktes geht die Kommission vorwiegend nach dem Bedarfsmarktkonzept und der Theorie der Substitutionslücke vor. Diese Vorgehensweise entspricht der Bekanntmachung der Kommission über die Definition des relevanten Marktes im Sinne des Wettbewerbsrechts der Gemeinschaft.[758]

(2) Daneben werden alle anderen vorhandenen Abgrenzungskonzepte (auch solche, die von der Wissenschaft mittlerweile abgelehnt werden) angewendet. Die Anwendung erfolgt manchmal ergänzend zum Bedarfsmarktkonzept und manchmal einzeln.

(3) Auch bei den so genannten zusätzlichen Kriterien, die die Kommission zur Bestimmung des sachlich relevanten Marktes heranzieht (homogene Wettbewerbsbedingungen und sachliche Gesamtmärkte) handelt es sich um die Anwendung der gängigen Abgrenzungskonzepte unter anderer Bezeichnung.

(4) Eine solch inkonsequente Anwendbarkeit der Abgrenzungskonzepte führt zu Rechtsunsicherheit.

(5) Sowohl bei der Abgrenzung des sachlich relevanten Marktes als auch bei der Abgrenzung des räumlich relevanten Marktes legt sich die Kommission oft nicht fest, prüft lediglich verschiedene Möglichkeiten an und lässt die Antwort offen.

(6) Ansonsten erfolgt die Abgrenzung des geografischen Marktes nach den herausgearbeiteten Kriterien, wie der Grad der Harmonisierung der Rechtsnormen in der EU, die Transportkosten, die Handelsbeschränkungen, die Ver-

---

[758] ABl. EG Nr. C 372/5, v. 9.12.1997.

triebssysteme und die nationalen Käuferpräferenzen, die Unterschiede bei Preisen und Marktanteilen und der grenzüberschreitende Handel.

(7) In der Praxis der Europäischen Fusionskontrolle der letzten fünf Jahre kam die Bestimmung des zeitlich relevanten Marktes nicht vor.

Um die Entscheidungen der Kommission vorhersehbar zu machen, ist die Beschränkung der Kommission auf die Vorgehensweise nach der von ihr selbst veröffentlichten Bekanntmachung zu fordern.

Nach der Bestimmung des relevanten Marktes werden die Marktanteile der Parteien und der Wettbewerber anhand der Verkaufszahlen und unter der Berücksichtigung der Kapazität, der Anzahl der Wettbewerber auf Ausschreibungsmärkten usw. berechnet.[759]

Dies geschieht im Rahmen der Prüfung der „erheblichen Behinderung des wirksamen Wettbewerbs, insbesondere durch die Ausnutzung der marktbeherrschenden Stellung", die im nächsten Kapitel dargestellt wird.

---

[759] Bekanntmachung der Kommission über die Definition des relevanten Marktes im Sinne des Wettbewerbsrechts der Gemeinschaft, ABl. EG Nr. C 372/5, v. 9.12.1997, Rdnr. 53 f.

K. Erhebliche Behinderung des wirksamen Wettbewerbs, insbesondere durch die Ausnutzung der marktbeherrschenden Stellung

I. Einleitung

Neben der Bestimmung des relevanten Marktes setzt Art. 2 Abs. 3 FKVO für die Untersagung eines Zusammenschlusses voraus, dass eine „erhebliche Behinderung des wirksamen Wettbewerbs im gemeinsamen Markt oder in einem wesentlichen Teil desselben" vorliegt. Hierbei handelt es sich um die bedeutsamste Änderung der Fusionskontrollverordnung.[760]

Nach Art. 2 Abs. 3 FKVO wurde bisher der „Marktbeherrschungstest" angewendet. Diesen Test verwenden auch alle Mitgliedsstaaten mit Ausnahme von Großbritannien und Irland. In den anderen Staaten, wie den USA, Kanada und Australien, wird das flexiblere Kriterium der wesentlichen Wettbewerbsverminderung herangezogen (SLC-Test).

Großbritannien und Irland beharrten auf der Einführung des „Substantial Lessening of Competition Tests" (SLC-Test).[761] Die Frage führte insbesondere zu intensivsten Diskussionen, wegen der Uneinigkeit mit den US-amerikanischen Kartellbehörden, die zu einer unterschiedlichen Entscheidung der Europäischen und der US-amerikanischen Behörden in der gleichen Sache geführt hat[762]. Daraus resultierte die Kritik, dass die Kommission nicht in der Lage sei, die Fusionskontrolle wirksam durchzuführen.[763]

Der Vorschlag der Kommission im Grünbuch, den SLC-Test in Europa einzuführen,[764] ist jedoch auf solch ernsthaften Widerstand gestoßen[765], dass die Kommission zur Rückkehr zum Marktbeherrschungstest gezwungen wurde. In

---

[760] Böge, WuW 2004, S. 138, 143.

[761] Berg, BB 2004, S. 561, 562.

[762] Entscheidung der Kommission v. 3.2.2002, IV/M. 2220 (GE/Honeywell), http://europa.eu.int/comm/competition/mergers/cases/decisions/m2220_en.pdf.

[763] Vgl. Handelsblatt vom 24./25.10.2003, S. 7 „Heidelberg - Cement scheitert bei Readymix".

[764] Grünbuch über die Revision der Verordnung (EWG) Nr. 4064/89 des Rates v. 11.12.2001, KOM (2001) 745/6 endg., Rdnr. 167-169.

[765] Vgl. z.B. die Stellungnahme der österreichischen Wirtschaftskammer (http://www.wko.at/rp/fusionskontrolle.pdf)und des Bundeskartellamtes (www.bundeskartellamt.de/Stellungnahme_FK-VO_BKartA.pdf).

den von der Kommission an den Rat am 11.12.2002 gerichteten Änderungsvorschlägen zur FKVO sprach sich diese für die Beibehaltung des Marktbeherrschungstests aus.[766]

Am 27.11.2003 hat die Bundesregierung ihren Widerstand gegen den SLC Test im Ministerrat aufgegeben. Der Rat kam in seinem Verordnungsbeschluss vom 28.11.2003 zu einer Lösung, die beide Tests miteinander verbindet.

In der endgültigen Fassung wurde versucht, einen Kompromiss zwischen den beiden Systemen zu finden. Der eingeführte SIEC-Test (Significant Impediment to Effective Competition) ist ein rechtliches Novum und soll verschiedene Merkmale und Kriterien verbinden. Er entspricht weder dem in den meisten europäischen Staaten vorhandenen Marktbeherrschungstest, noch dem SLC-Test, so dass es heutzutage in der Europäischen Gemeinschaft drei verschiedene parallel laufende Testverfahren gibt.[767]

Nach dem neuen SIEC-Maßstab ist die Marktbeherrschung „nur" noch ein Regelbeispiel, die relevante Frage besteht darin, ob eine erhebliche Behinderung des Wettbewerbs vorliegt.

Jedoch bleibt die Prüfung der Marktbeherrschung weiterhin relevant. Darauf deuten sowohl der 26. Erwägungsgrund zur Fusionskontrollverordnung als auch die von der Kommission veröffentlichten Leitlinien zur Bewertung horizontaler Zusammenschlüsse gemäß der Ratsverordnung über die Kontrolle von Unternehmenszusammenschlüssen horizontalen Zusammenschlüsse hin.[768]

Alle drei Testverfahren[769] werden in den folgenden Kapiteln präsentiert. Weiterhin wird darauf eingegangen, inwieweit die erfolgte Änderung des materiellen Maßstabs der FKVO gelungen ist.

---

[766] Vorschlag für die Verordnung des Rats vom 11.12.2002 über die Kontrolle von Unternehmenszusammenschlüssen, KOM (2002), 711 endg.

[767] Böge, WuW 2004, S. 138, 139.

[768] Leitlinien zur Bewertung horizontaler Zusammenschlüsse gemäß Ratsverordnung über die Kontrolle von Unternehmenszusammenschlüssen, ABl. EG v. 5.2.2004, Nr. C 31/5.

[769] Marktbeherrschungstest, SLC-Test, SIEC-Test.

Schließlich wird die Frage beantwortet, die sich die Unternehmen und ihre Rechtsberater an dieser Stelle stellen wird: was muss genau geprüft werden - wann reicht die Marktbeherrschungsprüfung aus und wann sind zusätzliche Prüfungsschritte erforderlich.

II. Marktbeherrschungstest

Gemäß Art. 2 Abs. 3 FKVO hat die Europäische Kommission insbesondere solche Zusammenschlüsse für unvereinbar mit dem gemeinsamen Markt zu erklären, „die eine beherrschende Stellung begründen oder verstärken, durch die wirksamer Wettbewerb im Gemeinsamen Markt oder in einem wesentlichen Teil desselben erheblich behindert würde".

Der auf der Grundlage von Art. 2 FKVO erfolgende Marktbeherrschungstest untersucht, ob die Fusion zur Gründung oder Verstärkung der marktbeherrschenden Stellung führt. Dieser Test wird ebenfalls in den meisten Mitgliedsstaaten verwendet.[770] Das Ziel ist, die Marktstrukturen zu erhalten und vom Wettbewerb nicht hinreichend kontrollierten Verhaltensspielräume zu verhindern.

Die relevante Frage ist, ob durch den Zusammenschluss eine wirtschaftliche Machtstellung entsteht, die den Inhaber in die Lage versetzt, die Aufrechterhaltung eines wirksamen Wettbewerbs auf dem relevanten Markt zu verhindern, indem man sich den Wettbewerbern, Abnehmern und Verbrauchern gegenüber im nennenswerten Umfang unabhängig verhalten kann.

Beim Marktbeherrschungstest sollen insbesondere der Begriff der Marktbeherrschung und die Prüfungskriterien für einen überragenden Verhaltensspielraum erläutert werden. Um die Entwicklung des Marktbeherrschungsbegriffs zu skizzieren, werden diejenigen Prüfungskriterien untersucht, die in den letzten Jahren von der Kommission in ihren Entscheidungen herangezogen wurden.

Weiterhin erfolgt die Darstellung des Konzeptes der Sanierungsfusionen. Das an das amerikanische „failing firm defence" angelehnte Konzept wurde in den letzten Jahren grundlegend verändert und soll nach der Reform der FKVO eine ganz neue Rolle erhalten. Bei den Veränderungen wurde eine Verschlech-

---

[770] Bartosch/Nolau, EuZW 2002, S. 197, 204.

terung des Wettbewerbs in Kauf genommen, um industriepolitische Vorteile zu sichern. Eine solche Entwicklung muss näher untersucht werden.

Schließlich wird auf die Prognose der Begründung oder der Verstärkung einer marktbeherrschenden Stellung eingegangen.

1. Begriff der Marktbeherrschung

a) Wirtschaftswissenschaftlicher Marktbeherrschungsbegriff

Der Versuch, durch Fusionen eine monopolistische Marktstellung zu erreichen, verursachte schon die erste bekannte Fusionswelle von 1898 bis 1902 in den Vereinigten Staaten.[771] Vorrangiges Motiv ist das Erreichen einer Monopolstellung und damit verbunden die Erzielung von höheren Gewinnen. Zusätzlich wird die Auffassung vertreten, dass marktbeherrschende Unternehmen ertragreicher arbeiten, da diese nicht dem ruinösen Wettbewerb und dem dadurch entstehenden Produktivitätsverlust ausgesetzt werden können.[772]

Der Begriff der Marktbeherrschung wird von dem Monopolbegriff der Volkswirtschaft abgeleitet.[773] Die Wirtschaftswissenschaftler verstehen unter einem Monopol einen Anbieter, der ein bestimmtes Gut allein herstellt und die abgesetzte Menge oder den Preis seinen eigenen Gewinnvorstellungen entsprechend festsetzen kann.[774]

Unumstritten ist, dass die autonome Bestimmung von Menge und Preis nicht erst bei 100%-iger Marktbeherrschung eintritt.[775] Lange in der Volkswirtschaft umstritten war die Frage, bei welchem Konzentrationsgrad ein Monopol vorliegt.[776] Schon seit Anfang der 50er Jahre untersuchten die Wissenschaftler

771 Mai/Knobloch, Horizonte, Juni 2000, S. 33.

772 Mai/Knobloch, Horizonte, Juni 2000, S. 33.

773 Schröter/Jakob/Mederer, Kommentar zum Europäischen Wettbewerbsrecht, S. 1382.

774 Schröter/Jakob/Mederer, Kommentar zum Europäischen Wettbewerbsrecht, S. 1382; Gablers Wirtschafts-Lexikon, Band 4, S. 469.

775 Schmidt, S. 134.

776 Ridyard, ECLR 1994, S. 255 f.

den Zusammenhang zwischen der Marktstruktur[777] und dem Marktergebnis[778], um die Frage zu beantworten, inwieweit der Konzentrationsgrad für den Gewinn entscheidend ist.[779] Während erst vertreten wurde, dass ausschließlich die Konzentrationsgrade den Gewinn beeinflussen[780] und sogar kritische Konzentrationsgrade von 80 %[781] und 50 %[782] genannt wurden, rückten die Wissenschaftler Anfang der 80er Jahre von den einheitlichen Konzentrationsgraden ab. Sie stellten fest, dass nicht der Konzentrationsgrad, sondern der auf den relevanten Markt bezogene Anteil für den Gewinn entscheidend ist.[783]

b) Der Marktbeherrschungsbegriff der Fusionskontrollverordnung

Da die FKVO keine Legaldefinition der marktbeherrschenden Stellung enthält[784], orientieren sich Kommission und Gerichte an der Rechtssprechung des EuGH zu Artikel 82 EG, der den Missbrauch einer marktbeherrschenden Stellung behandelt.[785] Auch aus der Anwendungspraxis der Fusionskontrollverordnung durch die Kommission kann keine eindeutige Formulierung entnommen werden.[786] Bisher hat sich die Kommission an der Rechtsprechung zu Art. 86 EG orientiert. Die Erwägungsgründe 25, 26, 27 bestätigen ausdrücklich, dass auch weiterhin an dieser Rechtsprechung festgehalten werden soll.

---

777 Unter der Markstruktur (market structure) versteht man die Zusammensetzung und das Gefüge eines Marktes. Die **Marktstruktur** zeigt auch den Dezentralisierungsgrad des wirtschaftlichen Systems an (Gugerbauer, Handbuch der Fusionskontrolle, Art. 2, Rdnr. 3 ff.)

Insbesondere gehören die Zahl der Anbieter und der Nachfrager und ihre Marktanteile, Höhe der Marktschranken, Produktions- und Absatzflexibilität, konjunkturelle Lage und Grad der Kapazitätsauslastung, Marktphase und Unternehmenstypus und viele weitere Faktoren hinzu. (Gablers Wirtschaftslexikon, Band 4, S. 300.)

778 Unter **Marktergebnis** (market performance) versteht man die Ergebnisse des unternehmerischen Verhaltens. Beispiele dafür sind die Preishöhe, das Gewinnniveau, die Qualität, das Verhältnis der Produktions- zu den Verkaufskosten, technischer Fortschritt u.a. (Schmidt, S. 56).

779 Koch, James V., Industrial Organization and Prices, S. 92.

780 Schmidt, S. 57.

781 Schmidt, S. 57 f.

782 Schmidt, S. 57 f.

783 Vgl. Schmalensee, Inter-Industry studies of structure and performance, in: Handbook of Industrial Organization, Bd. 2, Hrsg.: Schmalensee u.a., S. 951 ff.

784 Anders ist dies im deutschen Recht, GWB definiert den Begriff der Marktbeherrschung im § 22 Abs. 1 GWB.

785 Bunte, Kartellrecht, S. 451; Rösler, NZG 2000, S. 857; Bach, WuW 1993, S. 805, 806.

786 Gugerbauer, Handbuch der Fusionskontrolle, Art. 2, Rdnr. 89 f.

Nach der Definition des Europäischen Gerichtshofes (EuGH) ist mit der beherrschenden Stellung „die wirtschaftliche Machtstellung eines Unternehmens gemeint, die dieses in die Lage versetzt, die Aufrechterhaltung eines wirksamen Wettbewerbs auf dem relevanten Markt zu verhindern, indem sie ihm die Möglichkeit verschafft, sich seinen Wettbewerbern, seinen Abnehmern und schließlich den Verbrauchern gegenüber in einem nennenswerten Umfang unabhängig zu verhalten."[787] Diese Formel hat die Kommission später dahingehend konkretisiert, dass ein Zusammenschluss die beteiligten Unternehmen in die Lage versetzen muss, ihre Preise zu erhöhen, ohne ihre Marktposition zu gefährden.[788]

Dies entspricht im Wesentlichen der im deutschen Recht verwendeten Definition der „überragenden Marktstellung".[789] Vermutungen für die Annahme einer Marktbeherrschung bestehen jedoch – im Unterschied zum deutschen Recht (§§ 22 Abs. 3, 23 a GWB) - nicht.

2. Beherrschende Stellung eines Unternehmens

Um festzustellen, ob sich ein Unternehmen auf dem Markt von anderen Teilnehmern unabhängig verhalten kann, werden die Marktstruktur und das Marktverhalten auf dem relevanten Markt untersucht.

Die Kommission spricht in ihren Entscheidungen jeweils verschiedene Faktoren an, die für einen unabhängigen Verhaltensspielraum des Marktteilnehmers sprechen.

Die Kommission macht Tendenz- oder Wahrscheinlichkeitsaussagen, die bei einer Gesamtbetrachtung aller maßgeblichen Faktoren auf das Vorliegen der marktbeherrschenden Stellung deuten können.

Hierbei ist zu beachten, dass nicht immer alle Kriterien geprüft werden: Nur einzelne wie der Marktanteil werden stets untersucht, die anderen sind in be-

---

787 EuGH Urt. v. 14. 02. 1978, WuW/E EWG 425 - „United Brands/Kommission", Rz. 18 ff.

788 So argumentierte die Kommission in der Entscheidung vom 2.10.1991, IV/M. 53, Aerospitale-Alenia/de Havilland, http://europa.eu.int/comm/competition/mergers/cases/decisions/m53_en.pdf, abgedruckt in WuW 1992, 163 ff.: „Having established a monopoly, ATR/ de Havilland would be able to increase prices without a competitive Check." EuGH, Rs. 85/76 (Hoffmann – La Roche & Co AG / Kommission), Slg. 1979 II-461, 463.

789 BGH WuW / E 2150, 2156 – Edelstahlbestecke.

stimmten Einzelfällen bedeutsam. Die einzelnen Kriterien werden in einer Gesamtbetrachtung gewürdigt.

a) Prüfungskriterien für „einen überragenden Verhaltensspielraum"

aa) Marktanteile

Bei den Marktanteilen handelt es sich um das wichtigste Kriterium für die Prüfung der marktbeherrschenden Stellung, denn es ist ein wesentliches Kennzeichen der Wettbewerbsstellung und der Marktstärke des Unternehmens.[790] Der Marktanteil spiegelt sowohl den Gesamterfolg der Absatzbemühungen als auch die Bewertung des Unternehmens durch die anderen Anbieter wieder.[791]

Bei der Prüfung der marktbeherrschenden Stellung beginnt die Kommission alle Entscheidungen mit der Prüfung der Marktanteile.

(1) Begriff und Berechnung der Marktanteile

Der Marktanteil ist Teil des Absatzes einer bestimmten Ware oder Dienstleistung, den ein Anbieter in einem bestimmten Zeitraum zum wertmäßigen Gesamtumsatz oder mengenmäßigen Volumen des betroffenen Marktes beisteuert.[792]

Eigener Absatz (Umsatz) : Gesamtabsatz (-umsatz) aller Anbieter **x** *100*

Das Marktvolumen erhält man, in dem man von der Gesamterzeugung aller Hersteller ihre Lieferungen in andere räumliche Märkte subtrahiert und die Einfuhren in den relevanten Markt addiert. Hierbei werden nur die tatsächlich versandten oder gelieferten Waren (nicht die Produktionskapazitäten) berücksichtigt.[793]

Um den Marktanteil zu berechnen, gibt es verschiedene Methoden. Entweder verwendet man die Mengenberechnung, das heißt die Berechnung nach ver-

---

790 Gugerbauer, Handbuch der Fusionskontrolle, Art. 2, Rdnr. 49 f; Bach, WuW 1993, S. 805, 809 f.

791 Gugerbauer, Handbuch der Fusionskontrolle, Art. 2, Rdnr. 51.

792 Gablers Wirtschafts-Lexikon, Band 4, S. 285 f; Rösler, NZG 2000, S. 857.

793 Schröter/Jakob/Mederer, Kommentar zum Europäischen Wettbewerbsrecht, S. 1386.

sandten oder gelieferten Stückzahlen.[794] Die wertmäßige Berechnung nach in Rechnung gestellten Stückzahlen wird meistens von der Europäischen Kommission angewendet.[795]

Welche von beiden Methoden verwendet wird, ist häufig einzelfallabhängig. Wenn Unterschiede zwischen den beiden Berechnungsmethoden festgestellt werden, wird vom höchstmöglichen Anteil der beiden Berechnungen ausgegangen.[796]

Die Marktanteile werden grundsätzlich für ein Jahr berechnet, jedoch sind auch drei Jahre und sogar mehr denkbar, wenn nur wenige Produkte produziert werden und man für die Herstellung des Produktes mehr als ein Jahr benötigt.

(2) Wettbewerbliche Bedeutung der Marktanteile

Eine genaue Abschätzung, ob für das fusionierte Unternehmen die Möglichkeit besteht, „die Aufrechterhaltung eines wirksamen Wettbewerbs auf dem relevanten Markt zu verhindern, indem sie ihm die Möglichkeit verschafft, sich seinen Wettbewerbern, seinen Abnehmern und schließlich den Verbrauchern gegenüber in einem nennenswerten Umfang unabhängig zu verhalten“[797], ist aufgrund der vorhandenen Datenlage oft mit erheblichen Schwierigkeiten verbunden. Daher werden in der Praxis der Fusionskontrolle auf Marktanteilen beruhende Vermutungsschwellen verwendet, bei deren Überschreiten das Bestehen einer marktbeherrschenden Stellung vermutet wird.

So wird im deutschen Wettbewerbsrecht gemäß § 19 Abs. 3 GWB eine marktbeherrschende Stellung vermutet, wenn ein Unternehmen einen Marktanteil von mindestens einem Drittel hat. Die FKVO enthält diesbezüglich keine konkreten Vorgaben, wobei sich jedoch in der Praxis eine Schwelle bei 40% herausgebildet hat,[798] also eine etwas höhere als in Deutschland.

---

[794] Gablers Wirtschafts-Lexikon, Band 4, S. 286. So geht man zum Beispiel im deutschen Recht vor.

[795] Gablers Wirtschafts-Lexikon, Band 4, S. 286.

[796] Schröter/Jakob/Mederer, Kommentar zum Europäischen Wettbewerbsrecht, S. 1389; Bach, WuW 1993, S. 805, 809 f.

[797] EuGH Urt. v. 14.02.1978, WuW/E 1978, 425 - „United Brands/Kommission“, Rz. 18 ff.

[798] Rösler, NZG 2000, S. 857, 860; Cowman, S. 63; Bach, WuW 1993, S. 805, 809 f.

Daher ist es bei hohen Schwellenwerten häufig sinnvoll, die Zuständigkeit der Kommission nachzuweisen.

Für die Feststellung, ob im konkreten Fall tatsächlich eine beherrschende Stellung begründet oder verstärkt wird, prüft die Kommission weitere relevante Strukturkriterien, die in Artikel 1 FKVO festgelegt sind.

Ein geringer absoluter Marktanteil, d.h. ein Anteil kleiner als 25%, ist ein Anzeichen für die fehlende Marktbeherrschung. Es kann aufgrund des Erwägungsgrundes 32 der FKVO vermutet werden, dass ein Zusammenschluss der Unternehmen mit dem gemeinsamen Markt für vereinbar zu erklären ist, sofern der Marktanteil der beteiligten Unternehmen begrenzt und deshalb ungeeignet ist, den Wettbewerb zu behindern. Zwar nennt die Fusionskontrollverordnung keine Höchstgrenze, jedoch gilt die Vermutung, dass keine beherrschende Stellung vorliegt, wenn *„der Marktanteil der beteiligten Unternehmen im Gemeinsamen Markt oder in einem wesentlichen Teil desselben 25 % nicht überschreitet*".

Jedoch ist hierbei zu beachten, dass nicht von einem Automatismus gesprochen werden kann. So hat die Kommission im Jahre 2000 in zwei Entscheidungen schon bei verhältnismäßig niedrigen Anteilen von 37 % (in der Sache Rewe/Meinl[799]) und von 36 % (in der Sache Hutchinson/ECT/RMPM[800]) eine marktbeherrschende Stellung angenommen. Daher ist auch bei geringen Marktanteilen eine Marktbeherrschung möglich. Aus diesem Grund hat der Gesetzgeber die Vermutung des Erwägungsgrundes 32 nicht in die FKVO aufgenommen, sondern sie lediglich in den Erwägungsgründen verankert.[801] Die Erwägungsgründe vor der Fusionskontrollverordnung sind nicht rechtlich verbindlich; hierbei handelt es sich um eine Auslegungshilfe für die Anwendung der Verordnung.

Ab 25 % muss eine genaue Untersuchung erfolgen, ob eine beherrschende Stellung vorliegt. Zwischen 25 % und 80 % ist eine beherrschende Stellung möglich, jedoch sind weitere Kriterien notwendig.[802] So sagte die Kommission im Fall Mercedes-Benz / Kassbohrer[803] ausdrücklich, dass ein Marktanteil al-

---

[799] Entscheidung der Kommission vom 28.09.1998, IV/M. 1221, Rewe/Meinl; vgl. hierzu Kommission der Europäischen Gemeinschaften, XXX. Wettbewerbsbericht, S. 75.

[800] Kommission der Europäischen Gemeinschaften, XXX. Wettbewerbsbericht, S. 75.

[801] Vgl. hierzu Kommission der Europäischen Gemeinschaften, XVIII. Wettbewerbsbericht, S. 47.

[802] Ridyard, ECLR 1994, S. 255 , 257.

[803] Abl. EG 1995 Nr. L 211/1.

lein für die Annahme einer beherrschenden Stellung nicht ausreichend ist.[804] Eine ähnliche Feststellung trifft die Kommission im Fall Tetra Pak/Alfa Laval[805], dort beträgt der Marktanteil 90 %.

Ab 80 % ist eine beherrschende Stellung zu vermuten. Die Vermutung ist jedoch widerleglich, denn selbst hohe Marktanteile sind kein wirkliches Problem für eine Relativierung durch andere Kriterien.[806]

Anders ist die Situation bei neuen Märkten, dort wird den hohen Marktanteilen keine außergewöhnliche Bedeutung beigemessen.[807] Besonders auf ausgesprochenen Wachstumsmärkten für moderne Technologien sind hohe Marktanteile nicht unbedingt ein Indiz für die Marktmacht. Der dynamische Charakter eines Marktes kann durch ständige Schwankungen der Anteile und den Wechsel der Marktführerposition gekennzeichnet sein.[808]

Wichtig ist hierbei, dass die Kommission die marktbeherrschende Stellung nachweisen muss, unabhängig davon, wie hoch der Marktanteil ist.[809]

Zwar handelt es sich beim Marktanteil um das wichtigste Kriterium zur Feststellung der marktbeherrschenden Stellung, doch wird bei der Feststellung im Rahmen der Gesamtwürdigung aller Kriterien auch die Marktstruktur und das Marktverhalten mitberücksichtigt.

---

[804] Cowman, S. 65.

[805] Entscheidung der Kommission vom 19.07.1991, IV/M. 68, Tetra Pak/Alfa-Laval, ABl. EG 1991, Nr. L 290 / 36 ff vom 22.10.1991; http://europa.eu.int/smartapi/cgi/sga_doc?smartapi!celexplus!prod!CELEXnumdoc&lg=en&numdoc=31991D0535.

[806] Kerber, S. 62 f; Bach, WuW 1993, S. 805, 811.

[807] Gugerbauer, Handbuch der Fusionskontrolle, Art. 2, Rdnr. 53.

[808] Vgl. Digital Philips, TNT/ Canada Post u.a., Kommission der Europäischen Gemeinschaften, XXI. Wettbewerbsbericht, S. 408.

[809] Cowman, S. 63; Bach, WuW 1993, S. 805, 809 f.

Übersicht 18: Vermutungsschwellen für das Vorliegen einer marktbeherrschenden Stellung

Unter 25 %	Fehlende Marktbeherrschung
Zwischen 25 % und 80 %	Genaue Untersuchung der Marktbeherrschung erforderlich
Über 80 %	Marktbeherrschende Stellung zu vermuten

Beachte: Marktanteile allein sind für die Feststellung der Marktbeherrschung nicht ausreichend.

Es werden zusätzliche Kriterien herangezogen.

(3) Weitere Kriterien

Es gibt keinen Automatismus zwischen hohem Marktanteil und Marktbeherrschung, vielmehr werden zur Feststellung der Marktbeherrschung zusätzliche Kriterien herangezogen. Die einzelnen Kriterien werden miteinander abgewogen.

(4) Die Stärke der anderen Wettbewerber

Die Kommission stellt zunächst die Marktstellung des fusionierenden Unternehmens im Vergleich zu der Marktstellung der Wettbewerber fest.

Hierbei werden beispielsweise die Faktoren Größe und Verteilung der Herstellungskapazitäten, die Breite der Produktpalette, der Konzentrationsgrad der Anbieter und ihre finanzielle und technische Ausstattung usw. berücksichtigt Das Ziel dieser Untersuchung ist, die ***Stärke der aktuellen Wettbewerber*** (Struktur der Angebotsseite) festzustellen.[810]

So war für die Entscheidung Airtours gegen die Kommission[811] von entscheidender Bedeutung, dass nach dem Zusammenschluss neben dem fusionie-

---

810 Rösler, NZG 2000, S. 857, 861; Bach, WuW 1993, S. 805, 809 f.

811 Entscheidung der Kommission v. 22.9.1999, IV/M. 1524, Airtours/First Choice, Abl.EG 2000 Nr. L 93 S. 1, Rn. 72; http://europa.eu.int/comm/competition/mergers/cases/decisions/m1524_en.pdf.

renden Unternehmen Airtours mit 34% Marktanteil zwei weitere große Anbieter auf dem Markt bleiben werden (Thomas Cook mit 20,4% und Thomson mit 30,7%). Der Anteil aller sonstigen Anbieter beläuft sich auf 3%. Daraus wird geschlossen, dass die drei verbleibenden großen Reiseveranstalter in der Lage sind, ein gleichgerichtetes Wettbewerbsverhalten an den Tag zu legen und die Angebotskapazität zu beschränken.

Die Kommission nimmt in der Sache Worldcom/MCI[812] eine marktbeherrschende Stellung an, da die Firmen nach der Fusion den Wettbewerbern ihre Bedingungen vorschreiben können.

Die Stärke der anderen Wettbewerber spiegelt sich auch im Wettbewerbsdruck wider, den Sie aufeinander ausüben können. Einen niedrigen Wettbewerbsdruck wegen der hohen Transportkosten als Indiz für die Marktbeherrschung nimmt die Kommission beispielsweise in der Entscheidung Owens-Illinois/BTR Packagings[813] an.

(5) Rechtliche und tatsächliche Marktzutrittsschranken

Schließlich wird das wettbewerbliche Verhalten der Unternehmen auch durch einen möglichen Zutritt potentieller Marktkonkurrenten (d.h. Unternehmen, die außerhalb des relevanten Marktes stehen) beeinflusst.[814]

Der Zutritt potenzieller Konkurrenten hängt von Marktzutrittsschranken ab. Unter Marktzutrittsschranken versteht man alle Faktoren, die es einem Unternehmen erlauben, sich dem Druck eines Newcomers zu entziehen (staatliche Industriepolitik, Subventionen und Beihilfen, Verbot unerwünschter Fusionen, Betriebsgrößenvorteile, Gesamtumsatzrabatte usw.).[815]

---

[812] Entscheidung der Kommission vom 03.03.1998, IV/M. 1069, Worldcom / MCI, http://europa.eu.int/smartapi/cgi/sga_doc?smartapi!celexplus!prod!CELEXnumdoc&lg=en&numdoc=31999D0287.

[813] Entscheidung der Kommission vom 21.04.1998, IV/M. 1109, Owens-Illinois / BTR Packaging, http://europa.eu.int/comm/competition/mergers/cases/decisions/m1109_en.pdf; hierzu: Kommission der Europäischen Gemeinschaften, XXVIII. Wettbewerbsbericht, S. 208.

[814] Schmidt / Engelke, WiSt 1989, S. 399 ff.

[815] Schmidt, S. 66.

In der Sache Worldcom/MCI[816] hat sich die Kommission zum ersten Mal mit den Marktzutrittsschranken der Internetanbieter beschäftigt. Nach Ansicht der Kommission weist der Markt zwar viele Züge eines zersplitterten Marktes mit niedrigen Marktzutrittsschranken auf, jedoch ist die zugrunde liegende Marktstruktur pyramidenförmig aufgebaut. Während auf den unteren Ebenen eine Vielzahl von Anbietern existiert, ist an der Spitze der Pyramide eine hohe Konzentration zu verzeichnen.[817] Die Zutrittsschranken waren im Bereich des weltweiten Angebots eines Internet-Anschlusses (umfassende Anschlussfähigkeit) sehr hoch. Diese Stellung wurde gerade in diesem Bereich dadurch verstärkt, dass die Teilnehmer es vorziehen, sich dem größten der verfügbaren Netze anzuschließen.

Den Marktzutritt in der Versicherungsbranche prüfte die Kommission umfassend in der Entscheidung Allianz/AGF.[818] Nach Ansicht der Kommission bestehen im allgemeinen Versicherungsmarkt relativ niedrige Marktzutrittsschranken, was einem Unternehmen (zumindest einem etablierten Finanzinstitut) den Marktzutritt leicht möglich macht. Dies gilt jedoch nicht für seltene Versicherungsarten, wie zum Beispiel die „Delcredere-Versicherung“[819].

(6) Potentieller Wettbewerb

Bei der Ermittlung der Auswirkungen einer Fusion berücksichtigt die Kommission nicht nur den vorhandenen, sondern auch den potentiellen Wettbewerb, was für das Ergebnis der Bewertung ausschlaggebend sein kann.[820] In dem Fall IST/Signode/Titan hat die Kommission den Wettbewerb bei der Lieferung von Stahl- und Plastikbändern in Europa untersucht und Anlass zu Bedenken wegen dem gemeinsamen Marktanteil der beteiligten Unternehmen bei Stahl-

---

[816] Entscheidung der Kommission vom 03.03.1998, IV/M. 1069, Worldcom / MCI, http://europa.eu.int/smartapi/cgi/sga_doc?smartapi!celexplus!prod!CELEXnumdoc&lg=en&numdoc=31999D0287; vgl. hierzu Kommission der Europäischen Gemeinschaften, XXVIII. Wettbewerbsbericht, S. 69.

[817] Entscheidung der Kommission vom 03.03.1998, IV/M. 1069, Worldcom / MCI, http://europa.eu.int/smartapi/cgi/sga_doc?smartapi!celexplus!prod!CELEXnumdoc&lg=en&numdoc=31999D0287; vgl. hierzu Kommission der Europäischen Gemeinschaften, XXVIII. Wettbewerbsbericht, S. 71; Vgl. hierzu Bishop/Caffara Lexecon, ECLR 2001, S. 31.

[818] Entscheidung der Kommission vom 08.05.1998, IV/M. 1082, Allkianz/AGF, http://europa.eu.int/comm/competition/mergers/cases/decisions/m1082_en.pdf.

[819] Versicherung gegen einen Honorar-Ausfall wegen der Insolvenz des Käufers.

[820] So wörtlich im Kommission der Europäischen Gemeinschaften, XXVIII. Wettbewerbsbericht, S. 77.

bändern gefunden.[821] Die Kommission hat festgestellt, dass Plastikbänder in vielen Bereichen die Stahlbänder sehr kostengünstig und wirksam ersetzen können. Während der Eintritt in den Herstellungsmarkt der Stahlbänder sehr schwierig ist, sind Herstellung und Absatz von Plastikbändern verhältnismäßig einfach. Diese Tatsachen führen zu einer steigenden Nachfrage nach Plastikbändern, die günstiger als Stahlbänder sind. Somit ist die Kommission zu dem Entschluss gekommen, dass die Abnehmer der Stahlbänder bei einer Preiserhöhung leicht auf die Plastikbänder ausweichen können und hat dem Zusammenschlussvorhaben IST/Signode/Titan[822] zugestimmt.

Die Kommission ist außerdem der Auffassung, dass es für die Genehmigung des Zusammenschlusses spricht, wenn ein ausreichendes Maß an Wettbewerb wahrscheinlich und absehbar ist.[823]

(7) Wirtschaftliche Macht und Finanzkraft

Mit dem Merkmal der wirtschaftlichen Macht und Finanzkraft fordert Art. 2 Abs. 1 lit. b FKVO die Berücksichtigung des Ressourcenansatzes bei der Fusionskontrolle. Gemeint sind die von Ressourcen oder Ressourcenkombinationen ausgehenden, marktbezogenen Wettbewerbswirkungen, die einem Unternehmen Marktmacht verleihen können.

Eine solche Prüfung nimmt die Kommission im Fall GE/Honeywell[824] vor. Dort wird die Einmaligkeit von GE angesprochen und die Tatsache, dass es sich um einen der größten Industriekonglomerate handelt. Die Kommission stellt auch fest, dass das Tochterunternehmen der GE – GE Capital - ein Finanzdienstleister - in der Lage ist, die Industrieabteilungen von GE mit enormen Finanzmitteln zu unterstützen.[825]

---

[821] Entscheidung der Kommission vom 06.05.1998, IV/M. 970, IST/Signode/Titan, Kommission der Europäischen Gemeinschaften, XXVIII. Wettbewerbsbericht, S. 77.

[822] Entscheidung der Kommission vom 06.05.1998, IV/M. 970, IST/Signode/Titan, Kommission der Europäischen Gemeinschaften, XXVIII. Wettbewerbsbericht, S. 77.

[823] Kommission der Europäischen Gemeinschaften, XXX. Wettbewerbsbericht, S 92.

[824] Entscheidung der Kommission vom 3.2.2002, IV/M. 2220, GE/Honeywell, www.europa.eu.int/comm/competition/mergers/cases/decisions/m2220_en.pdf; vgl. hierzu Kommission der Europäischen Gemeinschaften, XXXI. Wettbewerbsbericht, S. 108.

[825] Vgl. hierzu Kommission der Europäischen Gemeinschaften, XXXI. Wettbewerbsbericht, S. 108.

Hierzu gehören auch die Produktpalette und das Markensortiment der fusionierenden Firmen.[826]

(8) Entwicklung des Angebots und der Nachfrage – Marktentwicklung

Daneben werden der Marktanteilsabstand und die Marktanteilsentwicklung untersucht.

Der Marktanteilsabstand sagt etwas über die Möglichkeit der Wettbewerber aus, durch Steigerung ihres Angebots auf Absatzeinschränkungen des Marktführers zum Zwecke der Preisanhebung zu reagieren, um damit sein Verhalten wettbewerblich kontrollieren zu können.

So untersucht die Kommission in der Entscheidung ABB/Elsag Bailey[827] die Marktanteile der Konkurrenten und stellt fest, dass der gemeinsame Anteil der beteiligten Unternehmen mindestens dreimal so groß ist wie der der nachfolgenden Konkurrenten. Kumulativ mit anderen Aspekten ruft dies Bedenken bei der Kommission hervor und führt zur Verhängung von verschiedenen Auflagen.[828] Eine ähnliche Vorgehensweise wählt die Kommission in den Entscheidungen Johnson & Johnson / Depuy.[829]

Die Marktanteilsentwicklung informiert über die längerfristige Entwicklung des Marktes und ermöglicht es, durch die Vermeidung von bloßen „Momentaufnahmen des Marktes" Prognosen für die Zukunft zu machen. So prüft die Kommission in der Entscheidung Astra Zeneca / Novartis[830] die voraussichtliche Entwicklung der Produktpalette.

---

[826] Entscheidung der Kommission vom 10.10.2001 und 31.01.2002, IV/M. 2283 (Schneider/Legrad), http://europa.eu.int/comm/competition/mergers/cases/decisions/m2283_3_de.pdf.

[827] Entscheidung der Kommission vom 16.12.1998, IV/M. 1339; ABB/Elsag Bailey; http://europa.eu.int/comm/competition/mergers/cases/decisions/m1339_en.pdf; hierzu: Kommission der Europäischen Gemeinschaften, XXVIII. Wettbewerbsbericht, S. 203.

[828] Entscheidung der Kommission vom 28.10.1998, IV/M. 1286; Johnson & Johnson/Depuy; http://europa.eu.int/comm/competition/mergers/cases/decisions/m1286_en.pdf; hierzu: Kommission der Europäischen Gemeinschaften, XXVIII. Wettbewerbsbericht, S. 203 f.

[829] Entscheidung der Kommission vom 28.10.1998, IV/M. 1286; Johnson & Johnson/Depuy; http://europa.eu.int/comm/competition/mergers/cases/decisions/m1286_en.pdf; hierzu: Kommission der Europäischen Gemeinschaften, XXVIII. Wettbewerbsbericht, S. 203 f.

[830] Vgl. hierzu Kommission der Europäischen Gemeinschaften, XXX. Wettbewerbsbericht, S. 84.

(9) Zugang zu Beschaffungs- und Absatzmärkten

Einzelmarktbeherrschung kann sich auch von der starken Marktstellung eines Unternehmens auf einem anderen Markt als dem betroffenen Markt ableiten. Typischerweise steht dieser andere Markt in einer vertikalen Beziehung zu dem betroffenen Markt.[831]

Der Zugang zu Beschaffungs- und Absatzmärkten ist ausschlaggebend in der Entscheidung Wolters Kluwer / Reed Elsevier.[832] Die Kommission prüfte ein Vorhaben, das zur Entstehung eines der weltweit größten Verlage von Fach- und Spezialveröffentlichungen führen sollte. Die Kommission beschäftigte sich mit den Auswirkungen des Zusammenschlusses auf die benachbarten Produktmärkte und stellte fest, dass der Markt von akademischen Büchern und Fachzeitschriften, der Markt für Fachliteratur über Rechts- und Steuerwesen, der Markt für Schulbücher, der Markt für Wörterbücher und der Markt für Wirtschaftszeitschriften in verschiedenen Staaten durch den Zusammenschluss beeinträchtigt wird.

(10) Synergieeffekte

Kapitalmäßige, personelle sowie vertragliche Verflechtungen des Marktführers mit den Wettbewerbern, Lieferanten oder Abnehmern können seinen Verhaltensspielraum auf dem betroffenen Markt absichern oder auch erweitern.

So untersagte die Kommission in den Entscheidungen Bertelsmann/Kirch/Premiere[833] und Deutsche Telekom/Beta Research[834] die großen Zusammenschlussvorhaben, um die Abschottung der bezahlten Fernsehdienste gegenüber anderen Anbietern vom „Bezahlfernsehen" zu vermeiden. Hierbei werden die beiden Zusammenschlüsse (Bertelsmann/Kirch

---

[831] Rösler, NZG 2000, S. 857, 863.

[832] Vgl. hierzu Kommission der Europäischen Gemeinschaften, XXVIII. Wettbewerbsbericht, S. 75.

[833] Entscheidung der Kommission v. 27.05.1998, IV /M. 993, Bertelsmann/Kirch/Premiere; http://europa.eu.int/smartapi/cgi/sga_doc?smartapi!celexplus!prod!CELEXnumdoc&lg=de&numdoc=31999D0153; vgl. hierzu Kommission der Europäischen Gemeinschaften, XXVIII. Wettbewerbsbericht, S. 68.

[834] Entscheidung der Kommission v. 27.05.1998, IV /M. 1027, Deutsche Telekom / Beta Research; http://europa.eu.int/smartapi/cgi/sga_doc?smartapi!celexplus!prod!CELEXnumdoc&lg=de&numdoc=31999D0154; vgl. hierzu Kommission der Europäischen Gemeinschaften, XXVIII. Wettbewerbsbericht, S. 68.

/Premiere[835] und Telekom/Beta Research[836]) zusammen geprüft, da durch die Fusionen marktbeherrschende Stellungen in allen wichtigen Bereichen der Einrichtungen und Dienste entstanden wären, die erforderlich sind, um digitales Fernsehen auf den Markt bringen zu können.[837] Insbesondere werden die durch den Zusammenschluss entstehenden Überschneidungen zwischen Deutscher Telekom und Beta Research auf der einen Seite und Bertelsmann/Kirch/Premiere auf der anderen Seite berücksichtigt.

Gleiche Bedenken hatte die Kommission beim Zusammenschluss von America Online Inc und Time Warner[838]. Insbesondere die strukturellen und vertraglichen Verbindungen von AOL und Bertelsmann waren der Grund für die Bedenken der Kommission. Durch die genannten Synergien wäre durch die Fusion die Möglichkeit entstanden, eine beherrschende Stellung bei der Verbreitung der Musik über das Internet auszuüben. Daher musste AOL bestimmte Verpflichtungen eingehen, insbesondere sukzessive die Verbindungen zu Bertelsmann auflösen.

(11) Gegengewichtige Marktmacht (Nachfragemacht)

Die Frage nach der Fähigkeit eines oder mehrerer mächtiger Abnehmer, die Stellung eines potentiell marktbeherrschenden Anbieters zu neutralisieren, wurde im Fall Enso/Stora[839] betreffend den Markt für Flüssigkeiten-Verpackungskarton eingehend untersucht. Hierbei hat sich ergeben, dass sich aufgrund der hohen Marktzutrittsschranken und der gegenseitigen Abhängigkeit der Käufer und Verkäufer durch die Fusion die Wettbewerbssituation nur geringfügig verändern würde.[840]

---

[835] Entscheidung der Kommission v. 27.05.1998, IV /M. 993, Bertelsmann/Kirch/Premiere; http://europa.eu.int/smartapi/cgi/sga_doc?smartapi!celexplus!prod!CELEXnumdoc&lg=de&numdoc=3 1999D0153; vgl. hierzu Kommission der Europäischen Gemeinschaften, XXVIII. Wettbewerbsbericht, S. 68.

[836] Entscheidung der Kommission v. 27.05.1998, IV /M. 1027, Deutsche Telekom / Beta Research; http://europa.eu.int/smartapi/cgi/sga_doc?smartapi!celexplus!prod!CELEXnumdoc&lg=de&numdoc=3 1999D0154; vgl. hierzu Kommission der Europäischen Gemeinschaften, XXVIII. Wettbewerbsbericht, S. 68.

[837] Kommission der Europäischen Gemeinschaften, XXVIII. Wettbewerbsbericht, S. 69.

[838] Vgl. hierzu Kommission der Europäischen Gemeinschaften, XXX. Wettbewerbsbericht, S. 88.

[839] Entscheidung der Kommission v. 4.2.1998, IV/M. 970, Enso/Stora, hierzu: Kommission der Europäischen Gemeinschaften, XXVIII. Wettbewerbsbericht, S. 77.

[840] Entscheidung der Kommission v. 4.2.1998, IV/M. 970, Enso/Stora, hierzu: Kommission der Europäischen Gemeinschaften, XXVIII. Wettbewerbsbericht, S. 77; Rösler, NZG 2000, S. 857, 864.

In der Entscheidung Airtours gegen die Kommission[841] prüft die Kommission weiterhin, ob die Verbraucher in der Lage sind, die erwarteten Ergebnisse eines Zusammenschlusses in Frage zu stellen. Nach Ansicht der Kommission waren die kleinen Reiseveranstalter nicht in der Lage, sich dem Verhalten des großen Veranstalters zu widersetzen, da sie durch die Einbeziehung der großen Veranstalter in deren Abhängigkeit geraten waren. Daher konnten sich auch die Kunden nicht dem Verhalten der drei großen Reisegesellschaften entziehen.

Diese Ansicht wurde jedoch vom EuGl widerlegt, das zu dem Schluss gelangte, dass die Fähigkeit der kleinen Veranstalter zur Bildung eines Gegengewichts, bei der die Begründung der beherrschenden Stellung entgegenwirken könnte, unterschätzt wurde.[842]

(12) Wahlmöglichkeit der Lieferanten und Abnehmer

Die mögliche Marktabschottung durch eine Bindung zu den Kunden und Lieferanten prüft die Kommission im Fall Hoffmann-La Roche/Boehringer Mannheim.[843] Es bestand die Gefahr, dass im Bereich der In-Vitro-Diagnostika, wo der Marktanteil der Firmen zwischen 40 % und 80 % je nach dem nationalen Markt liegt, die Kunden durch Verträge hinsichtlich Kundendienst, Wartung und Instrumente gebunden werden könnten und andere Unternehmen ausgeschlossen werden könnten.

Auch im Fall Agfa-Gevaert/Du Pont[844] prüft die Kommission die durch verschiedene Finanzvorkehrungen und ausschließliche Vertriebsvereinbarungen entstehende Marktmacht. Die Bedenken der Kommission, dass die Wettbewerber nicht in der Lage sein würden, Zugang zu den Lieferungen oder zum Vertrieb dieser Produkte zu erlangen und hierdurch die fusionierenden Unter-

---

[841] Entscheidung der Kommission v. 22.9.1999, IV/M. 1524, Airtours/First Choice, Abl.EG 2000 Nr. L 93 S. 1, Rn. 72; http://europa.eu.int/comm/competition/mergers/cases/decisions/m1524_en.pdf.

[842] EuGl Urt. v. 6.6.2002 , Rs. T – 342/99 (COMP/M.1524; Airtours/First Choice), Slg. 2002, II-2585, Rdnr. 277.

[843] Entscheidung der Kommission v. 04.02.1998, IV/M. 950, Hoffmann-La Roche/Boehringer Mannheim,
http://europa.eu.int/smartapi/cgi/sga_doc?smartapi!celexplus!prod!CELEXnumdoc&lg=en&numdoc=31998D0526.

[844] Entscheidung der Kommission vom 11.2.1998, IV/M. 986, Agfa-Gevaert/DuPont; hierzu: Kommission der Europäischen Gemeinschaften, XXVIII. Wettbewerbsbericht, S. 211.

nehmen die Preise frei bestimmen könnten, führte zu strengen Auflagen, damit der Zusammenschluss stattfinden konnte.

(13) Interessen der Zwischen- und Endverbraucher

Die Interessen der Verbraucher spielen eine wichtige Rolle in vielen Entscheidungen. So prüft die Kommission in den Entscheidungen Bertelsmann/Kirch/Premiere[845] und Deutsche Telekom/Beta Research[846] die steigende Verbrauchernachfrage nach dem digitalen Fernsehen und kommt zu dem Schluss, dass nur durch die Entfaltung des Wettbewerbs das in diesem Sektor enthaltene Wachstumspotential voll erschlossen werden kann.

Ein wichtiges Interesse der Zwischen- und Endverbraucher ist die Förderung des Wettbewerbs. So prüft die Kommission in der Sache UTC / Honeywell / i2 / MyAircraft.com[847] und in der Sache Deutsche Bank / SAP / JV[848] die Auswirkungen der Zusammenschlussvorhaben auf den Wettbewerb durch die Möglichkeit der fusionierenden Unternehmen, die anderen Unternehmen auszugrenzen oder anderen die Bedingungen des gemeinsamen Verkaufs bzw. Einkaufs aufzuzwingen.[849]

Zu beachten ist, dass die Interessen der Verbraucher zwar ein wichtiges, jedoch niemals das einzige Ziel sind.

---

[845] Entscheidung der Kommission vom 27.05.1998, IV /M. 993, Bertelsmann/Kirch/Premiere; http://europa.eu.int/smartapi/cgi/sga_doc?smartapi!celexplus!prod!CELEXnumdoc&lg=de&numdoc=31999D0153; vgl. hierzu Kommission der Europäischen Gemeinschaften, XXVIII. Wettbewerbsbericht, S. 68.

[846] Entscheidung der Kommission vom 27.05.1998, IV /M. 1027, Deutsche Telekom / Beta Research; http://europa.eu.int/smartapi/cgi/sga_doc?smartapi!celexplus!prod!CELEXnumdoc&lg=de&numdoc=31999D0154; vgl. hierzu Kommission der Europäischen Gemeinschaften, XXVIII. Wettbewerbsbericht, S. 68.

[847] Entscheidung der Kommission vom 04.08.2000, IV /M. 1969, UTC / Honeywell / i2 / MyAircraft.com; http://europa.eu.int/comm/competition/mergers/cases/decisions/m1968_en.pdf.

[848] Entscheidung der Kommission vom 13.07.2000, IV/M. 2027; Deutsche Bank / SAP / JV; http://europa.eu.int/comm/competition/mergers/cases/decisions/m2027_de.pdf.

[849] Vgl. hierzu Kommission der Europäischen Gemeinschaft, XXX Wettbewerbsbericht, S. 79.

Übersicht 19: Prüfungskriterien für einen überragenden Verhaltensspielraum im Rahmen der marktbeherrschenden Stellung

Marktanteile	Potenzieller Wettbewerb	Synergieeffekte
Die Stärke der anderen Wettbewerber	Wirtschaftliche Macht und Finanzkraft	Gegengewichtige Marktmacht
Interessen der Zwischen- und Endverbraucher	Zugang zu Beschaffungs- und Absatzmärkten	Marktentwicklung
Wahlmöglichkeit der Lieferanten und Abnehmer	Rechtliche und tatsächliche Marktzutrittsschranken	

bb) Kausalität zwischen Zusammenschluss und Marktbeherrschung - Sanierungsfusionen

Grundsätzlich ist die erforderliche Kausalität zwischen dem Zusammenschluss und der Marktbeherrschung zu vermuten.

Eine Ausnahme von diesem Grundsatz bildet das Konzept der Sanierungsfusionen („failing firm defence"). Hierbei handelt es sich um einen Fall, in dem die Kommission eine Genehmigung trotz der Marktbeherrschung erteilt.

Ein solcher Sachverhalt ist in der Fusionskontrollverordnung nicht geregelt. Daher hat die Kommission zunächst die Sanierungsfusionen nicht zugelassen. In der Kali und Salz – Entscheidung änderte die Kommission[850] unter Billigung des EuGH[851] ihre Vorgehensweise.

Das eingeführte Konzept der Sanierungsfusionen entspricht dem „failing firm defence" im amerikanischen Antitrust-Recht.[852]

---

[850] Entscheidung der Kommission v. 16.08.1993, Fall IV/M. 308 – Kali+Salz/MDK/Treuhand, ABl. L. 186 vom 21.7.1994, S.38.

[851] EuGH Urt. v. 31.03.1998 , Verbundene Rs. C-68/94 und C-30/95 (Französische Republik/Kommission und SCPA/Kommission), http://europa.eu.int/smartapi/cgi/sga_doc?smartapi!celexplus!prod!CELEXnumdoc&lg=en&numdoc=61994J0068; Slg. 1998, I-1375, Rdnr. 112-116; Strohm, WuW 2001, S. 1203 ff; Ristelhuber, ZIP 2003, S. 378.

[852] Ziffer 5.1. der Horizontal Merger Guidelines, http://www.usdoj.gov/atr/public/guidelines/hmg.htm#01 (1992).

Für die Anwendung des Konzeptes der Sanierungsfusionen hat die Kommission zunächst entsprechend dem amerikanischen Recht drei Voraussetzungen aufgestellt:[853]

(1) Ein Unternehmen muss insolvent sein und ohne die Übernahme kurzfristig aus dem Markt ausscheiden;

(2) die Marktanteile des erworbenen Unternehmens würden dem Erwerbenden auch ohne einen Unternehmenszusammenschluss zuwachsen;[854]

(3) es gab keine weniger wettbewerbswidrigen Alternativen.

In den letzten Jahren erfuhr dieses Konzept eine grundlegende Neuerung. Bei der Entscheidung über die Genehmigung der geplanten Übernahme der beiden belgischen Tochtergesellschaften des Unternehmens Sisas SPA (Pantochim und Eurodiol) durch BASF, gegen die in Belgien ein Vergleichsverfahren[855] eröffnet war, stützte sich die Kommission wieder auf das Konzept der Sanierungsfusionen.[856] Jedoch wurde das zweite Kriterium des EuGH beim Zusammenschluss nicht erfüllt, da nach dem Zusammenschluss kein Monopol der Firma BASF entstanden wäre.[857]

Trotzdem hat die Kommission den Zusammenschluss erlaubt, da das Ausscheiden eines Anbieters zu drastischen Folgen für die Abnehmer und Kapazitätsengpässen auf dem gespannten Markt der „Chemicals, Plastics and Fibers" geführt hätte.[858] Außerdem sprachen die wirtschaftlichen Aspekte des Falles gegen die Vermutung, dass BASF in der Lage gewesen wäre, nach der Fusion deutlich höhere Preise durchzusetzen.[859]

---

[853] Horizontal Merger Guidelines (USA), http://www.usdoj.gov/atr/public/guidelines/hmg.htm#01.

[854] Dies kann nur beim Zusammenschluss eines Duopols zu einem Monopol erfolgen. Ansonsten würde jedem Marktanbieter ein Teil des Marktanteils der ausscheidenden Gesellschaft zuwachsen.

[855] Entspricht der Deutschen Insolvenz.

[856] Entscheidung der Kommission v. 11.07.2001, IV/M. 2314; BASF/Eurodiol/Pantochim, 11.7.2001; http://europa.eu.int/comm/competition/mergers/cases/decisions/m2314_en.pdf; Fiedler, EuZW 2001, S. 585; Strohm, WuW 2001, S. 1203 ff; Riestelhuber, ZIP 2003, S. 378 ff.

[857] Entscheidung der Kommission v. 11.07.2001, IV/M. 2314; BASF/Eurodiol/Pantochim, 11.7.2001; http://europa.eu.int/comm/competition/mergers/cases/decisions/m2314_en.pdf; Vgl. hierzu Kommission der Europäischen Gemeinschaft, XXXI Wettbewerbsbericht, S. 96; Strohm, WuW 2001, S. 1203 ff.

[858] Vgl. hierzu Kommission der Europäischen Gemeinschaft, XXXI Wettbewerbsbericht, S. 96; Fiedler, EuZW 2001, S. 585, 586.

[859] Riestelhuber, ZIP 2003, S. 378, 380.

Bei dieser Entscheidung handelt es sich um die Weiterentwicklung des Konzeptes der Sanierungsfusionen. Die Kommission entschied sich für die Genehmigung der Fusion, um die Arbeitsplätze zu erhalten und die Situation auf dem Markt zu sichern. Die Kommission argumentierte vor allem damit, dass sich die Marktsituation nach dem Zusammenschluss für die Verbraucher günstiger darstellt als im Falle des Konkurses von Eurodiol.[860] Hierbei handelt es sich um eine ergebnisorientierte Argumentation der Kommission.

Zu beachten ist weiterhin, dass im vorliegenden Fall die Kommission eine Art Abwägung der durch Marktbeherrschung entstehenden Anteile auf dem Markt mit positiven Auswirkungen der Fusion vornimmt.

Die Feststellungen der Kommission waren insgesamt nicht zutreffend. Zwar gelang es BASF das Unternehmen Sisas SPA in die Gewinnzone zu bringen, doch konnte auch in den produzierten Bereichen der chemischen Industrie eine Preissteigerung erzielt werden.[861]

Somit hat die Kommission drei neue Voraussetzungen für die Sanierungsfusionen aufgestellt, die in den Leitlinien zur Bewertung horizontaler Zusammenschlüsse[862] verankert wurden:

(1) Das Unternehmen, das einen Sanierungsfall darstellt, wäre aufgrund seiner finanziellen Schwierigkeiten gezwungen, in naher Zukunft aus dem Markt auszuscheiden (Insolvenz), falls es nicht durch ein anderes Unternehmen übernommen wird;

(2) zu dem angemeldeten Zusammenschluss gibt es keine weniger wettbewerbswidrige Verkaufsalternative;

(3) die Vermögenswerte des gescheiterten Unternehmens würden ohne den Zusammenschluss zwangsläufig vom Markt genommen werden.

Die Aufgabe der Forderung des Zusammenschlusses eines Duopols zu einem Monopol gleicht das Europäische Konzept der Sanierungsfusionen noch mehr an die amerikanischen „failing firm defence“ an. Im amerikanischen Recht

---

[860] Strohm, WuW 2001, S. 1203, 1206.

[861] Vgl. alleine für die Preissteigerung in 2002: http://berichte.basf.de/en/2002/jahresbericht/finanzen/?id=V00-IZ98Q4mFrbir*x*.

[862] Abl. EG 2004 Nr. C 31/03 v. 5.2.2004., Rdnr. 89 f.

reicht es aus, dass „absent the aquisition, the assets of the failing firm would exit the relevant market“.[863]

Dieser Richtungswechsel in der Europäischen Fusionskontrolle[864] ist ein Zeichen dafür, dass die industriepolitischen Aspekte der Chicago School eine immer stärkere Rolle in der Europäischen Fusionskontrolle spielen. Schon das Konzept der Sanierungsfusionen selbst ist wettbewerblich sehr bedenklich, da Zusammenschlüsse genehmigt werden, die zu einer marktbeherrschenden Stellung führen. Die Insolvenz großer Industrieunternehmen, wie Kirch, Holzmann, Fairchild Dornier, Herlitz und die New Economy – Entwicklung der letzten Jahre sowie die damit verbundene steigende Arbeitslosigkeit zwingt die Europäische Kommission zu der Akzeptanz der sanierenden Übertragung der Unternehmen, um die Zerschlagung durch Einzelverkauf des Anlagevermögens der Unternehmen zu vermeiden.[865]

Die Aufgabe der einzelnen Voraussetzungen der Sanierungsfusionen führt jedoch zu einer Verschlechterung des Wettbewerbs auf dem Markt und ist daher sehr bedenklich.

---

[863] Ziffer 5.1.4) der Horizontal Merger Guidelines, http://www.usdoj.gov/atr/public/guidelines/hmg.htm#01 (1992).

[864] So sieht es unter anderem Strohm, WuW 2001, S. 1203.

[865] Ristelhuber, ZIP 2003, S. 378, 390.

Übersicht 20: Voraussetzungen einer Sanierungsfusion

1. Ein Unternehmen muss insolvent sein und ohne die Übernahme kurzfristig aus dem Markt ausscheiden
2. Geänderte Voraussetzung: heute: Die Vermögenswerte des gescheiterten Unternehmens würden ohne den Zusammenschluss zwangsläufig vom Markt genommen werden früher: Die Marktanteile des erworbenen Unternehmens würden dem Erwerbenden auch ohne einen Unternehmenszusammenschluss zuwachsen (Zusammenschluss eines Duopols zu einem Monopol)
3. Keine weniger wettbewerbswidrigen Alternativen

b) Die Prognose der Begründung oder Verstärkung einer beherrschenden Stellung

Zwar ergibt der Wortlaut nicht, dass die Kommission ihre Entscheidung als Ergebnis einer Prognose trifft, jedoch hat sich diese Kommissionspraxis verfestigt.[866] Hierbei wird die hypothetische Entwicklung der nächsten drei bis fünf Jahre festgestellt,[867] wobei sich die Kommission nicht immer auf die von den Beteiligten abgegebenen Prognosen verlässt.[868]

Bei der Prognoseentscheidung stellt sich die Kommission die Frage, ob der Zusammenschluss zu einer Strukturveränderung führt und ob aus dieser Strukturveränderung ein wettbewerblich unkontrollierter Verhaltensspielraum für das Unternehmen resultiert.[869]

---

[866] Vgl. schon Entscheidung der Kommission v. 10.01.1991; IV/M. 37; Matsushita/MCA http://europa.eu.int/comm/competition/mergers/cases/decisions/m37_en.pdf.

[867] Entscheidung der Kommission v. 12.11.1992; IV/M. 222; Mannesmann/Hoesch, http://europa.eu.int/comm/competition/mergers/cases/decisions/m222_de.pdf; Entscheidung der Kommission v. 21.06.1994; IV/M. 398 und IV/M. 430; Procter & Gamble / VP Schikedanz; Ehlermann WuW 1991, S. 541.

[868] Entscheidung der Kommission v. 28.06.1991, IV/M. 101; Dräger/IBM/HMP; http://europa.eu.int/comm/competition/mergers/cases/decisions/m101_en.pdf.

[869] Schröter/Jakob/Mederer, Kommentar zum Europäischen Wettbewerbsrecht, S. 1414.

Zur Begründung der beherrschenden Stellung muss ein grundlegender Wandel der bisher auf dem betroffenen Markt vorherrschenden Wettbewerbsbedingungen prognostiziert werden.[870] Hierbei muss es sich nicht um ein Monopol handeln – es genügt, wenn die Marktmacht die wesentlichen Wettbewerbsparameter bestimmen kann. Zumeist prognostiziert die Kommission die Fähigkeit, selbstständig über die Preise auf dem Markt zu bestimmen.[871]

Liegt bereits eine starke Marktposition vor, so muss sorgfältig geprüft werden, ob der geplante Zusammenschluss diese Position noch verstärkt.[872]

Zu beachten ist, dass die Möglichkeit, Waren oder Dienstleistungen gekoppelt anzubieten, zwar keinen signifikanten Wettbewerbsvorteil für die Unternehmen bedeutet, jedoch zu der allgemeinen Veränderung der Wettbewerbsstruktur führen kann, da für die Kunden ein solcher „One-stop-shop" bequem ist.[873]

c) Würdigung der Prüfung der Einzelmarktbeherrschung durch die Kommission

Obwohl die Begründung oder Verstärkung einer marktbeherrschenden Stellung infolge der letzten Reform der Fusionskontrollverordnung zu einem Regelbeispiel „herabgestuft" wurde, bleibt die Feststellung der Marktbeherrschung wesentlich für die Prüfung der Zusammenschlüsse.

Bei allen Entscheidungen eröffnet die Kommission die Prüfung der Marktbeherrschung mit der Feststellung der Marktanteile und ihrer wettbewerblichen Bedeutung.

Die Entscheidungen der Kommission verdeutlichen, dass auch bei geringeren Marktanteilen als der Schwellenwert von 40 % eine marktbeherrschende Stellung möglich ist, so dass die Marktanteile allein für die Feststellungen der

---

[870] Vgl. Entscheidung der Kommission vom 14.11.1995, IV/M.603 – Crown Cork & Seal/Carnaud Metalbox, ABl. 1996 L 75 S. 38, Rn. 57.

[871] Entscheidung der Kommission vom 14.3.2000; IV/M.1672, Volvo/Scania; hierzu: Kommission der Europäischen Gemeinschaften, XXX. Wettbewerbsbericht, S. 83;

Entscheidung der Kommission vom 19.07.2000, IV/M. 1882, Pirelli/BICC; http://europa.eu.int/comm/competition/mergers/cases/decisions/m1882_en.pdf; hierzu: Kommission der Europäischen Gemeinschaften, XXX. Wettbewerbsbericht, S. 199.

[872] Entscheidung der Kommission v. 19.07.1991, IV/M. 68; Tetrapak/Alfa Laval; http://europa.eu.int/comm/competition/mergers/cases/decisions/m63_fr.pdf.

[873] Schröter/Jakob/Mederer, Kommentar zum Europäischen Wettbewerbsrecht, S. 1416.

Kommission nicht ausschlaggebend sind. Dies zeigt eine gewisse Flexibilität der Kommission und widerspricht den Argumenten der Kritiker,[874] dass eine Änderung des Prüfungsmaßstabs erforderlich sei, weil die Kommission nicht flexibel genug sei.

Die einzelnen zusätzlichen Prüfungskriterien haben sich in den letzten Jahren wenig verändert und wurden von der Kommission aber weiterentwickelt.

Eine erhebliche Neuerung brachte dagegen die Aufgabe des Kriteriums „vom Duopol zum Monopol" bei den Sanierungsfusionen. Die wirtschaftliche Entwicklung der letzten Jahre, die steigenden Insolvenzzahlen der Großunternehmen und die wachsende Arbeitslosigkeit in den großen Industrieländern zwingen die Kommission das Konzept auszuweiten und immer mehr Zusammenschlüsse zu genehmigen, die zu einer marktbeherrschenden Stellung führen.

Hierdurch werden die industriepolitischen Aspekte in der Europäischen Fusionskontrolle stärker berücksichtigt. Eine solche Entwicklung ist sorgfältig zu beobachten, sonst kann es zu einer schleichenden Ausweitung des Konzeptes der Sanierungsfusionen kommen (zum Beispiel auf die Unternehmen, die lediglich finanzielle Schwierigkeiten haben, jedoch nicht in der Insolvenz sind). Eine solche Entwicklung muss im Hinblick auf den entsprechend den Vertragszielen des EG-Vertrages[875] unbedingt zu wahrenden effektiven Wettbewerb verhindert werden.

---

[874] So sehen es zum Beispiel Drautz, WuW 2002, S. 444, 447; Alfter, WuW 2003, S. 20, 24.

[875] Vgl. Art. 3 EG.

Übersicht 21: Prüfung der Einzelmarktbeherrschung

1. Marktbeherrschungsbegriff Verhinderung der Aufrechterhaltung eines wirksamen Wettbewerbs auf dem relevanten Markt durch die Möglichkeit, sich gegenüber Wettbewerbern, Abnehmern und Verbrauchern unabhängig zu verhalten, insbesondere, wenn ein beteiligtes Unternehmen in der Lage ist, die Preise zu erhöhen ohne seine Marktposition zu gefährden.
2. Kriterien für die Feststellung der Marktbeherrschung • Marktanteile • Stärke der anderen Wettbewerber • Rechtliche und tatsächliche Marktzutrittsschranken • Potenzieller Wettbewerb • Wirtschaftliche Macht und Finanzkraft • Marktentwicklung • Zugang zu Beschaffungs- und Absatzmärkten • Synergieeffekte • Gegengewichtige Marktmacht • Wahlmöglichkeit der Lieferanten und Abnehmer • Interessen der Zwischen- und Endverbraucher
3. Gegebenenfalls Kausalität (-) im Falle einer Sanierungsfusion
4. Prognose der Begründung oder Verstärkung einer marktbeherrschenden Stellung • hypothetische Entwicklung für 1-2 Jahre • Strukturveränderung erforderlich

3. Oligopolistische Marktbeherrschung

Die klassische Vorstellung von Marktbeherrschung bezieht sich lediglich auf die Marktbeherrschung von Einzelunternehmen.[876]

Auch Art. 2 FKVO spricht im Gegensatz zu Art. 82 EG nicht von „einem oder mehreren Unternehmen“.[877]

Es besteht jedoch die Notwendigkeit, auch solche Fusionsvorhaben in das Prüfungs- und Beurteilungsverfahren einzubeziehen, durch die die gemeinschaftliche, den Markt beherrschende Stellung begründet oder verstärkt wird.

Die europäische Fusionskontrollverordnung enthält keine expliziten Vorschriften für die Beurteilung von Oligopolen. Bei ihrer Einführung im Jahre 1990 war somit zunächst unklar, ob der Begriff der Marktbeherrschung unter Art. 2 Abs. 3 FKVO ausschließlich die beherrschende Stellung durch ein einzelnes Unternehmen beinhaltet oder auch das Konzept der kollektiven Marktbeherrschung durch ein Oligopol umfasst.[878]

Mit der Entscheidung im Nestlé/Perrier-Fall[879] im März 1992 machte die Kommission deutlich, dass das Oligopolproblem bei der Fusionskontrolle zu berücksichtigen ist. Die Entscheidung beruhte auf dem Gedanken, dass ein oligopolistischer Markt durch stillschweigende Verhaltensabstimmung auch gemeinschaftlich beherrscht werden kann.[880] Diese Situation ist im Allgemeinen dann möglich, wenn in einem Markt mit einer geringen Anzahl großer Unternehmen mindestens zwei von diesen die Möglichkeit haben, ihr Marktverhalten zu koordinieren und dadurch Preise festzusetzen, die erheblich oberhalb des wettbewerblichen Niveaus liegen.[881]

Das Konzept wurde seitdem in mehreren Verfahren Schritt für Schritt weiterentwickelt. Einen bisherigen Höhepunkt fand diese Entwicklung in der Entscheidung des EuGI im Fusionsfall Airtours/First Choice.[882]

---

[876] Ridyard, ECLR 1992, S. 161 ff; Briones Alonso, ECLR 1993, S. 118 ff.

[877] Dieses Argument verwendete die Französische Regierung, um nachzuweisen, dass die FKVO die kollektive Marktbeherrschung nicht erfasst, EuGH Urt. v. 31.3.1998 (Frankreich /Kommission), Slg. 1998, I-1375; ebenso Birones Alonso, ECLR 1993, S. 118 ff.

[878] Hirsbrunner, EuZW 2003, S. 709 ff; Briones, ECLR 1995, S. 334 ff.

[879] Entscheidung der Kommission vom 25.03.1992, IV/M. 190, Nestle/Perrier, http://europa.eu.int/smartapi/cgi/sga_doc?smartapi!celexplus!prod!CELEXnumdoc&lg=en&numdoc=31992D0553; ABl. EG 1992, L 356/2 ff, v. 5.12.1992; vgl. hierzu WuW 1992, S. 831 ff.

[880] Entscheidung der Kommission vom 25.03.1992, IV/M. 190, Nestle/Perrier, http://europa.eu.int/smartapi/cgi/sga_doc?smartapi!celexplus!prod!CELEXnumdoc&lg=en&numdoc=31992D0553; ABl. EG 1992, L 356/2 ff, v. 5.12.1992; vgl. hierzu WuW 1992, S. 831 ff.

[881] Entwicklungslin ien des Konzepts der kollektiven Marktbeherrschung im Rahmen der Europäischen Fusionskontrolle, Jens Metge, Walter Elberfeld, CWG-Dialog 2003, 2. Ausgabe, S. 1 ff.

[882] Übernahme der First Choice Plc. Durch die Airtours Plc.; Entscheidung der Kommission v. 22.9.1999, IV/M. 1524, Airtours/First Choice, Abl.EG 2000 Nr. L 93 S. 1, Rn. 72; http://europa.eu.int/comm/competition/mergers/cases/decisions/m1524_en.pdf; Briones Alonso, ECLR 1995, S. 334 ff.

a) Begriff

Oligopolistische Märkte weisen einen hohen Konzentrationsgrad auf. Entweder sind nur wenige Anbieter vorhanden (Oligopson) oder der Markt ist durch die Führerschaft einiger weniger Unternehmen geprägt, neben dem noch kleinere Anbieter tätig sind.[883] Die Theorie von Oligopolen wurde von Chamberlain[884] entwickelt. Nach Chamberlain ist die Reaktionsverbundenheit zwischen den Oligopolisten kennzeichnend.[885] Jeder Oligopolist kann durch sein Verhalten das Wettbewerbsgeschehen auf dem Markt wesentlich beeinflussen.[886] Seit Chamberlain gab es viele Versuche, die Voraussetzungen für die oligopolistischen Märkte aufzustellen.[887] Zwar sind verschiedene Wissenschaftler von ganz unterschiedlichen Voraussetzungen ausgegangen, jedoch sind alle der Ansicht, dass ein Oligopol genauso schädlich sein kann wie ein Monopol.[888]

Die oligopolistische Marktbeherrschung liegt in einer Situation vor, in der ein wirksamer Wettbewerb auf dem relevanten Markt von zusammengeschlossenen Unternehmen und einem oder mehreren dritten Unternehmen, die insbesondere aufgrund der zwischen ihnen bestehenden Faktoren zusammen die Macht zu einem einheitlichen Vorgehen auf dem Markt in beträchtlichem Umfang zu einem Handeln unabhängig von den anderen Wettbewerbern, Abnehmern und letztlich den Verbrauchern besitzen, erheblich behindert wird.[889]

Wie bei der Einzelmarktsbeherrschung geht der Rechtsbegriff der oligopolistischen Marktbeherrschung auf Art. 82 EG zurück.[890]

---

883 Gugerbauer, Handbuch der Fusionskontrolle, Art. 2, Rdnr. 94 ff.

884 Prof. Gary Chamberlain, Harvard School of Economics.

885 Scherer/Ross, Industrial Market Structure and Economic Performance, S. 199.

886 Schröter/Jakob/Mederer, Kommentar zum Europäischen Wettbewerbsrecht, S. 1429.

887 Damit beschäftigten sich Bain, Stigler, Baume.

888 Schröter/Jakob/Mederer, Kommentar zum Europäischen Wettbewerbsrecht, S. 1429; Briones, ECLR 1995, S. 334 ff.

889 EuGH Urt. v. 31.03.1998 , Verbundene Rs. C-68/94 und C-30/95 (Französische Republik/Kommissiom und SCPA/Kommission), http://europa.eu.int/smartapi/cgi/sga_doc?smartapi!celexplus!prod!CELEXnumdoc&lg=en&numdoc=61994J0068; Slg. 1998, I-1375, Rdnr. 221; Entscheidung der Kommission vom 25.03.1992, IV/M. 190, Nestle/Perrier, http://europa.eu.int/smartapi/cgi/sga_doc?smartapi!celexplus!prod!CELEXnumdoc&lg=en&numdoc=31992D0553; ABl. EG 1992, L 356/2 ff, v. 5.12.1992; vgl. hierzu WuW 1992, S. 831 ff.; Entscheidung vom 24.4.1996, IV/M. 619; Gencor/Lonrho, ABl. 1997 Nr. L 11 S. 30, Rn. 140; http://europa.eu.int/comm/competition/mergers/cases/decisions/m615_fr.pdf.

890 Schröter/Jakob/Mederer, Kommentar zum Europäischen Wettbewerbsrecht, S. 1429.

b) Entwicklung der oligopolistischen Marktbeherrschung in der EG

Im Folgenden wird auf die wichtigsten Fälle zu der oligopolistischen Marktbeherrschung eingegangen, um die Entwicklung in diesem Bereich der Fusionskontrolle in den letzten Jahren und das moderne Konzept der EG zu erfassen.

aa) Nestlé/Perrier[891]

Nestlé/Perrier ist der erste Fall der kollektiven Marktbeherrschung. Hierbei ging es um die geplante Übernahme auf dem französischen Markt für abgefülltes stilles Quellenwasser von Source Perrier S.A. durch den Schweizerischen Nahrungsmittelhersteller Nestlé S.A. zu Beginn des Jahres 1992.

Übersicht 22: Aufteilung des französischen Marktes für stilles Mineralwasser[892]

	Perrier	Nestlé	BSN	Sonstige
Marktanteile vor der Übernahme	40 %	20 %	20 %	20 %
Marktanteile nach der geplanten Übernahme	----	60 %	20%	20%

Die Übernahme von Perrier hätte zu einem marktbeherrschenden Duopol[893] von Nestlé und BSN führen können, die zusammen etwa 80 % gehalten hät-

---

891 Entscheidung der Kommission vom 25.03.1992, IV/M. 190, Nestle/Perrier, http://europa.eu.int/smartapi/cgi/sga_doc?smartapi!celexplus!prod!CELEXnumdoc&lg=en&numdoc=31992D0553; ABl. EG 1992, L 356/2 ff, v. 5.12.1992.

892 Entscheidung der Kommission vom 25.03.1992, IV/M. 190, Nestle/Perrier, http://europa.eu.int/smartapi/cgi/sga_doc?smartapi!celexplus!prod!CELEXnumdoc&lg=en&numdoc=31992D0553; ABl. EG 1992, L 356/2 ff, v. 5.12.1992; vgl. hierzu WuW 1992, S. 831 ff.

893 Beim Duopol handelt es sich um einen Sonderfall des Oligopols: Marktform mit zwei Verkäufern. Im Wettbewerbsrecht wird dieser Begriff häufig auch für Fälle verwendet, in denen zwei Hauptanbieter die Wettbewerbsstruktur beherrschen und sich eine Reihe kleinerer Anbieter an ihr Verhalten anpasst. Die beiden großen Anbieter werden hier als die Duopolisten bezeichnet. (Kommission der Europäischen Gemeinschaft, Glossar der Wettbewerbspolitik der EU, S. 14).

ten. Bereits vor der Übernahme wurde der Markt als ein enges Oligopol mit einem parallelen Preisverhalten der partizipierenden Unternehmen charakterisiert. Daher kam die Kommission zum Entschluss, dass eine Übernahme von Perrier zu einem marktbeherrschenden Duopol geführt hätte.[894] Daher hat die Kommission Auflagen verordnet, um die Marktstruktur zu entschärfen. So musste Perrier aufgeteilt werden und die Marke Volvic ist an BSN (den drittgrößten Anbieter vor der Übernahme) veräußert worden. Zudem machte Nestlé Zugeständnisse, an einen potenziellen Dritten anteilsstarken Anbieter den Marktzutritt zu gewähren.

Übersicht 23: Marktanteile nach der Übernahme mit Auflagen der Kommission[895]

	Perrier	Nestlé	BSN	Sonstige
Marktanteile nach der Übernahme mit Auflagen der Kommission	-----	48 %	32 %	20 %

Die besondere Bedeutung des Nestlé/Perrier Falles liegt darin, dass die Kommission hier zum ersten Mal die Oligopolproblematik geprüft und die Anwendung der Fusionskontrollverordnung bejaht hat.[896]

bb) Kali und Salz/Mitteldeutsche Kali[897]

Bei diesem Fall handelt es sich um das am 14. Juli 1993 angemeldeten Übernahmevorhaben der Mitteldeutschen Kali AG durch die BASF-Tochter Kali und Salz AG. Die besondere Bedeutung des Falles Kali und Salz/Mitteldeutsche

---

[894] Kerber, WuW 1994, S. 21, 24 ff.

[895] Nach EG-Informationen, WuW 1992, S. 831 ff.

[896] Vgl. hierzu grundlegend Briones Alonso , ECLR 1995, S. 334 ff.

[897] Entscheidung der Europäischen Kommission vom 14.12.1993, IV/M. 308; Kali und Salz/Mitteldeutsche Kali; http://europa.eu.int/comm/competition/mergers/cases/decisions/m308_de.pdf; einfache und verständliche Darstellung hierzu bei Bishop, ECLR 1999, S. 37 ff.

Kali liegt darin, dass es der erste Fall zur kollektiven Marktbeherrschung ist, den der EuGH geprüft hat.[898]

auf dem deutschen Markt der Kali- und Salzprodukte würde der Anteil der beiden Unternehmen 94% betragen,[899] wodurch eine quasi-monopolistische Stellung vorläge.

Die Europäische Kommission hat den Europäischen Binnenmarkt als den relevanten Markt angesehen.

Übersicht 24: Marktanteile nach der Übernahme

Marktanteile	Kali und Salz/Mitteldeutsche Kali	SCPA	Coposu	CPL	Sonstige
vor der Übernahme	31,45 %	14,6 %	14,85 %	13,63 %	25,48 %
nach der Übernahme	46 %		14,85 %	13,63 %	25,48 %

Die Kommission stellte bei ihren Untersuchungen fest, dass SCPA eine Tochter des EMC ist. EMC ist ein Vertriebspartner von Kali und Salz auf dem französischen Markt. Die beiden Unternehmen (Kali und Salz/Mitteldeutsche Kali und SCPA) hätten eine kumulierte Stellung von 46 % auf dem gemeinsamen Markt. Aus diesem Grund wurde der Zusammenschluss mit Auflagen belegt.[900]

Der EuGH hat im Rahmen des Verfahrens den Sachverhalt der kollektiven Marktbeherrschung als solchen anerkannt, die Entscheidung der Kommission

---

898 EuGI Urt. v. 31.03.1998, Rs. C-68/94 und C-30/95; Kali und Salz/Mitteldeutsche Kali, Slg. 1998, I-1375, Frankreich gegen Kommission; http://europa.eu.int/smartapi/cgi/sga_doc?smartapi!celexplus!prod!CELEXnumdoc&lg=en&numdoc=61994J0068.

899 Entscheidung der Europäischen Kommission vom 14.12.1993, IV/M. 308; Kali und Salz/Mitteldeutsche Kali; http://europa.eu.int/comm/competition/mergers/cases/decisions/m308_de.pdf.

900 Entscheidung der Europäischen Kommission vom 14.12.1993, IV/M. 308; Kali und Salz/Mitteldeutsche Kali; http://europa.eu.int/comm/competition/mergers/cases/decisions/m308_de.pdf; einfache und verständliche Darstellung hierzu bei Bishop, ECLR 1999, S. 37 ff.

aber für nichtig erklärt.[901] Nach Ansicht des EuGH hat die Kommission falsche und veraltete Daten verwendet, nicht die anderen starken Anbieter, wie Coposa berücksichtigt sowie die Konsolidierung des relevanten Marktes missachtet.[902]

cc) Gencor/Lonrho[903]

Eine wesentliche inhaltliche Weiterentwicklung des europäischen Oligopolkonzeptes erfolgte in der Entscheidung bezüglich des Fusionsvorhabens von Gencor Ltd. und Lonrho Plc. Beide Firmen wollten 1996 einen Joint Venture auf dem südafrikanischen Platinmarkt gründen. Das Joint Venture sollte zwei von den Gesellschaften gehaltene Unternehmen – Eastplats und Westplats kontrollieren.[904]

Die Akquisition wurde von der Kommission als mit dem gemeinsamen Markt unvereinbar eingestuft, da infolge der Umsetzung eine kollektive beherrschende Stellung vorgelegen hätte. Das neu entstandene Unternehmen hätte zusammen mit dem Unternehmen Amplats etwa 90 % der weltweiten Platinvorkommen kontrolliert.[905] Eine Absprache zwischen den beiden Unternehmen wäre nach Ansicht der Kommission sehr wahrscheinlich gewesen.

Die Entscheidung der Kommission wurde vom EuGI bestätigt.[906] Das Europäische Gericht der ersten Instanz hat sich erstmalig mit dem Konzept der kollektiven Marktbeherrschung mit der stillschweigenden Verhaltenskoordinierung befasst.[907] Der EuGH bestätigte, dass strukturelle Beziehungen zwischen den

---

901 EuGI Urt. v. 31.03.1998, Rs. C-68/94 und C-30/95; Kali und Salz/Mitteldeutsche Kali, Slg. 1998, I-1375, Frankreich gegen Kommission; http://europa.eu.int/smartapi/cgi/sga_doc?smartapi!celexplus!prod!CELEXnumdoc&lg=en&numdoc=61994J0068.

902 EuGI Urt. v. 31.03.1998, Rs. C-68/94 und C-30/95; Kali und Salz/Mitteldeutsche Kali, Slg. 1998, I-1375, Frankreich gegen Kommission; http://europa.eu.int/smartapi/cgi/sga_doc?smartapi!celexplus!prod!CELEXnumdoc&lg=en&numdoc=61994J0068.

903 Gencor/Lonrho, ABl. 1997 Nr. L 11 S. 30, Rn. 140; http://europa.eu.int/comm/competition/mergers/cases/decisions/m615_fr.pdf; ausführlich zu dem Fall Elliott, E.L.Rev. 1999, S. 638 ff.

904 Vgl. die Übersicht bei Elliott, E.L.Rev. 1999, S. 638, 639.

905 Metge/Elberfeld, CWG-Dialog, Juli 2003, S. 1, 5.

906 EuGI Urt. v. 03.06.1999, Rs.T-102/96, Fall Gencor/Lonrho, (Gencor gegen die Kommission); http://europa.eu.int/smartapi/cgi/sga_doc?smartapi!celexplus!prod!CELEXnumdoc&lg=en&numdoc=61996B0102.

907 Korah, ECLR 1999, S. 337 ff.; Elliott, E.L.Rev. 1999, S. 638, 640.

Unternehmen des Oligopols nicht unbedingt erforderlich seien. Die Verflechtungen zwischen den Unternehmen sind nur ein Indiz, jedoch bedürfe es keiner strukturellen Verbindungen zum Nachweis stillschweigender Verhaltensabstimmung.[908]

dd) Airtours/First Choice[909]

Am 29. April 1999 meldete die Airtours plc, ein im Vereinigten Königreich ansässiger Veranstalter von Pauschalreisen, eine geplante Übernahme des Reiseveranstalters First Choice bei der Kommission an.[910]

Die Kommission untersagte diesen Zusammenschluss, da hierdurch faktisch ein „Triopol" entstanden wäre, in dem allerdings keiner der Wettbewerber allein eine marktbeherrschende Stellung eingenommen hätte.[911] Die Kommission vermutete eine Preisabsprache durch eine Kapazitätskoordination.[912]

---

[908] EuGI Urt. v. 03.06.1999, Rs.T-102/96, Fall Gencor/Lonrho, (Gencor gegen die Kommission); http://europa.eu.int/smartapi/cgi/sga_doc?smartapi!celexplus!prod!CELEXnumdoc&lg=en&numdoc=61996B0102,Rdnr. 273.

[909] Übernahme der First Choice Plc. durch die Airtours Plc.;

Entscheidung der Kommission v. 22.9.1999, IV/M. 1524, Airtours/First Choice, Abl.EG 2000 Nr. L 93 S. 1, Rn. 72; http://europa.eu.int/comm/competition/mergers/cases/decisions/m1524_en.pdf; Bartosch, EuZW 2002, S. 645 ff; Haupt, EWS 2002, S. 361 ff.

[910] Hierzu: Kommission der Europäischen Gemeinschaften, XXXII. Wettbewerbsbericht, S. 58.

[911] hierzu: Kommission der Europäischen Gemeinschaften, XXXI. Wettbewerbsbericht, S. 219; Bartosch, EuZW 2002, S. 645, 646.

[912] Haupt, EWS 2002, S. 361 ff; Hirsbrunner, EuZW 2003, S. 709 ff.; Christensen/Rabassa, ECLR 2001, S. 227.

Übersicht 25: Marktanteile auf dem britischen Pauschalreisenmarkt

Marktanteile	Airtours	First Choice	Thomson	Thomas Cook	Sonstige
vor der Übernahme	19 %	15 %	31 %	20 %	15 %
nach der Übernahme	32 %	----	27 %	20 %	21 %

Das EuGI hob die Entscheidung der Kommission auf.[913] Er stellte drei Voraussetzungen einer stillschweigenden Verhaltensabstimmung auf, die der willkürlichen Beurteilung und unberechenbaren Ergebnissen entgegenwirken sollen. Diese sind:

(1) ein gewisser Grad an Transparenz, denn nur dann können die Beteiligten kollusive Strategien vereinbaren;

(2) ein intakter und glaubwürdiger Sanktionsmechanismus, durch den die Preisabweichungen von partizipierenden Unternehmen geahndet werden können;

und schließlich

(3) keine aktuelle oder potenzielle Konkurrenz.[914]

Das Airtours Urteil wird als Meilenstein in der Entwicklung des Konzepts der kollektiven Marktbeherrschung bezeichnet.[915]

Das Neue an diesem Urteil ist, dass das EuGI die dynamischen wirtschaftlichen Faktoren in die Prüfung einbezogen hat. Dagegen basierte die bisherige Verwaltungspraxis überwiegend auf einer statischen Betrachtung der strukturellen Merkmale. Vor allem befasste sich das Gericht mit der wirtschaftlichen Rationalität einer stillschweigenden Kooperation. Zu erwarten ist, dass sich die Wirkungen des Urteils, vor allem die Einbeziehung der dynamischen wirt-

---

[913] Vgl. hierzu EuGI Urt. v. 6.6.2002 , Rs. T – 342/99 (COMP/M.1524; Airtours/First Choice), Slg. 2002, II-2585.

[914] EuGI Urt. v. 6.6.2002 , Rs. T – 342/99 (COMP/M.1524; Airtours/First Choice), Slg. 2002, II-2585, Rdnr. 62; Bartosch, EuZW 2002, S. 645 ff; Haupt, EWS 2002,S. 361.

[915] Haupt, EWS 2002, S. 361, 369; Hirsbrunner, EuZW 2003, S. 709 ff.

schaftlichen Faktoren in die Prüfung nicht nur auf die oligopolistischen Sachverhalte beschränken, sondern die gesamte europäische Fusionskontrolle beeinflussen werden.

ee) UPM-Kymmene/Haindl[916]

Bei diesem Fall beurteilte die Kommission den am 20. Juni 2000 angemeldeten Zusammenschluss zwischen der UPM-Kymmene und der Haindl'schen Papierfabrik KGaA. Infolge des angezeigten Verkaufs von Haindl-Anlagegüter an UPM-Kymmene und dem anschließenden Verkauf von sechs Haindl'schen Papierfabriken an Norske Skog wäre ein Quadropol auf dem Markt von Zeitungspapier und ein Triopol auf dem Markt von Zeitschriftenpapier mit jeweils ca. 70 % Marktanteil entstanden.[917]

Nach einer detaillierten ökonomischen Analyse der Möglichkeiten der Kapazitätskoordination kam die Kommission zum Entschluss, dass Absprachen auf diesem Markt unwahrscheinlich sind. Die kleinen Anbieter hätten jederzeit ihre Produktion erhöhen können, so dass keine Preiserhöhung durch große Anbieter möglich gewesen wäre.[918]

ff) Zusammenfassung

In den vergangenen Jahren ist die Zahl der Fusionsfälle angestiegen, bei denen die Kommission eine kollektiv marktbeherrschende Stellung vermutete. Mittlerweile unumstritten fällt die kollektive Marktbeherrschung unter die FKVO. Die strukturellen Beziehungen zwischen den Unternehmen sind ein Indiz für die kollektive Marktbeherrschung (jedoch nicht unbedingt erforderlich). Für eine stillschweigende Verhaltensabstimmung verlangt das EuGI einen gewissen Grad an Transparenz, einen intakten und glaubwürdigen Sank-

---

[916] Entscheidung der Kommission v. 21.22.2001, IV/M. 2498; UPM-Kymmene/Haindl, in ABl. C 182 und ABl. C. 284 – 0004; http://europa.eu.int/comm/competition/mergers/cases/decisions/m2498_de.pdf.

[917] Entscheidung der Kommission v. 21.22.2001, IV/M. 2498; UPM-Kymmene/Haindl, in ABl. C 182 und ABl. C. 284 – 0004; http://europa.eu.int/comm/competition/mergers/cases/decisions/m2498_de.pdf; hierzu: Kommission der Europäischen Gemeinschaften, XXXI. Wettbewerbsbericht, S. 90 ff.

[918] Entscheidung der Kommission v. 21.22.2001, IV/M. 2498; UPM-Kymmene/Haindl, in ABl. C 182 und ABl. C. 284 – 0004; http://europa.eu.int/comm/competition/mergers/cases/decisions/m2498_de.pdf; hierzu: Kommission der Europäischen Gemeinschaften, XXXI. Wettbewerbsbericht, S. 92.

tionsmechanismus, sowie das Fehlen einer aktuellen oder potenziellen Konkurrenz. Schließlich wurde das Prüfungsspektrum um eine detaillierte zukunftsbezogene ökonomische Analyse erweitert.

Anhand der analysierten Entscheidungen werden die einzelnen Voraussetzungen in der folgenden Darstellung erläutert.

c) Voraussetzungen der oligopolistischen Marktbeherrschung

Bei einem Oligopol handelt es sich um eine Marktstruktur mit wenigen Anbietern, die ihre Wechselbeziehung bei strategischen Entscheidungen, z.B. über Preise, Produktionsvolumen und Qualität berücksichtigen. In einem Oligopol ist sich jedes Unternehmen darüber bewusst, dass sich sein Marktverhalten auf die anderen Anbieter und ihr Marktverhalten deutlich auswirkt.[919] Daher werden alle Firmen die möglichen Reaktionen der anderen Akteure ausdrücklich in Betracht ziehen. Im Wettbewerbsrecht wird dieser Begriff häufig auch für Fälle verwendet, in denen ein paar große Anbieter die Wettbewerbsstruktur gemeinsam beherrschen und eine Reihe kleinerer Anbieter sich an ihr Verhalten anpassen. Die großen Anbieter werden hier als die „Oligopolisten" bezeichnet.[920] Unter gewissen Umständen kann diese Lage als eine kollektive (auch gemeinsame oder oligopolistische) beherrschende Stellung betrachtet werden.[921]

Im Außenverhältnis setzt die oligopolistische Marktbeherrschung einen unabhängigen Verhaltensspielraum der Oligopolunternehmen gegenüber Wettbewerbern und Abnehmern voraus.[922] Dieser Spielraum besteht in der Möglichkeit, aktuelle oder potentielle Wettbewerber zu disziplinieren, zu verdrängen oder am Marktzutritt zu hindern und gegenüber Abnehmern überdurchschnittlich vorteilhafte Bedingungen (für sich selber) durchzusetzen.[923]

Im Innenverhältnis kennzeichnet die oligopolistische Marktbeherrschung die Vermeidung wirksamen Wettbewerbs im Oligopol. Erforderlich ist, dass der

---

919 Habersaat, Gemeinsame Marktbeherrschung und Europäisches Kartellrecht, S. 9 ff.

920 Kloosterhuis, ECLR 2001, S. 79 f.

921 Stroux, E-L.Rev. 2002, S. 736, 737.

922 Schröter/Jakob/Mederer, Kommentar zum Europäischen Wettbewerbsrecht, S. 1432.

923 Briones, ECLR 1995, S. 334 ff.

wettbewerbslose Zustand für eine längere Zeit zu prognostizieren ist, jedoch auch der aktuelle Zustand in die Entscheidung einzubeziehen ist.[924]

Auch hier basiert die Entscheidung auf Tendenz- oder Wahrscheinlichkeitsaussagen.[925] Die Kommission entwickelte ein Konzept, das eine Gesamtbetrachtung auf der Grundlage von vier miteinander verbundenen Prüfungsschritten vorsieht.

Diese besteht aus:

1. der Analyse der betreffenden Marktstruktur,

2. der Untersuchung, ob der Markt solche Merkmale aufweist, die für die oligopolistische Marktbeherrschung förderlich sind,

3. der Prüfung des Grades und der Intensität des Wettbewerbs in der Vergangenheit,

4. der Feststellung der Auswirkung des Zusammenschlusses auf den Wettbewerb zwischen den Oligopolisten.

Diese Vorgehensweise legte die Kommission nach der Kali+Salz[926] Entscheidung fest und ist seitdem bei der Würdigung der Oligopolfragen bei dieser Vorgehensweise geblieben.[927] Der EuGH hat die Zuständigkeit und die Praxis der Kommission bei der Behandlung von Oligopolen noch einmal in der Ent-

---

[924] Schröter/Jakob/Mederer, Kommentar zum Europäischen Wettbewerbsrecht, S. 1432.

[925] Vgl. Voraussetzungen der oligopolistischen Marktbeherrschung S.227.

[926] Entscheidung der Europäischen Kommission vom 14.12.1993, IV/M. 308; Kali und Salz/Mitteldeutsche Kali; http://europa.eu.int/comm/competition/mergers/cases/decisions/m308_de.pdf und ausdrückliche Auflistung der Voraussetzungen der oligopolitischen Marktbeherrschung bei Bishop, ECLR 1999, S. 37, 38.

[927] Entscheidung der Kommission vom 4.2.1998, IV/M. 970, Enso/Stora, hierzu: Kommission der Europäischen Gemeinschaften, XXVIII. Wettbewerbsbericht, S. 77; Entscheidung der Kommission vom 24.4.1996, IV/M.619, Gencor/Lonrho, ABl. 1997 Nr. L 11 S. 30, Rn. 140; http://europa.eu.int/comm/competition/mergers/cases/decisions/m615_fr.pdf.

hierzu: Kommission der Europäischen Gemeinschaften, XXVIII. Wettbewerbsbericht, S. 73.

scheidung Genhor/Lonhro[928] bestätigt. Zu beachten ist, dass die entwickelten Kriterien nicht schematisch angewendet werden.[929]

aa) Die Analyse der betreffenden Marktstruktur

Bei der Analyse der betreffenden Marktstruktur untersucht die Kommission die bereits bestehende Konzentration auf dem Markt.

Erforderlich ist ein enges Oligopol.[930] Zwar gibt es eine Reaktionsverbundenheit der Unternehmen in weiten Oligopolen[931], jedoch werden erst bei engen Oligopolen die Folgen der Reaktionsverbundenheit für den Unternehmensgewinn überschaubar und daher auch die Strategien zur Vermeidung von Wettbewerb wahrscheinlicher. Die Koordinierung von Angebotspolitik wird in engen Oligopolen vereinfacht; es ist leichter das Angebotsverhalten zu überwachen sowie die Vergeltungsmaßnahmen gegen aggressive Wettbewerbshandlungen durchzuführen.

Die Kommission prüfte die Frage der Entstehung oder Verstärkung der oligopolistischen Marktbeherrschung beispielsweise bei einem gemeinsamen Marktanteil von zwei Anbietern in Höhe von über 60%,[932] drei Unternehmen in Höhe von über 80%[933] und vier Anbietern in Höhe von über 80%.[934]

---

[928] Entscheidung der Kommission vom 24.4.1996, IV/M.619, Gencor/Lonrho, ABl. 1997 Nr. L 11 S. 30, Rn. 140; http://europa.eu.int/comm/competition/mergers/cases/decisions/m615_fr.pdf; hierzu: Kommission der Europäischen Gemeinschaften, XXIX. Wettbewerbsbericht, S. 70.

[929] Hierzu: Kommission der Europäischen Gemeinschaften, XXX. Wettbewerbsbericht, S. 91.

[930] Stroux, E.L.Rev. 2002, S. 736 ff.

[931] Stroux, E.L.Rev. 2002, S. 736 f.

[932] Entscheidung der Kommission vom 25.03.1992, IV/M. 190, Nestle/Perrier, ABl. EG 1992, L 356/2 ff, v. 5.12.1992
http://europa.eu.int/smartapi/cgi/sga_doc?smartapi!celexplus!prod!CELEXnumdoc&lg=en&numdoc=31992D0553; Entscheidung der Kommission v. 20.6.2001, IV/M. 2201; MAN/Auwärter, Abl. 2002 Nr. L 116 S. 35 Rn. 32.

[933] Entscheidung der Kommission v. 22.9.1999, IV/M. 1524, Airtours/First Choice, Abl.EG 2000 Nr. L 93 S. 1, Rn. 72; http://europa.eu.int/comm/competition/mergers/cases/decisions/m1524_en.pdf.

[934] Entscheidung der Kommission v. 25.9.1992, IV/M. 258; CCIE/GTE, http://europa.eu.int/comm/competition/mergers/cases/decisions/m258_en.pdf; Rn. 23.

Zum Beispiel im Enso/Stora-Fall[935] hatten sechs Anbieter eine Kapazität von 75 % im Europäischen Markt, was die Kommission zur Prüfung der oligopolistischen Marktbeherrschung veranlasst hat.

Grundsätzlich lässt sich daher ableiten, dass ein Marktanteil von 60 % durch zwei Anbieter auf dem betroffenen Markt zur Prüfung der Entstehung oder Verstärkung einer oligopolistischen Marktbeherrschung durch die Kommission führt.

So analysiert die Kommission den Markt im Price Waterhouse/Coopers & Lybrand-Fall[936] und stellt fest, dass der Markt der Buch- und Wirtschaftsprüfungsdienste im hohen Maße konzentriert ist, jedoch kein beherrschendes Unternehmen existiert. Nach dem Zusammenschluss wäre der Anteil von 40 % in der Hand eines Unternehmens, außerdem wären lediglich vier andere Wettbewerber übrig geblieben.[937] Dies führte noch nicht zu Bedenken der Kommission im Hinblick auf die oligopolistische Marktbeherrschung.[938]

Im wegweisenden Airtours / First Choice Fall[939] untersagte die Kommission den Zusammenschluss mit der Begründung, dass dieser zu einem Oligopol aus drei Unternehmen auf einem bereits stark konzentrierten Markt geführt hätte. Auf vier Unternehmen (Airtours, First Choce, Thomson und Thomas Cook) entfielen insgesamt 80 % des Marktes der Pauschalreisen in Großbritannien, der Zusammenschluss hätte zur Verschmelzung der zweit- und drittgrößten Anbieter geführt.[940]

---

[935] Entscheidung der Kommission vom 4.2.1998, IV/M. 970, Enso/Stora, hierzu: Kommission der Europäischen Gemeinschaften, XXVIII. Wettbewerbsbericht, S. 74.

[936] Entscheidung der Kommission vom 20.5.1998, IV/M. 1016; Price Waterhouse / Coopers&Lybrand; hierzu: Kommission der Europäischen Gemeinschaften, XXVIII. Wettbewerbsbericht, S. 73.

[937] Entscheidung der Kommission vom 20.5.1998, IV/M. 1016; Price Waterhouse / Coopers&Lybrand; hierzu: Kommission der Europäischen Gemeinschaften, XXVIII. Wettbewerbsbericht, S. 73.

[938] Entscheidung der Kommission vom 20.5.1998, IV/M. 1016; Price Waterhouse / Coopers&Lybrand; hierzu: Kommission der Europäischen Gemeinschaften, XXVIII. Wettbewerbsbericht, S. 73.

[939] Entscheidung der Kommission v. 22.9.1999, IV/M. 1524, Airtours/First Choice, Abl.EG 2000 Nr. L 93 S. 1, Rn. 72; http://europa.eu.int/comm/competition/mergers/cases/decisions/m1524_en.pdf.

hierzu: Kommission der Europäischen Gemeinschaften, XXIX. Wettbewerbsbericht, S. 71.

[940] Entscheidung der Kommission v. 22.9.1999, IV/M. 1524, Airtours/First Choice, Abl.EG 2000 Nr. L 93 S. 1, Rn. 72; http://europa.eu.int/comm/competition/mergers/cases/decisions/m1524_en.pdf.

bb) Marktmerkmale zur Förderung der oligopolistischen Marktbeherrschung

Im zweiten Schritt prüft die Kommission, ob der Markt solche Merkmale aufweist, die für die oligopolistische Marktbeherrschung förderlich sind. Solche Merkmale sind die Homogenität von Waren oder Dienstleistungen, die Markttransparenz, ein niedriges Wachstum, mangelnde Preiselastizität, eine stillschweigende Koordinierung, wechselseitige Kontrolle, symmetrische Marktanteile, strukturelle und wirtschaftliche Verbindungen, Marktzutrittsschranken und das Fehlen ausgleichender Nachfragemacht.

Diese Liste ist selbstverständlich nicht abschließend und im Einzelfall variierbar. Im Rahmen der Würdigung eines konkreten Falls kommt bei Abwägung aller relevanten Umstände der Stabilität und der Transparenz der Marktentwicklung die entscheidende Bedeutung zu.

Im Price Waterhouse/Coopers & Lybrand-Fall[941] konnte die Kommission sowohl die Homogenität von Waren oder Dienstleistungen als auch eine Markttransparenz, ein niedriges Wachstum, mangelnde Preiselastizität, eine stillschweigende Koordinierung und hohe Marktzutrittsschranken feststellen. Die Nachfrage war statisch, die Innovation unwahrscheinlich und die Preisgestaltung sehr transparent (in einigen Ländern war es Vorschrift, dass die Prüferhonorare in den Abschlüssen des geprüften Unternehmens aufzuführen sind).[942]

Eine vollständige Abwägung macht die Kommission bei der Prüfung der oligopolistischen Marktbeherrschung auf dem Markt für Zeitungsdruck- und Zeitschriftenpapier im Enso/Stora Fall.[943] Die Kommission stellt fest, dass der Markt solche Merkmale aufweist, die für die oligopolistische Marktbeherrschung förderlich sind, wie ein geringes Nachfragewachstum, eine konzentrierte Angebotsseite, homogene Produkte, ausgereifte Technik, hohe Zutrittsschranken und ähnliche Kostenstrukturen. Jedoch fehlen mehrere Schlüsselmerkmale eines Oligopols, vor allem die Markttransparenz (da die Informationen über die Preise und Liefermengen den Wettbewerbern nicht zugänglich

---

941 Entscheidung der Kommission vom 20.5.1998, IV/M. 1016; Price Waterhouse / Coopers&Lybrand; hierzu: Kommission der Europäischen Gemeinschaften, XXVIII. Wettbewerbsbericht, S. 73.

942 Entscheidung der Kommission vom 20.5.1998, IV/M. 1016; Price Waterhouse / Coopers&Lybrand; hierzu: Kommission der Europäischen Gemeinschaften, XXVIII. Wettbewerbsbericht, S. 73.

943 Entscheidung der Kommission vom 4.2.1998, IV/M. 970, Enso/Stora, hierzu: Kommission der Europäischen Gemeinschaften, XXVIII. Wettbewerbsbericht, S. 74.

sind und geheime Preisnachlässe gewährt wurden). Außerdem besitzen die Kunden, insbesondere die großen Verlage eine hohe Nachfragemacht, da die Nachfrageseite ebenso konzentriert ist wie die der Anbieter. Daher ist die Kommission nach der Abwägung zu der Entscheidung gekommen, dass die Fusion nicht zur Begründung oder Verstärkung der marktbeherrschenden Stellung führen würde.[944]

Im wegweisenden Airtours / First Choice Fall[945] konnte die Kommission fast alle Merkmale feststellen, die eine oligopolistische Marktbeherrschung fördern könnten: Markttransparenz, gesättigter Markt und eine niedrige Innovationsrate (das Angebot von Reisezielen lange im Voraus festgelegt). Die vier führenden Konzerne waren nicht nur Reiseveranstalter, sondern auch Betreiber von Charterfluggesellschaften und Reisebüroketten, so dass sie auch auf den vor- und nachgelagerten Märkten tätig waren. Dies führte zu einer weitgehenden Angleichung von Kostenstrukturen. Darüber hinaus standen die vier Größen der Branche in ständigen Geschäftsverbindungen; sie stellten einander die Sitzplatzkapazitäten der jeweiligen betriebenen Fluggesellschaften bereit und vertrieben über ihre Reisebüroketten auch die Reisen des jeweils anderen. Aus diesen Gründen wurde der Zusammenschluss untersagt.[946]

cc) Prüfung des Grades und der Intensität des Wettbewerbs in der Vergangenheit

Außerdem untersucht die Kommission, ob in der Vergangenheit auf dem betroffenen Markt ein wirksamer Wettbewerb bestand. Die Anhaltspunkte hierfür geben die Marktanteils- und Preisentwicklung im Zeitablauf sowie das Verhalten der führenden Anbieter in der Vergangenheit.[947]

---

[944] Entscheidung der Kommission vom 4.2.1998, IV/M. 970, Enso/Stora, hierzu: Kommission der Europäischen Gemeinschaften, XXVIII. Wettbewerbsbericht, S. 77.

[945] Entscheidung der Kommission v. 22.9.1999, IV/M. 1524, Airtours/First Choice, Abl.EG 2000 Nr. L 93 S. 1, Rn. 72; http://europa.eu.int/comm/competition/mergers/cases/decisions/m1524_en.pdf; hierzu: Kommission der Europäischen Gemeinschaften, XXIX. Wettbewerbsbericht, S. 71.

[946] Entscheidung der Kommission v. 22.9.1999, IV/M. 1524, Airtours/First Choice, Abl.EG 2000 Nr. L 93 S. 1, Rn. 72; http://europa.eu.int/comm/competition/mergers/cases/decisions/m1524_en.pdf.

[947] Entscheidung der Kommission vom 24.4.1996, IV/M.619, Gencor/Lonrho, ABl. 1997 Nr. L 11 S. 30, Rn. 140; http://europa.eu.int/comm/competition/mergers/cases/decisions/m615_fr.pdf, Abl. 1997 Nr. L 11, S. 30, Rdnr. 45.

Im Price Waterhouse/Coopers & Lybrand-Fall[948] waren die Kunden nicht der Auffassung, dass ein oligopolistisches Verhalten schon vor dem Zusammenschluss bestand.[949]

Im Airtours / First Choice-Fall[950] lag schon vor der geplanten Fusion ein enges Oligopol vor, das den Wettbewerb erheblich behinderte.

In den Fällen der Papierbranche UPM-Kuymmene/Haindl[951] und Norske Skog/Parenco/Walsum[952] untersucht die Kommission den Grad und die Intensität des Wettbewerbs in der Papierbranche in der Vergangenheit und kommt zu dem Schluss, dass für diese Branche allgemein ein auf Dauer angelegter Wettbewerb um neue Kapazitäten und ein kurzfristiger Preiskampf bei Kapazitätsproblemen kennzeichnend ist.[953] Dies überzeugte die Kommission, den Zusammenschluss trotz des Vorliegens vieler Merkmale, die die oligopolistische Marktbeherrschung fördern (homogene Märkte, hohes Maß an Transparenz, unelastische Nachfrage, viele Verbindungen innerhalb des Marktes, begrenzte Nachfragemacht, hohe Markteintrittsschranken), zu genehmigen.

dd) Die Feststellung der Auswirkungen des Zusammenschlusses auf den Wettbewerb zwischen den Oligopolisten

Schließlich macht die Kommission eine Prognose über das zukünftige Wettbewerbsverhalten der Oligopolisten.

Im Price Waterhouse/Coopers & Lybrand-Fall[954] stellte die Kommission fest, dass trotz des Vorliegens der Marktmerkmale, die die oligopolistische Marktbeherrschung förderten, die verbleibende Anzahl der Wettbewerber groß genug ist, damit Wettbewerb auf dem Markt stattfinden kann. Hierfür sprach

[948] Entscheidung der Kommission vom 20.5.1998, IV/M. 1016; Price Waterhouse / Coopers&Lybrand; hierzu: Kommission der Europäischen Gemeinschaften, XXVIII. Wettbewerbsbericht, S. 73.

[949] Entscheidung der Kommission vom 20.5.1998, IV/M. 1016; Price Waterhouse / Coopers&Lybrand; hierzu: Kommission der Europäischen Gemeinschaften, XXVIII. Wettbewerbsbericht, S. 73.

[950] Hierzu: Kommission der Europäischen Gemeinschaften, XXIX. Wettbewerbsbericht, S. 71.

[951] Entscheidung der Kommission vom 21.11.2001, IV/M. 2498; UPM-Kuymmene/Haindl; http://europa.eu.int/comm/competition/mergers/cases/decisions/m2498_de.pdf.

[952] Entscheidung der Kommission vom 24.11.2001, IV/M. 2499; Norske Skog/Parenco/Walsum; http://europa.eu.int/comm/competition/mergers/cases/decisions/m2499_en.pdf.

[953] Entscheidung der Kommission vom 20.5.1998, IV/M. 1016; Price Waterhouse / Coopers&Lybrand; hierzu: Kommission der Europäischen Gemeinschaften, XXVIII. Wettbewerbsbericht, S. 90.

[954] Entscheidung der Kommission vom 20.5.1998, IV/M. 1016; Price Waterhouse / Coopers & Lybrand; hierzu: Kommission der Europäischen Gemeinschaften, XXX. Wettbewerbsbericht, S. 213.

auch, dass die Kunden meist problemlos von einem zum anderen Wirtschaftsprüfer wechseln konnten.

Den Zusammenschluss der VEBA/VIAG[955] untersuchte die Kommission gleichzeitig mit der Fusion von RWE/VEW durch das Bundeskartellamt. Die zwei neuen Unternehmen hätten deutlich mehr als 80% des deutschen Marktes der Stromabgabe kontrolliert. Die Kommission stellte fest, dass das neue Duopol keinem wesentlichen Wettbewerb ausgesetzt gewesen wäre. Vor allem wären fast alle Unternehmen in Deutschland von den Duopolisten abhängig gewesen. Der Zusammenschluss hätte zu der Kontrolle des größten Teils der Stromerzeugungskapazitäten und nahezu des gesamten Übertragungsnetzes in Deutschland geführt. Daher hat die Kommission den Zusammenschluss nur nach den umfassenden Zusagen der beiden Unternehmen genehmigt.[956]

d) Begründung oder Verstärkung der oligopolistischen Marktbeherrschung

Die Begründung oder Verstärkung einer marktbeherrschenden Stellung prüft die Kommission ähnlich wie die Einzelmarktbeherrschung.[957]

---

[955] Entscheidung der Kommission v. 13.06.2000, IV/M. 1673, VEBA/VIAG, Kommission der Europäischen Gemeinschaften, XXX. Wettbewerbsbericht, S. 203.

[956] Kommission der Europäischen Gemeinschaften, XXX. Wettbewerbsbericht, S. 204.

[957] Vgl. unter Die Prognose der Begründung oder Verstärkung einer beherrschenden Stellung S.214.

Übersicht 26: Prüfung der oligopolistischen Marktbeherrschung

1. Analyse der betreffenden Marktstruktur
a) **Oligopol** - Märkte mit hohem Konzentrationsgrad und Möglichkeit, durch eigenes Verhalten, Wettbewerbsgeschehen auf dem Markt zu beeinflussen;
b) Strukturelle Verbindungen zwischen den Teilnehmern des Oligopols möglich, aber nicht unbedingt erforderlich
c) Eine mögliche stillschweigende Absprache reicht bei Existenz
- eines gewissen Grades an Transparenz,
- eines intakten, glaubwürdigen Sanktionsmechanismus,
- keiner aktuellen oder potenziellen Konkurrenz.
d) Detaillierte ökonomische Analyse erforderlich
2. Marktmerkmale zur Förderung der oligopolistischen Marktbeherrschung • Homogenität von Waren oder Dienstleistungen; • Markttransparenz; • niedriges Wachstum; • mangelnde Preiselastizität; • stillschweigende Koordinierung; • wechselseitige Kontrolle; • symmetrische Marktanteile; • strukturelle und wirtschaftliche Verbindungen; • Marktzutrittsschranken; • Fehlen ausgleichender Nachfragemacht
3. Prüfung des Grades und der Intensität des Wettbewerbs in der Vergangenheit
4. Feststellung der Auswirkung des Zusammenschlusses auf den Wettbewerb zwischen den Oligopolisten

III. Substantial Lessening of Competition Test (SLC)

Da der in der Europäischen Gemeinschaft neu eingeführte SIEC-Test (Significant Impediment to Effective Competition) neben den Elementen des Marktbeherrschungstests auch die Kriterien SLC-Tests vereinigen soll, wird im Folgenden der SLC-Test kursorisch vorgestellt.

Der SLC-Test, der heute in verschiedenen Jurisdiktionen, z.B. den USA, Kanada, Australien, Neuseeland, Irland und Großbritannien, Anwendung findet, zieht das Kriterium des „substantial lessening of competition" als materiellen Beurteilungsstandard heran.[958] Es wird untersucht, **ob eine Fusion zur wesentlichen Reduzierung des Wettbewerbs führt.**[959] Zu beachten ist, dass es keinen einheitlichen SLC-Test gibt und in jeder Jurisdiktion die Anwendung unterschiedlich ist.[960] Im Folgenden wird der amerikanische SLC-Test vorgestellt. Die Anwendung in den Vereinigten Staaten erfolgt gemäß den Horizontal Merger Guidelines.[961]

Die Prüfung der Fusionen erfolgt nach dem „five-step" Verfahren. Zunächst wird der relevante Markt bestimmt, weiterhin folgt die Messung der Marktkonzentration nach dem „Herfindahl-Hirschman-Index" (HHI). Anschließend wird die Verminderung des Wettbewerbs durch einseitige Maßnahmen oder koordinierte Verhaltensweise geprüft. Danach werden die Höhe der Marktzutrittsschranken und die Effizienzvorteile untersucht.

Für die Unternehmen und ihre Rechtsberater ist die Messung der Konzentrationen nach dem HHI besonders wichtig, da dieses Verfahren in Zukunft von der Kommission angewendet wird[962] und fortan den Konzentrationsgrad des Marktes bestimmen soll.

1. Bestimmung des relevanten Marktes

Zunächst wird der relevante Markt bestimmt. Hierzu wird als Hilfsmittel die Nachfragesubstitution auf Grund kleiner und dauerhafter Veränderungen bei den relativen Preisen herangezogen. Nach der Ziffer 1.11 der Horizontal Merger Guidelines[963] wird das aus dem Bedarfsmarktkonzept bekannte Auswei-

---

[958] Neben USA wird dieses Verfahren von anderen europäischen und nichteuropäischen Staaten angewendet, insbesondere Australien, Vereinigtes Königreich, Neuseeland.

[959] Drautz, WuW 2002, S. 444, 447.

[960] Bartosch/Nolau, EuZW 2002, S. 197, 205.

[961] In der Fassung vom 8.4.1997, abrufbar unter www.ftc.gov/bc/docs/horizmer.

[962] Leitlinien zur Bewertung horizontaler Zusammenschlüsse gemäß der Ratsverordnung über die Kontrolle von Unternehmenszusammenschlüssen, ABl. EG 2004 Nr. C 31/03,v. 5.02.2004, Rdnr. 14

[963] Horizontal Merger Guidelines, http://www.usdoj.gov/atr/public/guidelines/hmg.htm#01 (1992).

chen der Käufer bei einer kleinen, aber spürbaren Preiserhöhung untersucht.[964] Diese Vorgehensweise entspricht dem Bedarfsmarktkonzept.[965]

2. Messung der Konzentration auf allen durch die Fusion betroffenen Märkten nach dem Herfindahl-Hirschman-Index[966]

Weiterhin erfolgt die Messung der Konzentration nach dem Herfindahl-Hirschman-Index (HHI). Eine solche Vorgehensweise üben die US-amerikanischen Wettbewerbsbehörden seit 1982 aus. Bei der Berechnung werden die Marktanteile der fusionierenden Unternehmen quadriert und anschließend die Ergebnisse addiert.[967]

Ein HHI unter dem Wert von 1000 entspricht einem unkonzentrierten Markt, dann ist eine Einmischung der Wettbewerbsbehörden unwahrscheinlich.[968] Jedoch handelt es sich hierbei um eine Vermutung, die dadurch widerlegt werden kann, dass andere Faktoren nach den Horizontal Merger Guidelines bedenklich erscheinen.[969]

Ein HHI zwischen 1000 und 1800 entspricht einem mäßig konzentrierten Markt. Es können wettbewerbsrechtliche Bedenken auftreten, wenn infolge der Verwirklichung des Zusammenschlussvorhabens ein Anstieg des HHI um mehr als 100 Punkte gegenüber dem Zustand vor der Fusion bewirkt wird.

Bei einem HHI größer als 1800 handelt es sich um einen hochgradig konzentrierten Markt. Auf einem solchen Markt genügt ein Anstieg um 50 Punkte, um fusionskontrollrechtliche Bedenken auszulösen.

---

[964] A determination should be made by including all products to which consumers would switch in the face of a small but significant nontransitory price increase (SSNIP), Ziffer 1.11 der Horizontal Merger Guidelines, http://www.usdoj.gov/atr/public/guidelines/hmg.htm#01 (1992).

[965] Vgl. Das Bedarfsmarktkonzept S.166.

[966] Horizontal Merger Guidelines, Art. 1.1; http://www.usdoj.gov/atr/public/guidelines/hmg.htm#01.

[967] Zum Beispiel auf einem Markt, auf dem ein Anbieter einen Anteil von 70 % hat, ein anderer einen Anteil von 20 % und ein dritter den Anteil von 10 %, ist der HHI = $70^2 + 20^2 + 10^2$ =6400. Somit liegt ein hochgradig konzentrierter Markt vor.

[968] Horizontal Merger Guidelines, Art. 1.51 (c); http://www.usdoj.gov/atr/public/guidelines/hmg.htm#01.

[969] Horizontal Merger Guidelines, Art. 1.51 (c); http://www.usdoj.gov/atr/public/guidelines/hmg.htm#01.

3. Verminderung des Wettbewerbs durch einseitige Maßnahmen und koordinierte Verhaltensweisen

Der amerikanische SLC-Test kennt keinen Automatismus zwischen der Konzentrationszunahme und der Feststellung der fusionskontrollrechtlichen Unzulässigkeit.[970]

In den USA prüft die Federal Trade Commission im Anschluss an die Feststellung der Erhöhung der Marktkonzentration zunächst anhand vielfältiger Kriterien, ob der Wettbewerb infolge des Zusammenschlusses voraussichtlich entweder durch koordiniertes Verhalten oder durch einseitige Maßnahmen der Beteiligten des Zusammenschlussvorhabens vermindert würde.[971] So stellen die Horizontal Merger Guidelines ausführlich dar, in welchen Fällen eine Preiserhöhung nach der Fusion zu erwarten ist.[972] Hierbei werden unter anderem die „unilateral effects" angesprochen, auf die in der folgenden Darstellung noch ausführlich eingegangen wird.[973]

4. Untersuchung der Höhe der Marktzutrittsschranken

Die FTC untersucht die Höhe der Marktzutrittsschranken, um nachteilige wettbewerbliche Auswirkungen des Vorhabens durch hinreichend wahrscheinliche und rechtzeitige Marktzutritte festzustellen.[974] Hierbei handelt es sich um die umstrittenste Voraussetzung bei der Prüfung der Fusionen.

Dabei gibt es eine „three-steps"-Prüfung.

Im ersten Schritt werden die zu erwarteten Phasen des Marktzutritts in den nächsten zwei Jahren analysiert. In diesem Zusammenhang wird versucht, die Handlungen vorherzusagen, die das neue Unternehmen vornehmen muss, um den Markt erheblich zu beeinflussen.

---

970 Bartosch/Nolau, EuZW 2002, S. 197, 205.

971 Horizontal Merger Guidelines, Ziffer 2.11; http://www.usdoj.gov/atr/public/guidelines/hmg.htm#01.

972 Horizontal Merger Guidelines, Ziffer 2.11; http://www.usdoj.gov/atr/public/guidelines/hmg.htm#01.

973 Vgl. „Unilateral effects" bei differenzierten Produkten S.245.

974 Horizontal Merger Guidelines, Ziff. 3.2; http://www.usdoj.gov/atr/public/guidelines/hmg.htm#01.

Im zweiten Schritt untersucht die Kommission, ob die Preise, die vor der Fusion existierten, die Fusion profitabel machen oder eine Preiserhöhung zur Profitabilität der Fusion erforderlich ist.

Schließlich untersucht man im dritten Schritt, ob die Marktzutrittsschranken hoch genug sind, damit die konkurrierenden Unternehmen sich den wettbewerblichen Wirkungen der Fusion widersetzen können.

5. Prüfung der Effizienzvorteile und der „failing firm defence".

Im letzten Schritt prüfen die amerikanischen Wettbewerbsbehörden die Effizienzvorteile („efficiency defence").[975] Auf die Effizienzen-Prüfung wird in der folgenden Darstellung ausführlich eingegangen.[976]

Falls das Unternehmen, das aufgekauft wird, insolvent ist,[977] kann hier die failing firm defence geprüft werden, die in der Europäischen Fusionskontrolle als „Konzept der Sanierungsfusionen" bekannt ist.[978]

---

[975] Horizontal Merger Guidelines, Ziff. 4; http://www.usdoj.gov/atr/public/guidelines/hmg.htm#01.

[976] Vgl. Die Rolle von Effizienzvorteilen bei der Beurteilung von Zusammenschlüssen S.251.

[977] Nach dem amerikanischen Recht hat die Insolvenz zwei Voraussetzungen:

1. Die Unmöglichkeit, finanzielle Verpflichtungen in der nächsten Zukunft zu begleichen;

2. die Unmöglichkeit der erfolgreichen Reorganisation des Unternehmens nach dem 11.Kapitel des Bankruptcy Acts.

[978] Vgl. hierzu Kausalität zwischen Zusammenschluss und Marktbeherrschung - Sanierungsfusionen S.210.

Übersicht 27: SLC-Test

1. Bestimmung des relevanten Marktes
2. Messung der Konzentration auf allen durch die Fusion betroffenen Märkten nach dem Herfindahl-Hirschman-Index (HHI)
3. Verminderung des Wettbewerbs durch einseitige Maßnahmen oder koordinierte Verhaltensweise
4. Untersuchung der Höhe der Marktzutrittsschranken
5. Prüfung der Effizienzvorteile und der failing firm defence

IV. Bedürfnis nach Angleichung der materiellen Beurteilungsmaßstäbe

Um über Erfolg und Misserfolg der Änderung urteilen zu können, ist es erforderlich, die Vor- und Nachteile der verschiedenen Testverfahren gegenüberzustellen. Außerdem ist das Verständnis der für die Änderung des Prüfungsmaßstabs ursächlichen Gründe wichtig, um zu erfassen, wann jetzt im Rahmen des SIEC-Tests der Marktbeherrschungstest angewendet wird und wann die zusätzlichen Voraussetzungen des SLC-Tests herangezogen werden müssen.

Vielfach werden verschiedenste Schwächen sowie Unzulänglichkeiten des Marktbeherrschungstests behauptet. Diese Behauptungen werden im Folgenden eingehend untersucht. Insbesondere wird das Argument der Lückenhaftigkeit des Marktbeherrschungstests überprüft. Hierzu werden zunächst die so genannten „Lücken" („Effizienzen" und „unilateral effects") anhand eines Fallbeispiels erläutert und ihre Wahrhaftigkeit und Praxisrelevanz ermittelt.

1. Gründe für und gegen eine Änderung des materiellen Standards

Seit mehreren Jahren diskutierten die Fachkreise über die Änderung der materiell-rechtlichen Kriterien der Verordnung.[979] Die Diskussion wurde vom Grünbuch durch den Vorschlag, den SLC-Maßstab in Europa einzuführen,[980] ange-

[979] Arhold, EWS 2002, S. 449 ff.; Bartosch/Nolau, EuZW 2002, S. 197 ff.; Bischke/Mäger, EWS 2003, S. 97 ff; Roberg, ECLR 2002, S. 429 ff.; Drautz, WuW 2002, S. 444 ff.; Ehlermann/Völker, EuZW 2003, S. 1 ff.; Klees, EuZW 2003, S. 197 ff.

[980] Grünbuch über die Revision der Verordnung (EWG) Nr. 4064/89 des Rates v. 11.12.2001, KOM (2001) 745/6 endg., Rdnr. 167-169.

regt und insbesondere durch unterschiedliche Entscheidungen der FTC und der Kommission im GE/Honeywell-Fall[981] befördert.

a) Angleichung der wettbewerblichen Beurteilung in verschiedenen Ländern

Insbesondere wurde für die Änderung des materiellen Standards vorgebracht, dass die Angleichung der wettbewerblichen Beurteilung in verschiedenen EU-Ländern und den USA vorgenommen werden soll, um die internationale Zusammenarbeit der Wettbewerbsbehörden zu erleichtern.[982] Die Angleichung ist ein wichtiges Argument für die Vereinheitlichung der Fusionskontrollverfahren der Länder auf dem Weg zu einem Weltkartellrecht.

Jedoch ist infolge der Reform keine Angleichung erfolgt, sondern es wurde ein drittes Testverfahren eingeführt. Somit wurde keine Vereinfachung der Zusammenarbeit, sondern eher eine Erschwerung herbeigeführt. Eine Angleichung wäre auch bei der Einführung des reinen SLC-Tests sehr schwierig (oder sogar fast unmöglich), da die verschiedenen Jurisdiktionen, die ihn anwenden, sehr unterschiedlich verfahren.[983] Außerdem führt die Angleichung der inhaltlichen Maßstäbe nicht zur Behebung der Divergenzen zwischen den unterschiedlichen Kartellbehörden, da jedes Land eigene Vorstellungen von der Wettbewerbspolitik hat.

b) Entscheidungsspielraum der Wettbewerbsbehörden

Gegen den Marktbeherrschungstest wurde außerdem vorgebracht, dass er wie „eine Zwangsjacke für die Wettbewerbsbehörden“ wirkt, da der SLC-Test einen größeren Entscheidungsspielraum gibt.[984] So kann nach dem SLC-Test auch ein Zusammenschluss verboten werden, der nicht eine marktbeherrschende Stellung begründet oder verstärkt.[985] Ebenfalls führt die marktbeherr-

---

[981] Entscheidung vom 3.2.2002, Fall Nr. COMP/M. 2220 (Untersagung des Zusammenschlusses GE/Honeywell durch die Kommission).

[982] Grünbuch über die Revision der Verordnung (EWG) Nr. 4064/89 des Rates v. 11.12.2001, KOM (2001) 745/6 endg., Rdnr. 160.

[983] Bartosch/Nolau, EuZW 2002, S. 197, 205.

[984] Drautz, WuW 2002, S. 444, 447.

[985] Alfter, WuW 2003, S. 20, 24.

schende Stellung nach dem SLC-Test nicht unbedingt zu einem Verbot des Zusammenschlussvorhabens.[986]

Jedoch stößt gerade der erhöhte Beurteilungsspielraum in Europa auf ernsthafte Bedenken.[987] Die Flexibilität des SLC-Tests basiert auf einer gegenüber dem Marktbeherrschungstest viel höheren Abstraktionsstufe. Daher entstehen Probleme bei der Vereinbarkeit des SLC-Tests mit dem rechtsstaatlichen Gebot der Rechtssicherheit.[988] Erforderlich ist daher eine Konkretisierung durch Rechtsprechung und Verwaltungsrichtlinien.[989]

Die Entscheidungen der Kommission waren bisher gerichtlich nur sehr eingeschränkt überprüfbar. Die Europäischen Gerichte prüften die wettbewerblichen Würdigungen der Kommission bis vor drei Jahren sehr zurückhaltend. Außerdem ist der Rechtsschutz der zusammenschließenden Unternehmen häufig nicht effizient, da das beschleunigte Verfahren bei zeitkritischen Zusammenschlüssen viel zu lange dauert und der einstweilige Rechtsschutz im Rahmen der Fusionskontrolle wenig bewirken kann.[990] In diesem Kontext ist eine noch weitere Vergrößerung des Entscheidungsspielraums der Kommission sehr gefährlich, da dies zu einer zunehmenden Unvorhersehbarkeit der Kommissionsentscheidungen führt. Erfreulich ist lediglich, dass der weite Entscheidungsspielraum der Kommission durch Erwägungsgrund 25 eingeschränkt werden soll. Im Ergebnis soll sich SIEC-Test sich nur auf einen einzigen Fall beziehen – unilateral effects.[991]

c) Ökonomische Analyse der Zusammenschlüsse

Außerdem wurde behauptet, dass der Marktbeherrschungstest ***keine anspruchsvolle ökonomische Analyse*** erlaubt. Der SLC-Test soll aufgrund seiner wirtschaftsorientierten Ausrichtung anpassungsfähiger als der Marktbeherrschungstest sein. In den Vereinigten Staaten geben die ökonomischen

[986] Arhold, EWS 2002, S. 449, 457.

[987] Arhold, EWS 2002, S. 449, 457.

[988] Verankert auf der Europäischen Ebene in den vom EuGH entwickelten Gemeinschaftsgrundrechten, vgl. hierzu Streinz, Europarecht, Rdnr. 369; Schweitzer/Hummer, Europarecht, Rdnr. 791.

[989] Eine solche Vorgehensweise erfolgte in den USA.

[990] Vgl. hierzu Kapitel Graue Wolken am blauen Himmel – der Rechtsschutz gegen die Entscheidungen der Kommission S.119.

[991] Vgl. „Unilateral effects" bei differenzierten Produkten S.245.

Beurteilungsmaßstäbe klare Anforderungsprofile vor.[992] Dies soll insbesondere für die Wirtschaftsumfelder mit einer zunehmenden Unternehmenskonzentration gelten.

Auch der Marktbeherrschungstest erlaubt und berücksichtigt die ökonomische Analyse der Zusammenschlüsse, insbesondere bei der Prognose der marktbeherrschenden Stellung. Die Tatsache, dass die Kommission bisher nur selten eine umfassende ökonomische Analyse vornahm, ist kein Problem des Marktbeherrschungstests, sondern eher eine Schwäche der Vorgehensweise seitens der Kommission.

d) Erhöhung der Nachvollziehbarkeit und der Vorhersehbarkeit der behördlichen Entscheidungen

Die Befürworter des SLC-Tests argumentieren, dass dieser Test ***nachvollziehbarer und vorhersehbarer für die Anmelder*** ist, so dass die wettbewerblichen Folgen des Vorhabens abgeschätzt werden können.[993]

Dieses Argument widerspricht jedoch der Vergrößerung des Entscheidungsspielraums der Behörde, die der SLC-Test mit sich bringt. Außerdem kann bei dem in Europa entwickelten SIEC-Test überhaupt nicht von der Nachvollziehbarkeit und Vorhersehbarkeit gesprochen werden, da durch die Kombination beider Tests lediglich Rechtsunsicherheit bei den Unternehmen und ihren Rechtsberatern hervorgerufen wurde.

e) Kontrolle der Oligopolmarktbeherrschung

Schließlich wurde für den SLC-Test vorgebracht, dass die ***Kontrolle der Oligopolmarktbeherrschung*** mit dem SLC-Test leichter erfolgen kann. Dieses Argument kann jedoch seit der Nestlé/Perrier Entscheidung[994] im Jahre 1992 nicht mehr aufrechterhalten werden. Art. 2 FKVO erfasst nicht nur Oligopole,

---

[992] Immenga/Stopper, RIW 2001, S. 512, 515.

[993] Bartosch/Nolau, EuZW 2002, S. 197, 205.

[994] Entscheidung der Kommission vom 25.03.1992, IV/M. 190, Nestle/Perrier, http://europa.eu.int/smartapi/cgi/sga_doc?smartapi!celexplus!prod!CELEXnumdoc&lg=en&numdoc=31992D0553; ABl. EG 1992, L 356/2 ff, v. 5.12.1992.

sondern seit der Gencor/Lonrho - Entscheidung[995] sogar solche ohne strukturelle Verbindungen.[996]

2. Vorsicht, Lücke?! oder die Fälle, die der Marktbeherrschungstest nicht erfassen kann

Um beurteilen zu können, ob überhaupt eine Änderung des Testverfahrens in der Fusionskontrollverordnung erforderlich war und ob die erfolgte Änderung gelungen ist, stellt man sich die Frage, ob es überhaupt solche Fälle gibt, die mit dem SLC-Test als problematisch bewertet werden und mit dem Marktbeherrschungstest nicht angemessen erfasst werden können.[997]

a) Coordinated effects und unilateral effects

Von den Befürwortern des Standard-Wechsels wird vorgebracht, dass solche Fälle, bei den die Fusionen „unilateral effects" (einseitige Effekte) haben, nicht vom Marktbeherrschungstest angemessen berücksichtigt werden können.

Zunächst muss man sich jedoch fragen, was „unilateral effects" (einseitige Auswirkungen) überhaupt sind.

Die Wirtschaftswissenschaftler unterscheiden zwei Wege, durch die eine Fusion zu einer Preiserhöhung führen kann.[998]

Die erste Möglichkeit nennt man die „coordinated effects". Hierbei können zwei oder mehrere Unternehmen nach der Fusion stillschweigend ein paralleles Wettbewerbsverhalten aufnehmen. Diese koordinierten Effekte basieren auf einer Änderung des Wettbewerbs und werden vom Marktbeherrschungskonzept hinsichtlich der Oligopolbildung angemessen erfasst.[999]

---

[995] Entscheidung der Kommission vom 24.4.1996, IV/M.619, Gencor/Lonrho, ABl. 1997 Nr. L 11 S. 30, Rn. 140; http://europa.eu.int/comm/competition/mergers/cases/decisions/m615_fr.pdf.

[996] Vgl. hierzu Gencor/Lonrho S.223.

[997] Alfter, WuW 2003, S. 20.

[998] Cowman, S. 169.

[999] Vgl. Kapitel Oligopolistische Marktbeherrschung S.217.

Die zweite Möglichkeit, die Preise zu erhöhen, bezeichnet man als „unilateral effects". Hierbei kann ein neues Unternehmen durch die Eliminierung des Wettbewerbs die Preise über den Wert vor der Fusion anheben, ohne die Reaktion der Wettbewerber berücksichtigen zu müssen.[1000] Diese einseitigen Effekte resultieren aus der erhöhten Marktmacht, die dem Unternehmen durch die Fusion zufließt.[1001]

aa) „Unilateral effects" bei differenzierten Produkten

Erfolgt die Fusion bei differenzierten Produkten, so sind die Marktanteile für die Beurteilung des Zusammenschlusses nicht aussagekräftig. Die Verschiedenheit der Produkte kann sich aufgrund von unterschiedlichen Preise, Qualität, Service, Lokalität und Technologie ergeben. Auch bei solchen Fusionen kann sich der Wettbewerbsdruck erheblich verändern. Die Befürworter des SLC-Tests behaupten, dass der Marktanteilstest sich ausschließlich an den Marktanteilen und relevanten Märkten orientiert und daher bei differenzierten Produkten zu falschen Ergebnissen führen kann.

bb) Nicht-Erfassung von „unilateral effects" bei homogenen Produkten

Auch bei homogenen (auf dem gleichen relevanten Markt liegenden) Produkten werden nach dem Marktbeherrschungstest die „unilateral effects" nicht immer erfasst. Eine Lücke soll dann unter folgenden Voraussetzungen vorliegen:

(1) Oligopol ohne Koordination und

(2) Zusammenschluss zwischen zwei Anbietern, welcher weder zur Marktbeherrschung, noch zum größten Marktanteil führt.

So hat man zum Beispiel im wegweisenden *Babynahrungsfall*[1002], der durch die amerikanischen Behörden entschieden wurde, über den Zusammenschluss von Heinz (dem US-amerikanischen Babynahrungshersteller und zweitgrößten Anbieter in den USA) und Beeck-Nut (dem holländischen Baby-

---

[1000] Immenga/Stopper, RIW 2001, S. 512 ff.

[1001] Immenga/Stopper, RIW 2001, S. 512 ff.

[1002] FTC v. Heinz. Co., 116 F.Supp. 2d 190 (D.D.C. 2000), www.dcd.uscourts.gov/00-1688.pdf.

nahrungshersteller und drittgrößten Anbieter in den USA) mit einem gemeinsamen Marktanteil von 33 % entscheiden müssen.[1003]

Auf dem Babynahrungsmarkt gab es einen Marktführer (Gerber) mit einem Marktanteil von 65 %, so dass von einer Marktbeherrschung durch Heinz und Beeck-Nut nicht gesprochen werden konnte.

Jedoch hat die FTC bei ihren Untersuchungen festgestellt, dass die Supermärkte in den USA fast immer zwei Sorten von Baby-Nahrung verkaufen. Die erste Sorte ist fast immer von dem Marktführer (Gerber). Heinz und Beeck-Nut haben bisher immer um den zweiten Platz im Supermarkt-Regal konkurriert. Diese Fusion führt somit zu einer wesentlichen Verminderung des Wettbewerbs,[1004] da es nach der Fusion keinen Wettbewerb mehr um den zweiten Platz im Supermarkt-Regal gibt.

Daher wurde die Fusion untersagt.

Der reine Marktbeherrschungstest stellt nur auf die Marktanteile ab und hätte diese Differenzierungsproblematik verkannt.

Jedoch hat die Kommission auch bei ihren Entscheidungen die Wettbewerbsintensität berücksichtigt. Die Fälle des Zusammenschlusses des zweit- und drittgrößten Unternehmens in einem Markt, bei dem der Marktanteil des neuen Unternehmens zwar noch unter dem des Marktführers bleibt, jedoch zu einer wesentlichen Verminderung des Wettbewerbs führt, löst die Kommission über die kollektive Marktbeherrschung.

Außerdem hat die fehlende Konkurrenz um den zweiten Supermarktplatz nur wenige nachteilige Auswirkungen für den Wettbewerb. Da es noch einen anderen Anbieter gibt, ist keine Preiserhöhung zu erwarten.

Die Befürworter des SLC-Tests sind der Auffassung, dass der Marktbeherrschungstest nicht eine Fusion von zwei kleinen Firmen erfassen kann, die als einzige über Überkapazitäten verfügen.[1005] Im Falle der Preiserhöhung nach der Fusion könnten die anderen Firmen ihr Produktangebot nicht erweitern, so

---

[1003] Immenga/Stopper, RIW 2001, S. 512 ff.

[1004] Arhold, EWS 2002, S. 449, 457.

[1005] Azevedo/ Walker, ECLR 2003, 640 ff.

dass die Verbraucher höhere Preise hätten zahlen müssen.[1006] Bei diesem Fall handelt es sich eher um einen zu vernachlässigenden Lehrbuchfall, der weder in der europäischen noch in der amerikanischen Fusionskontrollpraxis bisher auftrat.

cc) Ein Beispielfall zu den „unilateral effects"

Im Folgenden wird ein Fall vorgestellt, bei dem die Auswirkungen der „unilateral effects" bei geringen Marktanteilen relevant sind.

(1) Sachverhalt

Hierzu stellen wir uns einen Markt für besonders hochwertiges Toilettenpapier vor. Auf diesem Markt gibt es nur vier Sorten von vierlagigem Toilettenpapier, von vier unterschiedlichen Produzenten:

T 1 – besonders hautschonendes, weißes, nicht duftendes Papier (Marktanteil 15 %);

T 2 – besonders duftendes Papier mit einem Spielzeugdesign (Marktanteil 15 %);

T 3 – ein blaues Papier mit einer besonderen Prägung (Marktanteil 20 %);

T 4 - ein rosa-farbendes, duftendes Papier mit einem besonderen Muster (Marktanteil 50 %).

Die Toilettenpapiersorten sind ähnliche und trotzdem sehr unterschiedliche Produkte, weil sie technisch ganz anders produziert und werbemäßig verschieden präsentiert werden. So wird T 1 eher als ein besonders hautschonendes Toilettenpapier geworben und unter Durchführung verschiedener Allergietests hergestellt, T 2 eher als Papier für Kinder, welches sich aber auch für Erwachsene gut eignet, T 3 und T 4 als Luxus-Artikel, die für alle Kundenschichten geeignet sind.

Es gibt viele verschiedene Kundengruppen. Zum Beispiel bevorzugen manche Kunden nur eine bestimmte Sorte von Toilettenpapier, andere zwei von

---

[1006] Azevedo/ Walker, ECLR 2003, 640 ff.

vier Sorten unter gleichzeitiger Berücksichtigung der Preise. Schließlich gibt es auch Kunden, die lediglich ein besonders hochwertiges Toilettenpapier erwerben möchten und auf die Preise achten.

Erfolgt eine Fusion zwischen T 2 und T 3, so haben sie zusammen einen Marktanteil von 35 %. T 1 behält den Marktanteil von 15 % und T 4 den Marktanteil von 50 %..

Selbstverständlich entsteht nach der Fusion von T 2 und T 3 keine marktbeherrschende Stellung, da der neue T 2 + T 3 – Anbieter nach der Fusion nur 35 % Marktanteil hat.

Nach der Fusion wird sich das Management die Frage stellen, ob eine Preiserhöhung möglich ist (gerade darin liegt die Gefahr einer Fusion für die Verbraucher).

Vor der Fusion hätten T 2 und T 3 im Falle einer Preiserhöhung von 10 % einen Teil ihrer Kunden verloren („customer switching“).

Erhöht nach der Fusion T 2 die Preise, so wird der Kundenverlust zu einem nicht geringen Teil von T 3 aufgefangen (und umgekehrt).

T 3 kann noch mehr Kunden auffangen, wenn ihre Produkte ähnlicher (oder - wissenschaftlich formuliert - einen höheren Substitutionsgrad haben) sind, als die Produkte von T 1 und T 4. Dann werden die Kunden eher zu T 2 wechseln, weil sie das gewünschte Produkt durch ein möglichst ähnliches Produkt ersetzt haben möchten.

Aus diesem Beispiel kann man folgende Schlüsse ziehen:

(1) Nach einer Fusion ist eine Preiserhöhung ohne finanzieller Verluste möglich.

(2) Die Vorhersage über die Preiserhöhung bei einer Fusion ist von den Marktanteilen unabhängig (in unserem Beispiel hat T 4 immer noch den größten Marktanteil, aber durch die Fusion erhält T 2 die Möglichkeit, eine Preiserhöhung ohne Kundenverlust durchzusetzen).

(3) Die Kunden schauen beim Einkauf nicht auf die Marktanteile, sondern auf die nächsten Substitute. Je höher der Grad der Ersetzbarkeit ist, desto höher ist die Wahrscheinlichkeit der Preiserhöhung nach der Fusion.

(4) Auch die Marktdefinition (im vorliegenden Beispiel besteht der Markt der besonders hochwertigen Toilettenpapiersorten aus T1, T2, T3 und T4) ist weniger wichtig als die Informationen über „customer switching".

(2) Kann der Marktbeherrschungstest dieses Problem lösen?

Vorweg gesagt, der Marktbeherrschungstest hat verschiedene Lösungsmöglichkeiten für diesen Fall und ist flexibel genug, um auch die „unilateral effects" bei differenzierten Produkten zu erfassen.

Die Lösungsmöglichkeit liegt in einer engeren Definition des relevanten Marktes. Sind T 2 und T 3 den engsten Substituten nach der „customer switching" – Analyse, so kann man den relevanten Markt von nur diesen beiden Produkten betrachten. Gibt es andere, bessere Substitute, so kann man wieder zum weiten Begriff des relevanten Marktes zurückkehren; z.B., wenn die Untersuchung feststellt, dass die Kunden eher zu T 4 neigen, falls der Preis von T 2 erhöht wird. Diese Vorgehensweise widerspricht nicht dem Bedarfsmarktkonzept.

Eine weitere Möglichkeit zur Lösung dieses Problems ist eine Ausweitung des Konzepts der kollektiven Marktbeherrschung, so dass dieser auch die Fälle erfasst, in denen die Möglichkeit der Preiserhöhung der nicht marktbeherrschenden Unternehmen verhindert wird. Für eine solche Ausweitung wäre ein Erwägungsgrund oder eine Änderung der Kommissionspraxis mit der nachfolgenden Bestätigung durch EuGH vollkommen ausreichend!

dd) „Unilateral effects" in der bisherigen Europäischen Fusionskontrolle

In der Praxis der Kommission kam es schon vor, dass in bestimmten Fällen die Ersetzbarkeit der Produkte geprüft wurde, jedoch bisher nur in seltenen Fällen. Ferner geschah dies immer in Kombination mit einer Betrachtung der Marktanteile.

So stellte die Kommission beim Volvo/Scania-Fall[1007] fest, dass Volvo und Scania gemeinsam 60 bis 90 % des skandinavischen Lastwagenmarktes beherrschen und einander erfolgreich ersetzen, es also für die meisten Kunden unerheblich ist, ob sie bei Volvo oder Scania Lastwagen erwerben. Ebenfalls argumentierte die Kommission im Barilla/BPL/Kamps-Fall[1008], dass Barilla auf dem französischen Knäckebrotmarkt mit dem Produkt WASA einen Marktanteil von 80 bis 90 % besitzt. Bei einer Preiserhöhung würden die Menschen zu Kamps-Knäckebrot wechseln.

Jedoch ist die Beachtung der Ersetzbarkeit in diesen beiden Fällen lediglich ein Zusatzargument zu den Marktanteilen.

ee) Eigene Stellungnahme

Zu beachten ist, dass das hier vorgestellte Beispiel einen seltenen Ausnahmefall betrifft, der ausschließlich für besondere Markenartikel und Markenprodukte gilt. Bei diesem Fall wurde weder das Verhalten der Konkurrenz noch der Kunden, noch die dynamische Entwicklung des Wettbewerbs berücksichtigt. In der Praxis der Kommission waren solche Fälle bisher äußerst selten und die Ersetzbarkeit wurde lediglich als zusätzliches Kriterium herangezogen.

Daher könnte man sich nur dann eine Anwendung der „unilateral effects“ vorstellen, wenn eine Entscheidung „auf der Kippe“ steht. Die Entwicklung wird zeigen, ob die Kommission dieses Konzept darüber hinaus verwenden wird.

Erfreulich ist, dass der europäische Gesetzgeber durch die Fusionskontrollverordnung die Fälle und Probleme umfassend erfassen und lösen möchte, darunter auch die unilateral effects. Die Fusionskontrollverordnung und die Leitlinien zur Bewertung horizontaler Zusammenschlüsse[1009] bieten der Kommission eine solche Möglichkeit.[1010] Jedoch war, wie oben gezeigt, weder die

---

[1007] Entscheidung der Kommission vom 14.3.2000; IV/M.1672, Volvo/Scania; hierzu: Kommission der Europäischen Gemeinschaften, XXX. Wettbewerbsbericht, S. 83.

[1008] Entscheidung der Kommission v. 25.06.2002, M. 2817, Barilla/BPL/Kamps-Fall; http://europa.eu.int/comm/competition/mergers/cases/decisions/m2817_en.pdf.

[1009] Leitlinien zur Bewertung horizontaler Zusammenschlüsse gemäß der Ratsverordnung über die Kontrolle von Unternehmenszusammenschlüssen, ABl. EG 2004 Nr. C 31/03,v. 5.02.2004.

[1010] Vgl. Leitlinien zur Bewertung horizontaler Zusammenschlüsse gemäß der Ratsverordnung über die Kontrolle von Unternehmenszusammenschlüssen, ABl. EG 2004 Nr. C 31/03,v. 5.02.2004, Rdnr. 34, 35.

Änderung des Prüfungsmaßstabs noch eine langjährige Diskussion für die Lösung dieses Problems überhaupt erforderlich.

Übersicht 28: Die Lücken des Marktbeherrschungstests

<table>
<tr><th colspan="3">Preiserhöhung durch eine Fusion</th></tr>
<tr><td>Coordinated effects
Basierend auf der Änderung des Wettbewerbs Stillschweigendes paralleles Wettbewerbsverhalten im Oligopol</td><td colspan="2">Unilateral effects
Resultieren aus der erhöhten Marktmacht eines Unternehmens</td></tr>
<tr><td></td><td>Homogene Produkte (gleicher relevanter Markt) Marktanteile aussagekräftig
Ausn.: bei Fusionen unterhalb des Schwellenwerts des Marktbeherrschungs-tests ist eine wesentliche Verminderung des Wettbewerbs möglich, wenn ein Oligopol ohne Koordination vorliegt
Vgl. Babynahrungsfall</td><td>Differenzierte Produkte (verschiedene relevante Märkte) Marktanteile nicht aussagekräftig
Erhebliche Veränderung des Wettbewerbs ohne Veränderung der Marktanteile möglich</td></tr>
</table>

b) Die Rolle von Effizienzvorteilen bei der Beurteilung von Zusammenschlüssen

In den Vereinigten Staaten und vielen anderen Ländern gibt es eine Möglichkeit, die efficiencies (Effizienzvorteile) bei der Fusionskontrolle zu berücksichtigen.[1011]

In den Staaten, in denen der SLC-Test angewendet wird, gibt es viele Einreden („defences"), um eine Genehmigung des Zusammenschlusses trotz der

[1011] Ausführliche Darstellung des U.S. Approach to Efficiencies bei Camesasca, ECLR 1999, S. 14, 19.

Wettbewerbsverminderung zu erreichen.[1012] Um eine solche Einrede handelt es sich auch bei den Effizienzvorteilen.[1013]

Worum geht es bei den Effizienzen?

Bei einer Fusion besteht für die Verbraucher immer die Gefahr, dass nach dem Zusammenschluss die Unternehmen die Preise für ihre Produkte erhöhen. Jedoch können manche Fusionen auch dazu führen, dass die Produktionskosten durch gemeinsame Fabrikation, Absatz und Rohstoffankauf niedriger werden, wodurch auch das Endprodukt für die Verbraucher billiger wird (Kostenersparnis durch Synergieeffizienz und Rationalisierung).

Somit liegt eine Situation vor, bei der der Wettbewerb zwar erheblich vermindert wird, jedoch die aus der Fusion resultierenden Vorteile für die Wirtschaft größer sind als der aus der Wettbewerbsbeschränkung resultierende Schaden.[1014]

aa) Die Entwicklung des Konzeptes der Effizienzvorteile in der Europäischen Fusionskontrolle

Sowohl bei der Einführung der Fusionskontrollverordnung, als auch bei der Interpretation des jetzigen Art. 3 FKVO fanden starke Auseinandersetzungen um die Einbeziehung nicht – wettbewerbsbezogener, industriepolitischer Aspekte (wie zum Beispiel die Kosteneinsparungen, die die Parteien als Grund für die Fusion vorbringen oder die Notwendigkeit der Fusion für die Realisierung bestimmter Forschungs- oder Entwicklungsvorhaben) statt, die auch heute noch nicht beendet sind.[1015] Diese Diskussion bezeichnet Cowman als „Schlachtfeld zwischen der Industriepolitik und der Wettbewerbspolitik“[1016]. Zunächst ergab die Analyse der Fusionskontrollpraxis, dass die Kommission

---

[1012] Arhold, EWS 2002, 449, S. 457 f.

[1013] Arhold, EWS 2002, 449, S. 457; Camesasca, ECLR 1999, S. 14, 16.

[1014] Wirtz, EWS 2002, S. 59, 60; Arhold, EWS 2002, S. 449, 457.

[1015] Baches Opi, US/EU Merger Control: How Should the US experience influence the enforcement of Council Regulation 4064/89 on the control of concentrations and undertakings?, S. 12 f.; Fox, Merger Control in the EEC – towards a European Merger Jurisprudence, Fordham 1991, S. 709.

[1016] Cowman, S. 18 f.

eindeutig wettbewerbspolitisch argumentiert hat: schon 1991 wurde eine Fusion aus eindeutig wettbewerbspolitischen Gründen verhindert.[1017]

Eine neue Dynamik entfaltete jedoch die Besetzung der Stelle des Wettbewerbs-Kommissars mit Mario Monti. Monti postulierte, es sei das erklärte Ziel der EG, zu einer stärkeren ökonomischen (und konsequenterweise weniger wettbewerblichen) Betrachtung der Zusammenschlüsse zu tendieren.[1018]

Schon seit langem ist fraglich, ob die Effizienzvorteile auch in der Europäischen Fusionskontrolle berücksichtigt werden können.[1019]

Im Schrifttum wird vertreten, dass schon vor der Reform die Effizienz-Vorteile bei der Prüfung des Art. 2 FKVO bei der „erheblichen Behinderung des Wettbewerbs" berücksichtigt werden können.[1020] Umstritten ist hierbei lediglich, welche Artikel der neuen Fusionskontrollverordnung sich überhaupt als Einfallstore für die jenseits des Wettbewerbs liegenden industriepolitischen Vorstellungen eignen.

Hierbei kommen die Kriterien „der Entwicklung des technischen und wirtschaftlichen Fortschritts" in Art. 2 FKVO, die Auflagen- und Zusagenpraxis der Kommission und die Möglichkeit der Kommissare, bei den Entscheidungen der Kommission als Gremium, ihre Interessen durchzusetzen,[1021] in Betracht. (Zu beachten ist jedoch, dass im Gegensatz zur deutschen Ministererlaubnis nach § 24 GWB, die Kommissare nicht politisch entscheiden dürfen, sondern sich wegen Art. 2 FKVO nur an den Wettbewerbskriterien orientieren können.)

Nach der Auffassung des Bundeskartellamtes gibt es keinen einheitlichen Effizienzgedanken.[1022] So wird in den USA geprüft, ob die durch den Zusammenschluss bedingten Effizienzvorteile eine Preiserhöhung unwahrscheinlich ma-

---

[1017] Entscheidung der Kommission vom 2.10.1991, IV/M. 53, Aerospitale-Alenia/de Havilland, http://europa.eu.int/comm/competition/mergers/cases/decisions/m53_en.pdf, abgedruckt in WuW 1992, 163 ff.; ABl. EG 1990 Nr. L 334/42 v. 5.12.1991.

[1018] Mario Monti, Speech given at the formal introduction of the new President of the Bundeskartellamt, Bonn, 13.Januar 2000; Erwägung 5 a.E. Verordnung (EG) Nr. 2658/2000.

[1019] Von Hinten-Reed/Camesasca/Schedl, ECLR 2003, 458 ff.; Arhold, EWS 2002, S. 449, 457; Camesasca, ECLR 1999, S. 14, 21 ff.

[1020] Drautz, WuW 2002, S. 444, 447; Wirtz, EWS 2002, S. 59, 60.

[1021] Jones/Gonzalez Diaz, The EEC Merger Regulation, S. 136; Alonso, A catalogue of Merger defenses under European and United States Antitrust Law, Harvard International Law Journal 1992, Vol. 33, S. 62.

[1022] Böge, WuW 2004, S. 138, 146.

chen oder die Koordinationsrisiken gegenüber den Wettbewerbern verhindern (somit sind die betriebswirtschaftlichen Effizienzen gemeint).[1023] In Deutschland ist es gemäß § 36 Abs. 1 2. HS GWB entscheidend, ob gesamtwirtschaftliche Vorteile entstehen. Es erfolgt eine Abwägung zwischen den Nachteilen auf den Verschlechterungsmärkten und den Vorteilen auf Verbesserungsmärkten (somit sind die volkswirtschaftlichen Effizienzen gemeint).[1024]

Die Kommission hat die Berücksichtigung der Effizienzen in den Verordnungsvorschlag eingegliedert,[1025] hat jedoch den Wortlaut der Verordnung nicht geändert. Der Wortlaut des Art. 2 Abs. 1 lit. b FKVO erlaubt nach der Auffassung der Kommission eine „vorsichtige Berücksichtigung von Effizienzgewinnen".[1026]

Die Kommission müsste eine Wettbewerbsbilanz aufstellen, in der die wettbewerbsbeeinträchtigenden Auswirkungen (auf Grund einer festgestellten Marktbeherrschung) und die wettbewerbsfördernden Auswirkungen (auf Grund von Effizienzvorteilen) verglichen werden müssten.[1027] Problematisch ist hierbei, dass die Faktoren des Art. 2 Abs. 1 lit. b FKVO lediglich Hilfsmittel sind. Eine Abwägung nach der festgestellten Marktbeherrschung ist nicht zulässig.[1028]

Die endgültige Fassung der Verordnung folgt dem Kommissionsentwurf. Eine Änderung des Textes der Verordnung ist nicht erfolgt.[1029] Die stärkere Berücksichtigung der Effizienzvorteile hat in Erwägungsgrund 29 ihren Niederschlag gefunden. Die Kommission soll danach die begründeten und wahrscheinlichen Effizienzargumente der Unternehmen bei der Beurteilung der Auswirkungen des Zusammenschlusses auf den Wettbewerb im gemeinsamen Markt berücksichtigen. Der Erwägungsgrund stellt klar, dass es möglich ist, dass die durch einen Zusammenschluss bewirkten Effizienzvorteile die Auswirkungen des Zusammenschlusses auf den Wettbewerb, insbesondere den möglichen

---

[1023] Arhold, EWS 2002, S. 449, 457.

[1024] Bartosch/Nolau, EuZW 2002, S. 197, 206; Brandenburger/Jansens, European Merger Control: Do the Checks and Ballances need to be Re-Set?, Twenty-Eighth Annual Conference on International Antitrust Law and Policy, S. 41.

[1025] Grünbuch über die Revision der Verordnung (EWG) Nr. 4064/89 des Rates v. 11.12.2001, KOM (2001) 745/6 endg., Rdnr. 170-172.

[1026] Böge, WuW 2004, S. 138, 146.

[1027] Von Hinten-Reed/Camesasca/Schedl, ECLR 2003, 458 ff.

[1028] Von Hinten-Reed/Camesasca/Schedl, ECLR 2003, 458 ff.

[1029] Vgl. Art. 2 Abs. 1 lit. b FKVO.

Schaden für die Verbraucher, ausgleichen, so dass keine erhebliche Behinderung des Wettbewerbs durch den Zusammenschluss eintritt.[1030]

bb) Die Behandlung der Effizienzvorteile

Die Tatsache, dass die Effizienzen nicht im Wortlaut der Fusionskontrollverordnung verankert sind, ist ein Zeichen dafür, dass die „efficiency defence" nur in wenigen fusionskontrollrechtlichen Fällen von Bedeutung ist.

Die Kommission hat Leitlinien zur Bewertung horizontaler Zusammenschlüsse gemäß der Ratsverordnung über die Kontrolle von Unternehmenszusammenschlüssen[1031] veröffentlicht und darin geregelt, inwiefern die Effizienzvorteile bei der Prüfung der Zusammenschlüsse berücksichtigt werden können.

Wird durch einen Zusammenschluss die Wettbewerbsfähigkeit in der Gemeinschaft erhöht, wodurch sich die Wachstumsbedingungen verbessern und sich der Lebensstandard in der Gemeinschaft erhöht, so dass die positiven Auswirkungen auf den Wettbewerb die potentiellen Nachteile für die Verbraucher ausgleichen können,[1032] so können diese Vorteile bei der wettbewerblichen Prüfung der Zusammenschlüsse berücksichtigt werden. Jedoch müssen die Effizienzvorteile, die den Verbrauchern zugute kommen, fusionsspezifisch und überprüfbar sein.[1033]

Für die den Zusammenschluss anmeldenden Unternehmen und ihre Rechtsberater bedeutet dies eine genaue Darstellung, welche Effizienzgewinne in welcher Höhe zu erwarten sind, warum die Effizienzgewinne ohne den Zusammenschluss nicht erreicht werden können und wie groß die Wahrscheinlichkeit ist, dass sich die Vorteile realisieren. Des Weiteren müssen die Unternehmen darlegen, warum die Effizienzvorteile wettbewerbsfördernd sind. Wettbewerbsfördernde Effizienzen kommen dem Verbraucher zugute. Der Nachweis möglicher Effizienzvorteile kann gegebenenfalls die erhebliche Behinderung des Wettbewerbs auf dem jeweiligen Markt kompensieren.

[1030] Erwägungsgrund 29.

[1031] Leitlinien zur Bewertung horizontaler Zusammenschlüsse gemäß der Ratsverordnung über die Kontrolle von Unternehmenszusammenschlüssen, ABl. EG 2004 Nr. C 31/03,v. 5.02.2004, Rdnr. 76 ff.

[1032] Leitlinien zur Bewertung horizontaler Zusammenschlüsse gemäß Ratsverordnung über die Kontrolle von Unternehmenszusammenschlüssen, v. ABl. EG v. 5.2.2004, Nr. C 31/5, Rdnr. 76.

[1033] Leitlinien zur Bewertung horizontaler Zusammenschlüsse gemäß der Ratsverordnung über die Kontrolle von Unternehmenszusammenschlüssen, ABl. EG 2004 Nr. C 31/03,v. 5.02.2004, Rdnr. 78.

In welchen Fällen genau die Effizienzvorteile eine entscheidende Rolle spielen werden, ist bisher unklar.

Fraglich ist, ob die Effizienzvorteile bei jeder Fusion zu prüfen sind oder nur dann, wenn eine Entscheidung „auf der Kippe" steht.

Die Fälle, in denen ein Unternehmen durch die Fusion eine marktbeherrschende Stellung erhält, sie jedoch wegen der Effizienzvorteile mit dem Gemeinschaftsrecht vereinbar ist, scheinen nur theoretisch zu existieren.

Betrachtet man zum Beispiel den niedrigen Preis als einen Effizienzvorteil für die Kunden, so wäre zu fordern, dass ein Unternehmen nach der Fusion die Preise erheblich senkt. Dies ist jedoch nicht zu erwarten. Die Monopolisten und die Inhaber einer marktbeherrschenden Stellung neigen dazu, die Preise zu erhöhen.

Zu beachten ist außerdem, dass auch in den USA bisher kein Fall durch Gerichte entschieden wurde, in dem eine ursprünglich verbotene Fusion wegen der Effizienzeinrede erlaubt wurde. Auch in der Europäischen Fusionskontrollpraxis sind solche Fälle eher unwahrscheinlich. Die Effizienz kann daher eher als zusätzliches Argument beim Ausfüllen des CO-Antrages verwendet werden.

3. Würdigung der Änderung des materiellen Beurteilungsmaßstabs

Bezogen auf die eingangs formulierte Fragestellung nach dem Sinn und Unsinn der Änderung des Prüfungsmaßstabs der FKVO lässt sich Folgendes festhalten:

(1) Das Ziel der Harmonisierung der europäischen und der US-amerikanischen Fusionskontrolle wurde schlichtweg nicht erreicht.

(2) Überdies ist selbst eine innereuropäische Harmonisierung nicht herbeigeführt worden.

(3) Die angestrebte Erweiterung des Handlungsspielraums der Wettbewerbsbehörden wurde nicht umgesetzt. Angesichts der nicht unerheblichen Missbrauchsgefahr und der mangelnden Kontrolle der Entscheidungen der Kommission ist das als positives Element zu werten.

(4) Das von Befürwortern der Änderung des Prüfungsmaßstabs vorgebrachte Argument, durch Heranziehung eines zusätzlichen Testverfahrens, eine fundiertere ökonomische Analyse in das ordentliche Fusionskontrollverfahren zu implementieren, verfängt nicht. Die Gewährleistung einer unzweifelhaft notwendigen, substantiiert vorgenommenen, ökonomischen Analyse ist keine Frage des zugrunde liegenden Testverfahrens, sondern eine - davon abstrakt zu betrachtende -Vorgehensweise der Kommission.

(5) Gleichsam verhält es sich mit dem von den Befürwortern des SLC-Tests ins Feld geführten Argument, dass die Einbeziehung von SLC eine höhere Verlässlichkeit und Stringenz der Entscheidung bietet.

(6) Die angeprangerte Lückenhaftigkeit besteht nicht, da auch der Marktbeherrschungstest, wie gezeigt, in der Lage ist, Phänomene, wie etwa die durch die „unilateral effects" und die „Effizienzen" auftretenden Verwerfungen, zu kompensieren.

(7) Unterstellt, es bestünden tatsächlich Lücken in dem angeführten Sinne, so wären sie doch so selten, dass eine Veränderung des Prüfungsmaßstabes - gleichsam geltend für alle Fallkonstellationen - kaum zu rechtfertigen wäre.

Die Mehrheit der Argumente spricht gegen die Einführung des SIEC-Tests. Nicht ohne Grund hat die Kommission in ihrem endgültigen Vorschlag an den Rat das Festhalten am Marktbeherrschungstest vorgeschlagen. Beide Tests verwenden gleiche Einzelkriterien, wie zum Beispiel Marktstruktur, Marktanteile, Markteintrittsbarrieren und potenziellen Wettbewerb. Sie führen nach Ansicht der Kommission zu weitgehend gleichen Ergebnissen.

Aus Gründen der Rechtssicherheit ist daher eine Übertragung des neuen Standards auf den Maßstab des deutschen GWB zu verhindern.

V. SIEC-Test

1. Allgemeine Überlegungen zum SIEC-Test

Zunächst ist festzustellen, dass es sich beim SIEC-Test um eine neue Testform handelt, die weder mit dem reinen Marktbeherrschungstest noch mit dem reinen SLC-Test identisch ist.

Gemäß Art. 2 Abs. 4 FKVO ist ein Zusammenschluss künftig „dann zu untersagen, wenn er wirksamen Wettbewerb im gemeinsamen Markt oder einem wesentlichen Teil desselben erheblich beeinträchtigen würde, insbesondere infolge der Begründung oder der Verstärkung einer marktbeherrschenden Stellung“. Bei dem SIEC-Test handelt es sich um einen Versuch, die beiden Tests derart zu verbinden.

Die Marktbeherrschung wird durch das Wort „insbesondere“ mit dem ersten Absatz verknüpft. Hierdurch werden der Marktbeherrschungstest zu einem „Regelbeispiel“ und die „erhebliche Behinderung des wirksamen Wettbewerbs“ zum entscheidungserheblichen Prüfungskriterium. Nach diesem Test wird grundsätzlich wie früher die Marktbeherrschung geprüft. In den Fällen, in denen die Marktbeherrschung nicht zu zutreffenden Ergebnissen kommt, werden die SLC-Kriterien herangezogen.

Somit ist der frühere Test erweitert worden, da der SIEC Test über die Marktbeherrschung hinaus einen anderen Fall erfassen soll.

2. Die Folgen der Novellierung für die Praxis – Fälle der gesonderten Prüfung über die Marktbeherrschung hinaus

Für die Unternehmen und ihre Rechtsberater stellt sich hierbei die einfache Frage, was geprüft werden soll.

Grundsätzlich bleibt es bei der bekannten Prüfung der Marktbeherrschung.[1034] Ausnahmsweise werden in bestimmten Fällen die SLC-Standards herangezogen. Dies ist dann der Fall, wenn der Marktbeherrschungstest keine befriedigenden Ergebnisse liefert und der SLC-Test über den Marktbeherrschungstest hinausgeht.

Hierbei sind alle Fälle noch unklar und sehr umstritten.[1035] Daher ist die Anwendungspraxis durch die Kommission abzuwarten. Vor allem ist die Frage relevant, ob die Kommission und die Gerichte in allen Fällen eine zusätzliche Prüfung vornehmen werden, wenn das Marktbeherrschungskonzept keine zufriedenstellenden Ergebnisse liefert oder sie sich lediglich auf die in Erwägungsgrund 25 a.E. angesprochenen Fälle beschränken werden.

[1034] Vgl. Erwägungsgrund 26, S. 1.

[1035] Böge, WuW 2004, S. 138, 145.

Fasst man die Ergebnisse der vorherigen Kapitel zusammen, so kann man drei Fälle benennen, in denen die Ergebnisse des Marktbeherrschungstests als nicht zufriedenstellend bezeichnet werden können, so dass eine gesonderte Prüfung über die Marktbeherrschung hinaus in Betracht kommt.

a) 1. Fall: Effizienzvorteile[1036]

Die Effizienzvorteile sollen nach der Einführung des neuen Testverfahrens stärker berücksichtigt werden. Nach den von der Kommission veröffentlichten Leitlinien[1037] sollen die Effizienzvorteile im Rahmen von Art. 2 Abs. 1 lit. b FKVO (das so genannte Fortschrittskriterium) geprüft werden.

b) 2. Fall: „Unilateral effects" bei differenzierten Produkten[1038]

Dieser neue Test wird in den Erwägungsgründen 25 und 26 zu der Fusionskontrollverordnung konkretisiert.

Im *Erwägungsgrund 25* wird die Auslegung des Begriffes der „erheblichen Behinderung des wirksamen Wettbewerbs" erläutert. Dieser Begriff sei dahingehend auszulegen, dass er sich über das Konzept der Marktbeherrschung hinaus ausschließlich auf diejenigen wettbewerbsschädigenden Auswirkungen eines Zusammenschlusses erstreckt, die sich „aus dem nicht-koordinierten Verhalten von Unternehmen ergeben, die auf dem jeweiligen Markt keine beherrschende Stellung haben".[1039]

Dies sind genau die schon behandelten „unilateral effects", die jedoch (wie festgestellt) ausschließlich in sehr seltenen Ausnahmefällen auftreten.

Der Erwägungsgrund 25 zeigt somit, dass der Spielraum der Kommission auf den genannten Fall beschränkt wird. Weiterhin zeigt Erwägungsgrund 25, dass durch die Reform des Testverfahrens keine wesentliche Änderung,

---

[1036] Vgl. hierzu Die Rolle von Effizienzvorteilen bei der Beurteilung von Zusammenschlüssen S.251.

[1037] Leitlinien zur Bewertung horizontaler Zusammenschlüsse gemäß der Ratsverordnung über die Kontrolle von Unternehmenszusammenschlüssen, ABl. EG 2004 Nr. C 31/03,v. 5.02.2004, Rdnr. 76 ff.

[1038] Vgl. hierzu unter „Unilateral effects" bei differenzierten Produkten S.245.

[1039] Erwägungsgrund 25, a.E.

schon gar kein Perspektivenwechsel[1040] in der Europäischen Fusionskontrolle erfolgt.

c) Die Prüfung der Konzentration nach dem HHI

Die bei der Darstellung des SLC-Tests angesprochene[1041] Prüfung der Konzentrationen nach dem HHI bedeutet keine materiell-rechtliche Änderung.

Statt der Betrachtung der einzelnen Marktanteile zur Feststellung, ob es sich um einen konzentrierten oder weniger konzentrierten Markt handelt, wird die Kommission jetzt die Marktanteile quadrieren, anschließend die Ergebnisse addieren und daraus auf die Marktkonzentration schließen.[1042]

d) Sonstige Fälle

Schließlich werden auch weitere Fälle diskutiert, in denen der Marktbeherrschungstest keine befriedigenden Lösungen bietet. Hierzu gehören die Zusammenschlüsse mit sehr geringen Auswirkungen. Es ist möglich, dass die Auswirkungen des Zusammenschlusses so geringfügig sind, dass eine Untersagung nicht gerechtfertigt ist, obwohl die Voraussetzungen einer marktbeherrschenden Stellung vorliegen.[1043] Jedoch entspricht auch dieser Fall nicht dem in Erwägungsgrund 25 angesprochenen Fall. Es bleibt abzuwarten, ob einem solchen Fall nicht bloß theoretische Dimension zukommt. Zumindest ist er bisher in der Anwendungspraxis der Kommission nie vorgekommen.

[1040] Berg, BB 2004, S. 561, 563.

[1041] Vgl. hierzu S. 235.

[1042] Vgl. hierzu Messung der Konzentration auf allen durch die Fusion betroffenen Märkten nach dem Herfindahl-Hirschman-Index S.237.

[1043] Berg, BB 2004, S. 561, 563.

Übersicht 29: SIEC-Test

Grds.: Prüfung der marktbeherrschenden Stellung **Ausnahme: SLC bei** **(1) Effizienzvorteilen;** **(2) „Unilateral effects" bei differenzierten Produkten;** **(3) Prüfung der Marktkonzentration nach dem HHI.**

3. Fazit

Der materielle Standard der Fusionskontrollverordnung wurde geändert. Insgesamt handelt es sich um eine fragliche Neuerung. Ob es sich hierbei bloß um eine dogmatische Änderung handelt oder sie auch praktische Folgen mit sich bringen wird, wird sich erst zeigen. Zur Zeit kann nur von einer gestiegenen Rechtsunsicherheit für die Unternehmen und ihre Rechtsberater gesprochen werden.[1044]

Zu bezweifeln ist auch der von Mario Monti angesprochene "increasingly convergent approach to antitrust and to merger control policy of the USA"[1045], den Monti in seiner Rede als „evident" bezeichnet. Er führt aus, dass durch die Einführung des SIEC-Tests "a gap in our (amerikanische und europäische) systems will disappear". Jedoch ist es offensichtlich, dass keine Angleichung an die US-amerikanische Fusionskontrolle erfolgt ist.

Auch zu bezweifeln ist der von manchen Autroren laut angepriesene „Perspektivenwechsel in der Europäischen Fusionskontrolle".[1046] Die Geltung des Prüfungsmaßstabes wurde ja schließlich nur auf wenige Fälle beschränkt.[1047]

Schließlich ist zu berücksichtigen, dass sich der wettbewerbstheoretische Unterbau für dieses Beurteilungsvorgehen in der Chicago School of Antitrust fin-

---

[1044] Böge, WuW 2004, S. 138, 147.

[1045] Mario Monti, Speech 04/107 (vom 28.02.2004), Convergence in EU-US antitrust Policy regarding mergers and acquisitions: an EU perspective; http://europa.eu.int/rapid/start/cgi/guesten.ksh?p_action.gettxt=gt&doc=SPEECH/04/107|0|RAPID&lg=EN&display=.

[1046] Bergmann/Burholt, EuZW 2004, S. 161; Selvam, ECLR 2004, S. 52 ff.

[1047] Vgl. hierzu Leitlinien zur Bewertung horizontaler Zusammenschlüsse gemäß der Ratsverordnung über die Kontrolle von Unternehmenszusammenschlüssen, ABl. EG 2004 Nr. C 31/03,v. 5.02.2004, Rdnr. 76 ff.

det,[1048] denn diese orientiert sich an der Maximierung der Konsumentenwohlfahrt, die mittels produktiver und allokativer Effizienz erreicht werden kann.[1049]

Die Einführung des SIEC-Tests brachte hinsichtlich der Prüfung der Marktbeherrschung keine wesentlichen Neuerungen gegenüber der alten Vorgehensweise.

Eine kumulative Anwendung der beiden Test-Verfahren erfolgt nur bei offensichtlich unzutreffenden Ergebnissen, die in erster Linie in folgenden Konstellationen auftreten können:

(1) Effizienzvorteile,

(2) „Unilateral effects" bei differenzierten Produkten.

Auch wenn die Erwägungsgründe zur FKVO keine ausdrückliche Einbeziehung des Problemfeldes der Zusammenschlüsse mit sehr geringen Auswirkungen gefunden haben, können auch diese an den Anforderungen des SLC-Tests gemessen werden.

[1048] Immenga/Stopper, RIW 2001, S. 512, 517.

[1049] Vgl. hierzu ausführliche Darstellung der Chicago School of Antitrust Analysis im Kapitel Fusionskontrolle und Wettbewerbspolitik: Grundbegriffe und Grundkonzepte S.35.

L. Fazit

Als Fazit sollen im Folgenden die Ergebnisse der Untersuchung zusammengefasst und auf die Fragen eingegangen werden, welche Ziele die Europäische Fusionskontrolle in den letzten Jahren verfolgt sowie welches Wettbewerbskonzept hinter den neuen Entwicklungen steht und welche Tendenzen im Bereich der europäischen Wettbewerbspolitik in den nächsten Jahren möglich sind.

I. Zusammenfassung der Ergebnisse

1. Die mit der Fusionskontrolle im Zusammenhang stehenden ***Grundbegriffe*** wurden trotz einiger Diskussionen im Rahmen der Reformbestrebungen letztlich nicht verändert. Man ist nach umfassender Erörterung zu dem richtigen Entschluss gekommen, dass eine Änderung der fusionskontrollrechtlichen Begrifflichkeiten nicht erforderlich ist. Vielmehr wurden die in der Praxis bestehenden Schwierigkeiten im Zusammenhang mit der Auslegung der Grundbegriffe mit Hilfe der konkretisierenden Interpretationshilfen, wie zum Beispiel der Neuordnung der Erwägungsgründe, beseitigt. Eine solche Vorgehensweise erscheint begrüßenswert vor dem Hintergrund, dass das Ausmaß der erfolgten Änderungen zu befriedigenden Ergebnissen bei der Bewältigung der praktischen Schwierigkeiten führt und eine Änderung des Wortlauts der Verordnung letztlich nur zu Unsicherheiten und Verwirrung auf Seiten der Rechtsanwender geführt hätte.

2. Die ***Geschichte der Fusionskontrolle*** in Europa ist eine Geschichte politischer Kompromisse. Betrachtet man diese geschichtliche Entwicklung, so stellt man fest, dass häufig nicht der rechtliche Rahmen, sondern eher finanzielle und politische Überlegungen die europäische Fusionskontrolle bestimmt haben. Viele fusionskontroll-rechtliche Entwicklungen in der Europäischen Union haben sich nicht am „bonum commune" orientiert, sondern sich aus dem Zusammenspiel von Machtkämpfen bei der Verteilung der Einflusssphären der Mitgliedsstaaten und der Kommission ergeben.

Deswegen ist der Weg zu einem fair funktionierenden Fusionskontrollsystem mit vorhersehbaren und über-prüfbaren Entscheidungen auf der europäischen Ebene so mühevoll.

3. Die Analyse der ***institutionellen Veränderungen*** der letzten Jahre ergibt zwei klare Tendenzen (die auch mit den materiell- und verfahrensrechtlichen Änderungen[1050] im Einklang stehen):

(1) Verstärkung der Zusammenarbeit mit den Mitgliedsstaaten (durch eine Fristverlängerung sind die Rechte des Beratenden Ausschusses gesichert und die Verweisungsvorschriften vereinfacht),

(2) eine stärkere Einbeziehung und Berücksichtigung der industrieökonomischen Belange bei der Fusionskontrolle (durch die Schaffung der Position des Chef-Ökonomen).

Bei vielen Reformen (zum Beispiel die Reorganisation der Merger Task Force zum Merger Network, der Schaffung des Kontrollforums, der Position eines Chef-Ökonomen, eines Verbindungsbeamten für Verbraucherfragen und des Anhörungsbeauftragten) handelt es sich nur um kleine, marginale Änderungen, die lediglich durchgeführt werden, um die vergangenen Fehler zu rechtfertigen und die tatsächlichen Probleme (wie zum Beispiel die mangelnde Gewaltenteilung und die mangelnde Kontrolle) zu „verschleiern". Deshalb kann man grundsätzlich bezweifeln, dass diese Neuerungen die Arbeit der zuständigen Institutionen verbessern werden und die Kommissionsentscheidungen vorhersehbarer machen, so dass das Recht - und nicht die politischen Überlegungen - im Vordergrund der Entscheidungen stehen.

Um die fusionskontrollrechtliche Arbeit der Kommission durchsichtiger und die Entscheidungen vorhersehbarer zu machen, müssen auch externe Experten in das Verfahren einbezogen werden. Daher ist neben der Schaffung einer unabhängigen Wettbewerbsbehörde auch die Hinzufügung zusätzlicher Kontrolle durch eine externe Organisation dringend erforderlich. Viel sinnvoller als die Schaffung des Kontrollforums wäre die Einsetzung eines unabhängigen Beirates, der sich aus Vertretern der Industrie und Wissenschaftlern aus verschiedenen Ländern zusammensetzt. Da dieses Forum außerhalb der Kommission bestehen würde, ist eine stärkere Objektivierung der Arbeit zu erwarten. Eine solche Institution könnte ähnlich wie die Monopolkommission in Deutschland zusammengesetzt sein.

[1050] Vgl. die Änderungen der Verweisungsvorschriften und der Verfahrensfristen im Kapitel Verfahren S.77.

4. Die wesentlichen ***verfahrensrechtlichen Änderungen*** der letzten Jahre betreffen vor allem die Fristen: Sowohl die Anmeldefristen als auch die Fristen in der ersten und der zweiten Verfahrensphase wurden erheblich flexibler gestaltet. Dies ist sowohl für die Entscheidung der Unternehmen, zu welchem Zeitpunkt sie die Anmeldung bei der Kommission einreichen, als auch für die Kommission von Nutzen. Die Kommission kann die vorgetragenen Tatsachen und Argumente der Unternehmen detaillierter prüfen und der Beratende Ausschuss erhält die Möglichkeit, sich mit der Sache zu befassen, indem seine Konsultationsfrist von zwei Wochen gesichert wird. Durch die Harmonisierung der Fristen mit denen der USA ist jetzt die Möglichkeit geschaffen worden, eine gleichzeitige Entscheidung zu erlassen. Jedoch scheint die 125-tägige Maximalfrist sehr kurz zu sein, wenn man diese mit den Fristen der US-amerikanischen Fusionskontrolle vergleicht.

Die Präzisierung der Entflechtungsregelungen und die weiteren verfahrensrechtlichen Vereinfachungen dienen der Entlastung der Kommission und der Erhöhung der Durchsichtigkeit und „Unternehmerfreundlichkeit" des Verfahrens. Dieser Trend wird auch durch die nicht kodifizierte Möglichkeit verstärkt, Dritte in das Verfahren einzubeziehen und mit den Unternehmen an den entscheidenden Verfahrensstellen zu beraten. Ob diese Änderungen tatsächlich genutzt werden, hängt vollkommen von der Kommission ab.

Nach dem geänderten Art. 6 Abs. 1 lit c. S. 2 FKVO wurde den Antragstellern die Disponibilität über ihren Antrag bei der Kommission im Rahmen des Hauptprüfungsverfahrens entzogen. Diese Neuerung betrifft jedoch nicht, entgegen der verbreiteten Auffassung im Schrifttum, das Vorprüfungsverfahren. Hierbei ist weiterhin die vollständige Freiheit der anmeldenden Parteien über die Aufrechterhaltung des Antrags gegeben.

5. Mit der Reform der FKVO wurden ***die Ermittlungs- und Sanktionsbefugnisse*** der Kommission erheblich ausgeweitet.

Die Schaffung verschiedener Typen von Auskunftsverlangen, die Einführung der Nachprüfungs-befugnisse in Geschäftsräumen, Regelung der Mitwirkungspflicht der nationalen Behörden bei den Ermittlungen der Kommission und die Anpassung der Geldbußen und Zwangsgelder an den Umsatz der Unternehmen erfolgte, um die Vorschriften der FKVO an Art. 81, 82 EG anzupassen. Diese Angleichung ist sehr bedenklich und gar nicht erforderlich, da es sich bei der präventiven Fusionskontrolle und der repressiven Missbrauchsaufsicht um grundverschiedene Fälle handelt.[1051] Insoweit kann die Reformierung unter diesem Aspekt als unsachgemäß bezeichnet werden.

Bedenklich ist die Verböserung der Ermittlungs- und Sanktionsbefugnisse auch in Anbetracht der mangelnden Gewaltenteilung und Überprüfungsmöglichkeit der Kommissionsentscheidungen im Rahmen der Fusionskontrolle.

Die Geldbußen und Zwangsgelder können nicht anders als drakonisch bezeichnet werden, besonders wenn man sich die Straferhöhung um das Mehrfache vor Augen führt. Das Fehlverhalten des Managements wird sich vornehmlich auf die Arbeitnehmer und Aktieninhaber auswirken.

Für die Kommission bedeutet die Verschärfung der Ermittlungs- und Sanktionsbefugnisse eine klare Machtstärkung, die zusätzliches Drohpotenzial mit sich bringt.

6. Auch die ***Beurteilungsmöglichkeiten der Nebenabreden*** durch die Kommission wurden geändert. Die Unternehmen und ihre Rechtsberater können von der Kommission die Stellungnahmen zur Behandlung relevanter Nebenabreden einholen. Gerade das ist auch problematisch: Die Unternehmen müssen selbst beurteilen, ob es sich um eine neue und ungelöste Frage handelt. Für manche Unternehmen bringt diese Regelung zwar eine gewisse Rechtssicherheit. Jedoch ergibt sich aus Gesprächen mit Unternehmen und ihren Rechtsberatern[1052], dass man sich nur in seltensten Ausnahmefällen an die Kommission wenden wird, denn schlafende Hunde soll man bekanntlich nicht wecken.

7. Die lange Überprüfungszeit der Entscheidungen der Kommission durch die Europäischen Gerichte, die Ungeeignetheit des einstweiligen ***Rechtsschutzes,*** die erwünschte Entscheidung herbeizuführen und das „Fusionsprivileg" der Kommission (Anerkennung eines sehr weiten Ermessensspielraums der Kommission durch EuGH und EuGI in der Begründetheit der Nichtigkeitsklage)

[1051] Die Nachprüfungen dienen vor allem dazu, Beweismaterial für Zuwiderhandlungen gegen die Wettbewerbsregeln in den Geschäftsräumen der Unternehmen zu sammeln. Nachprüfungen sind insoweit ein klassisches Ermittlungsinstrument vor allem in Kartellverfahren. In Fusionskontrollverfahren geht es aber nicht darum, den Unternehmen einen Verstoß gegen Wettbewerbsregeln nachzuweisen.

[1052] Ergebnisse einer informellen Befragung führender Personen kartellrechtlicher Abteilungen der Unternehmen und Großkanzleien.

machten es lange Zeit fast unmöglich, die Entscheidungen der Kommission durch die zusammenschließenden Unternehmen gerichtlich anzugreifen.

Beim EuGH und EuGI wurde das beschleunigte Verfahren eingeführt, um die so genannte temporäre Lücke zu schließen. Hierdurch verkürzte sich die Zeit der gerichtlichen Entscheidung, jedoch ist das beschleunigte Verfahren für die meisten Fusionskontrollverfahren immer noch viel zu lang.[1053] Zur weiteren Beschleunigung des Verfahrens ist die Einsetzung von Kammern beim EuGI und EuGH erforderlich, die speziell für Wettbewerbssachen zuständig sind. Rechtlich äußerst bedenklich ist, dass die Klagebegründung der Kommission beim beschleunigten Verfahren (anders als der Streitstoff der Kläger) nicht auf 10 bis 25 Seiten beschränkt ist und dass die Kommission im schriftlichen Verfahren das letzte Wort hat.

Die Untersuchung der drei wichtigsten Entscheidungen aus den letzten Jahren[1054] zeigt, dass der Prüfungsmaßstab des Gerichts grundlegend geändert wurde: Das EuGI überprüft jetzt die Entscheidungen der Kommission sehr sorgfältig, ohne der Kommission einen weiten Ermessensspielraum zuzubilligen. Im Ergebnis verlor die Kommission dreimal vor dem EuGI, was angesichts der bisherigen Machtfülle und der damit einhergehenden Sprunghaftigkeit und Willkürlichkeit der Kommissionsentscheidungen nicht verwundert. Das Gericht stellte eklatante Verstöße und eine Missachtung der Tatsachenfeststellung durch die Kommission fest.

Eine solche Vorgehensweise durch die Kommission war nur deswegen möglich, weil keine effiziente Überprüfungsmöglichkeit besteht und weil der Kommission erhebliche Spielräume eingeräumt werden. In diese Spielräume kann jede politische Wertung einfließen. Daher ist auch hier die Schaffung eines Europäischen Kartellamtes und einer effizienteren Kontrolle dringend notwendig. Nichts vergrößert den Druck zur richtigen Tatsachenfeststellung und Entscheidungsfindung mehr als das Wissen, dass die Entscheidung durch eine externe Gewalt überprüft wird, die Angst vor der öffentlichen Blamage und die Last, einen abgeschlossenen Fall neu bearbeiten zu müssen.

[1053] Denn zusätzlich zu der einjährigen Verfahrensdauer kommen die Pränotifizierungsgespräche mit der Kommission und die erneute Prüfung des Zusammenschlusses durch die Kommission.

[1054] EuGI Urt. v. 6.6.2002 , Rs. T – 342/99 (COMP/M.1524; Airtours/First Choice), Slg. 2002, II-2585; Urt. v. 22.10.2002, Rs. T-310/01 (COMP/M.2283; Schneider/Legrand), EuGH WuW 2003, S. 299 ff. ; Urt. v. 25.10.2002, Rs. T-05/02 (COMP/M.2416; Tetra Laval/Sidel), EuGH WuW 2002, S. 411 ff.

Insgesamt kann der Rechtsschutz der unmittelbar beteiligten Unternehmen gegen die Entscheidungen der Kommission nur als mangelhaft bezeichnet werden.

Was den Rechtsschutz Dritter anbetrifft, so ist ein positiveres Resümee zu ziehen. Das bereits in der ursprünglichen FKVO zweckmäßig konzipierte Niveau des Drittrechtsschutzes wurde durch die Rechtsprechung des EuGI optimiert und verfeinert. So wurde der Begriff der unmittelbaren Betroffenheit weiter konkretisiert und soll nur solche Feststellungen der Kommission umfassen, die tatsächlichen Einfluss auf die Rechtsposition der Dritten haben. Der Begriff des Dritten wurde exakter bestimmt, so dass das Vorliegen der Parteifähigkeit leichter festzustellen ist. Diese Entwicklungen sind besonders vor dem Hintergrund zu begrüßen, dass die FKVO Dritten eine schwache Stellung einräumt, damit über die Zusammenschlussvorhaben schneller entschieden wird. Umso wichtiger ist es, den Dritten eine verhältnismäßig starke Position und damit eine effektive Kontrollmöglichkeit im Rahmen des gerichtlichen Verfahrens zuzugestehen.

8. Im Rahmen der ***Zuständigkeitsverteilung*** zwischen der Kommission und den Mitgliedsstaaten änderten sich das Verweisungssystem und die Schwellenwerte; außerdem brachte das Auslaufen des EGKS-Vertrages am 31.12.2002 weitere Neuerungen bei der Kompetenzverteilung mit sich.

Das vor der letzten Reform der FKVO wenig genutzte Verweisungssystem der Fusionskontrollverordnung wurde durch die Möglichkeit einer Verweisung vor der Anmeldung ergänzt und erheblich einfacher gestaltet. Die Beseitigung vieler formalistischer Aspekte des Verweisungsverfahrens, die Erhöhung der Schnelligkeit und der Transparenz des Systems sind uneingeschränkt zu begrüßen.

Die grundlegende Neuordnung der Zuständigkeitsvorschriften lässt folgende Tendenzen voraussagen:

(1) Der Ausbau und die Vereinfachung der Verweisungs-vorschriften zur Vermeidung der Mehrfachanmeldungen und zur verstärkten Nutzung des Verweisungssystems der FKVO;

(2) die Einbeziehung der Unternehmen in den Verweisungsprozess, indem sie vor der Anmeldung die Möglichkeit erhalten, selbst eine Verweisung anzuregen.

Ob diese Prognosen sich tatsächlich verwirklichen werden, hängt sehr stark von der Kommission, den Mitgliedsstaaten und deren gegenseitiger Kooperation ab. Sowohl die Mitgliedsstaaten als auch die Kommission haben die Möglichkeit, Verweisungsanträgen zu widersprechen. Sie können sich unkooperativ bei Teilverweisungen verhalten und auch nach einer Verweisung eine erneute Einreichung der vollständigen Anmeldeunterlagen fordern sowie die Anmeldungen hin-und-her-verweisen.

Auch viele andere „Schwächen" der FKVO können durch die Verstärkung der Zusammenarbeit auch ohne eine explizite Änderung der Verordnung beseitigt werden. Bei den Teilverweisungen kann eine Abstimmung zwischen den Mitgliedsstaaten und der Kommission zu einer einheitlichen Entscheidungspolitik führen. Bei Verweisungen kann eine koordinierte Kooperation eine wesentliche Reduzierung der Verweisungszeit herbeiführen. Hierdurch können die Hin-und-her-Verweisungen vermieden werden. Ebenso hängt das Erfordernis der Wiederholung des Anmeldeaufwands nach einer Verweisung von der Behörde ab, an die verwiesen wurde.

In der Praxis ist ein Verweisungsantrag an die Kommission dann sinnvoll, wenn die Anmeldung in mehreren Mitgliedsstaaten erfolgt und nicht mit der Ablehnung eines Mitgliedsstaates zu rechnen ist (also kein rein nationaler Charakter oder eine überragende Auswirkung auf den nationalen Markt vorliegt). Auf der anderen Seite ist, um bei zeitintensiven Zusammenschlüssen das Verfahren abzukürzen, kein Verweisungsantrag zu empfehlen, wenn anzunehmen ist, dass die mitgliedsstaatlichen Behörden den Zusammenschluss unproblematisch genehmigen würden.

Das Auslaufen der Geltung des EGKS-Vertrages und die sich daraus ergebende Vereinheitlichung der Fusionskontrolle in allen Branchen der europäischen Wirtschaft, bringt eine Erleichterung bei der Anmeldung der Zusammenschlüsse sowohl für die Unternehmen als auch für ihre Rechtberater mit sich.

9. Die Auseinandersetzung mit der Untersuchung der Bestimmung des ***relevanten Marktes*** durch die Kommission in den Jahren 1998 bis 2003 lässt folgende Tendenzen feststellen:

(1) Bei der Bestimmung des sachlich relevanten Marktes geht die Kommission vorwiegend nach dem Bedarfsmarktkonzept und der Theorie der Substitutionslücke vor.

(2) Daneben werden alle anderen vorhandenen Abgrenzungskonzepte (auch solche, die von der Wissenschaft mittlerweile abgelehnt werden) ergänzend zum Bedarfsmarktkonzept oder einzeln angewendet.

(3) Auch bei den so genannten zusätzlichen Kriterien, die die Kommission zur Bestimmung des sachlich relevanten Marktes heranzieht (homogene Wettbewerbsbedingungen und sachliche Gesamtmärkte) handelt es sich um die Anwendung der gängigen Abgrenzungskonzepte unter einer anderen Bezeichnung.

(4) Oft legt sich die Kommission bei der Marktabgrenzung nicht fest, prüft lediglich verschiedene Möglichkeiten an und lässt im Ergebnis die Antwort offen.

Eine solch inkonsequente Anwendbarkeit der Abgrenzungskonzepte führt zu Rechtsunsicherheit bei den Unternehmen und ihren Rechtsberatern. Um die Entscheidungen der Kommission vorhersehbar zu machen, ist die Beschränkung der Kommission auf die Vorgehensweise nach der von ihr selbst veröffentlichten Bekanntmachung zu fordern.[1055]

Weiterhin ist die Kommission dahingehend zu kontrollieren, dass sie keine ergebnisorientierte Argumentation unter willkürlicher Heranziehung von Kriterien praktiziert, sondern eine verlässliche Dogmatik entwickelt, in welchen Fällen welche Vorgehensweise gewählt wird.

10. Obwohl die Begründung oder Verstärkung einer marktbeherrschenden Stellung infolge der letzten Reform der Fusionskontrollverordnung zu einem Regelbeispiel (im Rahmen der Prüfung der ***„erheblichen Behinderung des wirksamen Wettbewerbs, insbesondere durch die Ausnutzung der marktbeherrschenden Stellung“***) „herabgestuft“ wurde, bleibt die Feststellung der Marktbeherrschung wesentlich für die Prüfung der Zusammenschlüsse.

Bei allen Entscheidungen beginnt die Kommission die ***Prüfung der Marktbeherrschung*** mit der Feststellung der Marktanteile und ihrer wettbewerblichen Bedeutung, die zusammen mit weiteren Prüfungskriterien für die Feststellungen der Kommission ausschlaggebend sind.

[1055] Entsprechend der Bekanntmachung der Kommission über die Definition des relevanten Marktes im Sinne des Wettbewerbsrechts der Gemeinschaft, ABl. EG C Nr. 372/5, v. 9.12.1997.

Eine sehr bedenkliche Neuerung brachte dagegen die Aufgabe des Kriteriums „vom Duopol zum Monopol" bei den Sanierungsfusionen. Die wirtschaftliche Entwicklung der letzten Jahre, die steigenden Insolvenzzahlen der Großunternehmen und die wachsende Arbeitslosigkeit in den großen Industrieländern zwingen die Kommission, das Konzept auszuweiten und immer mehr Zusammenschlüsse zu genehmigen, die zu einer marktbeherrschenden Stellung führen. Hierdurch werden die industriepolitischen Aspekte in der Europäischen Fusionskontrolle stärker berücksichtigt.

In den vergangenen Jahren ist die Zahl der Fusionsfälle angestiegen, bei denen die Kommission eine ***kollektiv marktbeherrschende Stellung*** vermutet hat. Mittlerweile unumstritten fällt die kollektive Marktbeherrschung unter die FKVO. Die strukturellen Beziehungen zwischen den Unternehmen sind ein Indiz für die kollektive Marktbeherrschung. Sie sind jedoch nicht unbedingt erforderlich. Für eine stillschweigende Verhaltens-abstimmung verlangt das EuGI einen gewissen Grad an Transparenz, einen intakten und glaubwürdigen Sanktionsmechanismus sowie das Fehlen einer aktuellen oder potenziellen Konkurrenz. Schließlich wurde das Prüfungsspektrum um eine detaillierte zukunftsbezogene ökonomische Analyse erweitert.

11. In der Zukunft will die Kommission den Konzentrationsgrad des Marktes mit Hilfe des Herfindahl-Hirschman-Indexes (HHI) bestimmen. Dieser Index entstammt dem SLC-Test, der in den USA, Kanada, Australien, Neuseeland, Irland und Großbritannien angewendet wird und das Kriterium des substantial lessening of competition als materiellen Beurteilungsstandard heranzieht.

Die materiellen Unterschiede zwischen dem ***SLC-Test*** und dem Marktbeherrschungstest bestehen nur in einigen wenigen Fällen. Hierzu gehört die Berücksichtigung der so genannten ***„unilateral effects"***. Im Falle des Vorliegens eines Oligopols ohne Koordination, wenn ein Zusammenschluss zwischen zwei Anbietern erfolgt, der weder zur Marktbeherrschung, noch zum größten Marktanteil führt, können die Wettbewerber benachteiligt werden, da der Konkurrenzdruck auf dem Markt sinkt und der Kundenverlust im Falle einer Preiserhöhung durch den Kundenanstieg beim zweiten (an der Fusion teilnehmenden) Anbieter ausgeglichen werden kann.

In der Praxis der Kommission waren solche Fälle bisher äußerst selten, daher ist eine Anwendung der „unilateral effects" nur als ergänzendes Argument vorstellbar.

Erfreulich ist, dass der europäische Gesetzgeber durch die Fusionskontrollverordnung alle Fälle und Probleme erfassen und lösen möchte, darunter auch die „unilateral effects“. Die Fusionskontrollverordnung und die Leitlinien zur Bewertung horizontaler Zusammenschlüsse[1056] bieten jetzt der Kommission eine solche Möglichkeit.[1057] Jedoch waren weder die Änderung des Prüfungsmaßstabs noch eine langjährige Diskussion für die Lösung dieses Problems überhaupt erforderlich. Ein Erwägungsgrund der Verordnung oder die vom Europäischen Gerichtshof bestätigte Änderung der Kommissionspraxis im Hinblick auf die Anwendung des Marktbeherrschungstests hätte vollkommen ausgereicht.

Bezogen auf die in der Einleitung gestellte Frage nach dem Sinn und Unsinn der Änderung des Prüfungsmaßstabs der FKVO, lässt sich Volgendes festhalten:

(1) Das Ziel der Harmonisierung der europäischen und der US-amerikanischen Fusionskontrolle wurde schlichtweg nicht erreicht.

(2) Überdies ist selbst eine innereuropäische Harmonisierung nicht herbeigeführt worden (stattdessen gibt es drei verschiedene Testverfahren in Europa[1058]).

(3) Die angestrebte Erweiterung des Handlungsspielraums der Wettbewerbsbehörden wurde nicht umgesetzt, da die Anwendung der zusätzlichen Kriterien des SIEC-Tests über die Marktbeherrschung hinaus im Erwägungsgrund 29 der FKVO auf einen einzigen Fall beschränkt wurde - die unilateral effects. Angesichts der nicht unerheblichen Missbrauchsgefahr und der mangelnden Kontrolle der Entscheidungen der Kommission ist das als positives Element zu werten.

(4) Das von Befürwortern der Änderung des Prüfungsmaßstabs vorgebrachte Argument, durch Heranziehung eines zusätzlichen Testverfahrens, eine fundiertere ökonomische Analyse in das ordentliche Fusionskontrollverfahren zu implementieren, verfängt nicht. Die Gewährleistung einer unzweifelhaft not-

---

1056 ABl. EG 2004 Nr. C 31/03, v. 5.2.2004.

1057 Vgl. Leitlinien zur Bewertung horizontaler Zusammenschlüsse gemäß der Ratsverordnung über die Kontrolle von Unternehmenszusammenschlüssen, ABl. EG 2004, Nr. C 31/03, v. 5.02.2004, Rdnr. 34 f.

1058 Marktbeherrschungstest, SLC-Test und SIEC-Test.

wendigen, substantiiert vorgenommenen, ökonomischen Analyse ist keine Frage des zugrunde liegenden Testverfahrens, sondern eine - davon abstrakt zu betrachtende -Vorgehensweise der Kommission.

(5) Gleichsam verhält es sich mit dem von den Befürwortern des SLC-Tests ins Feld geführten Argument, dass die Einbeziehung von SLC eine höhere Verlässlichkeit und Stringenz der Entscheidung bietet.

(6) Die angeprangerte Lückenhaftigkeit besteht nicht, da auch der Marktbeherrschungstest, wie gezeigt, in der Lage ist, Phänomene, wie etwa die durch die „unilateral effects" und die „Effizienzen" auftretenden Verwerfungen, zu kompensieren.

(7) Unterstellt, es bestünden tatsächlich Lücken in dem angeführten Sinne, so wären sie doch so selten, dass eine Veränderung des Prüfungsmaßstabes - gleichsam geltend für alle Fallkonstellationen - kaum zu rechtfertigen wäre.

Bei den Argumenten der Befürworter der Einführung des SLC-Tests handelt es sich entweder um die längst überholte Sichtweise (wie das Vorbringen, dass der Marktbeherrschungstest die Fälle der oligopolistischen Marktbeherrschung nicht erfassen kann) oder um Kritik, die sich nicht auf den Test selbst, sondern auf die Arbeit der Kommission bezieht (zum Beispiel das Fehlen einer substantiierten ökonomischen Analyse durch die Kommission oder eine mangelnde Vorhersehbarkeit der Entscheidungen im Fusionskontrollverfahren).

Die Mehrheit der Argumente spricht gegen die Einführung des SIEC-Tests. Nicht ohne Grund hat die Kommission in ihrem endgültigen Vorschlag an den Rat das Festhalten am Marktbeherrschungstest vorgeschlagen. Beide Tests verwenden gleiche Einzelkriterien, wie zum Beispiel Marktstruktur, Marktanteile, Markteintrittsbarrieren und potenziellen Wettbewerb. Sie führen nach Ansicht der Kommission zu weitgehend gleichen Ergebnissen.

Daher können die Änderungen des materiellen Standards der FKVO nicht anders als verfehlt bezeichnet werden. Damit eine zunehmende Rechtsunsicherheit und Unvorhersehbarkeit der Entscheidungen bei den in der Bundesrepublik ansässigen Unternehmen vermieden werden kann, sollte verhindert werden, dass die auf der europäischen Ebene erfolgten Änderungen im Rahmen der nächsten GWB-Novelle ins deutsche Kartellrecht implementiert werden.

12. Zusammenfassend lässt sich feststellen, dass im Rahmen des neu eingeführten ***SIEC-Tests*** grundsätzlich, wie früher, die Marktbeherrschung geprüft

wird. In den Fällen, in denen die Marktbeherrschung zu den augenscheinlich unzutreffenden Ergebnissen kommt, werden die SLC-Kriterien herangezogen. Hierbei handelt es sich um die folgenden Fälle:

(1) Effizienzvorteile;

(2) „Unilateral effects" bei differenzierten Produkten.

Auch wenn die Erwägungsgründe zur FKVO keine ausdrückliche Einbeziehung des Problemfeldes der Zusammenschlüsse mit sehr geringen Auswirkungen gefunden haben, können auch diese an den Anforderungen des SLC-Tests gemessen werden.

Ob es sich bei dem neu eingeführten SIEC-Test bloß um eine dogmatische Änderung handelt oder ob diese insgesamt fragliche Änderung auch praktische Folgen nach sich ziehen wird, wird sich erst zeigen.

II. Das Wettbewerbskonzept der Europäischen Fusionskontrolle

Wie in der Einleitung bereits angedeutet, gebietet sich abschließend eine Betrachtung der Frage nach den Zielen der europäischen Fusionskontrolle der letzten Jahre. Zudem soll beleuchtet werden, welches Wettbewerbskonzept hinter den neuen Entwicklungen steht und welche Entwicklungen im Bereich der europäischen Wettbewerbspolitik in den nächsten Jahren zu erwarten sind.

Noch vor wenigen Jahren wurde vertreten, dass das Konzept des Europäischen Wettbewerbs weitgehend im Einklang mit der Harvard School (Konzept des funktionsfähigen Wettbewerbs, „workable competition") steht. Weniger kompatibel sind die Vorstellungen der österreichischen Schule, noch weniger die Vorstellungen der die Chicago School.[1059]

Versucht man die heutige Wettbewerbspolitik anhand der geschilderten Wettbewerbskonzepte einzuordnen, so ist die europäische Fusionspolitik immer noch nah am ***Konzept des funktionsfähigen Wettbewerbs***[1060] orientiert. Dies bestätigt vor allem das Vorhandensein eines Bündels von Zielen der eu-

---

[1059] Gassner, Kartellrecht, S. 8; Kerber, S. 254.

[1060] Vgl. Kapitel Fusionskontrolle und Wettbewerbspolitik: Grundbegriffe und Grundkonzepte S.15.

ropäischen Wettbewerbspolitik und die Verschiedenheit (sogar teilweise Gegenläufigkeit) dieser Ziele.[1061]

Die Wissenschaftler, die den Wettbewerbsbegriff untersuchen und diskutieren,[1062] halten den Begriff des wirksamen Wettbewerbs im Sinne eines hinreichenden Maßes an Wettbewerbsdruck[1063] für die herrschende Vorstellung des Vertrages. Auch der EuGH verwendet häufig den Begriff des wirksamen Wettbewerbs (effective competition) in seiner Rechtsprechung,[1064] was dem Konzept des funktionsfähigen Wettbewerbs entspricht.

Auf dem ***Konzept der Wettbewerbsfreiheit*** (österreichische Schule, ordoliberales Konzept) basiert die Gewährleistung des freien Zugangs zu den nationalen Märkten, der Sicherung der wirtschaftlichen Handlungsfreiheit sowie der weitgehenden Deregulierung und Marktöffnung. Jedoch wird die ordoliberale Sichtweise zunehmend verdrängt. Diese These wird auch dadurch bestätigt, dass die institutionelle Absicherung der EG-Fusionskontrolle durch die Schaffung eines Europäischen Kartellamtes (ein Problem, welches noch vor wenigen Jahren eines der aktuellsten Probleme der europäischen Fusionskontrolle war[1065]) bei der Reform der Fusionskontrolle weder von der Kommission noch vom Schrifttum angesprochen wurde.

In den letzten Jahren ist eine immer stärker werdende Rolle der ***Chicago School***-Kriterien in der europäischen Fusionskontrolle zu beobachten.

[1061] Aus den Wettbewerbsberichten der Kommission ergeben sich neben den traditionellen Zielen (Vereinheitlichung des gemeinsamen Marktes, Sicherung des Wettbewerbs, Verbraucherschutz und Sensibilisierung der Verbraucher für die Kommissionsarbeit, Effiziente Verteilung von Ressourcen, Marktintegration, Marktöffnung, Förderung der kleinen und mittleren Unternehmen, Verbesserung der Wettbewerbsfähigkeit der europäischen Wirtschaft, Förderung der Innovation, technischer Entwicklung, technischen Fortschritts) auch die aktuellen Ziele (Anpassung der Wettbewerbsregeln an den Bedarf der Wirtschaft; Sicherung der wettbewerbspolitischen Entwicklung nach der Osterweiterung; Intensivierung der Zusammenarbeit mit den internationalen Wettbewerbsbehörden; Liberalisierung von ehemals staatlichen Monopolen). Vgl. hierzu Kommission der Europäischen Gemeinschaften, XXXI. Wettbewerbsbericht, S. 19, 179; Kommission der Europäischen Gemeinschaften, XXXII. Wettbewerbsbericht, Vorwort S. 5, 13 ff; Kommission der Europäischen Gemeinschaften, XXVIII, Vorwort, S. 8; Stellungnahme des Wirtschafts- und Sozialausschusses zum XXX. Bericht über die Wettbewerbspolitik 2000 [SEK (2001) 694 endg.], Rdnr. 3.7.3; Entschließung des Europäischen Parlaments zu dem XXX.Bericht der Kommission über die Wettbewerbspolitik 2000 [SEK (2001) 694 – C5-0312 – 2001/2130(COS)] , Rdnr. 7.

[1062] Portwood, Mergers, S. 88; Pelkmans, Market Integration in the European Communities, S. 193.

[1063] Wirtz, S. 251.

[1064] Vgl. statt vielen anderen schon EuGH Urt. v. 14.02.1978, Rs. T-27/76 (United Brands Co. und United Brands Continental B.V. / Kommission; Chiquita Bananen), Slg. 1978, II- 207, S. 208, Leitsatz 2.

[1065] Kartte, Ordo 1992, S. 405 ff.

Diese Tendenz wird verdeutlicht durch die Schaffung der Position des Chef-Ökonomen und die vermehrte Einstellung von Volkswirten bei der Kommission;[1066] hierdurch möchte man eine stärkere Einbeziehung und Berücksichtigung von industrieökonomischen Belangen in die Fusionskontrolle erreichen. Außerdem spricht die Einführung des SIEC-Tests für einen stärkeren Einfluss der Erwägungen der Chicago School. Der wettbewerbstheoretische Unterbau für dieses Beurteilungsvorgehen findet sich in der Chicago School of Antitrust,[1067] die sich an der Maximierung der Konsumentenwohlfahrt, die mittels produktiver und allokativer Effizienz erreicht werden kann, orientiert.[1068] Auch die stärkere Berücksichtigung der Effizienzen und der „unilateral effects" (im neu eingefügten Erwägungsgrund 29 der FKVO) sind ein Signal für eine zunehmende „Chicagoisierung der Fusionskontrolle" in Europa.

Eine dominierende Stellung der Chicago School ist immer noch nicht zu beobachten, jedoch berücksichtigt die Kommission bei ihren Entscheidungen immer mehr wirtschaftliche Kriterien, untersucht die Auswirkungen des Zusammenschlusses[1069] auf die ökonomische Situation. Auch die Forderung nach der Ausrichtung der Wettbewerbspolitik nach dem sich rasch verändernden wirtschaftlichen Umfeld,[1070] nach der Anpassung der inhaltlichen Regeln an den Bedarf der Wirtschaft[1071] sowie nach der schnellen Reaktion auf wirtschaftlichen Wandel weist auf eine zunehmende „Chicagoisierung" der europäischen Wettbewerbspolitik hin.

Noch vor einigen Jahren handelte es sich bei dem Wettbewerbsbegriff der FKVO um einen kurzfristigen Wettbewerbsbegriff. So nimmt die Kommission auch heute in vielen Fällen ihre Beurteilung danach vor, ob ein Unternehmen nach dem Zusammenschluss in der Lage ist, die Preise zu erhöhen, ohne Marktanteile zu verlieren. Insbesondere beim Kriterium des „potentiellen Wettbewerbs" fällt auf, dass die Kommission sehr kurzfristig denkt.

Die längerfristigen Überlegungen zu der Möglichkeit der potentiellen Wettbewerber (auch aus den anderen Bereichen) wurden damit kaum in die Beurtei-

---

1066 Kommission der Europäischen Gemeinschaften, XXXI. Wettbewerbsbericht, S. 76.

1067 Immenga/Stopper, RIW 2001, S. 512, 517.

1068 Vgl. hierzu ausführliche Darstellung der Chicago School of Antitrust Analysis im Kapitel Fusionskontrolle und Wettbewerbspolitik: Grundbegriffe und Grundkonzepte S.35.

1069 Kommission der Europäischen Gemeinschaften, XXXI. Wettbewerbsbericht, S. 60.

1070 Kommission der Europäischen Gemeinschaften, XXXI. Wettbewerbsbericht, S. 19.

1071 Kommission der Europäischen Gemeinschaften, XXXII. Wettbewerbsbericht, S. 5.

lung einbezogen. Daher war die wettbewerbskonzeptionelle Einordnung der europäischen Fusionskontrolle eindeutig: Sie entsprach der Theorie des funktionsfähigen Wettbewerbs und der traditionellen österreichischen Schule, die den Markt vor der Macht der sich zusammenschließenden Unternehmen schützt. In den letzten Jahren wurden jedoch auch die längerfristigen Entwicklungen angesprochen.[1072]

Zusammenfassend lässt sich sagen, dass weder der Entscheidungspraxis der Kommission noch der des EuGH ein einheitliches Wettbewerbskonzept zugrunde liegt, man kann die Einflüsse verschiedener Konzepte feststellen. Zwar ist das Wettbewerbskonzept der Chicago School nicht offiziell von der Kommission als zentral bezeichnet worden,[1073] jedoch verspürt man den steigenden Einfluss dieser Sichtweise sowohl in der Entscheidungspraxis der Kommission als auch in den Urteilen der Europäischen Gerichte und in den Änderungen der Fusionskontrollverordnung.

Führt man sich die aktuellen Rahmenbedingungen im europäischen Wirtschaftsraum vor Augen, wie zum Beispiel die Osterweiterung der EG, die steigende strukturelle Arbeitslosigkeit und den gestiegenen Wettbewerbsdruck in einer weitgehend globalisierten Wirtschaftsordnung, so ist anzunehmen, dass die europäische Fusionspolitik der nächsten Jahre eher geneigt sein wird, sich den wirtschaftlichen und sozialen Druck, resultierend aus einer anhaltenden Konjunkturkrise, zu beugen. Daher wird eher das Kredo „Wachstum um jeden Preis“ gegenüber jenem der „Wettbewerbsgleichheit und Gerechtigkeit“ um jeden Preis triumphieren.

Es bleibt spannend abzuwarten, inwieweit sich diese Analyseergebnisse in der Zukunft fortschreiten werden.

[1072] Kommission der Europäischen Gemeinschaften, XXXI. Wettbewerbsbericht, S. 15.

[1073] Kerber, S. 228.